KB160873

동유라시아 물품 교류와 지역

이 저서는 2020년 대한민국 교육부와 한국연구재단의 지원을 받아 수행된 연구임
(NRF-2020S1A6A3A01054082).
This work was supported by the Ministry of Education of the Republic of Korea and the National
Research Foundation of Korea (NRF-2020S1A6A3A01054082).

동유라시아
물품 교류와 지역

동국대학교 문화학술원 엮음

경인문화사

한국의 동유라시아 물품학(物品學) 정립을 목표로

동국대학교 문화학술원은 "동유라시아 세계 물품의 문명·문화사"라는 연구 아젠다로 한국연구재단의 인문한국플러스(HK+)사업에 선정되어 2020년부터 연구 프로젝트를 수행하고 있다. 기존의 인간 중심의 연구에서 벗어나 물품이 중심이 되는 연구를 통해 물품이 인간 사회를 둘러싸고 생산, 유통, 소비되는 과정을 총체적으로 분석함으로써 한반도를 넘어 동유라시아 지역세계의 물품학을 학술적으로 정립하는 것이 목표이다.

본 사업단은 동유라시아의 지역 범위를 한국을 중심으로 놓고 동위도 선상에 있는 중국, 일본, 그리고 북으로는 몽골, 러시아의 우랄산맥 이동지역과 몽골을, 서로는 중앙아시아 및 우즈베키스탄, 카자흐스탄, 키르기스스탄 지역, 남으로는 인도 이동지역인 태국, 캄보디아, 베트남, 인도네시아, 필리핀 등지를 설정하였다.

『총·균·쇠』(원제: *GUNS, GERMS, and STEEL-The Fates of Human Societies*)의 저자로 퓰리처상을 수상한 세계적 석학 제레드 다이아몬드(Jared Mason Diamond)는 동유라시아를 포함한 유라시아 대륙은 기후·식생(植生, 식물의 생육상태) 등의 유사한 생태환경을 가진 위도가 같은 지대가 동서로 길게 퍼져 있어, 이 지대(地帶)에 속한 각 지역은 생태환경이 유사하고, 식물·기술·지식·문화의 이전 및 적용이 용이하여, 그 결과 동서교통·교류가 촉진되었다고 분석하였다. 나아가 세계

5

사에 관심을 가진 사람들은 동아시아 및 태평양 일대의 인류 사회를 통해 배울 점이 많은데 그것은 환경이 역사를 형성했던 수많은 사례들을 발견할 수 있기 때문이라고 명언하였다.

이러한 특별한 특성을 지닌 공간에 살았던 사람들의 물품 생산과 유통, 소비 과정을 통해 이 지역만의 Locality는 무엇이며, 그것이 글로벌 세계와 어떠한 연관성을 가지고 있는지를 밝혀내려는 시도에서 물품에 착안하였다. 인간이 살아가는데 있어 필수불가결한 물품은 한 민족이나 국가에서 생산되어 소비되기도 하지만, 주변 지역으로 전파되어 새로운 문화를 창출하기도 한다. 이런 점에서 인류의 역사를 추동해 온 원동력이 바로 물품에 대한 욕구였다고 해도 과언이 아니다.

본 사업단은 오랜 세월에 걸쳐 인류가 발명하고 생산한 다양한 수많은 물품을 지역별, 용도별로 구분하여 연구를 진행한다. 지역별 분류는 네 범위로 설정하였다. 첫째, 동유라시아 전 지역에 걸쳐 소비된 물품이다. 동유라시아 지역을 넘어 다른 문명세계에 전파된 물품의 대표적인 것이 초피, 견직물, 담배, 조총 그리고 16세기 이후 바다의 시대가 펼쳐지면서 사람들의 욕구를 배가시킨 후추, 육두구, 정향 등의 향신료이다. 한국의 인삼, 중국의 견직물, 일본의 은, 동남아시아의 향신료는 유럽이나 아메리카를 이어주는 물품이었던 것이다. 동유라시아 지역에서 생산된 물품의 교역은 최종적으로 유럽 등을 포함한 이른바 '세계경제' 형성에 연결되었다. 둘째, 첫 번째 지역보다는 범위가 제한된 동아시아 지역에서 사용된 물품이다. 소목, 청심환, 수우각, 화문석 등을 들 수 있다. 한국(당시는 조선)에서 생산된 호피, 표피는 중국에 진상된 것을 시작으로 일본 막부와 유큐 왕조에 증여, 나아가 일본을 통해 캄보디아까지 전파되었다. 셋째, 양국 간에 조공이나 증여 목적으로 사용된 물품이다. 저포 등이다. 넷째, 한 국가에서 생산되었지만 그 사회에 국한되어 커다란 영향을 끼친 물품이다. 이처럼 동유라시아 각 지역의 역사는 서로 영향을 끼치면서 전개되었다.

다음으로 생각해야 될 점은 물품 그 자체가 지닌 속성이다. 물품 자체가 지닌 고유한 특질을 넘어 물품이 지닌 다양한 속성이다. 다시 말하자면 상품으로서의 경제적 가치를 지닌 것에 그치는 것이 아니라 정치적, 군사적, 의학적, 문화적 측면에서 다양한 용도로 쓰였다는 것이다. 그것은 정치적으로는 조공품일 수도, 증여품일 수도, 사여품일 수도 있다. 해산물인 해삼·전복은 기본적으로는 음식재료이지만 동아시아에서는 화폐기능과 광택제로서, 후추·육두구 등 향신료는 16세기 이후 유럽 세계에 의약품으로서의 효능은 물론 음식을 상하지 않게 하는 성질을 가진 용도로도 소비되었다.

이처럼 지리적·기후적 환경 차이가 불러일으킨 동유라시아 세계 사람들이 만들어낸 물품은 다른 지역, 더 나아가 다른 문명 세계에 속한 사람들에게 크든 작든 영향을 끼쳐 그 사회의 문화를 변용시키기도 하였다. 다시 말하자면 기후, 생산 자원, 기술, 정치체제 등의 여러 환경 차이에 의해 생산되는 물품의 경우 그 자체로도 차이가 나타났고, 인간 삶의 차이도 유발시켰다.

인류의 문화적 특징들은 세계의 각 지역에 따라 크고 다르게 나타난다. 문화적 차이의 일부는 분명히 환경적 차이의 산물이기도 하다. 그러나 각 지역에서 환경과 무관하게 작용한 문화적 요인들의 의의를 확인해 보는 것도 중요한 일이다. 이러한 관점 하에서 본 총서가 기획, 간행되었다.

동유라시아의 대륙과 해역에서 생산된 물품이 지닌 다양한 속성을 면밀하게 들여다보는 것은 한국을 넘어선 동유라시아 지역의 문명·문화사의 특질을 밝혀내는 중요한 작업이다. 서로 다른 지역과 국가에서 지속적이고 직접적인 접촉을 통해 서로가 갖고 있는 문화에 다양한 변화를 일으켰을 것이다.

본 총서의 간행은 사업단의 아젠다 "동유라시아 세계 물품의 문명·문화사"를 다각적인 측면에서 접근, 분석하여 '한국의 동유라시아 물품학'을 정립하는 작업의 첫걸음이기도 하다. 달리 표현하자면 새로운 인문학의 모색과 창출, 나아가 미래 통일 한국이 동유라시아의 각 지역과 국가 간 상호교류, 경쟁, 공생하는 역동적인 모습을 새로이 정립하고 창조하기 위한 첫 작업이라 할 수 있다. 다만 동유라시아의 물품이라는 주제는 공간적으로는 규모가 넓고 크며 시간적으로는 장시간을 요하는 소재들이라는 점에 유의할 필요가 있다. 본 사업의 궁극적인 목표는 중국의 돈황학(敦煌學), 휘주학(徽州學), 일본의 영파학(寧波學)에 뒤지지 않는 세계에 자랑할 수 있는 학문적 성과를 거두는 것이자, 한국이 미래 북방과 남방으로 뻗어나갈 때 인문학적 지침서 역할을 하는 것이다.

2022년 2월
동국대학교 문화학술원장
인문한국플러스(HK+)사업단장
서인범

동국대학교 문화학술원이 주관하는 인문한국플러스(HK+)사업단은 전근대 동유라시아 세계를 물품이라는 키워드로 재조명하는 작업을 진행하고 있다. 본 연구총서 『동유라시아 물품교류와 지역』은 본 사업단이 1년차 세부 주제로 설정한 '동유라시아 물품학의 지역성'의 공동 연구 성과를 한 데 모은 것이다. 아래에서는 이러한 연구주제를 설정한 문제의식과 동기를 개관하면서 개별 연구의 성취를 서술함으로써 독자들의 이해에 보탬이 되고자 한다.

분과 학문 체계가 확립된 오늘날, 개별 연구자가 광대한 동유라시아 지역을 대상으로 물품 교류의 역사를 통시적으로 살피기란 사실상 불가능에 가깝다. 역사학의 학술적 성립조건은 사료에 의한 실증이다. 당연한 말이지만, 어느 누구도 동유라시아 각 지역의 고유한 문헌사료를 개인의 수준에서 하나도 빠짐없이 섭렵할 수는 없는 일이다. 견실한 사료적 실증을 포기하지 않으면서도 인접분야의 학술계에도 통용될 수 있는 연구사적 개관을 제공하기 위해서는 무엇보다도 다양한 지역과 시대를 전공하는 연구자들의 공동연구가 필수적이었다. 제주대학교 탐라문화연구원과 공동으로 '진상·증여품을 통해서 본 전근대 동유라시아와 제주'라는 주제로 학술대회를 조직하는 동시에 정기적으로 콜로키움과 국외명사초청특강을 개최하여 국내외를 아우르는 연구자들 간의 주기적인 회합을 도모한 것은 바로 이 때문이었다.

'지역'이란 키워드를 연구의 기치로 내세운 이상, 그간 우리가 자명하게 받아들이고 있던 고정관념에 대해서도 근본적인 재고가 필요하였다. 오늘날 우리들이 '□□지역'이라 통칭할 때의 '□□'에는 대개의 경우 근대 이후에 성립된 국민국가의 명칭이 기입되기 일쑤이다. 그러나 과연 국민국가를 단위로 하여 전근대 동유라시아를 정당하게 이해할 수 있을까. 근래 일본학계에서 제기된 '동유라시아'라는 지역개념 자체가, 종래 한국·중국·일본·베트남과 같은 국민국가를 단위로 설정된 '동아시아'라는 지역개념을 극복하기 위한 대안으로서 제출되었다는 것은 시사하는 바가 크다. 한반도와 중국본토, 류큐와 같이 동아시아 권역으로 묶을 수 있는 국가 이외에도 종래 중국 중심적 관점에 의해서 주변부로 치부되어 왔던—반대로 유라시아 중심적 관점에서는 중핵부로 강조되어 왔던—몽골이나 티베트를 전공한 연구자들을 초빙하고 나아가 제주도와 북동아시아(연해주·사할린·홋카이도)를 '국가'가 아닌 '지역'의 관점에서 조망한 것은 이러한 문제의식에서 비롯되었다.

본서는 이러한 문제의식을 공유하는 한국학자 8명과 일본학자 2명에 의한 공동연구 형태로 결실을 맺게 되었다. 여기에 수록된 10편의 연구논문은 모두 '물품'과 '지역'을 키워드로 하고 있는데, 세부적으로는 다시 3부로 나누어 배치되었다.

제1부의 주제는 '명청(明淸) 중국과 조선의 물품 교류와 지역'이다. 모두 3편의 논문이 수록되어 있는데, 근세 이후 중국본토와 한반도 일대에서 전개된 조공·사여·공납 등의 문제에 주목하고 있다. 명청사 전공자인 서인범은 「청(淸) 칙사(勅使)·통관(通官)에의 조선 호피·표피 사여와 무역」에서 만주인 왕조 청이 조선으로 파견한 칙사와 통관에 대해 조선 측이 지급한 예단 문제를 다루고 있다. 전근대 동아시아에서

황제의 말을 전하는 칙사와 통관이 외교관계에서 차지하는 비중은 절대적이라 해도 과언이 아니다. 본 논문에서는 조선 측이 청의 칙사와 통관을 회유하기 위해 제공한 예단에서 호피와 표피가 중요한 위치를 차지하고 있었음을 청측·조선 측 사료를 통하여 입증하고 있다.

서인범이 조선에 온 칙사와 통관을 다룬다면, 조선사 전공자인 구도영은 이와 반대로 중국으로 간 조선 사신의 시각에서 물품 교류의 문제를 다룬다. 구도영의 논문 「15~17세기 조선이 명(明)에 보낸 조공품의 변화와 의미」는 15세기에서 17세기에 이르기까지 조선의 정기 사행이 명 황제에게 보낸 방물의 종류와 수량의 추이를 살폈다. 이를 통해 조선은 방물의 관행을 준수하는 원칙을 고수하면서도 조선 백성의 폐해를 고려하고, 조선의 경제적 변화와 여건을 반영하며 시기에 따라 융통성을 보였음을 주요 성과로 제시하고 있다.

동양예술사 전공자인 김병모는 「국가 수취 대상으로서 조선시대 교(膠)의 분류」를 통해 국가 세원으로서 교의 생산 주체 및 생산지 등과 밀접하게 연관된 膠의 분류 체계에 관해 검토를 진행했다. 이를 통해 국가 수취 대상으로서 교의 분류가 특정 지역의 산출 여부만을 고려하는 단선적, 획일적 방식으로 진행된 것이 아니라 각 지역이 처한 공물 부담, 수송 여건, 국가 수요에 부응하는 안정적이고 원활한 수취 등의 문제를 다양한 맥락에서 고려하는 유기적, 차별적 방식으로 진행한 사실 등을 제시하고 있다. 아울러 교가 조선시대 중요 공납품 가운데 하나로 취급, 인식된 사실을 구체화한 점이 주목된다.

제2부의 주제는 '동아시아 해역의 물품 교류와 지역'이다. 총 4명의 필자가 참여하여 제주도와 류큐와 같은 동아시아 해역세계를 중심으로 전개된 물품 교류의 역사상을 주목하고 있다. 먼저 한국고대사 전

공자인 이승호는 「5~8세기 탐라국(耽羅國)의 대외 교류와 진상·조공품」을 통해 5~8세기 탐라의 대외교류 양상과 그 특징, 아울러 대외교류 과정에서 활용된 탐라방포(耽羅方脯)·탐라복(耽羅鰒)과 같은 진상 증여품에 대하여 검토하였다. 탐라국의 대외교류에 대한 그간의 연구가 백제사나 신라사 혹은 일본사의 관점에서 접근되어 온 경향이 있던데 비해 본 연구는 5~8세기 탐라국을 둘러싼 국제 정세를 탐라국 중심의 시선에서 조망하였다는 데에 의의가 있다.

이승호를 이어서 고수미는 「10~12세기 탐라의 대외 교류」를 통해 10~12세기 탐라의 대외교류 양상을 분석하고 탐라의 해양성과 해양활동의 실체를 규명하였다. 이를 통해 탐라는 바다를 매개로 한 동아시아 교역 시스템 안에서 나름의 모색을 통해 송·일본·고려 등 주변 국가와 교류하고 이들로부터 받아들인 선진문물을 통해 탐라사회가 새로운 단계로 발전하는 과정을 추적하였다. 탐라라는 고유한 사회질서가 형성되는 국제적 계기를 다룬 논고로서 주목할 만하다.

이승호와 고수미의 연구가 아직 독자적 왕권을 유지하고 있던 시대의 제주도를 대상으로 하고 있다면, 이와 반대로 임경준은 「근세 동북아시아 해역 질서와 '전복'의 길: 원명 교체기 제주도 특산물의 교역과 진상」에서 전복이라는 제주도의 특산품을 통하여 원명교체 시기 제주도의 위상이 변화하는 과정을 고찰하였다. 주지하듯이 전복은 고대 이래 제주도의 경제적 기반을 뒷받침하는 교역품으로서의 위치를 차지하고 있었는데, 제주도가 조선왕조의 일부 지역으로 편입됨에 따라 전복도 교역품에서 진상품으로 한정되고 만다. 물품이란 키워드로 지역의 변화상을 드러내고 있다는 점이 주목된다.

그렇다면 제주도와 마찬가지로 동아시아 해역 속에 위치해 있던 류큐의 사례는 어떠했을까. 근세 류큐사 연구자인 와타나베 미키는

「류큐·일본 관계에서의 관복(冠服)과 조칙(詔勅)」에서 명청중국으로부터 류큐국왕이 사여받은 관복·조칙을 비롯한 '황제의 반사품'이 류큐와 일본 관계에서 어떠한 의미를 지니고 있었는지를 류큐의 관점에서 재조명하고 있다. 즉 류큐는 일본과의 관계에서 황제의 반사품인 관복·조칙을 적극적으로 활용하였는데, 여기에는 일본문화에 포섭되지 않는 중국의 조공국으로서 류큐의 독자성을 강조하기 위한 의도가 숨어 있었다고 추론한다. 국가간 관계에서 특정 물품이 갖는 상징성을 규명한 노작이라 할 수 있다.

마지막 제3부의 주제는 '몽골제국 시대의 물품 교류와 지역'이다. 동유라시아에서 몽골제국이 패권을 장악했던 시기를 배경으로 몽골과 티베트만이 아니라 아무르강 일대와 사할린·홋카이도 등에서 교환되던 선물, 보시품, 에조 비단과 같은 물품에 주목했다. 몽골제국사 전공자인 설배환은 「"인간은 친절의 노예다" -사우가(Sauɣa) 문화와 몽골제국 사회·경제·정치 네트워크」에서 몽골어 사우가(Sauɣa)가 선물과 뇌물을 의미하며, 이 두 수레바퀴를 통하여 운영되던 몽골제국의 물질문화를 분석하였다. 사우가 문화는 몽골제국 '인사 네트워크'로 발전하며 동시대 유라시아의 사회·문화에서 폭넓게 경험되고 후대로 계승되었는데, 고려의 '쌍화점(雙花店)'과 제주의 상애떡[霜花餠] 또한 사우가의 한 유산이라고 한다.

몽골제국시대의 티베트를 전공하는 최소영은 「몽골제국 시기 티베트 승려에 대한 보시와 운송 문제 고찰」에서 몽골제국의 지배층이 티베트 승려들에게 바친 보시 물품의 종류와 성격을 살폈다. 이를 통해 보시의 품목과 양이 제국 초반과 중후반에 걸쳐 변화가 있었으며 멀리 페르시아로 원정을 간 훌레구가 몽골 초원과 중국 지역에 있던 자신의 형제들과 종교 성향을 공유하고 있었음을 입증하였다. 물질적 측면을 통해 몽골제국 지배층이 갖고 있던 티베트 불교 신앙의 일면을 생생하게 보여주었다는 점에서 의미가 크다.

마지막으로 북동아시아사 전공자인 나카무라 카즈유키는 「아이누의 북방 교역과 중국제 견직물 '에조 비단(蝦夷錦)'」을 통해 몽골제국 시대와 그 이후에 아이누의 북방 교역에서 핵심적 상품으로 쓰이던 중국제 견직물인 에조 비단을 분석하였다. 당시 사할린과 홋카이도 일대를 무대로 활동하던 아이누가 중국에서 제작된 에조 비단을 어떻게 입수하여 교역하고 있었는지를 각종 문헌사료를 구사하여 복원하고 있다. 한국학계에서는 그 존재조차 생소한 전근대 아이누의 북방교역을 다룬 논고라는 점에서 그 의미가 적지 않다고 생각된다.

본서를 기획하면서 절감한 것은 무엇보다도 한반도 이외의 지역을 전공하는 연구 인력의 부재였다. 일관된 관점과 주제를 가지고 통시대적으로 세계사를 조망하기 위해서는 다양한 지역과 국가를 연구하는 인력이 필수적이다. 그러나 한국을 제외한 동유라시아의 다양한 지역을 전공한 전문가를 찾기가 결코 쉽지 않았다. 한국학계에서 수배할 수 없는 연구 영역의 경우 외국인 연구자를 초빙하여 해결하려 하였지만, 2020년 이후 코로나19의 세계적 대유행 속에서 이마저도 제한된 범위 속에서 한계에 부딪혔다. 대내외적으로 불리한 여건 속에서 불완전한 형태로나마 1년간의 공동 연구를 마무리할 수 있었던 데는, 동국대 문화학술원 인문한국플러스(HK+)사업단 서인범 단장님과 노대환 부단장님 그리고 여러 구성원이 힘을 합쳐 불철주야 노력을 아끼지 않은 덕분이라 생각한다. 원고 작성에 진력해 주신 서인범 단장님을 비롯한 아홉 분의 집필자 선생님들 그리고 일본어 원고의 번역을 맡

아주신 조수일 박사님(동국대 일본학연구소 전임연구원)과 일본어 원고의 번역 및 교정을 포함하여 총서 구성과 서문 준비에 큰 도움을 주신 본 사업단 임경준 교수님께 머리 숙여 감사드린다. 아울러 급박한 출간 일정에 대응해 주신 경인문화사 한정희 대표님을 비롯한 관계자 여러분들께도 사의를 표한다. 본 사업단의 연구 아젠다인 "동유라시아 세계 물품의 문명·문화사"는 이제 출발 도상에 올랐다고 할 수 있다. 모쪼록 본서가 동유라시아 물품학의 정립을 향한 마중물이 되기를 희망한다.

2022년 2월
동국대학교 문화학술원 인문한국플러스(HK+)사업단
총괄센터장(HK 연구교수)　　김병모

| 차 례 |

명청(明淸) 중국과 조선의
물품 교류와 지역

01

청(淸) 칙사(勅使)·통관(通官)에의
조선 호피·표피 사여와 무역

서인범(徐仁範, 동국대학교 문화학술원 HK+사업단장)

Ⅰ. 머리말

후금 시기는 물론 청조가 성립되어 조선과의 사이에 정식으로 조공책봉 관계가 설정된 이후에도 조선의 호피·표피는 매년 세폐(歲幣) 혹은 공물(貢物), 나아가 그들이 관심을 표명하는 무역품 중의 하나였다. 잘 알다시피 청조는 관복(冠服) 규정을 제정하여 엄격한 신분 질서 체제를 유지하였다. 그 신분 고하의 차이를 명료하게 보여주는 품목의 하나가 호피·표피로 만든 좌욕(坐褥, 방석 혹은 깔개)과 관(冠, 모자)이었다. 청조에서 귀천(貴賤)의 구별은 보석 혹은 산호나 수정·옥석·금속 등으로 제작한 예모(禮帽)의 장식품인 정자(頂子)와 방석에 있다고 할 정도였다. 태종 홍타이지가 관복 규정을 제정한 이후, 옹정제(雍正帝)는 좌욕의 사용 규정을 지키지 않으면 팔기대신(八旗大臣)·통령아문(統領衙門) 및 도찰원(都察院)으로 하여금 엄히 계찰(稽察)하도록 엄명하였다. 만약 대신(大臣) 등이 그 사실을 인지하고도 사사로운 정에 얽매여 소홀히 처리하면 같은 죄로 처벌하였다.[1] 이처럼 청조에서 호피·

표피는 신분의 위엄과 등급을 구분하는 주요한 물품이었다.

조선은 의례적으로 청 황제와 황태자에게만 호피·표피를 진헌하였으나, 청조의 정치가 안정화되어감에 따라 이들 물품에 대한 세폐 감면 조치를 점진적으로 취하였다. 한편, 조선에 파견된 청 칙사(勅使)나 통관(通官) -특히 조선 출신 통관- 들도 조선으로부터 물품들을 사여받았다. 그뿐만 아니라 호피·표피의 무역을 조선에 강제하였다.

전해종은 후금 시기 조선의 사신 파견은 연 평균 7.26회였으나, 청 성립 이후부터 강희제가 등극하는 해까지는 대략 4.23회로 줄었고, 조선과 청조 사이의 관계가 안정화되는 18세기 이후는 연 2~3회 정도에 불과하였다고 서술하였다.[2] 반면 최근에 김경록은 청조의 조선 출사(出使)는 숭덕(崇德) 원년(1636)부터 광서(光緖) 6년(1880)까지의 245년 동안 169회였다고 분석하였다.[3] 연 0.7회 정도인 셈이다. 한편 구범진은 순치(順治) 연간(1644~1661) 18년 동안에 청조는 칙사를 39회, 강희(康熙) 연간(1662~1722)의 초기 20년 동안에 26회나 파견하여, 그 빈도가 연평균 1회를 넘어섰다고 분석하였다. 하지만 18세기 이후에는 칙사 파견의 빈도가 점차 낮아져, 건륭(乾隆) 연간(1736~1795) 60년 동안은 18회에 그쳤으며, 이러한 추세는 19세기에도 지속되었다고 논술하였다. 그는 청조가 조선에 파견한 칙사 중에 한인 관료를 배제하였다는 흥미로운 사실도 밝혀냈다. 즉, 입관(入關) 이후 광서 연간(1875~1908)까지 청조가 조선에 파견한 사신은 모두 150회(연인원 349명)였고, 건륭 중기에는 3품 이상의 고급 관원을 조선에 책봉사로 파견하였

---

1 호피·표피는 좌욕 외에 갖옷, 그리고 황제들이 종실을 우대할 때, 인접 국가와 친밀한 관계를 맺을 때, 혹은 공을 세운 대신들에게 하사할 때 이용되었다. 서인범, 「조선 호피·표피의 淸朝 진헌」, 『역사학보』 244, 2019.
2 전해종, 『한중관계사연구』, 일조각, 1970.
3 김경록, 「조선시대 사신접대와 영접도감」, 『한국학보』 30, 2004.

는데 그들은 모두 기인(旗人)이었다는 사실을 논증해냈다.[4]

최근 이명제는 숭덕 2년(1637)부터 광서 7년(1881)까지 청조에 들어간 사신을 사행(使行)과 재자행(齎咨行)으로 분류하는 동시에 청조의 조칙 반포와 그 성격, 숭덕~강희 연간의 청 사신 명단과 관직 등을 면밀하게 분석하였다.[5]

본고는 청 칙사·통관들에게 공예단(公禮單)·사예단(私禮單)의 명목 혹은 그들이 강력히 요구한 품목인 호피·표피를 시야에 두고 논지를 전개한다. 숭덕 8년(1643, 인조 21)[6]부터 건륭 51년(1755, 영조 31)까지 청 칙사를 포함한 사신들에게 지급한 예단 및 구청 물품을 기록한『반사칙원접사별인정(頒赦勅遠接使別人情)』(奎 1312-v.1-8) 사료와 인조 15년(1637)부터 순조 31년(1831)까지 152회에 걸쳐 조선에 파견된 청 사신의 명단 및 편자(編者)가 순조 33년·35년을 추가한 사료인『접칙고(接勅考)』[7]를 중점적으로 이용하여 후금 및 청조 성립 이후 칙사와 통관에의 호피·표피 사여, 그들의 무역 요구 행태를 밝혀 조·청 관계의 일면을 드러내고자 한다.

---

4 19세기의 칙사 파견 사유는 두 나라 군주의 중대한 '慶弔辭'로 제한되었다. 구범진, 「淸의 朝鮮使行 人選과 '大淸帝國體制'」, 『인문논총』 59, 2008. 그는 병자호란의 원인을 홍타이지 자신의 정치적 야심이자 '稱帝' 문제를 조선과의 외교 문제로 비화시킨 것에서 찾았다. 『병자호란, 홍타이지의 전쟁』, 까치, 2019.

5 이명제, 「17세기 청·조 관계연구」, 동국대학교 사학과 박사학위논문, 2021. 2.

6 편의상 청 연호를 먼저 표기하였다.

7 필사본으로 현재 미국 버클리대학교 동아시아도서관에 소장되어 있다. 원고 완성 단계에서 이명제 박사로부터 통관 관련 기록이 풍부한『접칙고』사료를 소개받았다. 차후의 연구 과제로 남겨두겠다.

II. 후금 사신에의 예단 지급

조선은 후금에 공식적으로 예단을 바치는 외에도 호차(胡差, 혹은 金差)[8]에게 별도의 예단을 지급하였다. 후금은 명 사신에게 별도의 예단을 지급한 사례를 들어 예단을 요구해왔다.[9] 청조 성립 이후는 명나라 제도에 의거하여 조선에 증유(贈遺)와 칙령을 반포하였다. 홍타이지는 조선의 공물이 액수에 미치지 못한다고 질책하였다. 조선인 쇄환, 양국 인민 등이 월경하여 수렵하는 범법 행위 등의 현안[10]이 대두된데다, 조선이 후금과의 맹세를 어긴다고 의심하는 상황이 전개되고 있었다. 천총 2년(1628, 인조 6) 회답사(回答使) 정문익(鄭文翼)이 후금으로 들어갈 때 원예단(原禮單) 이외에 청포 1,000필, 표피 5장 등 다양한 품목을 별단 명목으로 마련해 갔다.[11] 이듬해 2월 금차 만다르한[12](滿月乙介·滿月乙介)·아주후(阿之好), 그리고 조선 종성(鍾城) 토착민 출신인 박중남(朴仲男·董納密·중남이) 등이 홍타이지의 친서를 받들고 한양으로 들어왔다.[13] 일찍이 홍타이지는 박중남·고화봉(高化逢)·고배(高倍) 등이 후금과 조선을 왕래한 공로가 있다며 이들에게 관직을 제수하고, 접견할 시에는 교의(交椅)에 앉지 못하더라도 특별히 붉은 담요를 깔아

---

8 호차와 금차를 구분하지 않고 사용한 듯하다. 『인조실록』 인조 7년 2월 계축조에는 '胡差'로, 『승정원일기』 같은 날에는 '金差'로 표기하였다.

9 광해군 원년 칙사에게 은 수백 냥과 把蔘 30근, 綿紬·苧布 약간을 더 보냈다. 『광해군일기』[중초본] 17권, 광해 1년 6월 4일(계축).

10 『淸太宗實錄』 권4, 天聰 2년 5월 25일.

11 『인조실록』 권24, 인조 9년 6월 24일(丙寅).

12 성명 표기는 만주어 독음이다.

13 『승정원일기』 인조 7년 2월 14일(경자) 및 『인조실록』 권20, 인조 7년 2월 23일(기유) ; 『승정원일기』 인조 7년 2월 21일(정미). "且從胡中一等八名, 通事一名外, 率胡二十九名, 我國假胡五名"이다.

줄 것, 물품 증정도 다른 사람들과는 차이가 나게 해줄 것을 요구하였다.[14] 조선은 이전 박중남에게 토산물 등의 잡물과 은 50냥을 별도로 증급(贈給)한 적이 있었고, 구관당상(句管堂上)은 단자(段子)·화주(花紬), 은 30냥을 건네기도 하였다.[15] 이때 박중남의 대우 문제가 재론되자, 조선은 그에게 별도로 예단을 증급하기로 결정하였다. 호조는 이들이 요구하는 표피 10여 장, 수달피(水獺皮)와 자서피(紫黍皮) 각각 20장 등을 긴급히 마련하였다.[16] 금차는 은 1,000여 냥으로 여러 종류의 단자·청포(靑布)·지속(紙束), 표피 등의 피물(皮物)을 구매하고자 하였다.[17] 그들이 요구하는 물품 중 도검(刀劍)·궁각(弓角)은 금지시키고, 그 대신 호조가 보관하고 있던 각종 단자·청포[18]·피물·지속으로 바꾸어주었다. 이들이 개시(開市)에서 얻으려는 물품은 표피를 위시해 각종 채색, 5색 진사(眞絲)·명패영자(明貝纓子)·양피·수달피·청서피(靑黍皮)·건시자(乾柿子)·생리(生梨)·단목(丹木)·백반·호초(胡椒) 등이었다. 조선은 그들이 원하는 무역 물품을 일일이 기록하여 평시서(平市署)에서 지급하도록 하였지만, 상인들은 미처 이들 물품을 갖추지 못하였다.[19]

천총 6년(1632, 인조 10) 호차 소도리(所道里, 즉 바두리, 巴都禮)는 명 사신을 접대하는 사례로 자신들을 대해줄 것을 요구하였다. 즉, 명

---

14 『인조실록』 권18, 인조 6년 1월 1일(계해).
15 당시 용골대에게 황금 5냥을 지급하였다. 『승정원일기』 인조 7년 2월 27일(계축).
16 『승정원일기』 인조 7년 2월 23일(기유).
17 『승정원일기』 인조 7년 2월 27일(계축).
18 명·청 교체기에는 금차만이 아니라 假島를 점거하고 있던 毛文龍의 差使들도 조선에 銀을 요구하는 형국이었다. 반면에 후금은 靑布를 요구하였고, 조선으로부터 받은 은으로 청포를 무역해 갔다. 은 확보가 충분하지 않았던 호조는 금차에게 각각 전례대로 별도로 증급하는 은 대신에 그 가치에 해당하는 청포·段子를 지급하였다.
19 『승정원일기』 인조 7년 2월 27일(계축).

사(明使)와 똑같이 평안감사·평안병사·황해병사·개성유수 등 네 명의 대관들이 성을 나와 영접하라는 것이었다.[20] 일찍이 후금은 8개 참(站)에서 연회를 베풀어줄 것을 요구하였으나, 조선은 단지 세 곳에서만 응하였다. 이에 홍타이지는 안주·평양·황주·개성부 등 네 곳에서 연회를 베풀어줄 것을 강력히 요구하였다.[21] 조선은 후금의 대관이 사신으로 나오는 경우는 연회를 열었지만, 평상시에 내왕하는 차사(差使)는 응하지 않았었다.[22] 후금은 조선이 명조는 부모로서 대우하여 대소 관원들이 말에서 내려 명사를 영접하는 데 반해, 자신들은 형제의 나라로 취급하여 말 위에서 서로 읍하는 형태로 그친다며 불만을 토로하였다. 후금이 재차 차사가 왕래할 때 1로의 4대관, 즉 평안감사·평안병사·황해병사·개성유수가 영접할 것을 요구하자[23], 평안도는 평안관찰사, 황해도는 황주 병사, 경기도는 개성부 유수가 접대하도록 조치하였다.[24]

천총 8년(1634, 인조 12) 말에 금차 마부대(馬夫大·馬福塔·마푸타) 등이 종호(從胡) 113명을 거느리고 한양에 들어왔다. 이들은 조선에서 정단(正旦)을 맞이하게 되었는데, 전례대로라면 별설연(別設宴)·별반찬(別盤饌)·별예단(別禮單)을 거행해야 했다.[25] 금차 2인의 예단을 용골대(龍骨大·英俄兒代·잉굴다이)와 박지내(朴只乃) 등에게 지급한 사례대로 마련하였다. 즉, 1등 42인은 팔장(八將, 즉, 팔기)이 보낸 호차의 사례를, 종호 60명은 종호의 예로 마련하여 증급하였다.[26] 구관소(句管所)에

<hr />

20 『인조실록』 권27, 인조 10년 9월 27일(임술).
21 『승정원일기』 인조 11년 10월 4일(계해).
22 『인조실록』 권28, 인조 11년 10월 4일(계해).
23 『인조실록』 권27, 인조 10년 9월 27일(임술).
24 『인조실록』 권27, 인조 10년 11월 19일(계축).
25 『승정원일기』 인조 12년 12월 28일(경술) 및 『인조실록』 권30, 인조 12년 12월 28일(경술).

서 상마연을 설행하였는데, 조선 출신 호역(胡譯) 김돌시·정명수(鄭命壽·谷兒馬紅)[27] 등은 별예단 중에 표피 1령 등의 물품이 빠졌다며 불평을 토로하였다. 더군다나 그들이 별예단 외에 별증급(別贈給)을 요구하자, 구관소는 이전 등록(謄錄)에 기재되어 있는 수량대로 지급한다는 규정을 들어 그들을 달랬다.[28] 이어 별예단 지급 문제를 이후 선례로 삼지 않는 약정을 맺으려고 하였다.[29]

이듬해 5월 금차 마부달(馬夫達, 마푸타)이 상호(商胡) 160명을 거느리고 조선에 들어와서는 다양한 물품을 독촉하였다.[30] 마부달은 용골대와 더불어 홍타이지가 조선에 관련된 일들은 맡길 정도로 신뢰받는 인물이었다. 조선은 이들이 요구한 물품 중 호피·표피를 여러 곳에서 널리 구하기는 했지만 거래량을 맞추기는 쉽지 않았다. 저자에 비축한 곳이 많지 않았기 때문이었다. 간신히 호피 16장, 표피 27장, 수달피 30장을 매매할 수 있었다.[31] 조선은 호피·표피 획득이 어려워지자 외방에 지정하는 물품을 줄이는 조치를 취하였다. 이때 호피 58장은 40장으로, 표피 136장은 100장으로 경감시켰다.[32] 그로 인해 후금이 원하는 표피는 시장에서 구입하기가 대단히 어려워졌던 것이다. 그런 까닭으로 연회에 사용하는 표피를 호피로 대체하였을 정도였다.[33]

---

26 『승정원일기』 인조 12년 12월 29일(신해).

27 정명수 관련 논문은 김선민, 「조선통사 굴마훈, 淸譯 鄭命壽」, 『명청사연구』 41, 2014 및 白玉敬, 「仁祖朝 淸의 譯官 鄭命守」, 『硏究論叢』 22, 이화여자대학교 대학원, 1992 참조.

28 『승정원일기』 인조 13년 1월 7일(무오).

29 『승정원일기』 인조 13년 1월 9일(경신). 『비변사등록』 인조 25년 10월 10일. 「칙사 정명수에게 전례에 의거하여 주는 銀子 이외의 수고비에 대한 備邊司의 啓」. 정명수에게 항상 은 700냥을 건넸다.

30 『인조실록』 권31, 인조 13년 5월 2일(신해).

31 『승정원일기』 인조 13년 11월 19일(을축).

32 『승정원일기』 인조 14년 8월 6일(정축).

III. 청 칙사에의 예단 지급

1. 예단 지급 규정

그렇다면 청조 성립 이후 조선에 들어온 칙사에게 예단 명목으로 어느 정도의 호피·표피를 지급하였을까. 이 문제에 대해 구체적으로 검토하기로 한다.

청조의 사신은 순치 연간까지는 상사·부사의 2명 외에 삼사(三使)· 사사(四使)·오사(五使)[34] 등 2~5명을 파견하였다. 후금 시기나 청조 성립 초기는 사신 구성이 일정하지 않았음을 알 수 있다. 순치 16년 (1662, 현종 2) 황제는 현종(顯宗)을 책봉하는 칙사를 조선에 파견하였고, 같은 해에 "內大臣, 散秩大臣, 一等侍衛, 滿洲 內閣學士, 翰林院掌院學士, 禮部侍郞" 중에서 정사와 부사를 한 명씩 고른다는 인선 원칙을 세웠다. 내대신(內大臣, 종1품), 산질대신(散秩大臣, 종2품), 일등시위(一等侍衛, 정3품) 등은 시위처(侍衛處) 소속의 팔기(八旗) 무직(武職)이다.[35]

조선은 이들 칙사에게는 지은(地銀, 즉 九成銀)[36]·종이·부채·환약· 피물·명주·담뱃대 등을 증급하였다. 당시 응판색(應辦色)은 예단 구청 (求請)을, 분공조(分工曹)는 예급(例給)할 피물을 맡았다.[37] 조선은 칙사

---

33 『승정원일기』 인조 15년 11월 23일(정해).

34 순치 7년 「攝政王通婚勅」을 포함한 2개의 칙서를 전달할 때 5명의 사신이 편성되었다. 『동문휘고』 권9, 「조칙록」정월 28일.

35 구범진, 앞의 논문, 5쪽.

36 平安監營(朝鮮) 編, 『平安道內各邑支勅定例』(奎17197) 「贈贐」에 의하면 상칙·부칙은 丁銀(즉 七成銀)을, 一大通官에는 正銀·天銀을 지급한 것으로 되어 있다. 정조 1년(1788)에 간행한 黃海監營(朝鮮) 編, 『海西支勅定例』(奎16041) 「排設」도 호피· 표피 관련 내용이 실려 있다. 海西에서는 상칙·부칙의 樓抹·遞馬所에도 표피 방석 1립 혹은 호피 방석 1립을 설치하였다.

의 영위연(迎慰宴)·전위연(餞慰宴) 및 한양에서 베푸는 연회 때 예단을 지급하였다. 본래 연향(宴享) 규정은 칙사가 외방(外方)에 있을 때 7차례, 서울로 들어온 후에 7차례 베풀었다.[38] 『만기요람』에 의하면, 문안사(問安使) 파견에 대한 규정이 자세히 실려 있다. 그 기록을 살펴보면 칙사를 5곳에서 영접하였다. 즉, 의주·정주·안주·평양·황주에 양서(兩西)의 수령을 선발하여 영위사(迎慰使) 자격으로, 안주문안중사(安州問安中使) 그리고 평양·황주·송도 3곳의 문안사는 승지나 혹은 도내(道內)의 수령 중에서 승지를 지낸 사람을 파견하였다. 홍제원별문안사(弘濟院別問安使)는 대신 1인·승지 1인을, 관소문안사(舘所問安使)는 재신(宰臣)이나 혹은 별군직(別軍職)으로 하여금 입경일(入京日)로부터 회환일(回還日)에 이르기까지 매일 한 차례 문안시켰다. 익일문안중사(翌日問安中使)도 편성하였으며, 칙사를 전송할 때는 송도·평양·의주에 승지를 지낸 도내의 수령을 선발하여 파견하였고, 안주에는 문안중사(問安中使)를 보냈다. 칙사를 영접할 때의 5처 영위사의 어첩명첩(御帖名帖)은 원접사(遠接使), 칙사를 보낼 때에 3처 문안사의 어첩명첩은 반송사(伴送使)가 전달하였다.[39]

칙사 외에 차관(差官)의 경우는 약간 달랐다. 숭덕 4년(1639, 인조 17) 9월 홍타이지는 만월개(滿月介·滿達爾漢·만다르한)를 파견하여 인조의 질병을 위문하였다.[40] 조칙을 반포한 것이 아니었다. 앞에서 서술하였듯이, 본래 칙사의 경우는 7처에 영위사를 보내 맞이하는 것이 규

---

37 대통관 이하의 물품 지급은 館伴·都廳·郎廳이 담당하였다(『만기요람』 재용편 5, 支勅 「延接都監分掌」 및 「贈給式」).

38 『승정원일기』 인조 17년 9월 27일(신사). 7처는 碧蹄·開城府·黃州·平壤·安州·定州·義州이다. 『칙사등록』 「勅使節目」 인조 17년 2월 7일.

39 『만기요람』 재용편 5, 支勅 「問安使次數」.

40 『인조실록』 권39, 인조 17년 9월 21일(을해). 이때 滿月介는 弔祭의 일로 조선에 들어왔다. 『인조실록』 권27, 인조 10년 9월 27일(임술).

정이었다. 반면에 일반 차관의 경우는 단지 접반사만 보내고 영위사와 전위사는 차출하지 않았다. 하지만 만월개는 만주정황기(滿洲正黃旗) 출신으로 관위가 높았던 탓에 예조는 전례를 깨고 후하게 접대할 것을 제안하였다. 비변사도 봉사(奉使) 의미가 남다르다며 그를 칙사와 똑같이 후하게 접대할 것을 건의하였다. 논의 끝에 승지 구봉서(具鳳瑞)를 접반사(接伴使)로 칭하고 종2품으로 가함(假銜)하여 예단을 지참하고 출발시키려 하였으나, 장복(章服)이 갖추어지지 않아 원접사 정태화(鄭太和)로 교체하였다. 교외(郊外) 영전위사(迎餞慰使) 및 관(館)에 도착 이후의 상마연·하마연의 재신은 해조(該曹)가 미리 차출하고 예단도 우대하여 마련해 놓았다. 다만 7처의 영전위(迎餞慰)는 모두 행할 수 없어 의주·평양·개성부 등으로 제한하였다.[41] 이조(吏曹)는 영전위사를 차출하여 관례대로 예단을 가져가도록 준비하였으나, 문제는 이들이 칙사가 아닌 차관의 명칭을 띠었기에 대우에 약간의 차별을 두어야 했다. 결국 의주는 제외되고 평양·개성에서 영위사가 접대하는 것으로 결론이 났다.[42] 연례(宴禮)와 별예단은 칙사의 예로 거행하였고, 예단으로 표피 5장을 지급하였다.[43] 만월개 영접 예단과 전별 예단은 녹비(鹿皮)였고, 한양에 들어온 뒤로는 칙사의 예에 따라 표피를 썼다.[44] 청연(請宴) 예단과 별예단을 상방(尙方)·호조·궁방(弓房) 등에서 준비하였다.[45] 상방에서 주(紬)·은장도·촉(燭)·명적(鳴鏑) 그리고 표피

---

41 滿長, 즉 만월개의 행차가 의주를 지나쳤기에 평양부·개성부 두 곳과 중도에 문안관으로 대신 1명을 별도로 파견하였고, 승지는 벽제에 나가 영접하였다. 또한 대신 1명이 교외에서 영접했고, 宴禮는 한결같이 칙사와 같이 대우했다. 『비변사등록』 인조 19년 10월 19일.

42 『勅使謄錄』 「接伴使定奪」 인조 17년 9월 22일 및 「滿將出來時迎餞慰使定奪」.

43 『승정원일기』 인조 17년 9월 23일(정축)

44 『승정원일기』 인조 17년 9월 29일(계미).

45 『승정원일기』 인조 17년 9월 27일(신사).

등을, 호조에서 저포와 환도·종이를, 궁방에서 활과 화살을 마련하였다.[46] 하지만 그는 선물을 절가(折價)하여 은으로 받아갔다.[47]

이듬해인 숭덕 5년(1640, 인조 18) 소현세자를 호행(護行)한 예부시랑 오목도(梧木道·俄莫克圖·梧木都·오목투)[48]는 만월개에 비해 영전·영위연 횟수를 줄여, 의주·평양·황주·개성부 등 4곳에서만 설행하였다. 벽제 등지에서 영위연과 전위연을, 중도에 문안승지(問安承旨)의 문안, 교외에서 영위연과 전위연을, 한양에 들어온 뒤 상마연과 하마연·익일연을 베풀었다. 관소에 머물고 있을 때 승지의 문안, 벽제관과 모화관(慕華館)에 대신이 나가서 안부를 물었다. 각종 연회는 심양의 지시에 따라 중지하였다.[49] 예단의 품목과 수량도 만월개보다는 낮추고 차관에 비해서는 조금 후하게 마련하였다.[50]

〈표 1〉은 칙사가 조선에 들어오는 날부터 귀국하는 날까지의 연회와 각종 명목의 예단 지급에 관련된 규정이다.

〈표 1〉 칙사에 대한 연향 및 예단 지급 규정

분류	원접사	安州	영은문	入京 익일	2일	3일	4일
연회				下馬宴	翌日宴	仁政殿 請宴	回禮宴
예단 종류	中路 禮單	中路問安使 禮單	例贈	例贈 別贈		都給·都求 請·密賭	
분류	5일	回程 臨時	回程日	節日	回還	中路禮單 (回還安州)	기타
연회	別宴	上馬宴	餞宴				
예단 종류				節日禮單	回禮單	中路回禮單 (中使禮單)	別求請 (別別求請)

※ 전거: 『만기요람』 재용편 5, 支勅 「贈給式」 및 「宴亨式」

---

46 『승정원일기』 인조 17년 9월 24일(무인).
47 『승정원일기』 인조 17년 9월 29일(계미).
48 『접칙고』 「昭顯世子護行將接待都監」 숭덕 5년 경진 4월. 예부시랑으로 표기하였다.
49 『승정원일기』 인조 23년 4월 21일(계유).
50 『승정원일기』 인조 18년 윤1월 14일(병신).

입경 다음 날의 하마연(下馬宴)을 시작으로 회정일(回程日)의 전연(餞宴)까지 다양한 연회가 베풀어졌다. 아울러 원접사가 중로문안이라는 명목으로, 연회가 베풀어질 때마다 예증(例贈)·별증(別贈)·도급(都給)·도구청(都求請)·밀신(密贐) 등의 명목으로 예단을 지급하였다. 예증은 중사(中使)가 상의원(尙衣院)의 물종(物種)과 호조의 증급을 동시에 지급하는 것이다. 밀신은 명칭 그대로 비밀리에 지급하는 물품으로, 숭덕 2년(1637, 인조 15)부터 시작되었으며, 가경(嘉慶) 6년(1801, 순조 원년)에 신행(贐行)이라 개칭되었다. 정조(正朝)·단오·동지의 절일(節日)에도 예단이 있었다. 건륭 49년(1784, 정조 8)에는 특별 조치로 회례단(回禮單)이, 통관처에는 별급예단(別給禮單)이, 또 중로회례단(中路回禮單)이 있었으나 후에 폐지되었다. 그 외에 칙사가 회환(回還) 시 안주에 도착하면 중사(中使)의 예단이, 그 밖에 별구청(別求請)·별별구청(別別求請)의 명색이 있었고, 칙사의 요청에 따라 증급하였기에 물품의 다과(多寡)와 유무(有無)는 해마다 동일하지 않았다.[51]

칙사에게 지급하는 물품에 대해서는 『통문관지』 사대 하, 「예단」조에 자세히 실려 있다. 그 규정을 통해 입경 시 중로(中路)에서의 문안, 회정 시의 문안, 절일에 중로에서 지급하는 문위사(問慰使)의 예단 품목을 확인할 수 있다. 즉, 정사·부사에게 별예단으로 내관이 청서피·수달피 등 다양한 물품을 전달하였다. 한편 『일성록』에도 건륭 49년(1784, 정조 8)에 호조가 칙사와 통관에게 예단을 지급한 사례가 보인다. 그 기록을 통해, 중로나 회정 시의 예단으로 상사·부사에게 각각 표피 1장, 도급예단(都給禮單)으로 각각 표피 5장, 회환할 때 중로문

---

51 하마연부터 인정전 청연은 왕이, 회례연부터 상마연까지는 宰臣이 주재하였다. 칙사가 나왔을 때 130여 종을 분정할 정도로 物目이 매우 많았다. 『승정원일기』 인조 18년 5월 16일(병신).

<표 2> 각종 명목의 예단 지급 시의 호피·표피 수량

구분	遠接使齎 去別人情	便殿接 見禮單	下馬 宴禮	翌日 宴禮	南別宮請 宴禮單	館伴 禮單	上馬 宴禮單	郊外餞 宴禮單	別禮單
호피	1(각 1?)					각 1		각 1	
표피		각 1	각 1	각 1	각 1	각 1	각 1		각 1

안사가 가지고 가는 예단으로 각각 표피 1장이 포함되었음을 확인할 수 있다.[52]

호피·표피의 예단 수량을 구체적으로 제시한 것이 〈표 2〉로, 『반사 칙원접사별인정』의 숭덕 8년(1643, 인조 21) 기록을 분석하여 정리한 것이다.

〈표 2〉에 의하면, 숭덕 8년에는 원접사의 별인정(別人情)·관반예단 (館伴禮單)과 교외전연예단(郊外餞宴禮單)으로 호피 1장(각1?)이, 편전접 견예단(便殿接見禮單)·하마연례(下馬宴禮)·익일연례(翌日宴禮)·남별궁청 연예단(南別宮請宴禮單)·관반예단·상마연예단(上馬宴禮單)·별예단으로 각각 표피 1장씩이 지급되었음을 확인할 수 있다. 동시에 호피보다는 표피가 예단으로 더 많이 사용된 사실도 추론 가능하다.

〈표 3〉은 숭덕 8년 이후 칙사 등에게 지급하는 호피·표피 수량을 정리한 것이다. 그 내용을 분석하면 다음과 같다

---

52 『일성록』 정조 8년 12월 9일(경인). 정조 23년 칙사 일행의 예단·예증·별증·도 구청의 각항의 물종을 折銀하거나 本色으로 가지고 갔다. 도급 예단의 표피 1령 은 銀 9냥으로 바꾸었다(『일성록』 정조 23년 3월 23일(신사)).

〈표 3〉『반사칙원접사별인정』에 보이는 칙사에게 지급한 표피 수량

	皇后頒詔勅						頒慶勅						頒詔兩					
	中路問安中使齎去禮單		勅使以下都給禮單		回還中路問安中使齎去禮單		中路問安中使齎去禮單(별인정)1		勅使以下都給禮單		勅使回還時中路問安中使齎去禮單		中路問安中使齎去禮單		勅使以下都給禮單		回還時中路問安中使齎去禮單	
	정사	부사	정사	부사	정사	부사	정사	부사	정사	부사	정사	부사	정사	부사	정사	부사	정사	부사
순치 11			10	10									1					
강희 1							1	1	10	10								
강희 6													1	1	10	10		

첫째, 순치 11년(1654, 효종 5) '황후반조칙(皇后頒詔勅)'의 경우에는 원접사의 별인정 지급은 없었으나[53], 강희 1년(1662, 현종 3) 이후 중로문안중사재거예단(中路問安中使齎去禮單)·칙사이하도급예단(勅使以下都給禮單)·회환중로문안중사재거예단(回還中路問安中使齎去禮單) 명목으로 표피가 지급되었다는 사실이다. 이 해 칙사 2명에게 원접사별인정(遠接使別人情)으로 표피 각 1장, 칙사이하도급예단으로 정사·부사 각 표피 10장씩을 지급하였다. 건륭제가 황제위에 오르자 중로문안사 예단 외에 회환 시 별문안중사의 예단 명목으로 칙사 2명에게 표피 1장씩을 더 하사하였다.[54]

둘째, 칙사에게 지급된 호피·표피의 총 수량이다. 숭덕 8년에는 칙사 1인당 표피 7장이, 순치 11년(1654, 효종 5)에 '황후반조칙'을 받들고 조선에 들어온 칙사 2원에게 도급예단으로 정사·부사에게 표피 10장씩을 지급하였다. 강희 1년(1662, 현종 3) 이후는 정사·부사 모두 11

---

53 순치 10년 廢后 건으로 예부상서 교로 랑키오[覺羅郞球]를 파견하여 조선에 반포하였다. 『淸世祖實錄』권78, 순치 10년 9월 26일(무오). 순치 11년 6월 「繼立皇后詔」一道를 상사 阿思喀, 부사 內院學士 㫱를 파견하여 반포하였다. 『동문휘고』권9, 「詔勅錄」및 『接勅考』에는 정사의 이름이 阿思哈尼哈番 額으로 표기하였다. 「勅使出來數」,「冊后勅」순치 11년 9월.

54 『頒赦勅遠接使別人情』,「皇帝登極勅」옹정 13년.

〈표 4〉『통문관지』 事大 下, 「禮單」

구분	숭덕 2(1637. 인조15)		숭덕 8(1643. 인조21)		순치 5(1648. 인조 26)	
	상사	부사	상사	부사	상사	부사
호피	6	6	5	5	0	0
표피	29	29	15	15	10	10

※『동문휘고』「예단」조에서는 표피(豹皮)가 아니라 초피(貂皮)로, 하지만 「예단」조에서는 표피로 기록

장씩 지급되었다.

『통문관지』에도 칙사에게 지급한 예단 수량이 기재되어 있다. 〈표 4〉에서 알 수 있듯이 순차적으로 예단 수량은 경감되었다.

청조가 성립된 이듬해 정사·부사에게 각각 호피 6장, 표피 29장이었던 것이, 순치제가 등극한 해에 호피 1장, 표피 14장이 줄어 호피 5장, 표피 15장으로 되었다. 당시 순치제가 인조에게 칙서로 유시한 내용이 『동문휘고(同文彙考)』 별편 권2, 견폐(蠲弊) 【계미】 재감칙사궤유급의물칙 호부승정진등래(裁減勅使餽遺及儀物勅 戶部承政陳等來)에 보인다.

짐이 듣기로 파견한 사신이 모두 명조의 구례(舊例)를 들어 얻은 예물이 너무 많아 백성이 매우 견디기 어려우니, 이는 선정이 아니다. 이에 특별히 그 숫자를 줄여 정례(定例)로 삼는다. 재차 예물을 연도의 역체(驛遞)에서 보내니 매우 불편하다. 이후는 왕경(王京)에서 주도록 하며 연로의 대소 역참에서 접대하는 비용을 지급하는 사례 및 방기(房妓)·응견(鷹犬)은 모두 혁파하라. 영송(迎送)·연접(宴接) 의례는 전례대로 하라 … 사신이 조선에 도착하면 식용 물품은 참작하여 줄인다. 특별히 유시한다. 하나, 정사·부사 각 사신 1인 당 본래 안마(鞍馬) 2필이었으나 지금은 1필로 하는 것을 정례로 한다 … 원래 표피 29장이던 것을 지금은 15장으로 하는 것을 정례로 한다. 원래 호피 6장이었던 것을 지금은 5장으로 하는 것을 정례로 한다. … 숭덕 8년 5월 11일

순치제가 칙사에게 지급한 호피·호피의 감면 조치 이유가 실려 있다. 즉, 순치제가 조선 백성의 고통을 헤아려주는 동시에 선정을 베푼다는 의식의 발로였다는 것이다. 정사와 부사 각각 표피 29장을 15장으로, 호피 6장은 5장으로 경감되었고, 지급처도 연도의 역참이 아니라 북경으로 변경되었다.[55]

이어 순치 5년(1648, 인조 26)에 재차 경감 조치가 취해졌다. 순치제는 정사로 내한림국사원학사(內翰林國史院學士) 액색흑(額色黑), 부사로 시위 합(哈)을 조선에 파견하면서 칙사들에게 지급해주는 예물을 감면시켰다.[56] 그 구체적인 내용이 『청세조실록』 권36, 순치 5년 정월 12일(무신)조에 나와 있다.

> 정사(正使)는 은 500냥, 면주(棉紬) 200필, 포(布) 200필, 저포(苧布) 60필, 표피 10장, 대지(大紙) 50권 … 이 외는 모두 정지한다. 부사(副使)는 은 400냥, 그 밖은 정사와 같다. … 이상 각 조항은 모두 영원히 정례로 한다.

표피는 15장에서 10장으로, 호피는 전액 감면되었다.[57] 순치제가 이러한 조치를 취한 배경으로 복건의 융무제(隆武帝)와 광동의 소무제(紹武帝)를 사로잡아 남명정권(南明政權)을 붕괴시켰고, 아울러 코르친(科爾沁)·카라친(喀喇沁) 등의 많은 부족과 라마(喇嘛) 반제달(班第達) 등이

---

55 『동문휘고』 기록에는 초피로 되어 있으나 『심양장계』 계미년(1643) 「勅草謄書」 및 『칙사등록』 숭덕 8년 5월 기록에도 표피로 되어 있다. 이는 표피의 오기이다.
56 『통문관지』 사대 하, 「칙사의 행차」. 額色黑은 만주 鑲白旗, 哈은 上三旗 출신이었다. 이명제, 박사학위논문, 32쪽 참조.
57 인조 24년(1646) 칙사 3인은 각각 은 1,000냥, 1등 두목 10인은 각각 은 200냥, 2등 두목은 각각 은 100냥, 3등 두목은 각각 은 70냥을 지급하였다. 이 외에 호피·표피도 지급하였다. 『승정원일기』 인조 24년 1월 10일(무오).

내공(來貢)해와 자신감을 가졌던 점을 들 수 있겠다.

순치제의 표피 경감 조치는 조선 출신 역관 정명수를 통해 조선에 전해졌다. 호조는 사은사의 예단으로 호피·표피를 미리 마련하였다. 호조는 호피 24장 중에서 10장을 여러 도의 감영과 병영에 할당한 상태였다. 호조는 호피 마련의 어려움을 고려하여 칙서를 기다리자고 건의하였으나 인조는 즉시 이들 물품의 마련을 중지시켰다.[58] 이 조치에 의해 일부 물품은 줄었지만 표피는 정사·부사 각각 10장을 마련해야 했다. 이러한 사실은 강희 원년(1662, 현종 3) 10월 사례에서 확인할 수 있다. 태황태후(太皇太后)·황태후(皇太后)·황태비(皇太妃) 존호를 정한 조서를 받들고 정사 좌도어사(左都御史) 각나이(覺羅雅)와 부사 낭중(郎中) 명(明)이 통관 4명과 함께 조선으로 들어왔다.[59] 조선 출신 대통관(大通官) 이몽선(李夢善)은 이번 칙사의 임무는 관례적으로 나오는 사신과 비교할 수 없다며 상례(常例)로 지급하는 증급예단(贈給禮單) 외에 별예단을 요구하였다.[60] 이때 원접사재거별인정(遠接使齎去別人情)으로 중로문안중사재거예단으로 칙사 2원에게 표피 각 1장, 칙사 이하 도급 명목으로 표피 10장을 지급하였다.

옹정 13년(1735, 영조 11) 12월 조선이 칙사에게 궤송한 의물(儀物)은 구례에 비추어 반을 줄이는 조치를 영원히 기록하여 영식(令式)으로 삼는다는 황제의 상유(上諭)가 반포되었다.[61] 사실 이 상유는 옹정제가 아니라 건륭제가 내린 것이다. 옹정제는 이미 8월에 죽어 건륭제

---

58 『승정원일기』 인조 26년 2월 6일(신미).

59 『동문휘고』 補編 권9, 詔勅錄 강희 1년 청에서 조선에 보낸 조칙 목록. 「尊號太皇 太后皇太后皇太妃詔」 10월 4일.

60 『승정원일기』 현종 3년 12월 10일(기유). 대통관 李夢先·金德之, 次通官 尹堅·申 金의 4인이었다. 『접칙고』 강희 원년 임인 12월.

61 『동문휘고』 原編 권39, 蠲弊2, 乙卯 「禮部知會裁減勅使餽物一半上諭咨」.

〈표 5〉 칙사에게 지급한 호피·표피 수량

칙사															
皇帝登極勅										祔廟勅					
中路間安中使齋去禮單		勅使以下都給禮單		回還中路間安中使齋去禮單		回還時別問安中使禮單		勅使二員別求請		中路間安中使齋去禮單		勅使以下都給禮單		回還時中路間安中使齋去禮單	
정사	부사	정사	부사	정사	부사	정사	부사	정사	부사	정사	부사	정사	부사	정사	부사
옹정13	1	1	10	10	1	1	1	1	3	3						
건륭2											1	1	5	5	1	1

가 즉위하면서 조선이 청조를 받들고 직공(職貢)을 공경히 하고 있기에 국왕의 번잡스런 비용을 면해주겠다는 뜻을 내비치며 이러한 조치를 취했던 것이었다.

〈표 5〉의 건륭 2년(1737, 영조 13) '부묘칙(祔廟勅)'의 사례에서, 도급예단이 표피 10장에서 5장으로 줄었다는 사실을 명확히 확인할 수 있다. 이후 정사·부사 표피 5장씩의 하사는 준수된 것으로 보인다. 왜냐하면『반사칙원접사별인정』에서 표피 지급을 확인할 수 있는 마지막 기록이 건륭 51년(1786, 정조 10)의 '조칙(吊勅)'인데, 여기에도 명확히 5장으로 기록되어 있기 때문이다.

다음으로 표피 사여 대상은 칙사에만 그치지 않았다는 사실이다. 강희 51년(1712, 숙종 38) 청조와 조선이 경계를 획정할 때 접반사의 예단으로 오라총관(烏喇摠管) 일원(一員)에게 표피 3장, 이등시위(二等侍衛)·주사(主事)·좌령(佐領) 각각 표피 1장, 총관(摠管)에 표피 1장을, 문위사와 함경감사(咸鏡監司)는 총관에게 각각 표피 1장을 선물한 사례도 보인다.[62]

---

62 김지남,『北征錄』1712년 3월 23일. 접반사 박권이 김지남을 역관으로 추천하고 예물 목록을 작성함.

2. 조선의 고뇌

칙사를 접대할 때 각 연향의 예단과 방에 소요되는 표피는 자그마치 70~80장에 달했다.[63] 숭덕 8년의 규정이 제정되기 3년 전인 숭덕 5년에 조선은 칙사를 접견할 경우의 예단은 일체의 수를, 동시에 각 연향의 예단 피물을 줄였다. 호조는 교외에서 행하는 영위연에 호피를 없애고 녹비만 남기는 것은 창피스러울 것 같다며, 표피로 예단을 대신하자는 의견을 내놓았다. 이는 호피를 없앨 수 있는 절호의 기회였던 것이다.[64] 하지만 당시 구하기 어려운 물품은 표피였다. 예부시랑 오목도 행차 시에는 표피 수요를 반으로 줄였다.[65] 인조는 다량의 표피 마련은 민력(民力)을 번거롭게 하는 일로 판단하고는 표피 수량을 삭감시키고, 부족한 수량은 호조가 구입하라고 지시하였다. 표피가 매우 귀해 값이 폭등하여 두 배 내지 다섯 배의 값을 주고서도 구하기 어려운 실정이었다.[66]

이듬해 홍타이지는 자신의 탄일(誕日)에 조선이 세공(歲貢)으로 쌀 1만 포(包)를 백성들에게서 취한다는 사실을 알고는 9,000포를 경감한다는 조서를 반포하였다.[67] 박씨(博氏, 巴克什·파극십)가 조선에 들어오는데 그는 자신을 칙사로 자처하였고, 요구하는 물품은 이전의 두 배

---

63 『승정원일기』인조 18년 5월 16일(병신) 및 인조 19년 10월 26일(무진). 상사의 경우 방 안에 녹비를 두른(繡鹿皮) 표피 방석 1立, 통관은 호피를, 방 밖에 표피 방석 1立와 호피 1令을, 그 외에 교자에 표피 1령을, 통관처 임시 막사 등에 호피 방석 1장 등을 사용하였다. 『平安道內各邑支勅定例』「上勅房內」.
64 『승정원일기』인조 18년 윤 1월 25일(정미). 칙사는 교외의 연회가 없고, 滿將은 7차례 迎慰가 있었다.
65 『승정원일기』인조 18년 5월 16일(병신).
66 『승정원일기』인조 17년 6월 27일(계축)
67 『淸太宗實錄』권53, 숭덕 5년 11월 1일(戊寅朔).

에 달했다. 피모(皮毛)·유철(鍮鐵) 등 요구하지 않는 물품이 없을 정도
였다.[68] 삼사를 자처한 정명수는 예단을 황제에게 바칠 것을 강요하였
다. 접대소는 표피가 고갈되었다며 표피아다개(豹皮阿多介) 2장은 다른
가죽으로 만들겠다는 뜻을 내비쳤다.[69] 이때 각 연향의 예단과 방의
배설에 소요되는 표피는 70여 장이었으나, 호조에 남아 있는 수량은
30여 장에 불과하였다. 경상(京商)에게서 수합하려 해도 그들이 농간
을 부려 값은 두 배로 올랐다. 호조는 각 도의 감사와 병사로 하여금
준비케 하는 한편, 함정을 파서 획득한 표피 1, 2장씩을 각 관아에 분
정(分定)하지 않고 감영에서 마련하는 방안을 논의하였다.[70]

이후에도 조선은 감영과 병영에 분정하여 진헌할 표피를 조달하였
다. 순치 3년(1646, 인조 24) 호조가 표피 30장을 구입해 놓은 상태였
지만, 인조는 칙사의 별예단으로 전례에 따라 호피 18장, 표피 19장,
녹비 180장, 수달피(水獺皮) 100령(令)을 하삼도(下三道)·강원도·함경도
의 감영과 병영에 분정하였다.[71] 효종이 즉위하자 칙사가 파견되어 왔
는데 이때 표피 40령이 필요하였다. 호조가 10령을, 그 외 30령은 하삼
도 및 강원도·함경도 감영·병영에 분정하였다. 효종은 호조의 10령 분
을 내하(內下)하겠다는 뜻을 밝혔다.[72] 이듬해에도 내탕고에서 호조에
피물을 보냈지만 그 수량은 적었다. 경상 병영에서 올린 호피·표피로
객사(客使)의 수요에 보충하였다.[73] 칙사가 피물 무역을 강하게 요구하

---

68 『승정원일기』 인조 19년 11월 6일(무인). 潛商 등의 건으로 기록되어 있다. 『인
　조실록』 권42, 인조 19년 10월 24일(병인).

69 『승정원일기』 인조 19년 11월 6일(무인). 아다개 외에도 黑獺皮·白魚皮 등 잡물
　을 지급하였다.

70 『승정원일기』 인조 19년 10월 26일(무진).

71 『승정원일기』 인조 24년 12월 12일(갑신).

72 『승정원일기』 효종 즉위년 7월 8일(을축). 가을에 10令은 궁궐에서 지급하게 되
　었다.

였으나, 효종은 최근 들어서 모피의 산출이 거의 끊어진 데다 연이은 흉년으로 부응할 수 없다는 상황을 토로하였다.[74] 강희 27년(1688, 숙종 14) 순치제의 모친인 태황태후, 즉 효장문황후(孝莊文皇后)의 부음을 전하는 칙사에게 지급하는 예단은 표피 20령, 수달피 60령이었다.[75] 당시 호서와 호남은 흉년이라 내궁방(內弓房)에 바치는 호피는 2장, 표피는 46장을 흉년이라 임시로 감하였고 그 가격을 선혜청에 상납하는 상황이었다.[76]

이처럼 표피 마련이 순조롭지 못한 상황에서 칙사나 두목(頭目)의 예단을 은으로 환산해서 지급하는 현상이 나타났다. 숭덕 2년(1637, 인조 15) 용골대·마부달·대운(戴雲, 달운·達雲) 등 칙사 3명은 인조를 국왕으로 봉하고 인새(印璽)·고명(誥命)과 초피(貂皮)·호피(狐皮)·안마를 하사한다는 칙서를 받들고 한양으로 들어왔다. 당시 칙사의 예단인 인삼·면주(綿紬), 두목에게 각 연회에서 지급한 면주·백목(白木)·남초(南草) 등의 물품을 절은하였다. 한양에 들어온 후 6번의 연회에 지급할 인삼가(人蔘價)는 총 360냥이었고, 7곳에서 영위할 때의 인삼가는 한양에서 지급하였다. 이 당시 사용한 은은 1만 2,050여 냥에 이르렀다.[77]

앞에서 언급하였듯이, 소현세자가 죽었을 때 청조 조제사(弔祭使)에게 지급한 은이 자그마치 2만 1,440여 냥에 달했다.[78] 관서(關西)의 칙수(勅需)는 한 번 지급하는 데 1만여 냥이, 적어도 7,000~8,000냥이나 들었다.[79] 순치 13년 2월 '출송의순공주(出送義順公主)' 칙서와 '사심원

<hr />

73 『효종실록』 권4, 효종 1년 5월 4일(병진).
74 『비변사등록』 효종 3년 6월 14일.
75 『승정원일기』 숙종 14년 1월 20일(갑오). 이들 품목 이외는 별도의 역관이 牛莊 驛에서 전달하였다.
76 『승정원일기』 숙종 14년 3월 7일(경진).
77 『승정원일기』 인조 15년 11월 29일(계사).
78 『승정원일기』 인조 17년 5월 30일(병술).

사각관(査審原査各官)' 칙서를 받들고 온 정사는 2명이었다. 『동문휘고』
는 정사 태자태보(太子太保) 의정대신(議政大臣) 합세둔(哈世屯), 부사
태학사(太學士) 액색흑 등 5명의 사신으로 기록하였으나, 『접칙고』는 합
세둔을 동정사(東正使), 액색흑을 서정사(西正使)로 표기하였다. 『접칙고』
에는 이때 소요된 비용이 기재되어 있는데, 자그마치 원은(元銀) 8,860
냥이었다. 이듬해는 칙사 3회의 행차에 1만 8,340냥이나 소요되었다.[80]

강희 42년(1703, 숙종 29) 인원왕후(仁元王后) 책봉 칙서를 받든 정
사 예부시랑 규서(揆敍), 부사 시위(侍衛) 겸 무비원사(武備院事) 갈이도
(噶爾圖)는 대통관 2명, 차통관 2명, 근역(跟役) 18명이 수행하였다. 이
때 원은 7,750냥이 소요되었다.

物種折銀三百二十七兩
錢七萬二千二百四十六兩
合折錢八萬八千四百兩

물품을 은(銀)과 전(錢)으로 바꾸었고, 그 액수가 전으로 환산해서
8만 8,400냥에 달했음을 알 수 있다.[81] 칙사는 조선으로부터 지급받은
은으로 녹비·수달피·청서피 등의 피물을 사갔다. 정사와 부사에게 종
이는 본색(本色), 즉 현물로 주고, 표피·녹비·수달피·청서피 등은 은으
로 지급하였다. 절은 현상으로 조선 시전 백성들은 평상시 가격의
1/10도 되지 않는 가격으로 물품을 매매하여 살길이 막막해졌다.[82] 반

---

79 『승정원일기』 영조 즉위년 10월 24일.
80 『접칙고』 순치 14년 3월·4월·6월. 『동문휘고』(권9, 『조칙록』 순치 14년 10월
   26일)는 10월에 황태자 출생 조서를 반포하러 사신이 들어왔다고 기록하였다.
   그 비용까지를 합하면 액수는 더 커질 것이다.
81 『접칙고』「仁元王后冊封勅」 강희 42년 6월. 전 7만 2,246량
82 『승정원일기』 인조 25년 3월 15일(병진).

면에 칙사는 휴대해 온 물품을 가격 이상으로 환산해서 매매하여 이익을 꾀하였다. 그들의 물품은 조악하였지만 조선의 시가로 환산하여 1/3에서 두 배나 더 받아갔다.[83] 이처럼 칙사의 절은 폐단이 컸음에도 이를 허락하지 않을 수 없었던 데 조선의 고뇌가 있었다.

칙사가 행차한다고 미리 알리는 것을 칙기(勅奇)라 한다. 칙기가 한 번 떨어지면 여러 고을이 소란을 떨며 접대에 필요한 호피 등의 물품을 부민(富民)에게 분담시켰다. 부민을 감관(監官)으로 임명하여 사재를 내어 기일 전에 구입케 하였다. 하지만 임명된 자는 뇌물을 바치고 빠져나가는 폐해가 극성을 이루었다.[84]

IV. 청조 통관에의 호피·표피 지급 및 구청

1. 청조의 통관 편성과 조선의 대우

청조는 회동사역관(會同四譯官)에 조선통사관(朝鮮通事官) 8인을 편성하였다. 6품·7품이 각각 2명, 8품이 4명이었다. 순치 원년(1644, 인조 22)에 회동관(會同館)·사역관(四譯館)의 이관(二館)으로 분리되었다. 회동관은 예부(禮部)에 예속되어 주객사주사(主客司主事) 만(滿)·한(漢) 각 1인, 사역관은 한림원(翰林院)에 예속되어 태상사(太常寺) 한소경(漢少卿) 1인이 제독하였다. 이때 조선통사관은 6인이었으나, 후에 10인을

---

83 비싼 값에 팔려 하고 시민은 평가(平價)에 사려고 하여 서로 다투며 힐난하는 때에 한바탕 전쟁터가 될 정도였다. 『승정원일기』 인조 7년 3월 14일(경오).
84 호피는 방석으로 칙사나 통관의 방에 설치하였다. 통관에게는 堂排 때에만 호피 방석을 사용하고 房排에는 치우는 방안을 제시하였다. 『목민심서』 禮典 6조, 제2조 「賓客」.

증가시켜 총 16인으로 구성하였다. 6품이 10인, 7품이 6인이었다.[85]

칙사를 조선에 파견하는 경우 대통관·차통관(次通官)·제독·근역·필첩식(筆貼式) 등이 수종하였다. 숭덕 연간 이후 정사 혹은 사신 3·5명이 대동하는 상수관(常隨官)은 특별한 명칭이 없었다. 대통관을 1등, 차통관을 2등, 근역을 3등으로 삼았다.[86] 구범진은 청조가 조선에 파견했던 유일한 정식 관원이었던 통관 역시 한인(漢人) 출신이 배제되는 '만결(滿缺)'이었다고 서술하였다.[87] 하지만 『접칙고』를 살펴보면, 숭덕 연간에는 '통사(通事)'·'아역(衙譯)'으로 표기하고 있고, 순치제 즉위 이후는 대통관·차통관의 명칭이 등장하고 이 임무를 맡은 이들이 조선 출신이라는 데 특징이 있다. 물론 일부 만결도 보이지만 이를 전부 만결이라고 단정한 것은 재고할 필요가 있다.

조선은 칙사만이 아니라 대통관·제독(提督)·필첩식에게도 예단을 지급하였다. 〈표 6〉에 보이는 바와 같이 통관에게 다양한 명목의 예단이 지급되었다. 특히 통관에게 밀증(密贈)이라는 명목으로 예단이 지급되었다. 이는 천총 4년(1630, 인조 8)부터 시작되었고, 강희 20년(1681, 숙종 7)에 상급(賞給)이라는 명칭으로 개정되었다.[88] 이 외 절일

〈표 6〉 통관에게 지급되는 예단 명목

명목	別人情 密贈 都監贈給 節日禮單(정조·단오·동지) 別給禮單	中路禮單

※ 전거: 『만기요람』 재용편 5, 支勅 「贈給式」

---

85 『淸史稿』 권114, 職官志1 禮部 「會同四譯館」.
86 『통문관지』 사대 하, 「勅使의 행차」.
87 구범진, 앞의 논문, 9쪽 참조.

에는 별급예단이 있었고, 도구청은 예단 외에 칙사와 대통관에게 은·명주·면포 등의 물품과 호피·표피를 하사하는 명색이었다.[89] 대통관처에 지급하는 물품 수량이 칙사보다 더욱 많았다.[90]

실제로 『반사칙원접사별인정』 강희 18년(숙종5, 1679)의 '황태자호경두질반조겸반사칙(皇太子好經痘疾頒詔兼頒赦勅)' 사료를 보면, 칙사는 2명, 통관 4명이 조선에 들어왔다. 정사는 일품시위(一品侍衛) 액진(額眞) 랑(郞), 부사는 일등시위 안(安)이었고, 대통관은 김대헌(金大憲)·장효례(張孝禮), 차통관은 문금(文金)·최태운(崔太雲)이었다.[91] 파견된 통관의 수는 적으면 2명, 많으면 9명이었다. 칙사에게는 별증·예증이, 차통관 최태운·문금의 별구청, 군색대통관(軍色大通官) 증급, 반선색(盤膳色) 대통관 차통관 및 가정(家丁)의 증급, 잡물색대통관증급(雜物色大通官贈給), 연향색대통관증급(宴享色大通官贈給), 대통관이원(大通官二員)·차통관이원(次通官二員) 증급, 차통관 문금 자호조별하(自戶曹別下), 차통관 최태운 구청 등의 명목이 존재하였다.

순치 11년(1654, 효종 5) 6품 통사관(通事官) 곽니(郭尼) 등에게 예물로 은 150냥, 표피 1장 등의 물품을, 8품 통사관 운소니(雲素尼)에게는 은 50냥, 피욕(被褥) 1부(副)를 지급하였다.[92] 강희 2년(1663, 현종 4)에

---

88 『만기요람』 재용편 5, 支勅 「贈給式」. 迎接都監에 따르면 密贈은 숙종 6년(1680. 강희 19)에 시작된 것으로 張孝禮에게 1,000냥을, 尹孫에게는 700냥을 지급하였다. 장효례에게는 공로를 인정하여 400냥을 더 주었다. 지금은 주선한 일이 없어 例贈 1,000냥 외에 加給하지 않았다. 『승정원일기』 숙종 8년 3월 17일(을축). 장효례는 100냥을 더 추가하였다. 『숙종실록』 권15, 숙종 10년 12월 17일(무신). 김대헌에게 1,500냥을, 100냥을 더 추가하여 지급하였다.

89 『인조실록』 권47, 인조 24년 1월 10일(무오).

90 『승정원일기』 숙종 43년 11월 미상.

91 『접칙고』 「皇太子經痘頒詔勅」 강희 18년 기미 2월 및 『동문휘고』 권9, 「皇太子出痘平復詔」 강희 17년 12월 16일.

92 『동문휘고』 原編 권38, 粘單 「據咨開單輸送咨」 순치 11년 7월.

회동관인무원외랑(會同館印務員外郎) 품급가일급(品級加一級) 이이색니 (伊爾色尼)가 조선에 파견할 때 근역과 예물은 대통관보다 많지만 의례 는 대통관과 동일하다는 문제를 제기하였다. 이에 예부가 조사해보니 순치 13년(1656) 회동관인무(會同館印務)[93] 원이마혼곽니(願爾馬渾郭尼) 는 4품 정대(頂帶)로 조선에 들어갔을 때 예부가 예물은 대통관 사례에 의해 수수하자는 안을 내자, 순치제는 수수하는 물품은 부사의 반으로 하라는 성지를 내렸다는 사실을 알았다. 그 후 곽니와 교체된 4품관 이이색니가 조선에 들어가는 경우 조선으로부터 은 150냥, 표피 4장 등의 각종 예물을 수령하게 되었다. 이에 강희제는 이후 회동관 제독 인무(提督印務)가 조선에 가면 곽니가 수수하는 예물과 근역 사례를 영 원히 준례로 삼으라고 명하였다.[94] 문제는 『반사칙원접사별인정』 등의 사료에 4품 통관이 표피 4령을 수수하였다는 내용을 찾지 못하였다는 것이다. 앞으로 통관을 중점적으로 분석할 필요가 있겠다.

강희 57년(1718, 숙종 44) 황태후가 죽자 강희제는 정사 일강관(日講 官) 기거주(起居注) 첨사(僉事) 아극돈(阿克敦, 악둔), 부사 난의위치의(鑾 儀衛治儀) 겸 좌령 장정매(張廷枚)를 조선에 파견하여 부음을 알렸다. 이 때 필첩식 1명, 6품 통관 2명, 7품 통관 1명이 동행하였다.[95] 6품·7품의 통관 3명이 동행한 것이다. 건륭 23년(1758, 영조 34)에 6품은 4인, 7품 은 2인을 줄였고, 8품은 2인을 늘렸다.[96] 건륭 41년(1776, 정조 즉위년)

---

93 순치 14년(1657) 員外郎品級通事 1인을 편성하여 會同館의 印을 담당케 하였으나 곧 폐지되었다. 『清史稿』 권114, 직관지1 禮部 「會同四譯館」. 순치 12년(1655) 會 同舘 掌印官 1원을 설치하였다. 조선 통사 중에서 員外郎品級 補授하였고, 舘務를 제독하였다. 강희 『大淸會典』 禮部 34, 主客清吏司二 朝貢二等 「會同舘」.

94 『동문휘고』 原編 권38, 蠲弊1 「禮部定例會同館印務饋遺咨」 康熙二年 九月.

95 『승정원일기』 숙종 43년 12월 27일(정미). 『동문휘고』는 통관 수를 3명, 『접칙 고』는 대통관 2명, 차통관 2명 합계 4명으로 기록하여 차이가 난다.

96 『清史稿』 권114, 職官지1 禮部 「會同四譯館」.

정사 산질대신 겸 양백기한군부도통세습운기위세습좌령가삼급(鑲白旗漢軍副都統世襲雲騎尉世襲佐領加三級) 각라만복(覺羅萬復(福)), 부사 경연강관무영전총재내각학사(經筵講官武英殿總裁內閣學士) 겸 예부시랑서양람기몽고부도통가일급(禮部侍郎署鑲藍旗蒙古副都統加一級) 숭귀(崇貴)는 통관 5명과 함께 조위(弔慰)와 봉전(封典)에 대한 칙서, 금천(金川)을 토평(討平)한 조서를 가지고 조선에 들어온 기록을 통해 건륭 말까지 통관이 여전히 활약하고 있음을 확인할 수 있다. 즉, 이때 6품 대통관 오림포(烏林佈, 우린푸)·금복귀(金福貴), 7품 통관 박보수(朴寶樹), 8품 통관 사격(四格, 시거)·오십태(伍十泰, 우시타이)가 수종하였다.[97] 총 4명의 통관이 조선에 들어왔는데 그중 2명이 조선 출신이었다.

『청사고』에는 '후에 (통관을) 모두 줄였다'라고 기록하였는데, 현재 정확히 그 시기를 특정하지 못하였다. 도광(道光) 13년(1833, 순조 33) 정사는 산질대신 신용공(信勇公) 성계(盛桂), 부사는 이번원우시랑(理藩院右侍郎) 상백기몽고부도통(廂白旗蒙古副都統)으로, 새상아(賽尙阿)를 6품 통관 길늑통(吉勒通)·아영상(阿英祥), 7품 통관 안태(安泰), 8품 통관 덕녹복(德菉福)·삼포정(森布定)이 수종한 사실에서 청 말까지 통관은 편성되어 있었던 것으로 추정된다. 다만 도광 25년(1845, 헌종 11) 황제는 종전에는 조선에 파견하는 사신은 통관 5~6명을 대동하였으나 조선은 중국 언어에 능통하다며 통관 수를 줄이는 조치를 취했다. 아울러 통관들이 조선에서 강제로 물품을 요구하는 폐단을 인지하고는 이후 통관을 1인으로 줄이면서 이를 영원히 준수하라고 내각에 유시하였다.[98] 최종적으로는 조선의 요청으로 통관은 2원으로 정해졌다.[99]

---

97 『정조실록』 권2, 정조 즉위년 10월 27일(을축). 『접칙고』에는 대통관 성명은 같으나, 차통관은 寶樹와 冬陽으로 기록되어 있어 차이가 난다.

98 『淸宣宗實錄』 권413, 道光 25년 정월 28일(庚寅).

99 『淸宣宗實錄』 권425, 道光 26년 정월 18일(甲戌).

실제로『동문휘고』(권9, 詔勅錄)의 도광 25년(1845)은 통관 1명을 제외하고, 그 이후 도광 29년(1849)부터 광서 7년(1881)까지는 통관 2원으로 기록된 사실을 확인할 수가 있다.

2. 조선 출신 통관의 행태 및 구청

앞에서 서술하였듯이, 통관 중에는 만결만이 아니라 조선 출신이 임명되었음을 확인하였다. 〈표 7〉은『반사칙원접사별인정』기록에 근거하여 칙사를 수행한 조선 출신 대통관·통관을 시대별로 정리한 것이다.[100]

〈표 7〉『반사칙원접사별인정』에 보이는 조선 출신 통관

연도	성명	직위	비고
숭덕8	(정명수)·이논선(李論善)	청역(淸譯)	대통관
강희1	이몽선(李夢善)·김덕지(金德之)	대통관(大通官)	
	윤견(尹堅)·신금(申金)	차통관(次通官)	
강희2	이일선(李一善)	제독가일급(提督加一級)	『승정원일기』현종 4년 10월 10일(갑진)
	장계철(張繼哲)·김징생(金徵生, 金德生)	대통관	
	정철남(鄭哲男)·문금(文金)	차통관	
강희9	김거군(金巨軍)·김덕지	대통관	
	김명선(金命善)·정철남·김응선(金應善)	차통관	『접칙고』: 김명선은 제독
강희16	김대헌(金大憲)·김명선(金明善)	대통관	
	윤손(尹孫)·강선일(姜善逸, 姜善一)	차통관	

---

[100]『접칙고』에는 조선 말까지 활약한 통관들의 성명이 상세히 기재되어 있다. 차후의 과제로 삼고자 한다.

연도	성명	직위	비고
강희18	장효례(張孝禮)·김대헌	대통관	
	최태운(崔太雲)·문금	차통관	
강희19	김거군 윤손	일대통관(一大通官) 대통관	김거군
	문봉선(文奉先)	차통관	(강선일·김상배)
강희23	김대헌 윤손	대통관 이통관(二通官)	
	김상배(金尙拜) ·최태길(崔太吉)	차통관	
강희26	이일선 이승회(李承會, 李承厚)	일대통관 이대통관	
강희28	문봉선·이대수(李大壽)	차통관	(대통관: 강선일·최태길)

※ (   )는 『집칙고』

〈표 7〉을 통해 일단 숭덕 말부터 강희 중기까지 조선 출신이 청역·대통관·차통관으로 활약하였음이 증명되었다.[101] 명청 교체기의 대표적인 역관 정명수의 경우는 통관으로 호부주사(戶部主事)를 겸임하였다. 그는 부사 혹은 삼사·사사를 맡았다.[102] 조선은 그에게 은 200냥을 주고는 고국을 위해 매사에 힘을 다해줄 것을 요청하였다.[103] 봉림대군을 세자로 책봉할 때 3명의 칙사와 통관에게 호피·표피를 하사하였다. 칙사에게는 각각 은 1,000냥, 정명수에게는 관례에 따라 은 700냥 외에 별도로 3,000냥을 하사하였다. 세자도 별도로 그에게 은 800냥을 주었다. 당시 대통관 한거원에게는 별도로 조정에서 은 200냥, 세자가

---

101 임경준은 의주 출신 新達禮(조선명: 金汝翎·金汝亮)가 청조에 피로되어 통사관을 거쳐 火器營總管을 지냈고, 그의 자손 常明이 내무부 총관을 지낸 과정을 자세히 분석해냈다. 「淸朝宮廷における內務府旗人の存在形態-朝鮮旗人チャンミンとその一族を中心に一」, 『內陸アジア史硏究』 33, 2018.

102 『통문관지』 사대 하, 「칙사의 행차」 및 『동문휘고』 권9, 「詔勅錄」 순치 원년 11월 三使로, 순치 2년 5월에는 四使의 신분으로 조선에 들어왔다.

103 『승정원일기』 인조 18년 4월 13일(갑자).

100냥을 주었고, 차통관 이논선(李論善)에게는 조정에서 은 100냥, 세자가 50냥을 주었다. 아역 최부귀(崔富貴)·김덕생(金德生)에게도 조정에서 은 50냥, 세자가 30냥을 하사하였다.[104] 칙사보다 조선 출신 통관들에게 더 많은 은을 지급하였다는 사실을 알 수 있다. 대통관 한거원은 창성(昌城) 출신으로, 규정상으로는 칙사보다 적은 액수였으나, 조선의 외교를 주선하였다는 이유로 별도로 다액의 은을 지급하였던 것이다.

앞에서 약간 언급하였듯이, 칙사는 연회가 베풀어질 때마다 도구청 등의 명목으로 예단을 수령하였다.[105] 도구청은 예단 외에 칙사 외에도 대통관에게 은·명주·면포 등의 물품과 호피·표피를 하사하는 명목이었다. 이 외에도 별구청·별별구청의 명색(名色)이 있었으며 칙사나 대통관의 요청에 따라 증급하였기에 물품의 다과와 유무는 해마다 동일하지 않았다.

『반사칙원접사별인정』 사료에는 칙사와 대통관·차통관의 구청·도구청·별구청의 품목과 수량이 자세하게 기록되어 있다. 〈표 8〉은 별인정이나 도구청·별구청의 명목으로 대통관·차통관·3차통관 등에게 지급된 표피 수량을 정리한 것이다.[106]

---

104 『인조실록』 권47, 인조 24년 1월 10일(무오).

105 이승민은 "구청은 조선이 정기적으로 왜관으로 도항하는 대마도 年例送使에게 28가지 定品·定量의 물품을 무상으로 지급하는 것으로, 진상에 대한 반대급부로 내려지는 回賜와 비슷한 성격을 가졌으며, 외교의례적인 측면이 강했다"라고 정의하였다. 이승민, 「조선 후기 대마도 求貿의 개념과 실태」, 『한일관계사연구』 36, 2010.

106 사료 중에는 일부 '豹'와 '貂'를 오기한 경우도 있어 해석에 조심스러운 부분이 있다.

연도	칙서 내용	명목	수량
숭덕8		別人情	3張
강희6	頒詔兩勅	大通官二員都求請	각 100장
강희18	皇太子好經痘疾頒詔兼頒敕勅	大通官張孝禮	각 60장
		金大憲都求請	
강희34	王妃册封勅	大通官二員都求請	각 100장
옹정2	先皇帝配天頒詔勅	大通官二員別求請	각 50장
		次通官一員別求請	30장
		次通官二員別求請	각 50장
	皇后封典勅	二大通官別求請	2장
옹정9	宣懿王后吊勅	三大通官別求請	30令
		二大通官別求請	20令
옹정13	皇帝登極勅	大通官二員別求請	각 3장
건륭3	吊勅	通官五員	각 15장
건륭14	皇后定諡頒詔勅	二大通官別求請	5장
	皇太后尊崇頒詔勅	大通官三員都求請	각 100장
건륭51	吊勅	大通官三員都求請	각 100장

〈표 8〉에 보이듯이, 대통관과 차통관의 도구청이나 별구청 명목으로 표피를 적게는 3장부터 많게는 100장까지를 지급하였음을 알 수 있다. 통계에 보이는 몇 가지 특징을 정리해보자. 첫째, 강희 18년(1679, 숙종 5)의 조선 출신 대통관 장효례와 김대헌의 표피 60장을 제외하면 대략 대통관에게 도구청 명목으로 표피 각 100장씩이 지급되었다. 둘째, 별구청 명목으로 옹정 연간까지 대통관에게 표피 각 30~50령, 차통관에게 표피 20~30령 정도가 지급되었다.

먼저 대통관에 대한 처우이다. 숭덕 8년 대통관의 신행 명목으로 은 300냥을, 입경 후 7차례의 연회는 인삼을 은으로 바꾸어 지급하였다. 매 연(宴) 각 10냥으로 총 70냥이었다. 이 외에 밀증 명목으로 은

400냥과 구청 명목으로 은 200냥을 지급하였다. 시기별로 대통관에 지급하는 은 액수에는 변동이 생겼다.[107]

숭덕 8년 별인정으로 표피 3장을 지급한 이후 강희 5년(1666, 현종 7)까지 표피 구청 기록이 보이지 않는다. 다만 순치 11년(1654, 현종 5) 칙사에게 칙사도급예단(勅使都給禮單) 명목으로 표피 10장을 하사한 데 반해, 대통관에게는 상초피(常貂皮) 60령을 지급하였다는 사료를 찾아냈다. 표피가 아니라 초피였다는 점으로, 강희 원년에도 대통관 이몽선·김덕지(金德之)의 별구청 명목으로 각각 초피 50장이 지급되었다.

『반사칙원접사별인정』에는 강희 6년에 이르러서야 비로소 통관에게 표피가 하사된 기록을 찾을 수 있다. 이 해 '친정반조칙(親政頒詔勅)'을 받들고 정사 이번원 좌시랑(左侍郎) 작극탁(綽克托), 부사 낭중(郎中) 오(伍)를 대통관 2명이 수종하였다. 대통관 김덕지·김덕생, 차통관 신금(申金)·김연립(金連立)이었다.[108] 도구청 명목으로 대통관 2명에게만 표피 100장씩을 지급하였던 것이다. 이듬해 대통관 이몽선은 은밀히 표피 확보를 시도하였다. 그가 평산부(平山府)에 표피 100령을 요구하자, 평산과 용강에서 내밀히 물품을 증여하였다.[109] 이는 이전에 없던 일이었다. 현종은 이러한 문제점을 직시하고 평안도로 하여금 각 참에 엄히 신칙하여 밀증의 폐단이 발생하지 않도록 지시하였다.

강희 18년(1679, 숙종 5)에는 대통관 장효례와 김대헌에게 표피 각 60장씩을 주었다. 당시 칙사 2원이 표피 각 10장의 도급을 받은 것과 비교하면 상당한 우대 조치였다. 대통관 김대헌은 공로를 인정받아 이전보다 100냥이 증가한 은 1,600냥을 하사받기도 했다.[110] 옹정 2년

---

107 『頒赦勅遠接使別人情』 숭덕 8년.
108 『접칙고』 6년 정미 9월.
109 『비변사등록』 현종 9년 2월 및 『승정원일기』 현종 9년 2월 6일(을해).
110 『숙종실록』 권15, 숙종 10년 12월 17일(무신).

(1724, 경종 4) 강희제 배천(配天) 칙서의 대통관은 박득인(朴得仁)·양칠십팔(楊七十八), 차통관은 오옥주(吳玉柱)·손대흑(孫大黑)이었다. 대통관 2명에게 도구청 명목으로는 표피가 지급되지 않았으나, 별구청 명목으로 표피 각 50장, 차통관 1명에게 별구청으로 표피 30장, 차통관 2명에게 별구청으로 각각 표피 50장을 지급하였다. 당시 박득인의 말에 따르면 칙사의 도구청에 본래 초피가 있었다고 하자, 조선 역관들은 이전 별구청 중에 초피가 있었으나, 도구청에는 본래 초피가 없다고 답변하였다.[111] 칙사의 구청 물품 중에 표피와 더불어 초피가 등장할 뿐만 아니라 수량도 많다는 사실이다.

건륭제가 즉위하자 정사와 부사의 의물의 반을 영원히 줄이라는 칙서를 반포하여 표피는 종전의 10장에 5장으로 줄어들었다. 반면에 통관들은 도구청·별구청의 명목으로 다량의 표피를 획득하고 있었다. 건륭 14년 칙사는 표피 5장이었던 데 반해 대통관 3명의 도구청으로 각각 100장, 합계 300장이나 지급되었고, 건륭 41년에도 같은 액수의 표피가 지급되었음을 알 수 있다. 통관들을 통해 다량의 표피가 중국으로 흘러갔던 것이다.

다음은 조선 출신이 회동관 제독의 신분으로 들어온 경우의 처우 문제이다. 이일선(李一善)이 그 경우에 해당한다. 그는 순치 5년에는 아역, 순치 6년에는 차통관, 순치 8년에는 대통관, 순치 16년에는 제독이 되었다.[112] 예부는 그의 예단을 부사 액수의 절반으로 정하였다.[113] 한 번은 대통관 이일선과 이엇석(李莻石)이 서연청(西宴廳)에서 평시서(平市署) 관원을 불러들여 화물 발매(發賣)를 독촉한 적이 있었다. 이엇

---

111 『승정원일기』 경종 3년 5월 4일(임오).
112 『동문휘고』 권9, 「조칙록」 순치 15년 2월 19일 및 순치 16년 9월 20일.
113 『통문관지』 사대 하, 「칙사의 행차」.

석은 별도로 우황이부(牛黃二部), 왜장검(倭長劍) 일병(一柄)을, 이일선
은 초피이엄(貂皮耳掩), 왜장검 일병, 상초피 30령 등을 요구하였다. 조
선은 이들이 칙사 일행에 관련된 모든 일을 주관하고 있는 데다, 발매
할 때에 그의 환심을 잃으면 주선에 방해가 될 것을 두려워하여 요구
에 응할 수밖에 없었다.[114] 게다가 조선의 비밀스런 내부 상황까지도
숙지하고 있어 이들의 요구를 뿌리칠 수가 없었다.

　이일선은 강희 원년(1662, 현종 3)·2년 연속으로 가일급제독(加一級
提督) 자격으로 조선에 들어왔다.[115] 『접칙고』에서 사신의 순서를 상
사·부사 다음의 제독으로 기록한 사실에서 그의 위치가 높았음을 짐
작할 수 있겠다. 그가 봉황성(鳳凰城)에 이르자 칙사로 자처하였다. 한
거원이 칙사로 왔을 때의 사례에 준해 자신을 대우해줄 것을 요구하
는 예부의 자문을 내보였다. 원접사 허적(許積)은 이전의 한거원이 칙
사라고 칭하였지만 황제의 명을 받고 온 것이 아니었다고 간주하였다.
그는 조선이 속임을 당하였다고 여겼다. 잘못된 전례를 답습할 수 없
다며 단호하게 거절할 것을 제안하였다.[116] 하지만 예조는 회동관 제
독에 가일급(加一級)이라는 점에 유의하여 대통관에 비해 더 우대하자
고 제안하였고, 정원(政院)에서도 일단 칙사로 대접하자는 의견을 냈
다.[117] 의주부윤도 조정에 이일선이 칙사의 자격으로 나왔다며 각 참
에서는 칙사의 예로 접대할 것을 아뢰었다.[118] 반면에 이들을 접대하

---

114 『승정원일기』 효종 3년 6월 19일(기미).
115 『승정원일기』 현종 4년 10월 10일(갑진). 이해 9월 「査審犯買硫黃勅一道」를 가지
　　고 上使 刑部侍郎 勒得洪, 副使 郎中 海喇孫과 함께 提督 李一善이 通官 4명을 데리
　　고 조선에 들어왔다. 『동문휘고』補編 권9, 詔勅錄 강희 2년(1663년, 현종 4) 청
　　에서 조선에 보낸 조칙 목록.
116 『현종개수실록』 권9, 현종 4년 10월 23일(정사).
117 『승정원일기』 173책(탈초본 9책) 현종 3년 4월 12일(을묘) 및 현종 3년 1662년
　　4월 12일(음)

는 임무를 맡은 원접사는 제독은 대통관과 같은 자리에 앉히지만 접대나 예단은 대통관보다는 다소 차별을 두자고 건의하였다.[119]

조선에 들어온 제독 이일선은 황제와 논의하여 정한 물품이라며 은 150냥, 표피 4령 등을 요구하였다.[120] 전례가 없는 일이었지만 그의 입에 의존하지 않을 수 없는 상황이라 인평대군이 은 200냥을 지급하였고[121], 현종은 평안감사로 하여금 이일선·김거군(金巨軍) 등이 무역한 피물을 수송시켰다.[122] 당시 초피 100령을 더 지급하였다.[123]

이일선은 요동 송참(松站)에서 염초를 불법으로 구매한 사건과 병자호란 때 심양으로 끌려갔던 조선인이 도망쳐 온 사건을 조사 심문하였다. 조선 조정은 사건을 순조롭게 해결할 목적으로 은밀히 그에게 5,000냥을 건넸다.[124] 뇌물을 주지 않으면 사달을 일으킬 우려가 있는 데다, 강희제로부터의 질책을 회피하려는 방책이었다. 강희 9년(1670, 현종 11) 이일선은 가이급(加二級)이 되었으나, 여전히 조정과 백성들을 고통 속으로 몰아넣었다.

칙사와 통관 등이 청구하는 물건이 끝이 없어 그들이 거처 간 주(州)·군(郡)은 피폐하였다.[125] 통관 정명수 이후 그들의 요구는 끝을 모

---

118 『승정원일기』 현종 4년 10월 21일(을묘).
119 『승정원일기』 현종 4년 10월 23일(정사).
120 『승정원일기』 효종 8년 4월 2일(갑술).
121 『승정원일기』 효종 8년 4월 5일(정축).
122 『현종실록』 권17, 현종 10년 7월 23일(갑인). 『접칙고』 강희 2년 2월의 「皇太后傳訃勅」의 대통관이 김거군, 동년 11월의 「盜買硫黃查勅」의 提督加一級이 이일선이었다.
123 『현종개수실록』 권15, 현종 7년 7월 3일(임오).
124 『현종실록』 권12, 현종 7년 7월 10일(기축). 대통관 김삼달은 1,800냥, 김거군은 2,000냥을 지급하였다. 조정의 명을 기다리지 않은 상태에서 이미 의주에서 2,000냥, 평안감사가 5,000냥을 지급하였다.
125 『현종실록』 권11, 현종 6년 12월 6일(정사).

를 정도로, 통관에게 지급하는 물품이나 액수가 칙사의 몇 갑절에 이르렀다.[126] 반송사(伴送使) 오정일(吳挺一)은 칙사가 한양으로 들어올 때 각 고을에 요구한 물품 수량이 이전보다 몇 배나 늘어났다는 점을 지적하였다. 반송사가 평안감사와 주선하여 감액시켰으나 그 수량도 상당하였다.[127] 제독 이일선의 종호들 요구는 이전보다 몇 배나 더했다. 거론하기도 어려운 각종 물품을 요구하였다. 조선은 어려운 처지임에도 불구하고 갖은 방법을 동원해 물품을 마련하여 그들의 욕구를 충족시켜주었다. 피폐한 백성을 구제할 목적으로 개성에 있는 해서(海西)의 피곡(皮穀) 1,000석을 민간에 나누어주었을 정도다.[128] 영조가 즉위한 해에 조선은 역질(疫疾)과 흉년이 발생하였다. 그런 와중에 칙사들이 연이어 들어왔다. 그들을 대접하는 지공(支供) 비용은 한도가 없어 황해도·평안도 백성은 심한 고통을 겪었다. 관서의 칙수는 한 번에 1만여 냥, 적어도 7·8,000냥이나 소요되었다.

잘 알다시피 청조는 조선의 세폐 및 방물 진헌 면제 조치를 점진적으로 취하였다. 강희 50년(1711, 숙종 37) 조선의 기근을 이유로 홍표피(紅豹皮) 142장의 전면, 이어 건륭제의 칙사의 표피 반감 조치가 시행되는 와중에도 통관들의 표피 구청은 끊임없이 분출되었다. 도구청·별구청은 예단 외에 지급받는 물품이었다. 대마도처럼 28개 물품으로 지정된 것은 아니었고, 그들이 요구하는 물품의 종류나 수량의 다과도 달랐다. 조선은 조선 출신 통관·제독이 조선과 청조 사이에 개재된 다양한 외교 현안을 중재하고 해결하는 데 도움을 받고 있다는

126 『비변사등록』 영조 즉위년 10월 24일. 호조판서 吳命恒은 통관과 절충하여 액수를 책정하였기에 칙사 1명에게 가장 많이 지급한 때에도 4,000냥을 넘지 않아 이전과 비교하면 반이 줄어들었다고 자신의 공적을 드러냈다.
127 『비변사등록』 현종 9년 2월.
128 『현종실록』 권7, 현종 4년 12월 18일(신해).

생각에서 그들의 무리한 요구를 수용하였던 것이다.

V. 청 종실·칙사·통관의 무역 요구

청조의 칙사가 조선에 파견되면 대통관·차통관·제독·필첩식 외에 근역·가정[129] 등이 따라 들어왔다. 이들은 휴대해 온 물건들을 매매하면서 민간이나 조정으로부터 그 가격을 강제로 받아냈다.[130] 그들만의 소행으로 끝나는 것이 아니었다. 심양(瀋陽)의 종실들도 무역을 원했다. 인조는 팔왕(八王), 즉 태조 누르하치의 제12자인 화석영친왕(和碩英親王) 아제격(阿濟格, 아지거)이 조선과의 변경에 도착했을 때 당상문관 1원을 문안사로 칭하여 예단을 보냈다.[131] 그에게 많은 조선인이 억류되어 있어, 그를 통해 속환(贖還) 해결을 시도하고자 하였기 때문이었다.[132] 인평대군은 그에 대한 회례품(回禮品)으로 표피를 마련하였다.[133] 팔왕은 은밀히 은 500냥을 조선에 보내 그중 200냥은 표피·수달피 등을, 300냥은 목면 무역을 시도하였다. 조선은 이들 물품 준비에 곤란함을 내비치자, 그는 기한을 10년으로 연장해도 무방하다는 뜻을

---

129 한양에 들어오거나 灣上에 오면 家丁에게 예단을 지급하였다. 그 숫자도 많았다. 『비변사등록』 인조 20년 10월 24일. 이때의 가정 숫자는 80여 명이었다. 수행하는 가정 5명은 2등 두목의 예로, 통사 1명은 칙사의 3등 두목의 예로 증급하였다. 『승정원일기』 인조 17년 9월 22일(병자). 정명수는 두목이 명조의 가정에 비할 바 아니라고 항변하였다. 그는 두목이 황제와 帝王家의 사람이라고 했다. 『승정원일기』 인조 15년 11월 28일(임진).
130 『통문관지』 사대 하, 「칙사의 행차」.
131 『승정원일기』 인조 15년 3월 29일(무진). 『칙사등록』 동일 조.
132 『승정원일기』 인조 15년 3월 30일(기사).
133 『승정원일기』 인조 17년 6월 25일(신해).

피력할 정도였다.[134] 물품 무역 욕구가 강하였던 것이다.

일찍이 조선은 구왕 도르곤에게 문안사를 파견하여 예단을 바쳤다.[135] 순치제의 북경 입성과 즉위식 거행 이후 도르곤은 섭정왕으로 칭해졌다. 조선은 세공 외에 왜도(倭刀) 등의 물품을 바쳤고, 섭정왕 도르곤·정친왕(鄭親王) 제이합랑(濟爾哈朗, 지르갈랑) 및 제왕(諸王)·대신에게 예물을 바쳤다. 특히 도르곤에게는 다른 왕보다 후하게 보냈다. 순치제가 등극하자 외국에서 제왕·패륵(貝勒)에게 보내는 예물은 영원히 금지시키는 조치를 법령으로 정하였다.[136] 순치 4년(1647, 인조 25) 인평대군이 사은사로 임명되자, 칙사 정명수는 청조는 문서에 구왕, 즉 황숙부(皇叔父) 섭정왕(攝政王)으로 칭하고 있으니, 대군과 대신을 논할 것 없이 모든 사은 행차는 반드시 실세인 섭정왕에게 예물을 보내는 것을 항식(恒式)으로 정하고, 인평대군이 북경에 들어올 때 제왕에게 바치는 예단은 전례에 따라 시행할 것을 요구하였다.[137] 정명수는 섭정왕에 대한 사은사의 예로, 순치 2년(1645, 인조 23)의 조제(吊祭) 후 사례한 예물 단자의 예를 항식으로 바칠 것을 요구하자 인조는 이를 승락하였다.[138] 이에 조선은 표피 2령을 더 마련하였으나[139], 섭정왕은 예물을 수령하지 않았다. 이후 사은사가 예물을 준비할지의 여부로 망설이자 정명수는 더는 마련하지 않아도 된다는 뜻을 전했다.[140] 필시 순치제가 등극하면서 제정한 법령, 즉 조선과의 사교(私交)

134 『瀋陽狀啓』「勅草謄書」 인조 17년 8월 23일 및 『인조실록』 권39, 인조 17년 9월 12일(병인).
135 『승정원일기』 인조 15년 3월 19일(무오).
136 『淸世祖實錄』 권3, 순치 원년 정월 1일.
137 『비변사등록』「勅使 鄭命壽가 언급한 別單의 내용과 攝政王에게 果物을 보내는 일에 대한 備邊司의 啓」인조 25년 3월 2일.
138 『인조실록』 권48, 인조 25년 3월 2일(계묘).
139 『승정원일기』 인조 25년 3월 12일(계축).

불허가 영향을 끼쳤으리라 생각된다. 하지만 청조에서의 권위와 위세가 남달랐던 그를 무시할 수는 없었다. 인조는 도르곤의 예단으로 표피 4장을[141], 효종은 표피 5장을 바쳤다.[142] 순치 7년(1650, 효종 1) 청예부는 '조제와 책봉(冊封)' 시 각각 사은하는 방물이 있는데도 사제(賜祭) 때 도르곤에게 사은하지 않은 사실을 들어 사은사 이영(李渶)을 질책하였다. 호부 상서 파흘내(巴訖乃)는 섭정왕 도르곤의 "조선이 청하는 일에 대해 들어준 것이 많은데 은혜에 감사할 줄 모르고 도리어 불경스런 일이 있으니 이는 도리가 아니다"라는 말을 전하였다.[143] 당시 도르곤은 조선과 관련된 외교 문제를 해결하는 데 전적으로 처리할 수 있는 힘을 가지고 있었다. 그렇기에 그에게 후한 예물을 보냈던 것이다.

심양의 8기(旗)들도 종호를 조선에 보내 무역을 획책하였다. 숭덕 초 역관 정명수는 팔고산(八高山), 즉 팔기가 무역을 희망하는 표피·수달피·청서피·장백지(壯白紙) 등의 물품 목록을 도감(都監)에 전달하였다. 당시 표피는 한양과 지방 모두 고갈되어 난처한 상황이라 호조는 평시서 관원으로 하여금 시장 백성들이 물건 값을 흥정하는 것을 살피게 하였다.[144] 정명수는 역관을 불러 매매할 표피·서피(黍皮)·궁각·단목·청밀(淸蜜)·백지(白紙)·호초·목면·채색(彩色) 등의 물품 목록을 내보이고는 은 800냥을 건넸다.[145] 호조는 표피를 구해주기 어렵다고 하면 사단이 생길 것을 몹시 우려하였다. 간신히 중품(中品)·하품(下品) 22장을 마련하였다.[146]

---

140 『승정원일기』 인조 25년 10월 14일(신사).
141 『동문휘고』 原編 권18, 節使1 「攝政王에게 보내는 方物單」 순치 4년 4월 13일.
142 『동문휘고』 원편 권5, 哀禮1 「謝攝政王禮物單」.
143 『효종실록』 권3, 효종 1년 2월 8일(신묘).
144 『승정원일기』 인조 17년 6월 27일(계축).
145 『승정원일기』 인조 17년 11월 27일(경진).

칙사들도 공·사예단에 만족하지 않고 무역에 가담하였다. 이들은 하사받은 예단을 자신들이 원하는 물품으로 무역해주기를 요청하였 다.[147] 인조가 증급한 궁자(弓子)·장전(長箭)·후전(帿箭)을 호조에 보내 지지(紙地)·청서피 등의 물품을 구매하였다.[148] 정명수는 매매할 물품 중에서 녹비 100장, 청서피 200장, 수달피 120장, 흑각(黑角) 60통(桶) 을 서연청에서 품질 검사를 실시하였다. 정사와 정명수는 이 중 녹비 68장, 청서피 2장, 수달피 90장을 선별하여 호조 낭청에게 무두질하고 색을 입혀 다시 바치라고 요구하였다.[149] 당시 호조가 외방에 분정한 물품 중 표피·녹비·수달피는 도성의 저자에서 구하기 어려운 물품으 로, 지방의 백성이 세폐로 반드시 바쳐야 하는 물품으로 여겼을 정도 였다.[150]

순치 7년(1650, 효종 1) 호부상서 파흘내(巴哈乃·바하나)와 홍문원 대학사(弘文院大學士) 기청고(祈靑古·祁充格·키충거)·정명수가 칙사로 조선에 들어왔다.[151] 기청고는 홍문원대학사 기충격(祁充格)이다. 그는 만주양백기(滿洲鑲白旗) 출신으로 도르곤에 예속된 인물이었다.[152] 대 통관 한보룡(韓甫龍)은 칙사가 도르곤 가내(家內)의 친근(親近)한 사람 으로 귀국 후 아랫사람들에게 물품을 나누어주어야 한다며, 국왕이 하

---

146 『승정원일기』 인조 17년 12월 4일(병술).
147 『승정원일기』 효종 1년 5월 17일(기사).
148 『승정원일기』 인조 15년 12월 26일(경신).
149 『승정원일기』 인조 25년 3월 4일(을사).
150 『승정원일기』 인조 17년 1월 7일(을축).
151 『효종실록』 권3, 효종 1년 2월 8일(신묘). 이 해 정월 大學士 祁充格 등을 조선에 파견하여 인조의 諡祭에 대한 조선의 사은과 謝獻 의례가 결핍되었다고 질책하 였다. 도르곤은 조선의 여자를 선발토록 지시하였다. 『淸世祖實錄』 권47, 순치 7 년 정월 28일(임오).
152 『淸史稿』 권245, 「祁充格列傳」.

사하는 예단을 종이와 피물로 바꾸어 무역해줄 것을 요구하였다.[153] 도르곤은 칙사 일행이 조선의 토산품을 무역하고자 해도 허락하지 않는 것은 성의와 신의가 없는 것이라며 심하게 질책하였다.[154] 청 조정의 용인 하에 칙사의 무역이 강행되고 있었던 것이다.

2년 뒤 대통관 이엇석은 호조색리(戶曹色吏)에게 칙사의 피물 발매 건을 호조가 마련해줄 것을 요구하였다. 칙사는 차비역관(差備譯官)을 보내 전년의 칙사가 피물과 잡물을 발매한 사실을 들어 무역 물품을 가감할 수 없으며 숫자대로 무역하겠다는 뜻을 밝혔다. 조선은 모피의 결핍을 하소연하였다. 연속해서 흉년이 들어 백성들의 삶이 힘든 형국이었다.[155] 칙사는 적호피(赤狐皮) 등 오색(五色) 피물 납부를 독촉하였다. 이들 물품은 저자에 전무한 물품이라 역관을 통해 난처한 사정을 피력하였으나, 도리어 그들은 평시서 관원을 질책하였다. 어쩔 수 없이 수달피 200여 장, 청서피 300여 장을 먼저 납부하였다. 이외에도 이들 가죽을 더 요구하였는데, 이전보다 4, 5배나 더 많은 수량이었다.[156]

인조는 병자호란 후 조선에 징병을 요구하러 들어오는 칙사의 지공 및 예단을 성대하게 마련하였다. 칙사가 모구(毛裘)를 요구하자, 산달(山獺) 가죽을 무역하여 모피 이불을 만들어주었다.[157] 영접도감이 표피 46장을 발매하는 와중에 칙사는 은 70여 냥을 내놓고는 표피·수달피 등의 물품을 바치라고 독촉하였다. 시민(市民)들이 이들 물품을 사방에서 구입하려고 했으나 손에 넣지 못하였다. 당시 표피 상품은

---

153 『승정원일기』 효종 1년 5월 17일(기사).
154 『효종실록』 권3, 효종 1년 2월 8일(신묘).
155 『승정원일기』 효종 3년 6월 14일(갑인) 및 『비변사등록』 효종 3년 6월 14일. 「勅使의 皮物 發賣 문제에 대한 備邊司의 啓」.
156 『승정원일기』 효종 3년 6월 18일(무오). 李一善은 별도로 貂皮耳掩·常貂皮 30領을 요구하였다. 『승정원일기』 효종 3년 6월 19일(기미).
157 『승정원일기』 인조 15년 11월 24일(무자).

절은(折銀) 5냥, 중품은 절은 4냥이었다.[158] 시민이 수달피·청서피·녹비·백지 등의 물품을 대통관에 보이자 그는 서연청에서 수달피 330장 중 21장만 상품으로 선정하였다. 중품과 하품은 가격을 정하지 않고 관소에 남겨두게 하였다. 그러고는 시민들에게 수달피를 구해 올 것을 재촉하였다.[159] 그들은 피물 수량을 넉넉하게 바치라고 성화였다. 문제는 각 도(道)에서 상납하는 표피는 값이 지나치게 비싸 백성이 이를 마련하는 데 큰 고통을 겪는다는 사실이다.[160]

순치 7년(1650, 효종 1) 12월 실력자 도르곤이 급사하자 순치제는 그를 성종(成宗) 의황제(義皇帝)로 추존하였지만, 곧 모반죄로 처벌하였다. 이렇게 사건이 급박하게 전개되는 상황에서 칙사와 정명수가 도르곤 모친과 황후 추존 건[161], 그리고 도르곤 모반 조서를 받들고 연이어 조선에 들어왔다. 정명수는 별예단을 요구하였다. 본래 원예단(元禮單) 및 별증 물품은 이전에는 도르곤에게 품의하여 결정하였다. 그의 지시가 없으면 한 장의 종이도 마음대로 수수할 수 없었다.[162] 정명수는 순치제가 별예단의 1분(分)은 칙사들이 사용하고, 2분은 공가(公家)에 둘 것이라는 지시를 조선에 전달하였다.[163] 효종은 별증과 발매에 관한 일을 정명수에게 주선시켰다. 칙사는 표피·수달피의 무역을 요구하였지만 이들 물품은 탕갈되어 여분이 없었고, 표피·수달피는 예단에 사용하는 물품으로 미처 준비하지 못한 상황이라 많은 요구 수

---

158 『승정원일기』 인조 15년 11월 27일(신묘). 전후로 발매하기 위하여 내준 價銀은 660여 냥이었다.

159 『승정원일기』 인조 27년 1월 24일(계미). 발매한 뒤로 2·3일 동안 그들이 고른 것은 수달피 744장, 청서피 762장, 녹비 44장이었다.

160 『효종실록』 권9, 효종 3년 10월 23일(신유).

161 『동문휘고』 원편 進賀1, 庚寅 「頒追尊攝政王母皇后祔廟詔」 순치 7년 7월.

162 『승정원일기』 효종 1년 3월 29일(임오).

163 『승정원일기』 효종 2년 2월 18일(을축) 및 3월 8일(을유).

량을 맞추기가 어려웠다.[164] 칙사의 별예단 지급은 이전에는 없었던 일이었다.[165] 한편 표피(豹皮)·적호피·산달피·토저피(土豬皮) 등 4종류의 물품은 1장도 납부하지 못한 상태였다. 발매하는 수량이 너무 많아 시민들이 조치할 수 없자 조선 출신 역관 이형장(李馨長)으로 하여금 주선케 하였다. 그 결과 표피 등 4종류의 피물은 그들의 요구를 끝내 막았지만 청서피·수달피·녹비 등의 피물은 매매를 허락하였다.[166] 표피 등 네 종류의 피물은 근래에 들어 씨가 마른 품종이었다. 대통관 등은 서연청에서 평시서의 하인(下人)을 불러들여 수달피·청서피 등 피물의 납입을 재촉하였다. 하룻밤 사이에 2,000장을 채우면 가격을 쳐주겠다고 했다. 이렇듯이 칙사들의 금전이나 물품 요구 폐해는 날로 심해졌다. 도성의 시민들이 지탱할 수 없을 지경이었다. 효종 초에는 더욱 극심하였다. 칙사는 황제의 분부라는 점을 내세웠다. 이에 응하자니 물력이 부족하였다. 민력은 감당할 수 없고 국력을 보존할 수 없다는 뜻을 역관 정명수에게 알리자는 방안이 나왔다.[167] 칙사가 교역한다는 이유를 댔지만 실상은 강제로 백성의 재물을 탈취하였던 것이었다.[168]

순치제는 칙사와 수종원들이 무역을 행할 때 소란스럽다며 사신은 단지 정사·부사 각 1원만을 임용하며, 그 자격 조건도 예의에 익숙하고 조심하는 자로 제한시켰다. 아울러 팔기의 사신 수행과 무역 행위를 모두 중지시켰다.[169] 하지만 그것도 지켜지지 않았다. 강희 말 상사

---

164 『승정원일기』 효종 2년 3월 6일(계미).
165 『승정원일기』 효종 2년 3월 8일(을유). 별예단은 전년 6명의 칙사가 나오면서 시작되었다. 『승정원일기』 효종 1년 2월 8일(신묘).
166 『승정원일기』 효종 2년 10월 26일(경오).
167 『승정원일기』 효종 2년 10월 23일(정묘).
168 『효종실록』 권4, 효종 1년 5월 25일(정축). 호조에서 보상해준 액수가 거의 수천 냥에 달했다

와 부사가 별도로 표피 100령의 무역을 요구하였다.[170] 옹정제가 죽자 부칙(訃勅)을 받든 상사·부사가 구청한 표피·수달피·초피 등 각종 물품을, 통관 이하에게 지급하는 각종 물품도 경감하여 입급(入給)하고, 별도로 구청하는 물품도 편의에 따라 응했다.[171]

일찍이 홍타이지는 조선과 화친을 유지하는 조건으로 상호 교역을 조건으로 내세웠다. 그는 교역의 필요성으로 패륵과 유력자에게는 이익이 된다는 점을 들었다. 조선은 세공 외에 왜도 등의 물품을 바쳤고, 섭정왕 도르곤·정친왕 제이합랑 및 제왕·대신에게 예물을 바쳤다. 특히 도르곤에게는 다른 왕보다 후하게 마련하여 보냈다. 순치제가 등극하자 외국에서 제왕·패륵에게 보내는 예물은 영원히 금지하는 조치를 법령으로 정하였다.[172] 이 조치가 발포되자 필요한 물품의 확보를 위해 칙사들이 조선에 들어와 다양한 물품의 무역 거래를 행했던 것으로 보인다. 특히 표피는 고위 관료들의 좌욕으로 사용[173]되고 있었던 데서 알 수 있듯이 북경 사람들이 진귀품으로 간주하였기에 강력하게 무역을 요구했던 것이다. 조선인들도 표피를 휴대하고 북경에 가면 많은 이익을 볼 수 있었다.[174]

---

169 『통문관지』 사대 하, 「칙사의 행차」. 상사는 내각학사였고 부사는 무신이었는데, 경종 3년 상사는 종실이고, 부사가 내각학사였다. 『비변사등록』 경종 3년 11월 2일. 우의정 李光佐 등이 입시하여 勅使를 극진히 접대하는 문제에 관해 논의함.
170 『승정원일기』 숙종 44년 1월 7일(병진).
171 『승정원일기』 영조 11년 11월 16일(기사).
172 『淸世祖實錄』 권3, 순치 원년 정월 1일.
173 서인범, 「조선 호피·표피의 청조 진상」
174 김경선, 『연원직지』 권6, 留館別錄 「복식」.

VI. 맺음말

조선은 후금 조정에 공예단을 바치는 외에도 호차(혹은 금차)에게 별도의 사예단을 지급하였다. 일찍이 명조 사신에게도 별도의 예단을 지급한 적이 있었다. 후금은 이러한 사실을 간파하고 예단을 강제하였던 것이다.

청조 성립 이후 칙사 편성은 정사·부사 각 1명, 통관 수 명 등으로 구성되었다. 칙사가 압록강을 건너는 순간부터 북경으로 되돌아가는 날까지 수차례의 연회가 베풀어졌고 그때마다 조선 조정은 예단을 지급하였다. 즉, 원접사의 중로문안, 입경 다음 날의 하마연을 시작으로 회정일의 전연까지 다양한 연회가 열렸다. 그때마다 예증·별증·도급·도구청·밀신 등의 명목으로 예단을 지급하였다. 조선은 이들 칙사에게는 지은(즉, 구성은)·종이·부채·환약·피물·명주·담뱃대 등을 증급하였다. 그 밖에 별구청·별별구청의 명색이 있었고, 그들의 요청에 따라 증급하였기에 물품의 다과와 유무는 해마다 동일하지 않았다.

특히 호피보다는 표피가 예단으로 더 많이 사용되었다. 호피는 원접사나 관반·교외전연의 예단으로 상사·부사에 각각 1장씩 지급되었다. 시간이 흐르면서 점차적으로 경감되었다. 청조가 성립한 이듬해 정사·부사에게 각각 호피 6장, 표피 29장이었던 것이, 홍타이지가 죽고 순치제가 등극하자 호피 1장, 표피 14장이 경감되어 호피 5장, 표피 15장이 되었다. 황제의 등극을 자축하는 동시에 조선 백성의 고통을 헤아려 선정을 베푼다는 의식의 발로였다.

하지만 이후에도 칙사 2명에게 중로문안중사 예단으로 표피 각 1장, 칙사 이하 도급예단으로 정사·부사 각각 10장, 회환 시 중로문안중사 예단으로 표피 각 1장이 지급되었다.

칙사의 예단 사여에 있어 절은이라는 현상이 나타났다. 다시 말하면 정사·부사의 은과 종이 등은 본색 즉 현물로, 표피·녹비·수달피·청서피 등은 절은하였다. 절은이나 절전(折錢) 현상은 칙사들이 중국에서 마련해 온 물품 이상의 가격으로 환산하여 이익을 쫓으려 한 데서 기인하였다. 그들은 공·사예단에 만족하지 않고 무역에 적극적으로 가담하였다. 예단을 자신들이 원하는 물품으로 무역해주기를 강요하는 형태로 이루어졌다.

앞에서도 언급하였듯이, 청조는 칙사를 파견하는 경우 대통관·차통관·제독 등을 수종시켰다. 이들 통관·제독에게도 다양한 명목으로 물품이 지급되었다. 특별히 통관처에는 밀증과 절일의 별급예단을 지급하였는데, 대통관처(大通官處)에 지급하는 물품이 칙사에 지급하는 수보다 대단히 많았다. 인조는 통관에게 은·명주·면포 등의 물품 외에 호피·표피도 하사하였다. 강희제의 세폐로 바치는 홍표피의 전면(全免), 건륭제의 칙사에게 공예단으로 지급하는 표피의 반감(半減) 등의 조치가 이루어지고 있는 한편에서 통관들은 도구청·별구청 명목으로 다량의 표피를 확보하였던 것이다.

문제는 칙사를 수행한 통관들이 조선 출신이라는 점이다. 조선은 이들이 일행에 관련된 모든 일을 주관하고 있는 데다, 물품을 발매할 때에 그의 환심을 잃으면 주선에 방해가 될 것을 우려하여 그들의 요구를 받아들이지 않을 수 없었다.

후금 초에는 심양의 황실들에 예단을 바쳤다. 인조는 팔왕, 즉 태조 누르하치의 제12자인 화석영친왕 아제격이 조선과의 변경에 도착했을 때 당상문관 1원을 문안사로 칭하여 예단을 보냈다. 그에게 많은 조선인이 억류되어 있어, 그를 통해 속환을 해결하려고 했던 것이다. 황실의 막강한 권력을 휘두르며 순치제를 옹립한 누르하치의 제14자인 구왕(九王) 도르곤(多爾袞)에게 문안사를 파견하여 예단을 바쳤다. 그가 조선과 관련된 일을 전적으로 처리하였기 때문이었다.

이들은 예단으로 만족하지 않고 종호를 조선에 보내 무역을 획책하였다. 조선 출신 통관 정명수는 이들이 손에 넣고자 했던 표피·수달피·청서피·장백지 등의 물품을 도감에 전달하여 마련하고자 했다. 칙사 이하 통관·제독, 나아가 심양의 황실과 팔기가 표피를 무역하려던 이유는 북경 사람들이 이들 물품을 진귀하게 여겨 비싼 가격으로 매매되었기 때문이었다. 아울러 다양한 물품 중에서 호피와 표피는 선물용만이 아니라 고위 신분을 상징하는 좌욕이나 관복에 사용되어 그 가치가 컸다. 하지만 이들의 요구를 들어줘야 했던 조선은 커다란 피해를 입었다. 칙사나 통관이 요구하는 물품이 끝이 없어 이들이 거쳐 간 주·군은 피폐할 정도였다.

참고문헌

1. 사료

『광해군일기』, 『인조실록』, 『효종실록』, 『현종실록』, 『현종개수실록』, 『숙종실록』, 『정조실록』

『동문휘고』

『만기요람』

『北征錄』

『비변사등록』

『승정원일기』

『瀋陽狀啓』

『연원직지』

『일성록』

『接勅考』

『칙사등록』

『통문관지』

『頒赦勅遠接使別人情』(奎 1312-v.1-8)

平安監營(朝鮮) 編, 『平安道內各邑支勅定例』(奎17197)

黃海監營(朝鮮) 編, 『海西支勅定例』(奎16041)

『淸史稿』

『淸太宗實錄』, 『淸世祖實錄』, 『淸宣宗實錄』

강희 『大淸會典』, 가경 『大淸會典事例』, 官修 『大淸會典則例』

2. 단행본

구범진, 『병자호란, 홍타이지의 전쟁』, 까치, 2019.

전해종, 『한중관계사연구』, 일조각, 1970.

3. 논문

구범진, 「淸의 朝鮮使行 人選과 '大淸帝國體制'」, 『인문논총』 59, 2008.

김경록, 「조선시대 사신접대와 영접도감」, 『한국학보』 30, 2004.

김선민, 「조선통사 굴마훈, 淸譯 鄭命壽」, 『명청사연구』 41, 2014.

白玉敬, 「仁祖朝 淸의 譯官 鄭命守」, 『이화여자대학교 대학원 研究論叢』 22, 이화여자대학교 대학원, 1992.

서인범, 「조선 호피·표피의 淸朝 진헌」, 『역사학보』 244, 2019.

이명제, 「17세기 청·조 관계연구」, 동국대학교 사학과 박사학위논문, 2021.

임경준, 「淸朝宮廷における內務府旗人の存在形態-朝鮮旗人チャンミンとその一族を中心に―」, 『內陸アジア史硏究』 33, 2018.

최진규, 「청의 중국 지배와 필첩식」, 『중국사연구』 46, 2007.

02

15~17세기 조선이 명(明)에 보낸
조공품의 변화와 의미

구도영(具都暎, 동북아역사재단 연구위원)

Ⅰ. 머리말

조선과 명(明)의 외교는 사행을 통해 이루어졌다. 조선 사행은 명 북경에 가서 황제에 외교문서 표문(表文)과 예부에 자문(咨文)을 전달하면서 황실에 예물도 진헌하였는데, 이 조공품을 당시 방물(方物)이라 하였다.[1] 명 정부도 조선 사행이 돌아갈 때 사신들에게 일정한 답례품을 주었다.[2] 고금을 막론하고 이웃을 방문할 때 일정한 선물을 준비해 가는 것은 관행이자 예의이다. 특히 방물은 외교관계에서 명 황실에 공식적으로 건네는 의례품인만큼 조선 조정은 방물로 보낼 물품을 마련하는 것에 주의를 기울였다. 명 황실에 보내도 될 만한 물건을 선별했을 것이고, 방물은 조선에서 나는 것, 즉 조선의 특산물로 구성

---

1 조선이 명 황실에 보냈던 예물을 오늘날에는 일반적으로 '조공품'이라 부르는데, 이 글의 본문에서는 조선 시대 통용되었던 '방물'이라는 단어를 사용하고자 한다.
2 『萬曆大明會典』卷111, 禮部 69, 給賜 二, 外夷 上, 朝鮮國.

될 가능성이 높았다. 결국 조선의 방물의 종류나 양은 조선과 명 간의 외교적 특징과 아울러 조선의 경제적 상황을 반영하기 마련이다.

조선의 방물을 살펴보기에 앞서 우선 사행의 형태를 언급하면 다음과 같다. 조선은 매년 정조사(正朝使) 또는 동지사(冬至使), 성절사(聖節使), 천추사(千秋使)를 정기적으로 파견했다. 정조사는 음력 설날, 성절사는 황제의 생일, 천추사는 황태자의 생일을 축하하는 사절단이었다.[3] 이렇게 정기적으로 보냈던 사행은 3가지였지만, 명대(明代) 황태자가 책봉되었던 시기가 적어 천추사 파견은 적었고, 실제 상시적으로 파견되었던 사행은 정조사(또는 동지사)와 성절사였다. 한편 조선은 특정한 외교 사안이 발생하면 별도로 사행을 파견하였는데, 이러한 비정기 사행은 사은(謝恩)·진하(進賀)·주문사(奏聞使) 등이 대표적이다. 이렇게 조선은 사행을 파견하면서 황제, 황후 등에게 방물을 보냈다.

조선 정기 사행의 방물에 관한 구체적인 내용은 조선왕조실록의 1430년 기사가 대표적인데, 그간 방물 관련 연구는 모두 이 사례만을 주목하였다.[4] 이 사례 외에 정기 사행의 방물을 본격적으로 검토한 연구는 없다. 정기 사행의 방물 연구가 15세기 초에 머물러 있는 것이다. 이 외에는 방물 중 직물(織物)의 종류를 확인하고[5] 정기·비정기 사행의 인삼(人蔘) 수량을[6] 검토한 연구가 있다.

---

3 正朝使는 1531년(중종 26)부터 冬至를 하례하는 冬至使로 바뀌었다(구도영, 「조선 초기 대명무역체제의 성립과 운영」, 『사학연구』 109, 한국사학회, 2013).

4 신석호, 「조선왕조 개국 당시의 대명관계」, 『국사상의 제문제』 1, 국사편찬위원회, 1959 ; 김구진, 「조선 전기 한중관계사의 시론」, 『홍익사학』 4, 홍익사학회, 1990 ; 유승주, 「朝鮮前期 對明貿易이 國內産業에 미친 影響」, 『아세아연구』 82, 고려대학교 아세아문제연구소, 1989 ; 구도영, 위의 논문.

5 심연옥·금종숙, 「우리나라와 중국 명대의 직물 교류 연구 I -조선왕조실록에 나타난 우리나라에서 중국으로 보낸 직물을 중심으로-」, 『한복문화』 16·2, 한복문화학회, 2013.

이렇듯 방물 연구가 제한적으로 이루어진 것은 1430년 결정된 정기 사행의 방물 정책 기조가 명 말(末)까지 지속되었다고 간주해온 것이 하나의 이유로 여겨진다. 그리고 방물은 무역과 같이 경제적 이익을 목적으로 한 상품 교환 활동의 영역이 아니었고, 방물 자체가 조선과 명 간의 외교적 이슈의 대상이 되지 않았다고 하여, 학문적 관심이 상대적으로 적었던 것도 하나의 요인으로 보인다. 이는 조선 후기 조선과 청(淸)의 외교관계 변화에 따라 세폐(歲幣)와 방물이 변화했다는 점을 주목한 연구가 많았던 점과 대비된다.[7] 요컨대 15~17세기 동안 조(朝)·명(明) 관계에서 방물 구성 추이를 살펴보는 연구는 아직까지 없다고 하겠다.

이에 본 연구는 15~17세기 조선이 명 황제에 보낸 방물 구성과 수량 변화의 추이를 파악하고자 한다. 이 연구는 약 250년 동안의 방물 운영 변화의 패턴을 추적하는 것이기 때문에 정기 사행의 방물로 제한하여 살펴볼 것이다. 구체적으로는 조선의 정기 사행이 명 황제에게 보낸 방물의 종류와 수량의 추이를 파악하고, 조선의 방물 진헌의 관성(慣性)과 변화에 담긴 의미를 살펴보고자 한다. 또한 방물이 가진 상품으로서의 특성에 대해서도 대략적으로 파악할 것이다. 그간 연구는

---

6 박평식, 「조선 전기의 인삼정책과 인삼유통」, 『한국사연구』 143, 한국사연구회, 2008 ; 구도영, 「근세 동아시아세계 약용식물 인삼(人蔘)의 가공과 유통 -조선의 대명(對明) 진헌인삼을 중심으로-」, 『의사학』 29·3, 대한의사학회, 2020.

7 연구가 너무 많아 일부만 언급하겠다. 전해종, 「淸代韓中朝貢關係綜考」, 『진단학보』 29·30, 진단학회, 1966 ; 유승주·이철성, 『조선후기 중국과의 무역사』, 경인문화사, 2002 ; 홍선이, 「세폐·방물을 통해 본 조청관계의 특징: 인조대 歲幣·方物의 구성과 재정 부담을 중심으로」, 『한국사학보』 55, 고려사학회, 2014 ; 권내현, 「17세기 후반~18세기 전반 조선의 은 유통」, 『역사학보』 221, 역사학회, 2014 ; 석소영, 「論 "丙子之役"后朝鮮對淸朝關係的實態: 以貢物變化情況爲視覺」, 『한중인문학연구』 49, 한중인문학회, 2015 ; 서인범, 「조선 호피·표피의 淸朝 진헌」, 『역사학보』 244, 역사학회, 2019.

조선이 명에 보내는 방물의 종류를 열거하는 정도에서 머물러, 각 방물이 어떤 물품인지 크게 관심을 기울이지 않았다. 조선이 명 황제에 보내는 방물은 조·명 외교의 모습을 반영하는 동시에 조선의 경제의 일면을 파악할 수 있는 하나의 매개물이기도 하다. 이 점에서 각 물건의 상품성에 대한 이해도 조금이나마 고려되어야 할 것으로 본다.

글의 순서는 다음과 같다. 우선 15~16세기의 방물을 살펴본다. 1430년 기점으로 그 전과 후의 방물을 확인할 것이며, 그 수량과 상품성을 살핀다. 그리고 나서 임진왜란 이후 방물 운영의 변화를 확인할 것이다. 정기 사행의 방물 내역이 조선왕조실록에는 거의 기록되어 있지 않으나, 1592년부터 1608년까지 생산한 조선의 외교문서가 『사대문궤(事大文軌)』에 수록되어 있다. 이 기록을 통해 임진왜란 이후 시기의 방물도 두루 살피고자 한다.

이 글은 다음과 같은 측면에서 연구 의의가 있다. 첫째, 15세기 초(1430년)에서 분석이 멈추어버린 조선 방물의 품목을 17세기 전반까지 확장하여, 조명 관계 전 기간(약 250년) 황제에게 보낸 방물의 추이를 확인할 수 있다. 둘째, 이 글은 시대의 흐름에 따라 조선의 방물 운영 변화를 확인하여, 조선 위정자들의 대명 외교 방식과 그 특징을 확인할 수 있다는 점에서도 유의미하다. 셋째, 시기에 따른 조선의 대표적 상품을 확인하고, 그 경제적 의미를 찾을 수 있다. 나아가 조선의 '글로벌 기프트'를 확인하여, 최근 세계사적으로 관심이 확대되고 있는 글로벌 기프트의 종류와 특성을 비교할 수 있는 여지를 확보했다는 점도 주목할 수 있다.

Ⅱ. 금은(金銀) 면제와 15~16세기 방물

고려가 거란(契丹)·금(金) 등의 중국에 보내는 방물 품목과 수량은 중국이 아니라, 고려 정부가 정했다. 방물은 고려 국왕이 중국 황제에 보내는 선물이므로 중국이 일방적으로 정하는 것이 아니라, 고려가 성의를 표하는 선에서 이루어졌다.[8]

조선이 명에 보낸 방물이 처음 어떻게 정해졌는지에 관한 기록은 없지만, 고려(高麗) - 명(明) 시기의 방물 관행을 일정 부분 계승한 것으로 판단된다. 조선의 사행 파견 등 외교 관행이 고려 시대의 그것을 따르고 있었기 때문이다. 그리고 고려는 거란, 금, 원(元), 명 등 중국 왕조에 금은(金銀)을 방물로 계속 보냈던 반면,[9] 조선은 건국된 지 얼마되지 않아 태종부터 벌써 금은을 보내지 않으려 노력하고 있었다. 만약 조선이 건국 후 방물을 새로 정했다면, 금은을 방물 품목에 넣지 않았을 것이다. 후술되겠지만, 고려 공민왕(恭愍王)이 명에 보냈던 방물 금은·채석(彩席)·저마포(苧麻布)·표피(豹皮)·달피(獺皮)가 조선의 방물 물목과 비슷하다.[10]

명나라 기록에서 조선의 방물 종류를 확인할 수 있는 자료로 『대명회전(大明會典)』이 있다. 『대명회전』은 시기에 따라 두 가지 판본으로 구분된다. 15세기 말~16세기 초 정덕제(正德帝) 시기 서부(徐溥) 등이 편찬한 『정덕회전(正德會典)』이 있고, 이후 다시 보완되어서 16세기 말 신시행(申時行) 등이 편찬한 『만력회전(萬曆會典)』이 있다. 정덕회전과

---

8 정동훈, 「고려-거란·금 관계에서 '朝貢'의 의미」, 『진단학보』 131, 진단학회, 2018.

9 『高麗史』 卷35, 世家 卷35, 忠肅王 8年 8月 ; 『高麗史』 卷44, 世家 卷44, 恭愍王 23年 6月 ; 『明太祖實錄』 卷194 洪武 21年 12月 12日 ; 정동훈, 앞의 논문.

10 『高麗史』 卷44, 世家 卷44, 恭愍王 23年 6月 18日 壬子.

만력회전은 시기적 간극에 따른 내용 차이가 있다. 국초의 상황을 보다 잘 반영하고 있을 15세기 편찬『대명회전』에는 조선이 명에 보내는 방물을 금은기명(金銀器皿), 각색저포(各色苧布), 백세화석(白細花席), 인삼, 표피, 달피, 황모필(黃毛筆), 백면지(白綿紙)라고 간단하게 언급하고 있다.[11]

　방물에 대한 구체적인 사항은 조선의 기록으로 확인할 수 있다. 비정기 사행의 방물 목록을 보면, 1401년(태종 1) 조선의 사은사는 건문제(建文帝)에게 말 50필, 금안장(金鞍) 4부, 세저마포(細苧麻布) 200필을, 황후에게 세저마포 80필을 보냈다.[12] 비정기 사행이지만 방물의 종류가 간소하고, 위『대명회전』방물 물목과 큰 차이가 있다. 1418년(세종 즉위) 사은사는 황제에게 안장[鞍子] 2개, 황세저포(黃細苧布) 30필, 백세저포(白細苧布) 30필, 흑세마포(黑細麻布) 90필, 황화석(黃花席) 40장, 만화석(滿花席) 20장, 만화방석 20장, 잡채화석 20장, 인삼 2백 근, 잣[松子] 200근, 잡색마(雜色馬) 26필을 보냈다.[13] 이 방물 구성을 살펴보면, 직물(織物)로 황세저포, 백세저포, 흑세마포가 있고, 조선 특산품인 석(席, 돗자리)이 크기와 무늬 등을 달리하며 4가지 종류가 진헌되었다. 그리고 음식으로 인삼과 잣이 있었고, 말과 말 안장을 보냈다. 1401년 사은사의 방물보다 종류도 다양해지고,『대명회전』내용과도 상당히 비슷하다. 이듬해인 1419년(세종 1) 8월 사은사는 백세저포, 흑세마포, 사마겸직포(絲麻兼織布), 사저겸직포(絲苧兼織布), 황화석, 만화석, 만화염석(滿花簾席), 만화방석, 잡채화석(雜彩花席), 인삼, 석등잔(石燈盞), 초서피(貂鼠皮), 잡색마를 가져갔다.[14]『조선왕조실록』은 비정기

11 徐溥 等,『大明會典』卷97, 禮部 56, 朝貢 2, 朝鮮國.
12『太宗實錄』권1, 태종 1년 6월 19일(병자).
13『世宗實錄』권1, 세종 즉위년 9월 8일(을묘).
14『世宗實錄』권5, 세종 1년 8월 25일(정유).

사행인 사은사의 방물을 주로 기록하고 있다. 시기적으로 국초인 데다, 비정기 사행은 방물도 고정되지 않았으므로 비정기 사행의 방물을 기록으로 남기는 것이 중요하다 판단했던 것이다. 비정기 사행 방물은 저포와 마포, 석(席), 인삼, 말이 기본 구성품이었으며, 때에 따라 일부 물품들이 추가되며 변동이 있었다.

조선 정기 사행의 방물을 명확하게 확인할 수 있는 가장 이른 시기의 자료는 1430년(세종 12)의 『조선왕조실록』 기사이다. 이 자료에서 정기 사행인 정조사, 성절사, 천추사의 방물뿐만 아니라 황제, 황태후, 황후, 태자에게 보내는 방물까지 언급하고 있다. 조선 전기 정기 사행의 방물 품목과 수량을 이보다 자세하게 언급한 사료가 없는데, 여기에는 그럴만한 이유가 있었다.

조선 태종(太宗)은 정기 사행 방물에 포함되어 있던 금 150냥과 은 700냥을 제외하고 싶어 했고, 세종(世宗) 역시 마찬가지였다.[15] 1429년(세종 11) 조선은 방물 중 금은을 면제하겠다는 외교문서를 명에 보냈고, 명나라도 이를 받아들이면서, 금은 면제가 합의되었다.[16] 방물은 조선 사행이 명을 방문할 때 보내는 예물의 성격이어서 강제성이 있는 것은 아니었다. 다만 시간이 흐르면 관행이 곧 규례(規例)가 되기 때문에 여기에 일정한 구속력이 생기게 된다. 조선은 방물 중 금은을 제외하려면 일정한 합의 절차가 필요하다고 판단했던 것이다. 금과 은이 면제되면서 조선 정부는 이를 대체할 방물을 추가해야 했고, 이는 당시 중요한 외교 사안이었으므로 『조선왕조실록』에도 그 항목이 자

---

15 『太宗實錄』 권17, 태종 9년 정월 21일(갑자) ; 『太宗實錄』 권12, 태종 6년 윤7월 18일(을해) ; 『太宗實錄』 권17, 태종 9년 윤4월 28일(경오) ; 『太宗實錄』 권34, 태종 17년 8월 25일(무신) ; 『世宗實錄』 권7, 세종 2년 정월 25일(갑자).

16 『世宗實錄』 卷45, 세종 11년 8월 18일(임진) ; 『世宗實錄』 권46, 세종 11년 12월 13일(을유).

〈표 1〉 1430년 전후 조선의 방물 물목 변화

정기 사행 / 방물 / 1430년 기준		정조(동지)								성절						천추	
		황제		황태후		황후		태자		황제		황태후		황후		태자	
		전	후	전	후	전	후	전	후	전	후	전	후	전	후	전	후
직물	황저포(필)	10	-	-		-		-		10	-	-		-		-	
	백저포(필)	20		20		20		15		20		20		20		16	20
	홍저포(紅苧布)(필)	-		10		10		-		-		10		10		-	
	마포(필)	20	40	-	30	-	30	15		20	70	-	40	-	40	16	60
	저마겸직포(苧麻兼織布)(필)	-								10						-	
	면주(필)	-	20	-	10	-	10	-	10	-	20	-	10	-	10	1	10
席	만화석(장)	20		8	10	8	10	2	10	-		7	10	7	10	10	15
	염석(簾席)(장)	-								2						-	
	만화방석(장)	10	20	-		-		5	10	10		-		-		10	15
	황화석(장)	10	20	-	10	-	10	10		10	20	10		10		-	5
	채화석(장)	10	20	10		10		10		10	20	10		10		10	
약재	인삼(근)	50		-		-		20	40	50		-		-		20	40
소품가구	나전소함(螺鈿梳函)(사)	-		1		1		-		-		-		-		-	
가죽	표피(장)	10						6		10						6	
	달피(장)	-						-		20						10	
문방구	황모필(지)	-						-		-						20	
말	말(필)	-	30					-	4	-	40					-	10

* 전: 1430년 이전 방물 / 후: 1430년에 금은을 대체해 추가된 방물
참조: 『세종실록』 권47, 세종 12년 2월 26일(정유) ; 『성종실록』 권274, 성종 24년 2월 27일(임술).

세하게 기록된 것이다. 1430년을 기점으로 조선의 방물은 변화되었으며, 이 변화를 표로 나타내면 위와 같다.

위의 〈표 1〉에서 '전'은 1430년 이전의 방물(금 150냥, 은 700냥 포함)이고, '후'는 1430년 금은을 제외한 뒤 마련된 방물 수량이다. 방물의 수량이나 품목에 변화가 생긴 부분을 볼드체로 강조했다. 이 표로 1430년을 기점으로 정기 사행의 전과 후의 방물 수량을 확인할 수 있

다. 또한 금은을 제거한 이후 어떤 물품을 더 추가했는지 확인할 수 있으며, 이는 조선의 대표 상품을 파악할 수 있다는 점에서도 유효하다. 방물의 구성품을 하나하나 살펴보자.

① 저포

방물의 종류를 크게 분류해 보면, 직물 및 석(席)이 다수를 차지한다. 직물에서는 저포가 가장 많았다. 황저포, 백저포, 홍저포 색깔만 다를 뿐 모두 저포이다. 저포는 한글로는 모시라고 부르며, 조선에서 고가(高價)의 직물에 속했다. 16세기 저포 1필의 가격이 면포(綿布) 10필에 달했다.[17] 조선의 저포는 올이 매우 가늘어 세저포라고도 불렀으며, 직조하는 데 많은 공력이 들어갔다. 1577년 명 예부 관료도 조선의 저포를 보고서 '백저포와 황저포의 올이 가늘면서 질기니 중국 남방의 저포보다 훨씬 좋다'라고 하였다.[18] 올이 가는 만큼 저포의 결이 고울 수밖에 없었는데, 내구성도 뛰어났던 것이다. 중국 강남 지역은 비단 등 직물류 생산의 중심지였는데, 조선의 저포는 그 올이 매우 촘촘하여 명 강남 지역의 생산품보다 품질이 뛰어났다. 저마겸직포는 저포와 마포를 섞어서 짠 직물이다.

② 마포

1430년 직물 중 가장 많이 추가된 것은 마포이다. 마포는 정포(正布)로, 조선 정부가 백성에게 세금으로 거두어들이는 주요 직물이었으므로 15세기 국고(國庫)에 가장 많이 비축된 포였다. 「세종실록지리지(世宗實錄地理志)」를 보아도 15세기 초 조선에서 가장 많이 생산하는

---

17 『明宗實錄』 권2, 명종 즉위년 11월 17일(병자).
18 『鶴峯逸稿』 卷3, 朝天日記, 丁丑年 5月 1日(戊子).

직물이 마포였다.[19] 정기 사행의 방물은 수량 확보도 중요하므로 조선 정부가 풍부하게 확보하고 있던 정포를 다량 추가하였던 것이다.

마포는 그 올이 촘촘한 정도에 따라 품질이 나뉘는데, 조선 조정은 올이 촘촘하여 품질이 좋은 5승포(升布)를 세금으로 걷었고, 이를 정포라 했다. 1488년(성종 19) 조선을 방문했던 명 사신 동월(董越)은 사행 길에서 조선인을 보면서 '보통 사람이 마포 옷을 여러 겹 입고 걷는다. 옷은 대개 희고 베올이 굵다'라는 평과 '포 가운데 정교한 것은 명주처럼 가늘고 촘촘하다'라는 상반된 소감을 남겼다.[20] 조선에서는 올이 성긴 마포와 촘촘한 것이 모두 있었으며, 명 황실에 보내는 마포는 올이 고운 세마포(細麻布)였다.[21] 조선인은 마포를 관행적으로 흑마포라고도 불렀는데, 실제 색깔은 검은색이 아니라 황색이었다.[22]

③ 면주

1430년 새롭게 면주가 추가되었다.[23] 면주는 촉감이 부드럽지만, 광택이 적고 무늬가 없는 견직물이다. 명에서는 고급 견직물인 사라능단(紗羅綾緞)을 직조할 정도로 비단 만드는 기술이 뛰어났지만, 조선에서는 견직물 중 중등품에 해당되는 주(紬)를 많이 생산했다. 조선시대 사대부들은 조선산 비단인 주를 주로 입었고, 조선의 면주는 품질이 뛰어났다.[24] 초록빛을 물들인 녹주의(綠紬衣)는 명 황제인 성화제(成化帝)

---

19 조상준, 「조선시대 삼베 생산지 연구」, 『인문과학연구』 66, 강원대 인문과학연구소, 2020.

20 董越 著, 김한규 譯, 『使朝鮮錄』 3, 소명출판, 2012, 63~64쪽.

21 『世宗實錄』 권1, 세종 즉위년 9월 8일(을묘) ; 『世祖實錄』 권1, 세조 1년 윤6월 29일(계유) ; 『成宗實錄』 권52, 성종 6년 2월 8일(정해).

22 『鶴峯逸稿』 卷3, 朝天日記, 丁丑年 5月 1日.

23 『攷事撮要』 萬曆 九年 辛巳[宣祖大王 十四年].

24 조효숙·이은진, 「김확 묘 출토직물 제직 특성 연구」, 『복식』 61·2, 한국복식학

도 관심을 가져 조선에 파견되는 사신 정동(鄭同)에게 이를 구해오라는 명을 내린 바 있었다.[25]

④ 석(席)

석도 주요 방물이었다. 만화석, 만화방석, 황화석, 채화석, 염석 등 종류가 5가지나 된다. 이름에 화(花)가 있다고 하여 꽃 무늬를 지칭하는 것은 아니고, 화려한 무늬가 들어갔다는 의미이다.[26] 만화석·황화석·채화석은 바닥에 넓게 까는 자리로 무늬와 색에 따른 구분이었다. 염석은 벽에 거는 발이다. 조선은 좌식 생활을 했기 때문에 석이 중요했다. 정교한 것은 방 안의 침상과 평상에 깔고, 거친 것은 땅에 까는 데 사용했다. 손님이 왔을 때는 1인용 자리인 방석을 내어 앉게 했다.[27] 조선시대 관료들의 초상화를 보면 각종 석을 깔고 있었다는 점을 발견할 수 있다. 조선에서는 석이 중요한 만큼 그 품질이 매우 좋았지만,[28] 명은 입식 생활을 하기 때문에 조선만큼 유용했던 물건은 아니었던 것으로 보인다.[29]

⑤ 인삼

인삼은 원래 황제에게 50근, 황태자에게 20근씩을 보냈는데, 금은

회, 2011.

25 『睿宗實錄』 권4, 예종 1년 윤2월 24일(기묘).

26 조선시대 초상화를 통해 당시 '자리'의 다양한 무늬들을 확인할 수 있는데 용, 호랑이, 십장생, 연꽃이나 다양한 기하학 문양이 있었다(김성희, 「화문석 문양 디자인의 현대적 재구성에 관한 연구 - 조선조 초상화를 중심으로」, 『조형디자인연구』 20·3, 한국조형디자인협회, 2017).

27 『高麗圖經』 卷28, 供張 1, 文席.

28 『鶴峯逸稿』 卷3, 朝天日記, 丁丑年 5月 1日(戊子).

29 『中宗實錄』 권100, 중종 38년 5월 8일(신해).

이 면제되면서 인삼이 증액되었다. 다만 황태자에게만 40근을 추가하였다. 황제는 항상 존재하는 반면, 황태자는 황제가 혼인을 하고 자식을 낳아 그 황자 중 한 명을 책봉해야 성립한다. 명대에 황태자가 존재했던 기간은 약 절반 정도에 이르렀다.[30] 따라서 황태자에게만 인삼을 추가하기로 한 것은 결과적으로 인삼을 덜 보내는 데 효과적이었다.

⑥ 가죽

가죽은 표피와 달피를 보냈고, 1430년에도 가죽의 수량은 추가하지 않았다. 방물에서 가죽이 차지하는 비중이 적다. 가죽도 품질에 따라 가격이 다르지만, 1448년(세종 30) 무렵 수달피가 쌀 20여 두(斗)에 이르고, 표피가 면포로 50~80필에 이를 정도로 고가였다는 기록이 있다. 당시 면포 1필이 약 쌀 20두였으므로, 표피 한 장이 100석(石)에 이르기도 했던 것이다.[31] 조선에서는 표피가 수달피보다 50배 고가의 가격에 거래된 바 있었고, 호랑이 가죽[虎皮]보다도 가격이 높았다. 조선 조정은 국초부터 명에 조공하는 품목의 일부를 사사로이 외국에 수출할 수 없도록 했는데, 토표피(土豹皮), 해달피(海獺皮)도 포함되었다.[32]

⑦ 황모필, 말

1430년에 새롭게 추가된 황모필은 족제비 털로 만든 붓으로, 황태자 생일에 태자에게 20자루씩 보냈다. 한편 잡색마도 새롭게 추가되었다. 말은 고가이기는 하지만, 금과 은처럼 그것을 캐내고 제련하는 과정에서 백성의 생명이 위협받거나 고초가 수반되지는 않는다. 특히 명

---

30 구도영, 2020 앞의 논문.
31 『世宗實錄』 권122, 세종 30년 10월 8일(신유).
32 『經國大典』 卷5, 刑典, 禁制條. 가죽 외에도 채문석(彩紋席), 두꺼운 종이[厚紙] 등도 수출을 제한했다.

은 국초 건문제와 영락제의 정권 쟁탈과 몽골 정벌로 군마 수요가 크게 증가했고, 15세기 전반 조선의 말을 여러 차례 수입한 바도 있었다.[33] 조선은 금은을 대체하는 데 말이 적절하다 여긴 것이다.

요컨대 15세기 초 조선의 방물은 당시의 경제 여건과 외교적 상황을 반영하고 있었다. 고려 - 명 관계의 방물을 계승했지만, 조선은 민본(民本)을 강조했기에 백성들의 폐해가 컸던 금은을 방물에서 제외했다. 그리고 나서 새롭게 추가한 방물은 조선 정부가 용이하게 구할 수 있는 물품인 마포 등의 직물과 특산품인 석, 명에서 요긴하게 사용될 말 등이었고, 구하기 어려운 가죽은 추가하지 않았다.

조선은 방물을 정성스레 마련했고, 이 물건의 품질을 유지하며 명에 가져가야 했다. 그러기 위해서 포장이 중요했다. 방물 포장 규정을 살펴보면, 먼저 기름종이(油紙)로 봉했다.[34] 비를 맞거나 물에 빠져도 물품이 젖지 않아야 하므로 여름철에는 기름종이 주머니[油紙袋]로 단단히 포장했고, 겨울은 건조하므로 밀랍 보자기[蠟袱]를 사용했다.[35] 그리고 나서 방물을 기름 자리(油席)로 재차 감쌌다. 방물을 포장하는 데 유둔(油芚)·유지대(油紙袋)·노루가죽[毛獐皮]·유석(油席) 등을 활용했다.[36] 임진왜란 이후에는 유지(油紙)·유둔(油芚)을 확보하기 어려워, 나무 상자에 방물을 담고 포(布)로 감싼 뒤 역청(瀝靑)을 입히는 방식을 사용하기도 했다.[37] 방물 포장 시 주요 신료들이 모두 참관하도록

---

33 末松保和,「麗末鮮初に於ける對明關係」,『史學論叢』2, 東京, 岩波書店, 1941 ; 남도영,「麗末鮮初 馬政上으로 본 對明關係」,『동국사학』6, 동국사학회, 1960 ; 김순자,「麗末鮮初 對明馬貿易」,『韓國史의 構造와 展開』, 혜안, 2000.

34 『世宗實錄』 권64, 세종 16년 4월 9일.

35 『成宗實錄』 권238, 성종 21년 3월 4일(병진) ;『成宗實錄』 권239, 성종 21년 4월 15일(정유).

36 『成宗實錄』 권282, 성종 24년 9월 5일(병신).

37 『宣祖實錄』 권200, 선조 39년 6월 20일. 역청(瀝靑)은 천연 아스팔트 또는 타르

하여, 그 포장의 중요성을 강조했다.[38] 조선의 정기 사행의 방물은 〈표 1〉의 후와 같이 변경되었고, 이 방물과 수량이 16세기에도 지속된다.

Ⅲ. 임진왜란(壬辰倭亂) 이후 방물의 변화와 의미

1. 임진왜란(1592~1598) 중 방물의 변화

1592년 임진왜란의 전화(戰火)는 조선의 일상을 파괴했다. 조선 국왕은 한양을 떠나 북쪽으로 피란길에 올랐다. 민간에서 세금을 거두는 일도 차질이 빚어질 수밖에 없었고, 이는 명 황제에게 보낼 방물 마련도 어렵게 했다. 명 황제에게 보내는 방물은 조선 각지의 백성들이 납부하는 공물(貢物)로 구성된 것인데, 일본군이 한반도 각지에 머물러 대치하는 상황에서 조선 백성이 공물을 예전처럼 납부할 수 없었다. 조선 정부가 명에 보낼 방물을 구비하기 어려워진 당시 상황은 아래의 기사를 통해 확인할 수 있다.

> 호조가 아뢰기를, "성절사가 진헌하기에 합당한 물건으로는 장흥고(長興庫)에 단지 만화석 3장과 채화석 4장이 있고, 제용감(濟用監)에 단지 표피 1장과 인삼 10근만이 있으며 나머지는 아무것도 없으니, 절반으로 정한다고 해도 준비할 길이 전연 없습니다. (하략)[39]
>
> 예조가 아뢰기를, "이번 성절에 정해진 공마의 수량을 진헌하는 것이 마땅하겠지만, 전쟁을 겪은 뒤로 적당한 말의 숫자가 부족할 뿐 아니라

를 지칭하는 것으로, 방수용 도료로 사용되었다.

38 『太宗實錄』 권6, 태종 3년 11월 2일 ; 『중종실록』 권17, 중종 7년 10월 10일(경술).

39 『宣祖實錄』 권48, 선조 27년 2월 22일.

평시처럼 미리 길러 두지를 못하여 말들이 심히 야위었습니다. 도중에서 죽어 결손이 나는 것도 반드시 전보다 배나 될 것입니다.[40]

위 사료는 1594년(선조 27) 2월, 3월의 기사이다. 전쟁이 시작되고 약 2년이 지난 후이다. 국고에 방물로 사용할 만한 물건이 거의 남아 있지 않았고, 명에 보낼 말도 제대로 기르지 못하는 상황이었다. 문제는 전쟁이 장기화되고, 방물 마련이 계속 여의치 않았을 것인데, 조선 조정이 이 상황을 어떻게 타개하고 조율했는가이다. 이에 대해 조선 관료들은 명에 조선의 힘든 여건을 전달하며 양해해줄 것을 요구했다. 백성들을 독촉하고 수탈해서 황제의 방물을 채우는 방식은 선택하지 않았다. 조선의 당시 여건에서 정부가 보다 용이하게 확보할 수 있는 물건을 중심으로 방물을 구비하는 방법을 택했다.[41] 그렇다면 구체적으로 이를 어떻게 실현했는지 방물 목록과 수량을 추적해야 한다. 전쟁 이듬해인 1593년 6월 황제에게 보낸 성절사의 방물부터 살펴보자.

〈표 2〉 성절사의 명 황제 방물 물목(1593년 사례)

물품의 종류	방물 / 사행	임진왜란 전	1593년	전후 증감
직물	황저포(필)	10	0	-10
	백저포(필)	20	20	0
	마포(필)	70	0	-70
	저마겸직포(필)	10	0	-10
	주	20	0	-20
자리	용문염석(장)	2	2	0
	만화방석(장)	20	5	-15

40 『宣祖實錄』 권49, 선조 27년 3월 2일.
41 『宣祖實錄』 권49, 선조 27년 3월 2일 ; 『宣祖實錄』 권127, 33년 7월 16일(정사).

물품의 종류	방물 \ 사행	임진왜란 전	1593년	전후 증감
	황화석(장)	20	8	-12
	채화석(장)	20	20	0
약재	인삼(근)	50	50	0
말	마(필)	40	20	-20
가죽	표피(장)	10	2	-8
	달피(장)	20	5	-15
	호피(장)	-	2	+2
부채	백선(白扇)(파)	-	100	+100
	경면지(鏡面紙)(장)	-	40	+40
	백면지(白綿紙)(장)	-	400	+400
문방구	황서모필(黃鼠毛筆)(지枝)	-	100	+100
	화연(畫硯)(면면)	-	2	+2
	진묵(眞墨)(홀笏)	-	100	+100

참조: 『선조실록』 권39, 선조 26년 6월 2일(을유)

1593년 성절사 방물의 변화를 가시적으로 확인하고자 '임진왜란 전의 방물 수량'과 '전후 증감량'을 〈표 2〉에 함께 표기하였다. 그리고 1593년 새로 추가된 방물을 표의 아래 부분에 배치했다. 〈표 2〉를 통해 명 황제 방물의 변화를 살펴보자. 조선은 가급적 기존 방물 구조를 유지하고자 했지만, 그러하지 못했다는 것을 알 수 있다. 가장 큰 타격을 받은 것은 직물류였다. 황저포, 마포, 저마포, 주는 전혀 구하지 못했다. 직물 중에 유일하게 백저포 20필을 구했을 뿐이다. 돗자리류도 수량이 절반으로 줄었고, 말도 절반인 20필만 준비할 수 있었다. 표피와 달피는 이전 수량의 20% 수준으로 현격히 감소했다.

기존 방물의 다수를 준비하지 못했는데, 그를 대신해 새로운 방물이 추가되었다. 표 순서대로 추가된 방물을 살펴보면, 기존 방물인 표피와 달피를 23장이나 구하지 못했는데, 새롭게 호랑이 가죽 2장을 추가했다. 부채는 새롭게 100개나 추가되었다. 그리고 경면지·백면지(종이), 황모필(붓), 화연(벼루), 진묵(먹) 등 문방구 물품이 대거 추가되었다. 종이는 경면지와 백면지가 각 40, 400장 추가되었다.[42] 황모필도 100자루 추가했다. 15세기 초에는 황모필을 단지 황태자의 생일에만 20필을 줄 뿐이었는데, 16세기 말 전쟁 과정에서 황제에게 황모필 100자루를 보냈다. 진묵도 100개를 보냈다.

1593년 새롭게 추가된 방물들은 공통점이 있다. 이 물건들이 16세기 조선의 대명(對明) 공무역과 사무역의 주요 수출품이었다는 점이다.[43] 16세기 말 조선 정부는 15세기 초에 정한 방물 품목을 제대로 확보하지 못하고 있던 반면, 당시 주요 수출품이었던 물품을 상대적으로 많이 보유하고 있었다. 건국 이래 약 200년이 되어, 조선의 경제적 환경이 바뀐 것이다. 16세기에 조선에서 수요가 높고, 명나라에 수출이 잘 되는 물건들은 그만큼 생산량도 증가했다. 조선은 국고와 민간에 널리 보유하고 있는 물품을 황제의 방물로 추가할 수 있었던 것이다. 변화된 조선의 상품 경제는 임진왜란 이후 황제 방물에도 영향을 주었다. 새로 추가된 물품을 좀 더 구체적으로 살펴보자.

① 종이: 경면지(鏡面紙), 백면지(白綿紙)

조선의 경면지는 견고하면서도 표면이 매끄럽고 윤택이 나는 최고급 종이로, 대개 명으로 보내는 외교문서에 사용했다.[44] 조선 종이는

---

42 경면지와 백면지가 같은 종이라고 주장하는 연구가 있는데(정선영, 「백면지에 관한 연구」, 『서지학연구』 41, 2008), 그렇게 보기 어렵다. 〈표 2〉와 같이 조선 조정은 이 둘을 구분하여 진헌하고 있었다.

43 구도영, 『16세기 한중무역연구』, 태학사, 2018.

44 『荷谷朝天記』 上 甲戌年 6月 7日(庚戌).

천 년이 지나도 건재할 만큼 한·중·일 종이 가운데 내구성과 보존성이 가장 뛰어난 종이였다.[45] 게다가 조선 종이의 표면이 비단처럼 부드러워 중국인들은 한때 조선이 종이를 누에고치로 만든다고 여겼다. 명 사신은 조선 종이의 재료가 누에고치라고 잘못 전해진 것은 그만큼 조선 종이 제조 기술이 정교하기 때문이라고 하였다.[46] 16세기 명 황제인 가정제는 조선 종이를 특히 마음에 들어 하여, 방물 중 화문석을 제외하고 종이를 추가하는 방법을 몇 차례 제안하기도 했다.[47] 조선은 명 황제의 종이 요청에 신중하게 대응했다.[48] 종이 600~1,000장을 명에 '특별 선물[별헌別獻]' 형식으로 보내서 정기 사행의 방물로 고정되는 것을 막았다. 조선이 종이를 보내면 명은 그때마다 은(銀) 100냥과 각종 비단을 답례 선물로 주었다.[49] 황제 외에도 명나라 관료들이 조선 종이를 요구하던 일도 기록에서 어렵지 않게 찾아볼 수 있다.[50] 요컨대 조선의 사대부 문화가 깊어지면서 조선의 종이 생산량도 향상되었을 것이며, 조선 종이는 명의 황제부터 사대부들까지 널리 찾는 물품이었고, 임진왜란이 발생하자 정기 방물로 선택되었다.

---

45 김호석 외, 『한국의 전통 한지』, 선, 2019.

46 董越 著, 김한규 譯, 『使朝鮮錄』 3, 소명출판, 2012.

47 『中宗實錄』 권100, 중종 38년 5월 8일(신해) ; 『中宗實錄』 권100, 중종 38년 6월 10일(계미) ; 『明世宗實錄』 卷316, 嘉靖 25年 10月 21日(乙巳).

48 『中宗實錄』 권100, 중종 38년 5월 12일(을묘) ; 『中宗實錄』 권100, 중종 38년 6월 29일(임인) ; 『明宗實錄』 권5, 명종 2년 2월 20일(임인).

49 『中宗實錄』 권101, 중종 38년 11월 22일(임술) ; 『明世宗實錄』 卷319, 嘉靖 26年 正月 17日 ; 『明世宗實錄』 卷325, 嘉靖 26年 7月 24日 ; 『明世宗實錄』 卷398, 嘉靖 32年 5月 26日 ; 『明宗實錄』 권18, 명종 10년 2월 9일(갑술) ; 『明世宗實錄』 卷422, 嘉靖 34年 五月 3日 ; 『明宗實錄』 권18, 명종 10년 6월 16일(기묘) ; 『明宗實錄』 권20, 명종 11년 1월 17일(정축).

50 『成宗實錄』 권9, 성종 2년 1월 10일(계미) ; 『成宗實錄』, 권17, 성종 3년 4월 9일(을해) ; 『明宗實錄』, 권2, 명종 즉위년 11월 3일(임술) ; 『明宗實錄』, 권19, 명종 10년 7월 14일(병오) ; 『荷谷朝天記』 上 甲戌年 6月 7日(庚戌).

② 접선(摺扇): 백선(白扇)

백선은 그림이 없는 흰 바탕의 '접는 부채'를 가리키기도 하고, 부채 살이 50개인 고급 접선(摺扇)을 지칭하기도 했다. 조선왕조실록에는 백선(白扇)이라고 간단하게 기록되어 있지만, 백선은 둥근 부채[단선, 團扇]가 아니라 접는 형태의 부채(접선, 摺扇)를 지칭했다. 접선은 견고한 조선 종이와 대나무로 만들어졌다. 조선의 접선은 일본 접선에 비해 부챗살이 많아, 접으면 부피가 매우 작아져 주머니에 넣어 가지고 다닐 수 있을 정도로 실용적이었다는 점이 주요한 특징이었다.

명나라 초기만 하더라도 중국인들은 접히지 않는 둥근 부채 단선을 주로 사용했다. 15세기 중후반부터 접선 사용이 확대되고,[51] 16세기에 이르러야 보편화되는데,[52] 이 시기 조선 접선이 공무역과 사무역 모든 분야에서 명에 매우 활발하게 수출되었다. 기록상 16세기에 명으로 수출 빈도가 가장 높은 물건이 부채였다.[53] 수출량이 많았다는 것은 조선의 국고와 민간 모두에서 접선을 다량 소유하고 있을 가능성이 크다는 의미가 된다. 접선은 조선의 특산품이고, 조달이 용이한 데다, 명에서 수요가 높았던 물건이기에 황제의 방물로 추가됐던 것이다.

③ 붓, 벼루, 먹: 황모필, 화연(畫硯), 진묵(眞墨)

황모필은 조선산 족제비[黃鼬] 털로 만든 붓으로, 힘이 강하고 예리한 표현을 할 수 있으며, 털이 길지 않아 세필(細筆)을 만드는 데 사용했다.[54] 고려 시대부터 그 우수함을 인정받았고, 조선 지식인인 장유

---

51 『菽園雜記』 卷5 折疊扇 ; 『三才圖會』 卷54, 器用 12, 摺疊扇 ; 『林下筆記』 卷34, 華東玉糝編, 摺扇.

52 莊申, 『扇子與中國文化』, 臺北, 東大圖書, 1992.

53 구도영, 앞의 책.

54 박창선, 「한국 전통 붓의 종류와 제작 기법」, 『무형유산』 8, 국립무형유산원,

(張維), 유득공(柳得恭)은 황모필을 '천하제일의 붓'으로 평가하기도 했다.[55] 황모필은 15세기에 황태자 방물로만 규정되었으나, 임진왜란 이후 황제 방물로 추가되었다. 이뿐만 아니라 조선 후기 청나라 황제에 보내는 방물로도 활용되었으며, 일본에 연간 수천 자루 이상 수출하는 품목이기도 했다. 청에서는 족제비 털을 조선에 팔면서도 정작 황모필을 만들지는 못했다.[56] 황모필 역시 16세기 문방사우 제품의 성장 속에서 생산량이 확대된 것이다.

벼루도 중국 관료들이 선호하는 물품이었다. 조선 관료가 명 사신·관료에게 벼루를 선물하거나, 그들이 조선 관료에게 벼루를 요구하는 일이 종종 있었다.[57] 조선 관료가 주는 각종 선물을 받지 않던 청렴한 명 관료도 조선 벼루는 받고 있다.[58] 벼루는 16세기 명에 고가의 가격으로 팔리는 수출품 중 하나였다.[59]

진묵은 품질이 좋은 먹이란 뜻이며, 조선의 진묵은 대개 유매묵(油煤墨)을 지칭했다. 유매묵은 기름기 있는 동식물체를 태운 그을음으로 만들었는데, 조선은 들기름의 그을음으로 유매묵을 만들었다.[60] 소나

2020.

55 張維, 『谿谷集』卷4, 說, 筆說 ; 柳得恭, 『京都雜誌』.

56 이승민, 「조선산 黃毛筆의 생산과 일본과의 교역」, 『한일관계사연구』70, 한일관계사학회, 2020.

57 『檜山集』卷2, 朝天錄, 嘉靖 16年 7月 23日(丁酉) ;『冲齋集』卷7, 朝天錄, 嘉靖 18年 中宗大王 34年 10月 28日 ;『冲齋集』卷7, 朝天錄, 嘉靖 18年 中宗大王 34年 11月 4日 ;『燕京行錄』嘉靖 41年 10月 8日(壬戌) ;『重峯集』卷10, 朝天日記, 萬曆 2年 7月 20日(甲戌) ;『鶴峯逸稿』卷3, 朝天日記, 丁丑年 4月 12日.

58 『檜山集』卷2, 朝天錄, 嘉靖 16年 8月初 5日(丁酉) ;『中宗實錄』권90, 34년 4월 13일(경술) ;『仁宗實錄』권2, 1년 5월 4일(기축).

59 『重峯集』卷11, 朝天日記, 萬曆 2年 8月 3日(甲戌) ;『重峯集』卷11, 朝天日記, 萬曆 2年 8月 22日(甲戌) ;『重峯集』卷11, 朝天日記, 萬曆 2年 9月 10日(甲戌).

60 『芝峯類說』卷19, 服用部, 器用 "本國以油煙造之 名曰油煤墨".

무를 태워 생긴 그을음으로 만든 송연묵(松煙墨)도 조선의 대표적인 묵이었는데, 중국은 유성 잉크처럼 색이 또렷하고 광택이 나는 유매묵을 선호했던 것으로 보인다.[61] 조선 후기에도 청 황태자나 비정기 사행의 방물로 유매묵을 보낸 바 있다.[62]

요컨대 15~16세기 조선이 명에 보낸 방물은 15세기 초(1430년)에 정해진 것이다. 한번 정해진 뒤 관행이 되어 이후 약 200년 동안 계속되었다. 전쟁이 아니었다면 조선은 기존의 방물을 계속 보냈을 것이다. 그러나 전쟁으로 방물 마련이 여의치 않자, 조선은 전시 상황에서 자신들이 보다 쉽게 확보할 수 있는 물건을 방물로 선택했다. 16세기 조선의 변화된 상품 생산 지형도가 황제 방물 선택에도 영향을 준 것이다.

다만 〈표 2〉의 성절사 방물이 고정된 것은 아니었다. 전쟁 중에는 물품 구성이 계속 유동적으로 변할 수 있었다. 당시 방물의 사례를 더 보자.

> C-1) 백저포 20필, 백면주 20필, 황화석 5장, 만화석 5장, 만화방석 5장, 채잡화석 5장, 인삼 30근, 호피 2장, 표피 2장, 녹피(鹿皮) 2장, 화연(花硯) 3면, 황모필 100지, 유매묵 50정(錠), 백선 100파, 잡색마 10필.[63]

> C-2) 백저포 10필, 백면주 20필, 용문염석 2장, 만화방석 5장, 잡채화석 5장, 인삼 30근, 호피 2장, 표피 2장, 달피 10장, 연육후유지(連陸厚油紙) 5부(部), 화연 2면, 황모필 100지, 백선 100파, 잡색

---

61 『海東歷史』 卷26, 物産志 1.

62 『同文彙考』 別編 卷3, 崇德 3年 9月 17日 方物箋 ; 『同文彙考』 原編, 卷49, 犯越 1, 我國人, 順治 10年 正月 22日 方物奏 豹皮康熙辛卯免 ; 『同文彙考』 原編 卷41, 飭諭, 康熙 18年 7月 20日 方物箋 ; 『同文彙考』 原編 卷48, 疆界, 乾隆 11年(1746) 4月 19日 方物表.

63 『事大文軌』 卷17, 萬曆 24年 11月 3日 冬至賀表.

마 10필.[64]

　C)의 사료들은 모두 동지사가 황제에 보내는 방물 목록이다. C-1)은 1596년(선조 29), C-2)는 1597년(선조 30) 경우이다. C-1)을 〈표 2〉의 1593년 방물과 비교하면, C-1)은 백면주만 20필 증가했을 뿐, 그 외에는 모두 감소했다. 황화석, 채화석의 숫자도 감소했고, 달피는 사슴가죽(鹿皮)으로 대체되었다. 종이는 아예 없어졌다. 인삼, 말, 유매묵의 숫자도 거의 절반으로 감소했다. 1593년은 전쟁 초반이라 그나마 소장했던 물건이 있었으나, 1596년은 전쟁이 일어난 지 5년째로, 전쟁이 장기화되면서 물품 확보가 더 어려워진 것으로 보인다. C-1)과 C-2) 사이에도 소소한 차이가 있다. C-2)에서 백저포와 달피가 조금 증가했으며, 석의 숫자는 더 줄었다. 종이인 연육후유지(連陸厚油紙)가 등장했다. 임진왜란 초반에는 최고급 종이라 할 수 있는 경면지를 방물로 보내기도 하였으나, 합지에 기름을 먹인 점육장후유지(粘六張厚油紙), 연육후유지 등으로 전환되었다.[65] 경면지는 종이 표면을 부드럽게 하기 위해 종이 겉면을 두드리는 작업에 많은 시간이 투여되는 만큼 작업 과정이 길었다. 그래서 후유지 등으로 교체된 것으로 보인다.[66] 그리고 전쟁 과정에서 종이옷[紙衣]을 만들어 입기도 하는 등 조선의 종이 소비량도 많았다.[67] 결국 시기마다 확보할 수 있는 물건에 차이가 있었고, 그에 따른 증감이 있었다는 것을 확인할 수 있다.

---

64 『事大文軌』 卷22, 萬曆 25年 11月 13日 冬至賀表.
65 『事大文軌』 卷22, 萬曆 25年 11月 13日 冬至表 ; 『事大文軌』 卷35, 萬曆 28年 8月 17日 聖節賀表 ; 『事大文軌』 卷42, 萬曆 31年 8月 17日 聖節賀表 ; 『事大文軌』 卷 47, 萬曆 34年 11月 23日 冬至賀表.
66 김호석 외, 『한국의 전통 한지』, 선, 2019 ; 정선영, 앞의 논문.
67 『宣祖實錄』 권31, 선조 25년 10월 3일(기축).

2. 임진왜란 종전(終戰) 이후 17세기 방물

임진왜란이 끝나고 조선의 일상이 다시 시작되었을 때 방물은 어떻게 되었을까? 정기 사행인 성절사와 동지사의 방물 사례들을 살펴보자.

〈표 3〉 성절사의 명 황제 방물 물목(1600년, 1603년, 1606년 사례)

물품의 종류	사행 방물	임진왜란 전	임진왜란 종료 후		
			1600년	1603년	1606년
직물	황저포(필)	10	0	10	10
	백저포(필)	20	10	20	20
	흑마포(필)	70	0	0	70
	저마겸직포(필)	10	0	0	0
	백면주(필)	20	10	20	20
	황면주(필)	0	10	40	0
화문석	염석	2	2	2	2
	만화석	0	5	0	0
	만화방석	20	5	20	20
	황화석	20	5	20	20
	채화석	20	5	20	20
약재	인삼	50	50	50	50
말	말	40	10	20	20
가죽	표피	10	0	10	10
	달피	20	5	20	20
	호피	0	2	0	0
부채	백선	0	100	100	0
문방구	점육장후유지	0	10	8	10
	황모필	0	100	0	0
	화연	0	3	0	0
	진묵	0	50	0	0

참조:『사대문체』 권35 만력 28년 8월 17일 성절하표 ;『사대문궤』 권42, 만력 31년 8월 17일 성절하표 ;『사대문궤』 권47, 만력 34년 8월 17일 성절하표.

임진왜란은 1592년 시작되어 1598년 마무리되었다. 위의 〈표 3〉은 전쟁이 끝난 뒤인 1600년, 1603년, 1606년 성절사의 방물을 표로 나타낸 것이다. 같은 성절사라도 방물이 시기마다 다르다. 종전 후에도 사회가 회복되기까지 적지 않은 시간이 소요되기에 임진왜란이 끝난 후에도 방물이 고정되지 못하고 조금씩 달랐던 모습을 확인할 수 있다.

〈표 2〉와 〈표 3〉을 함께 보면 임진왜란 이후부터 1603년까지 황저포, 마포, 저마포가 거의 사라졌던 것을 알 수 있다. 마포는 15세기 초 조선에서 정포의 위상이 있어서 황제 방물과 공무역 수출품으로 활용되었지만, 15세기 말 면포가 실물 화폐로 부상하고, 저포 사용이 증가하면서 조선 시장에서 그 중요성과 사용도가 크게 감소하였다. 16세기 농업이 발달한 삼남(충청·경상·전라도) 지역에서 면포를 생산했고, 농토가 척박한 평안·함경·황해도 등 북부에서 마포를 생산했다.[68] 16세기를 거치며 마포의 가치가 상대적으로 하락되고 생산량이 적어지자 조선 정부가 소지한 마포 수량도 적어졌고, 이는 임진왜란 동안 마포가 황제 방물에서 제외되는 결과를 맞았다.

주목되는 것은 1606년의 방물이 15~16세기 시기의 방물과 거의 일치한다는 점이다. 임진왜란 과정에서 새로 추가된 백선과 문구류가 제외되고 조선 초기 방물 규정과 비슷해졌다. 전쟁이 끝난 지 약 8년 만에 다시 옛 관행을 회복한 것이다. 그렇다면 이 시기 동지사의 방물도 살펴볼 필요가 있겠다. 이는 다음의 표와 같다.

---

68 박평식, 2018 앞의 논문 ; 조상준, 앞의 논문.

〈표 4〉 동지사의 명 황제 방물 물목(1605년, 1606년, 1607년, 1608년 사례)

물품의 종류	사행 방물	임진왜란 전	임진왜란 종료 후			
			1605년	1606년	1607년	1608년
직물	황저포(필)	10	10	20	10	10
	백저포(필)	20	20	20	20	20
	흑마포(필)	40	40	30	40	40
	백면주(필)	20	20	0	20	20
화문석	염석	0	2	0	2	2
	만화석	20	20	10	20	20
	만화방석	20	20	10	20	20
	황화석	20	20	10	20	20
	채화석	20	20	10	20	20
약재	인삼	50	50	0	50	50
말	말	30	20	10	30	30
가죽	표피	10	10	0	10	10
	달피	0	0	0	0	0
	호피	0	0	0	0	0
부채	백선	0	0	100	0	0
문방구	점육장후유지	0	0	10	0	0
	황모필	0	0	100	0	0
	화연	0	0	3	0	0
	유매묵	0	0	50	0	0

참조: 『사대문궤』 권45, 만력 33년 11월 12일 동지하표 ; 『사대문궤』 권47, 만력 34년 11월 23일 동지하표 ; 『사대문궤』 권48, 만력 35년 11월 4일 동지하표 ; 『사대문궤』 권51, 만력 36년 11월 15일 동지하표.

위의 〈표 4〉는 1605년, 1606년, 1607년, 1608년 동지사의 방물 사례이다. 1606년 사례를 제외하면 조선 초기 방물과 대부분 일치한다. 앞서 〈표 3〉의 성절사 방물의 경향과 일치한다. 조선이 전후(戰後) 복구를 진행해가면서, 방물도 점차 과거의 규례를 회복해나간 것이다. 다만 1606년 동지사의 방물에 백면주가 없었고, 석도 절반밖에 준비하지 못했으며, 가죽이나 인삼을 전혀 준비하지 못했다. 이 부족분을 다시 부채와 종이, 황모필, 벼루, 묵으로 대체했다. 조선은 기존 관행을 지키려는 경향을 보였지만, 기존 방물 마련에 어려움이 생기면 부채와 문방구로 대체했다.

인조대(仁祖代) 명에 보냈던 방물은 구체적으로 확인되지 않으나, 〈표 3〉과 〈표 4〉의 방물 패턴이 지속된 것으로 보인다. 백저포·면주·석·백선·유지·표피·달피가 방물로 확인되고 있고,[69] 조선 후기 청(淸) 황실에 보내는 방물도 이와 비슷했기 때문이다.[70]

인조대 방물 목록에 백선이 여전히 등장한다는 점이 주목된다. 백선이 여전히 등장하는 이유는 첫째, 17세기 조선의 경제적 환경이 변화하고 상품의 생산과 유통도 달라지면서, 15세기 초에 정한 방물 구성을 유지하기에 어려움이 있거나 불필요하다고 느낄 수 있다는 것이다. 당시 조선 부채가 명나라 민간 시장에서 활발하게 거래되었다는 점을 고려하면, 조선이나 중국에서 선호하는 상품 감각을 방물에도 일정 부분 반영하고 있다고 판단된다. 둘째, 임진왜란 과정에서 방물을 융통성 있게 구성했던 경험이 또 다른 관행이 되어, 이후 방물 구성에 변화를 줄 수 있게 되었다는 점이다.

이상과 같이 조선은 전쟁 후 정국이 점차 안정되면서 조선 초에 설정된 방물 관행을 이행하는 모습을 보였지만, 온전하지는 못했다. 200년 전 설계된 관행을 따라가야 했기 때문이다. 그렇지만 임진왜란 과정에서 보였던 방물 구성의 융통성은 조·명 관계가 끝날 때까지 유지되면서, 15세기의 관행과 17세기의 여건을 오가며 좀 더 자유로운 행보를 보일 수 있었다.

---

69 『光海君日記』정초본 권114, 광해 9년 4월 26일(경신) ; 『承政院日記』56책, 인조 15년 2월 28일(무술) ; 『承政院日記』57책, 인조 15년 4월 14일(계미) ; 『承政院日記』57책, 인조 15년 4월 21일(경인).

70 『萬機要覽』, 財用篇 5, 差倭禮單, 年例入送使禮單.

IV. 맺음말

이 글은 15~17세기 조선이 명 황제에 보냈던 정기 사행의 방물과 그 수량이 시기별로 어떻게 달라졌는지 추적하고, 그 의미를 살펴본 글이다. 방물은 조선 사행이 명에 방문할 때마다 황제 등에 올리는 예물로, 현재까지 1430년에 정해진 방물만 연구되었다.

국초 조선이 명에 보낸 방물은 고려 - 명 관계의 연속선상에 있었다. 고려 - 명 관계의 방물이었던 금은이 조선 - 명 관계에도 지속되었다. 조선 백성들이 은광(銀礦) 개발의 고통을 호소하자 태종과 세종은 금은 면제를 준비하였고, 명이 조선의 입장에 동의하면서 금은이 면제되었다. 방물은 조선이 정하는 것이기는 하지만, 방물 진헌이 이미 수십 년 동안 계속되어 관행이 되었기에, 이를 제거하는 데에 일정한 해명 절차가 필요했던 것이다. 11세기 이래 고려와 조선이 중국 왕조에 방물로 금은을 보내던 관행은 조선 세종의 노력으로 조·명 관계에서 없어졌다가, 병자호란 이후 조·청 관계에서 세폐로 다시 부활한다. 15세기 초 방물 구성의 변화는 백성들의 은광 개발 고통을 고려했기 때문이었다.

1430년 금과 은이 면제되면서 방물 구성도 변화하게 되었다. 조선 조정은 금은을 대체하여 당시 국고에 넉넉하게 보유하고 있는 마포와 조선 특산품인 석의 수량을 늘렸다. 주(紬)와 말을 새로 추가했다. 말도 고가이지만, 광산 개발처럼 생명의 위협과 고초가 수반되지는 않는다. 조선이 금은을 제외하고자 했던 것은 경제적 이익을 계산해서가 아니라, 백성의 폐해를 제거하고자 한 것이다. 기존 조공품 중 구하기 어려운 표피, 달피는 추가하지 않았다. 1430년 조선은 명 황제에게 황저포·백저포·마포·면주·만화석·만화방석·황화석·채화석·인삼·표피·

말을 보내기로 정했고, 이 방물이 16세기에도 계속되었다.

조선 정기 사행의 방물은 1592년 임진왜란을 통해 다시 변경되었다. 조선이 전쟁을 겪으며 방물 마련에 어려움을 겪었기 때문이다. 조선 조정은 기존의 방물 체제를 가급적 유지하고자 했지만, 부득이 피란길에서도 확보할 수 있는 물품으로 방물을 구성할 수밖에 없었고, 명 조정에 이에 대한 양해를 구했다. 백성들을 수탈해서라도 황제의 방물을 마련하는 방식은 선택하지 않았다. 변경된 방물 구성을 보면, 기존 방물의 수량이 대거 감소하고, 새로 백선과 종이(경면지, 백면지, 유지), 벼루(화연), 먹(진묵, 유매묵), 붓(황모필) 등 문방구가 추가되었다. 새로 추가된 물품들의 특징은 16세기 조선의 대명(對明) 공무역과 사무역의 주요 수출품 중 일부였다는 점이다. 건국 후 약 200년이 지나가며, 16세기 조선의 변화된 상품 생산 지형도가 황제 방물에도 영향을 준 것이다. 조선은 전쟁이 끝나고 점차 안정을 찾으면서 조선 초의 방물 관행으로 돌아가는 모습을 보였다. 하지만 온전하게 고정되지 않고 15세기의 관행과 17세기의 여건을 오가며 유동적인 모습을 보였다.

조선은 기존 방물의 관행을 준수하고자 하는 원칙 하에, 조선 백성의 폐해를 고려하고, 조선의 변화된 경제적 여건을 반영하며 시기에 따라 융통성을 보였다.

참고문헌

1. 사료

『高麗史』,『朝鮮王朝實錄』,『經國大典』,『承政院日記』,『事大文軌』,『同文彙考』
『攷事撮要』,『谿谷集』,『林下筆記』,『重峯集』,『芝峯類說』,『冲齋集』
『荷谷朝天記』,『鶴峯逸稿』,『海東繹史』,『檜山集』
『明實錄』,『大明會典』,『高麗圖經』,『菽園雜記』,『三才圖會』

2. 단행본

구도영,『16세기 한중무역연구』, 태학사, 2018.

김순자,『韓國史의 構造와 展開』, 혜안, 2000.

김호석 외,『한국의 전통 한지』, 선, 2019.

박평식,『조선 전기 대외무역과 화폐 연구』, 지식산업사, 2018.

유승주·이철성,『조선후기 중국과의 무역사』, 경인문화사, 2002.

董越 著, 김한규 譯,『使朝鮮錄』 3, 소명출판, 2012.

莊申,『扇子與中國文化』, 臺北, 東大圖書, 1992

3. 논문

구도영,「조선 초기 대명무역체제의 성립과 운영」,『사학연구』 109, 한국사학회, 2013.

구도영,「근세 동아시아세계 약용식물 인삼(人蔘)의 가공과 유통 -조선의 대명(對明) 진헌인삼을 중심으로-」,『의사학』 29·3, 대한의사학회, 2020.

남도영,「麗末鮮初 馬政上으로 본 對明關係」,『동국사학』 6, 동국사학회, 1960.

권내현,「17세기 후반~18세기 전반 조선의 은 유통」,『역사학보』 221, 역사학회, 2014.

김구진, 「조선 전기 한중관계사의 시론」, 『홍익사학』 4, 홍익사학회, 1990.

김성희, 「화문석 문양 디자인의 현대적 재구성에 관한 연구-조선조 초상화를 중심으로」, 『조형디자인연구』 20·3, 한국조형디자인협회, 2017.

박창선, 「한국 전통 붓의 종류와 제작 기법」, 『무형유산』 8, 국립무형유산원, 2020.

박평식, 「조선 전기의 인삼정책과 인삼유통」, 『한국사연구』 143, 한국사연구회, 2008.

서인범, 「조선 호피·표피의 淸朝 진헌」, 『역사학보』 244, 역사학회, 2019.

석소영, 「論 "丙子之役"后朝鮮對淸朝關係的實態: 以貢物變化情況爲視覺」, 『한중인문학연구』 49, 한중인문학회, 2015.

심연옥·금종숙, 「우리나라와 중국 명대의 직물 교류 연구Ⅰ -조선왕조실록-에 나타난 우리나라에서 중국으로 보낸 직물을 중심으로-」, 『한복문화』 16·2, 한복문화학회, 2013.

신석호, 「조선왕조 개국당시의 대명관계」, 『국사상의 제문제』 1, 국사편찬위원회, 1959.

유승주, 「朝鮮前期 對明貿易이 國內産業에 미친 影響」, 『아세아연구』 82, 고려대학교 아세아문제연구소, 1989.

이승민, 「조선산 黃毛筆의 생산과 일본과의 교역」, 『한일관계사연구』 70, 한일관계사학회, 2020.

전해종, 「淸代韓中朝貢關係綜考」, 『진단학보』 29·30, 진단학회, 1966.

정동훈, 「고려-거란·금 관계에서 '朝貢'의 의미」, 『진단학보』 131, 진단학회, 2018.

정선영, 「백면지에 관한 연구」, 『서지학연구』 41, 한국서지학회, 2008.

조상준, 「조선시대 삼베 생산지 연구」, 『인문과학연구』 66, 강원대 인문과학연구소, 2020.

조효숙·이은진, 「김확 묘 출토직물 제직 특성 연구」, 『복식』 61·2, 한국복식학회, 2011.

홍선이, 「세폐·방물을 통해 본 조청관계의 특징: 인조대 歲幣·方物의 구성과 재정 부담을 중심으로」, 『한국사학보』 55, 고려사학회, 2014.

末松保和, 「麗末鮮初に於ける對明關係」, 『史學論叢』 2, 東京, 岩波書店, 1941.

03

국가 수취 대상으로서 조선시대 교(膠)의 분류

김병모(金炳模, 동국대학교 문화학술원 HK연구교수)

Ⅰ. 서론

오늘날 문헌에서 확인되는 조선시대 교(膠) 관련 기록은 수천 건에 이른다. 고려시대의 몇 건과는 비교되지 않는다. 기록 문헌의 종류도 고려시대 2~3종에서 수십 종으로 확대되었다. 특히 관찬서인 『조선왕조실록』, 『승정원일기』, 『비변사등록』, 『의궤』, 『각사등록』, 각종 지리지 및 법령 자료 등에 적극 기록되었다. 고려시대 5종 내외에 불과하던 교의 종류도 15종 내외로 증가했다.[1] 이는 조선시대에 이르러 교가 국가적 관심을 받는 물품의 하나로 등장했음을 나타내주는 동시에 교문화 발전의 상당 부분이 국가에 의해 주도되었음을 시사한다. 뿐만 아니라 우리나라 교 문화 발전이 다종, 다양의 토대 위에서 실질적 발전 단계로 진입했음을 의미한다.

이와 같이 우리나라 교 문화 발전에서 중추적 역할을 한 조선시대 교에 대해 지금까지 교의 명칭과 종류[2], 문헌 속 교의 약리적 효능[3],

---

1 김병모, 「조선시대 교(膠)의 명칭 분화와 제조·생산된 교의 종류」, 『동방학』 45, 한서대학교 동양고전연구소, 2021, 73쪽.

직금단, 고문서 등 시료 분석을 통한 아교 성분 분석[4] 등 소수 분야의 연구에 그치고 있다.[5]

국가 수취 대상이자 세원(稅源)의 하나로서 교가 어떻게 취급되었는지, 그리고 그러한 수취 체계 하에서 교가 어떻게 분화하고, 생산의 토대를 구축해갔는지, 나아가 생산, 유통, 소비는 어떠한 체제와 규모로 전개되었는지, 특히 정치, 사회, 경제, 문화적으로 교가 어떠한 맥락 위에서 논의 대상이 되고, 충격 요소로 기능했는지 등 교와 관련된 다양한 시대정신에 관하여는 거의 연구가 개진되지 못하였다.

이에 본 연구는 국가 수취 대상으로서 교의 생산 주체 및 생산지 등과 밀접하게 연관된 교의 분류 체계에 관해 우선 관심을 두고 연구를 진행시키고자 한다. 공납체제 하에서 교가 어떠한 관점과 방식으로 분류되고 취급되어 갔는지 등에 초점을 두고 연구를 진행시키고자 한다.

---

2 위의 논문.

3 김재현·정종길, 「동의보감 중 아교가 配伍된 처방의 활용에 대한 고찰」, 『대한한의학방제학회지』 15-2, 대한한방내과학회, 2007 ; 이경섭·송병기, 「阿膠 및 艾葉의 효능에 관한 문헌적 연구 - 崩漏証에 대하여」, 『대한한의학회지』 1, 대한한의학회, 1980.

4 김지은·유지아·한예빈·정용재 등, 「전통 편금사에 사용된 붉은 접착제 특성 연구」, 『보존과학회지』 34권 3호, 한국문화재보존과학회, 2016 ; 조형진, 「金屬活字本 印出用 墨汁의 實驗 硏究」, 『서지학연구』 74, 한국서지학회, 2018.

5 전통 교의 물리, 화학적 특성과 접착성, 전통 교의 제조법 복원, 전통 회화에 사용된 재료, 문화재 수복에서 교의 쓰임 등에 관한 연구는 다수가 진행된 바 있으나 조선시대 교를 직접 분석 대상으로 하거나 조선시대 교 관련 문헌 자료를 집약적으로 검토한 경우가 아니기 때문에 여기서는 포함하지 않았음을 밝혀둔다.

Ⅱ. 공납(貢納) 대상으로서 교(膠)의 분류에 관한 기록

조선시대 교는 공납 대상에 해당했다. 공납은 크게 공물과 진상으로 구분되는데, 공물에는 토지세인 전세(田稅) 대신 목면(木綿), 마포(麻布), 유밀(油蜜) 등을 납부하는 전결공물(田結貢物)과 토산품 등 잡물을 납부하는 원공물(元貢物)로 나뉘었다.[6] 지방에서 산출되는 대부분의 물산은 주로 원공물에 해당했다.[7] 공물에 대한 이와 같은 구분은 17세기 대동법이 실시되기까지 지속되었으며 이후 비로소 일원화했다.[8]

진상은 지방 관원들이 공물 일부를 국왕과 그 일족에게 봉헌하는 행위로서 진상 물품의 성격과 진상 시기 등에 따라 다양하게 구분했다. 물품의 성격에 따라 식재료를 진헌하는 물선진상(物膳進上), 특산물을 진헌하는 방물진상(方物進上), 제수 관련 물품을 진헌하는 제향진상(祭享進上), 약재를 진헌하는 약재진상(藥材進上), 매를 진헌하는 응자진상(鷹子進上) 등이 있었으며, 진상 시기에 따라 정기적 진상과 부정기적 진상으로 구분했다. 물선진상을 예로 들 경우, 상선(常膳)이 정기적 진상에 해당했고, 별선(別膳), 별진상물선(別進上物膳), 별찬(別饌) 등이 부정기적 진상에 해당했다. 또 상선에는 삭선(朔膳), 월선(月膳), 망

---

6 전세공물은 전세조공물(田稅條貢物), 전공(田貢), 전세소출공물(田稅所出貢物), 전세소납공물(田稅所納貢物) 등의 별칭으로, 원공물은 토공(土貢), 원정공물(元定貢物), 원공(元貢) 등의 별칭으로 불리기도 했다. 전세공물과 원공물에 관하여는 강제훈, 「조선초기의 전세공물」, 『역사학보』 158, 역사학회, 1998 ; 박도식, 「朝鮮前期 田稅條貢物 研究」, 『인문학연구』 8, 가톨릭관동대학교 인문과학연구소, 2004 ; 박도식, 「朝鮮前期 貢納制의 내용과 그 성격」, 『인문학연구』 1, 가톨릭관동대학교 인문과학연구소, 1998 등 참조.

7 박도식, 위의 논문, 1998, 189쪽.

8 德成 外志子, 「朝鮮後期의 貢物貿納制 - 貢人研究의 前提作業으로」, 『역사학보』 113, 역사학회, 1987, 4쪽 ; 박현순, 「16~17세기 공납제 운영의 변화」, 『한국사론』 38, 서울대 국사학과, 1997, 36쪽.

선(望膳) 등의 구분이 있었다.[9]

조선시대 교의 공납은 조선 초기 국가 세입의 근간인 공안(貢案)이 전하지 않기 때문에 분명한 것은 알 수 없다. 다만 건국 직후인 1392년 공부상정도감(貢賦詳定都監)을 설치하여 고려 말 이래 사회문제로 대두된 공납제의 폐단, 즉 횡감(橫斂), 예징(預徵), 가징(加徵), 공물대납(貢物代納) 등에 반영된 과세의 모순을 제거하고, 현물로 납부하던 조포(調布), 공부(貢賦), 호포(戶布), 상요(常徭), 잡공(雜貢) 등의 다양한 세목을 공부(貢賦) 한가지로 일원화하면서[10] 각 지역에서 산출되는 물산에 대한 공부 등급을 새롭게 설정, 제시했는데[11], 이때 마련한 태조임신공안(太祖壬申貢案)에 공납 대상의 하나로서 교 역시 포함, 취급되었을 것으로 판단된다. 이러한 것은 태조임신공안 이후 처음으로 공안 개정이 진행된 세종 즉위 초기 이전에 이미 지방에서 중앙에 아교 제조를 위한 아교피를 봉납한 사실을 통해 짐작해볼 수 있다.[12] 즉 세종이 1418~1422년(추정)에 공부상정색(貢賦詳定色)을 설치하여 공안 개정을 추진[13]하기 이전에 이미 봉납 사례가 출현하고 있는 것이다. 다만 공납제의 전국적 실시가 공안이 처음 마련된 1392년부터 시행된 것이 아니고, 이로부터 20여 년이 지난 1410년 즈음에 이르러 비로소 가능

---

9 이정란, 「고려 진상제의 내용과 성격의 변화」, 『사학연구』 133, 한국사학회, 2019, 225쪽 ; 최주희, 「15~16세기 별진상의 상납과 운영 - 강원·경상지역 사례를 중심으로」, 『한국사학보』 46, 고려사학회, 2012, 23쪽.

10 이정희, 「고려후기 재정체제의 변화에 대한 일고찰 -상요, 잡공을 중심으로-」, 『부산사학』 22, 부산경남사학회, 1992, 87~88쪽.

11 박도식, 앞의 논문, 1998, 187쪽.

12 『太宗實錄』 33卷, 太宗 17年 閏5月 9日(甲子), "豊海道陳言內一款, 軍器監納阿膠皮, 不擇厚薄大小, 以其斤兩, 定數捧納."

13 소순규, 「세조대 공안수록 내용의 확대와 재정적 위상 강화」, 『역사와 현실』 110, 한국역사연구회, 2018, 179쪽 ; 소순규, 「조선초기 공납제 운영과 공안개정」, 고려대학교 박사학위논문, 2017, 268쪽 표17.

했진 것이기 때문에[14] 교의 전국적 공납 실시도 이즈음에 비로소 가능해진 것으로 판단된다. 그리고 이후 세조을유공안(世祖乙酉貢案)(1465), 성종공안(成宗貢案)(1470~1473), 연산군신유공안(燕山君辛酉貢案)(1501~1503) 등 여러 차례 공안 개정의 전개 과정에서[15] 줄곧 공납 대상의 하나로 다루어지다가 17세기 대동법 실시로 인해 공납제가 폐지될 때 비로소 공납 대상으로서 교에 대한 인식이 약화된 것으로 판단된다. 대동법 실시 즈음까지 교가 공납된 사례는 1657년 효종이 각 도에 어교 300근을 분정토록 한 전교를 통해 살펴볼 수 있다.[16]

이와 같이 여러 차례에 걸쳐 개정된 조선시대 공안은 지방에서는 군현(郡縣)과 도(道)에, 중앙에서는 중앙 각사(中央 各司)와 호조(戶曹) 등에 나누어 보관했다. 군현에 보관된 각관공안(各官貢案)에는 군현에 분정 된 공물의 종류와 수량, 상납해야 할 정부 관아 등이 주로 명기되었다. 그리고 도(道) 감영에 보관된 각도공안(各道貢案)은 관할 군현

---

14 예를 들어 제주도의 경우 1408년에 공납제가 시행되었고, 평안, 함경 양도의 경우 고려 말 병란으로 인한 전지(田地) 황폐화로 인해 1413년에 이르러 비로소 시행되었다(박도식, 앞의 논문, 1998, 188쪽).

15 세종 이후 공안 개정은 1465년 진행된 세조을유공안(상정청 설치), 1470~1473년에 진행된 성종공안(상정청 설치), 1501~1503년에 진행된 연산군신유공안(공안상정청 설치) 등이 있다. 공안 개정의 추진 과정 및 내용에 관하여는 소순규, 「세조대 공안수록 내용의 확대와 재정적 위상 강화」, 『역사와 현실』 110, 한국역사연구회, 2018, 179쪽 ; 소순규, 「조선초기 공납제 운영과 공안개정」, 고려대학교 박사학위논문, 2017, 268쪽 표17 ; 소순규, 「朝鮮 成宗代 貢案改定의 배경과 특징」, 『조선시대학보』 87, 조선시대사학회, 2018 ; 소순규, 「燕山君代 貢案改定의 방향과 辛酉貢案의 특징」, 『사학연구』 134, 한국사학회, 2019 ; 박도식, 「조선초기(朝鮮初期) 토산물(土産物) 변동(變動)과 공안개정(貢案改正)이 추이(推移)」, 『조선시대사학보』 50, 조선시대사학회, 2009 등 참조.

16 『承政院日記』 143冊(탈초본 7책), 孝宗 7年 11月 20日(甲子), "備邊司啓曰, 以本司啓辭, 魚膠三百斤, 依甲午年例, 分定各邑, 入送北道事. 傳曰, 魚膠, 似爲不多事, 命下矣. 三百斤則爲先入送, 而又三百斤, 明春新膠興産卽時, 加分定以送之意, 敢啓."

의 공안인 각관공안을 통합하는 형태로 이루어졌다. 그리고 중앙 각사에 보관된 각사공안(各司貢案)에는 지방 군현에서 징수해야 할 공물의 품목과 액수가 기록되었고, 호조에 보관된 호조공안(戶曹貢案)은 각관공안, 각도공안, 각사공안을 모두 통합 보관하는 형태로 진행되었다.[17] 따라서 조선시대 공납 대상으로서 교의 분류에 관한 기록은 공납제 실시의 기초가 되는 공안이 가장 정확한 사료에 해당한다. 하지만 태조임신공안을 포함하여 이후 개정된 여러 공안이 불전되고 있어 이를 통해 교의 분류 체계를 살피기는 어려운 상황이다.

대신 각 읍의 연혁, 산천, 경계, 성곽, 교통, 목장, 토산물, 고적, 민속 등 행정, 경제, 군사, 사회, 문화 등과 관련하여 광범위한 내용을 기록하고 있는 지리지에 공납 대상 물품에 관한 정보가 비교적 상세하게 제시되고 있어[18] 국가 수취 대상으로서 교의 분류에 관한 내용을 살피고자 하는데 간과할 수 없는 자료가 된다. 특히『세종실록(世宗實錄)』지리지(地理志)(1454)[19]는 국가가 징발할 수 있는 모든 물자를 총정리해 놓은 것으로서 전세(田稅)를 위한 토지와 역(役)에 동원되는 호

---

17 박도식, 「조선초기 국가재정의 정비와 공납제 운용」,『관동사학』7집, 관동사학회, 1996, 10쪽. 조선 건국 초기 국가의 출납과 회계 등 재정 업무의 총괄은 삼사(三司)가 담당하였으나 1401년부터는 사평부에서 관할했다. 다만 사평부도 1405년경 혁파되고 호조로 이관되어 이후로는 호조에서 관할했다.

18 김동수, 「『世宗實錄』地理志의 기초적 고찰」,『성곡논총』24, 성곡언론문화재단, 1993, 2127쪽 ; 박도식, 앞의 논문, 1998, 189쪽.

19『세종실록』지리지는 세종 사후 문종 2년부터 단종 2년(1454년)에 걸쳐 저술된『세종실록』의 말미에 1432년에 간행된『신찬팔도지리지』가 더해진 경우로서『신찬팔도지리지』편찬 이후 함길도 6진 지역에서 전개된 행정구역 및 경제 상황 등의 변화에 관한 내용도 함께 부기되어 있다(정두희, 「朝鮮初期 地理志의 編纂(Ⅱ·完)」,『역사학보』70, 역사학회, 1976 ; 소순규, 「『世宗實錄』地理志를 통해 본 朝鮮初 貢物 分定의 실제와 특성 - 厥貢, 土貢, 土産 항목의 검토를 중심으로」,『한국사연구』161, 한국사연구회, 2013, 41쪽).

구(戶口) 및 군정(軍丁)뿐만 아니라 각 지역에서 생산되는 물산에 관해 궐부(厥賦), 궐공(厥貢), 토의(土宜), 토산(土産), 토공(土貢), 약재(藥材) 등 다양한 항목을 설정하여 구분, 제시함으로써 본 연구와 관련하여 더욱 유의미한 자료를 제공한다.[20]

『세종실록』 지리지 이외에 조선 전기에 편찬된 현존 지리지는 『경상도지리지(慶尙道地理志)』(1425)[21], 『경상도속찬지리지(慶尙道續撰地理志)』(1469), 『동국여지승람(東國輿地勝覽)』(1486), 『신증동국여지승람(新增東國輿地勝覽)』(1530) 등이 있다.[22] 이 가운데 『경상도지리지』는 『세종실록』 지리지와 내용, 성격, 편찬 동기 등에서 거의 차이가 없고[23], 『세종실록』 지리지의 주요 자료가 된 『신찬팔도지리지(新撰八道地理志)』(1432)의 저본에 해당했지만 경상도의 물산만을 다루고 있다는 점에서, 그리고 물산을 분류하는 항목 설정이 『세종실록』 지리지 등에

20 정두희, 「朝鮮初期 地理志의 編纂(Ⅰ)」, 『역사학보』 69, 역사학회, 1976, 74쪽 ; 이기봉, 「朝鮮時代 全國地理志의 生産物 項目에 대한 검토」, 『문화역사지리』 15-3, 한국문화역사지리학회, 2003, 2쪽 ; 김동수, 앞의 논문, 1993, 2127쪽.

21 『경상도지리지』는 1424년에 추진된 조선 최초의 팔도지리지 편찬 당시 저본으로 사용되기 위해 작성된 것으로서 경상도 감영에 보관된 부본의 끝 부분 일부가 결락된 상태로 전해지고 있다. 이 책의 서문에 의하면 『경상도지리지』는 『신찬팔도지리지』 편찬 시 경상도 관찰사로 있던 하연(河演)과 대구군사(大丘郡事) 금유(琴柔), 인동현감 김빈(金鑌) 등이 작성하여 예조를 통하여 춘추관에 송치되었다(정두희, 「朝鮮初期 地理志의 編纂(Ⅰ)」, 『역사학보』 69, 역사학회, 1976).

22 서인원, 「世宗實錄地理志 編纂의 再檢討(1)」, 『역사와 교육』 8, 동국역사교육회, 1999, 213쪽.

23 『경상도지리지』와 『세종실록』 지리지의 내용 및 편찬 동기 등에 관하여는 정두희, 「朝鮮初期 地理志의 編纂(Ⅰ)」, 『역사학보』 69, 역사학회, 1976, 73~78쪽 ; 李泰鎭, 「동국여지승람 편찬의 역사적 성격」, 『진단학보』 46·47합집, 진단학회, 1979, 253쪽 ; 李相泰, 「조선초기 지리지 편찬의 再檢討」, 『芝邨金甲周教授華甲紀念史學論叢』, 1994, 451쪽 ; 金東洙, 앞의 논문, 1993 등 참조. 이들 논문 가운데 정두희, 이태진, 이상태 등은 『경상도지리지』를 『세종실록』 지리지 편찬 과정의 하나로 파악했고, 김동수는 별개의 편찬 과정으로 파악했다.

비해 소략하고[24], 설정을 누락한 군현 역시 다수가 나타난다는 점에
서[25], 나아가 본고에서 관심을 두고 있는 교의 경우 도(道) 총론에서 아
예 언급조차 없고, 군현 단위에서도 토산공물 항목에 한정시켜 겨우
어교 1종만 분류하고 있다는 점[26] 등에서 본 연구 주제와 관련하여 『세
종실록』 지리지가 제공하는 분류의 체계 및 지역적 범주, 그리고 교에
관한 정보의 다양성 등에는 크게 미치지 못한다.

　『경상도속찬지리지』는 김해부사 이맹현(李孟賢), 경주교수 주백손
(朱伯孫) 등이 『경상도지리지』를 보완하기 위해 속찬한 것으로서 군현
단위에서 공세(貢稅), 제언(堤堰), 염분(鹽盆), 참역(站驛), 연대봉화(煙臺
烽火), 목장(牧場), 종양약재(種養藥材), 어량(魚梁), 도기소(陶器所), 자기
소(磁器所), 세공(歲貢) 등의 항목을 설정, 구분 제시하고 있지만 공납
대상 물품 등 경제 관련 기록이 매우 소략하고[27], 특히 종이, 자리[席],

---

24 『경상도지리지』의 경우 군현 단위에서는 공부(貢賦), 토산공물(土産貢物), 약재
　(藥材), 토의경종(土宜耕種) 등의 항목으로 나누어 기록하고 있지만 도 단위 총
　론에서는 도복상공(道卜常貢)이라는 하나의 항목만을 설정하여 여러 물품 및 물
　산을 한데 묶어 기록했다. 이러한 기록 관점은 도 단위와 군현 단위 사이의 분
　류체계의 연계성을 살펴보고자 할 경우 많은 한계를 갖게 한다(정두희, 「朝鮮初
　期 地理志의 編纂(Ⅰ)」, 『역사학보』 69, 역사학회, 1976, 74쪽 표4 참조).
25 『경상도지리지』의 경우 군현 단위에서 공부(貢賦), 토산공물(土産貢物), 약재(藥
　材), 토의경종(土宜耕種) 등의 항목을 설정하고, 각 항목에 관련 물품을 분류함
　으로써 국가 수취 대상으로서 이들이 어떻게 취급되었는지를 살필 수 있는 기
　회를 제공하지만, 매 군현마다 이들 4개 항목이 일괄 설정, 제시된 것은 아니다.
　약재 혹은 토의경종이 미설정된 군현이 있는가 하면, 이들 두 항목 혹은 토산공
　물까지 포함하여 세 항목이 미설정된 군현도 있다. 약재 항목이 미설정된 경우
　는 신광현(神光縣), 자인현(慈仁縣), 양산군(梁山郡) 등에서, 토의경종 항목이 미
　설정된 경우는 겸리지현(兼利旨縣) 등에서, 토산공물, 약재, 토의경종 등 3개 항
　목이 미설정된 경우는 겸안정현(兼安貞縣) 등에서 살펴볼 수 있다.
26 토산공물 항목에 어교가 분류된 군현은 경주부(慶州府), 동래현(東萊縣), 울산군
　(蔚山郡), 기장현(機張縣) 등이다.
27 『경상도속찬지리지』의 경제 관련 편목은 『세종실록』 지리지에 비해 3개가 추가

106　동유라시아 물품 교류와 지역

칠(漆) 등 수공품에 관한 기록이 거의 부재한 실정이다. 예를 들어 공세(貢稅) 항목의 경우 구체적 물품에 관한 언급 없이 수송과 관련된 내용을 집약, 제시하고 있으며, 세공(歲貢) 항목에서도 정철(正鐵)의 세공액과 기타 생산되는 광물의 종류를 소략하여 제시하는 정도에 그치고 있다.[28] 산출 물산에 관해 비교적 다양하게 기록하고 있는 항목은 종양약재 항목과 어량 항목이라고 할 수 있는데, 전자의 경우 교와 관련된 물품은 전혀 포함되어 있지 않으며, 후자의 경우도 청어(靑魚), 대구어(大口魚), 잉어[鯉魚], 붕어[鮒魚], 광어(廣魚), 은구어(銀口魚), 상어[沙魚], 연어(年魚) 등 어류의 종류를 제시하는 정도에 한정된다.

『동국여지승람』[29]과 『신증동국여지승람』[30] 등의 경우도 물산에 관한 기록 자체는 상당하지만 경제적 측면, 다시 말해 국가 수취품으로서 각 물품의 분류에 관하여는 매우 소극적이다. 즉, 각 지역의 산출 물산에 관해 '토산(土産)'이라는 하나의 항목으로 묶어 기술함으로써[31] 교의 분류 특징을 세세하게 검토하고자 하는 데는 많은 한계를 갖게 한다. 『신찬팔도지리지』를 저본으로 사용했음에도 불구하고 경제보다

된 반면 9개가 감소했다(정두희, 「朝鮮初期 地理志의 編纂(Ⅱ·完)」, 『역사학보』 70, 역사학회, 1976, 94쪽 표19, 표22 참조).

28 일례로 울산군의 경우 정철(正鐵)의 세공액 외에 수철(水鐵)에 관한 언급이 간략히 더해지고 있다.

29 『동국여지승람』은 1481년 노사신, 양성지, 강희맹 등에 의해 편찬된 『여지승람』 50권을 1486년 김종직 등이 시문과 인물 등의 편목을 교정하고, 성씨 등의 편목을 더하여 35권으로 발간한 것이다(이기봉, 앞의 논문, 5쪽).

30 『신증동국여지승람』은 1499년 임사홍, 성현 등이 『동국여지승람』에 부분 교정을 가하고, 1528년 이행, 윤은보 등이 증보를 시작하여 1531년에 55권으로 간행된 것이다. 즉 『동국여지승람』에 속편 5권을 더하여 간행했다(이기봉, 위의 논문, 5쪽). 『신증동국여지승람』의 편찬 체제에 관하여는 정두희, 「朝鮮初期 地理志의 編纂(Ⅱ·完)」, 『역사학보』 70, 역사학회, 1976 참조.

31 정두희, 위의 논문, 113쪽 ; 소순규, 앞의 논문, 2013, 42쪽.

는 사회, 문화 등과 관련된 내용이 중심을 이루면서[32] 공물 수취 등 전국적 물산의 총정리를 목표로 했던『세종실록』지리지와 달리 물산 분류에 관한 내용은 소홀했다.[33]

이에 본고에서는 연구 주제와 관련하여 분류체계가 좀 더 세분화, 체계화한『세종실록』지리지의 물산 관련 항목을 분석 대상으로 하여 교의 분류 특징을 살펴보고자 한다.

Ⅲ.『세종실록』지리지 도(道) 단위의 교(膠) 분류

『세종실록』지리지는 도(道) 단위와 군현(郡縣) 단위로 나누어 이중 체계로 물품을 구분, 기록했다. 즉, 도 단위에서는 도내 물산을 모두 포괄하는 총론 형식으로, 군현 단위에서는 주로 해당 군현에서 생산, 취급하는 물산을 중심으로 분류를 진행했다. 이에 여기서도 도 단위와 군현 단위로 나누어 교의 분류 특징을 살펴보고자 한다.

『세종실록』지리지는 도 단위 총론에서 궐부(厥賦), 궐공(厥貢), 약재(藥材), 종양약재(種養藥材) 등의 항목으로 나누어 도내 물산을 분류했다. 다만 각 항목에 관한 규식을 별도로 제시하지 않았기 때문에 각 항목에 속한 물품이 국가 수취 대상으로서 어떻게 다루어지고 취급된 것인지를 분명하게 밝히지는 않았다.

궐부 항목에는 쌀[稻米], 콩[豆], 보리[麥], 조[粟], 기장[黍] 등의 곡물류를 중심으로 들기름[蘇子油], 참기름[芝麻油], 향유(香油), 참깨[眞荏

---

32 徐仁源,『조선초기 지리지 연구 -『東國輿地勝覽』을 중심으로-』, 혜안, 2002 ; 소순규, 앞의 논문, 2013, 42쪽.
33 이기봉, 앞의 논문, 6쪽.

子], 봉밀(蜂蜜), 황밀(黃蜜) 등의 유밀류(油蜜類)와 명주[綿紬], 베[正布], 무명[綿布], 모시[苧布], 면화(綿花) 등의 포류(布類)를 주로 분류했다. 이들 중 일부는 도에 따라 궐공 항목에 분류된 경우도 있지만 대체로 8도가 비슷한 내용으로 기록되었다.[34] 조선시대 전세(田稅)는 수전(水田)의 경우 쌀[米], 한전(旱田)의 경우 콩[豆] 납부를 원칙으로 했지만 수송 등에 어려움이 있을 경우 모시[苧布], 명주[綿紬], 목면(木綿), 마포(麻布), 유밀(油蜜) 등을 대신 납부토록 하는 전결공물(田結貢物) 제도가 실시되었는데[35] 이 항목에 속한 포류(布類)와 유밀류(油蜜類) 등은 바로 전결공물과 밀접하게 관련된 물품에 해당했다.[36]

물론 왕실과 관련된 내자시(內資寺), 내첨시(內詹寺), 인순부(仁順府), 인수부(人壽府) 등의 중앙 각사에서도 소속 전(田)의 전조(田租) 명목으로 유밀(油蜜), 포화(布貨) 등을 징수했고[37], 이외에 예빈시에서는 연향(宴享)이나 제향(祭享)에 사용할 유밀을, 의영고(義盈庫)에서는 명(明) 사신 요구에 대응하거나 궁궐에서 사용하기 위해 유밀을, 그리고 제용감(濟用監)에서는 의복사여(衣服賜與), 왜인회사(倭人回賜), 진헌(進獻) 등에 사용할 포류(布類)를 전조(田租) 명목으로 각각 수취했기 때문에 이들 전세(田稅)에도 일부 충당되었다.[38] 다만 이들 전세의 경우 전결

---

34 金東洙, 앞의 논문, 1993, 2135쪽.

35 『太宗實錄』 卷32, 16年 8月(乙丑條) ; 『世祖實錄』 卷8, 3年 8月(乙巳) ; 『西厓集』 卷14, 貢物作米議條 참조.

36 田川孝三, 『李朝貢納制の研究』, 東京 : 東洋文庫, 1964, 3~16쪽 ; 李載龒, 「조선초기 布貨田에 대한 일고찰」, 『한국사연구』 91, 한국사연구회, 1995 ; 강제훈, 「조선 초기의 전세공물」, 『역사학보』 158, 역사학회, 1998, 65~66쪽.

37 『太宗實錄』 권8, 4年 9月(癸亥), "倉庫, 宮司田租而油蜜布貨, 自願輸納古例也."

38 이에 관하여는 태종 원년(1401) 5월 공부상정도감에서 올린 글에서 이미 확인된다. 『太宗實錄』 卷1, 元年 5月(辛卯條), "제군(諸軍)·궁사(宮司)의 소속인 수포전(收布田) 2만 5,031결은 이제 1/3을 정오승포(正五升布)로 거두고 나머지는 미(米)로 거둡니다. 수밀전(收蜜田) 1,320결·수랍전(收蠟田) 710결·수유전(收油田)

공물과 달리 수미전(收米田)과 수포화잡물전(收布貨雜物田) 등의 명칭으로 구분, 지칭되었다.[39]

본고에서 주목하는 교는 궐부 항목에는 분류되어 있지 않으며, 따라서 교는 전결공물과 밀접한 관계가 아닌 것으로 나타난다. 교 관련 내용을 적극적으로 기술하고 있는 『조선왕조실록』, 『승정원일기』, 『비변사등록』, 각종 『의궤』 등에서도 교와 전결공물의 밀접성을 확인할 수 있는 내용은 찾기 어렵다.

궐공 항목에는 모피류, 포류(脯類), 염장류(鹽藏類), 임산물류, 목재류, 과실류, 버섯류, 다류(茶類), 어류, 패류(貝類), 해조류, 종이류, 용기류, 자리류[席類], 대나무류, 향류(香類), 화류(花類), 씨류, 광물류, 부자재류, 기타 문방구 및 잡물류 등 다양한 종류의 물품을 분류했다.[40] 다

947결은 공상(供上)의 연례(年例)와 별례(別例)로 쓸 밀(蜜) 30석, 랍(蠟) 120근, 유(油) 70석으로 계정(計定)하여 정촉(定屬)하고 나머지는 미(米)로 거둡니다." (오정섭, 「高麗末·朝鮮初 各司位田을 통해 본 국가재정」, 『한국사론』 27, 185~ 187쪽 ; 박도식, 앞의 논문, 1998, 193~194쪽).

39 박도식, 위의 논문, 1998, 193쪽.
40 궐공 항목의 물산을 구체적으로 제시하면 모피류(毛皮類)는 표피(豹皮)·삵가죽 [狸皮]·수달피(水獺皮)·어피(魚皮)·표범꼬리[豹尾]·족제비털[黃毛] 등, 포류(脯類) 는 마른 돼지고기[乾猪]·마른 노루고기[乾獐]·녹포(鹿脯) 등, 염장류는 사슴젓[鹿 醢]·토끼젓 등, 임산물류는 자작목(自作木)·잣나무[栢木]·황양목(黃楊木)·대추나 무·피나무[椵木] 등, 목재류는 넓은 널판[廣板]·피나무널판[椵板]·잣나무널판[栢 板] 등, 과실류는 배·밤·대추·홍시(紅柿)·귤·잣·호도(胡桃)·개암[榛子] 등, 버섯 류는 석이(石茸)·느타리[眞茸]·표고 등, 차류는 작설차(雀舌茶) 등, 어류는 대구 어(大口魚)·문어(文魚)·상어[沙魚] 등, 패류는 홍합·전복[全鮑] 등, 해조류는 우무 [牛毛]·세모(細毛)·다시마[昆布]등, 종이류는 표지(表紙)·도련지[擣鍊紙]·안지(眼 紙)·백주지(白奏紙) 등, 용기류는 유기(柳器)·목기(木器)·자기·도기 등, 자리류는 황화석(黃花席)·채화석(彩花席)·만화침석(滿花寢席)·방석(方席) 등, 죽류는 가는대 [篠]·왕대[篁]·통대[全竹]·쪽대[片竹]·화살대[箭竹] 등, 향류는 자단향(紫檀香)·백 단향(白檀香) 등, 화류는 홍화(紅花)·괴화(槐花) 등, 씨류는 가시연밥[芡仁] 등, 광 물류는 정철(正鐵)·주토(朱土) 등, 부자재류는 힘줄[肋]·가죽줄[皮絲]·잡깃[雜羽]· 쇠뿔[牛角] 등, 기타 문방구 및 잡물류는 겨자[芥子]·먹[墨]·칠(漆)·송진[松脂]·송

만 지역별 산출 물산과 운송 거리 등을 고려하여 각 도별 분정에 차등을 두었다. 즉 과실류는 전라·경상·황해 등에, 목재는 충청·강원·황해 등에, 임산물은 전라·경상 등에 더 적극 분정했다.[41] 물품의 수에서도 함경도는 30여 종, 경기도와 평안도는 40~50여 종, 충청도·황해도·강원도·경상도 등은 80~90여 종, 전라도는 100여 종으로 평안도와 함경도를 제외하면 경기에서 멀어질수록 보다 다양하게 분정했다.[42]

약재를 제외한 대부분의 물품이 분류되었다고 할 수 있는 이 항목에 대해서는 대개 도내 공물의 총합으로 보고 있다.[43] 즉 매년 정기적으로 1차, 혹은 2차 공납하는 상공(常貢) 및 세공(歲貢) 등의 일반 공물을 포함하여 별공(別貢), 진상(進上) 등을 통해 수취되는 공물이 여기에 포함된 것으로 파악하고 있다.[44]

다만 각 군현의 물종을 모두 합해도 이 항목의 물종 수에 비해 크게 부족하기 때문에, 그리고 도 총론에 포함되지 않은 물품이 군현의 물품 가운데 포함된 경우도 있기 때문에 뒤에서 살펴볼 군현 단위의 분류 항목인 토공 및 토산 항목과의 관계에 대하여는 파악이 쉽지 않다.[45]

교 가운데는 어교(魚膠)와 아교(阿膠)가 이 항목에 분류되었다. 다만 모든 도의 궐공 항목에 분류된 것이 아니라 어교는 8도 가운데 충청·

연(松烟) 등이다(박도식, 위의 논문, 191쪽 표2 참조).

41 박도식, 위의 논문, 1998, 194쪽.

42 『세종실록』 지리지 도 총론에 제시된 지역별 물품 수는 경기도 51종, 충청도 89종, 황해도 83종, 전라도 114종, 경상도 78종, 강원도 90종, 평안도 44종, 함경도 26종이다(박도식, 위의 논문, 1998, 191쪽 표 2 참조).

43 김동수, 「『세종실록』 지리지의 연구 - 특히 物産·戶口·軍丁·墾田·姓氏項을 중심으로」, 서강대학교 박사학위논문, 1991, 65~68쪽 ; 이기봉, 앞의 논문, 2003, 3~5쪽.

44 이기봉, 위의 논문, 2003, 3쪽.

45 소순규, 「『世宗實錄』 地理志를 통해 본 朝鮮初 貢物 分定의 실제와 특성 - 厥貢, 土貢, 土産 항목의 검토를 중심으로」, 『한국사연구』 161, 한국사연구회, 2013, 45쪽.

황해·경상 등 3개 도에, 아교는 전라도에 한정, 분류되었다. 뒤에서 살펴보겠지만 아교의 경우 대개 도 총론 약재 항목에 분류되기 때문에 궐공 항목에 분류된 것은 특이한 양상의 하나에 해당한다. 뿐만 아니라 도 총론 약재 항목에서는 여러 도에 분류되는데 궐공 항목에서는 유일하게 전라도에 한정시켜 분류하고 있다.

일반적 분류 양상에서 벗어난 이와 같은 분류 특징을 왜 전라도에 한정, 반영하게 된 것인지 특별한 언급이 없기 때문에 그 이유를 알기 어렵지만 어교와 아교의 여러 분류 특징을 고려할 때 아래와 같은 경우들을 상정하게 된다.

하나는 어교의 오기일 가능성이다. 전라도 도 단위 궐공 항목에는 어교가 분류되어 있지 않지만 군현 단위 토공 항목에 어교가 분류되어 있고, 실제로 군현 단위에서 어교를 공물로 공납한 사례가 확인되기 때문에[46] 오기 가능성을 생각해보지 않을 수 없다. 특히 『세종실록』 지리지의 기록 불철저에 관해서는 다수의 실례를 통해 확인되고[47], 이

---

46 『世祖實錄』 21卷, 世潮 6年 7月 1日(乙亥條), "경기·황해도·충청도·전라도의 관찰사에게 諭示하기를, "어교는 조기[石首魚]에서 나오는 것이 활을 만드는데 가장 알맞다. 그 몸체가 작기 때문에 버리고 쓰지 않지만 작은 것도 쌓이면 많아지는 것이니 지금부터 공선(公船)이나 사선(私船)에서 얻는 어교는 모두 수납하여서 바치도록 하라(諭京畿、黃海、忠淸、全羅道觀察使曰: "魚膠出於石首魚者, 最宜造弓. 以其體小, 棄而不用, 然積小成多, 自今公私船所得魚膠, 悉令收納以進.")"

47 군현 단위에 약재 항목이 설정되지 않을 경우 약재를 다른 항목에 포함시키거나, 토산 항목이 설정되지 않을 경우 토산품을 다른 항목에 포함시키는 경우가 하나의 실례에 해당한다. 일례로 평안도 자성군(慈城郡)의 경우 약재 항목 미설정 상태에서 대개 약재 항목으로 분류되는 인삼을 토공 항목으로 분류하고 있다. 자성군에 연이어 기록된 무창군(茂昌郡)의 경우도 약재 항목 미설정 상태에서 인삼을 토산 항목에 분류시켜 놓고 있다. 인삼의 경우 약재 항목이 설정된 경우에도 토공 혹은 토산 항목에 분류된 경우가 있기 때문에(평안도 태천군(泰川郡)과 경기도 영평현(永平縣)이 실례에 해당) 반드시 약재 항목의 고정 분류 대상으로 간주할 수는 없다. 다만 대개 약재 항목으로 분류되는 특징으로 나타

에 관하여는 기존 연구에서도 제기한 바 있기 때문에[48] 이와 같은 오기 가능성은 충분히 있을 수 있다. 다만 궐공 항목과 약재 항목이 바로 연이어져 기록된 상황이기 때문에 오기 가능성을 적극 고려하기는 쉽지 않다.

다른 하나는 전라도 지역에만 의도적으로 궐공 항목에 분류했을 가능성이다. 궐공 항목은 주로 상공(常貢) 및 세공(歲貢)의 대상인 일반 공물에 해당하는데 비해 약재 항목은 진상(進上)과 같은 수취 방식을 보다 적극 반영한 경우에 해당하기 때문에, 진상품이 아닌 일반 공물로 수취하기 위해 의도적으로 궐공 항목에 분류시켜 놓았을 가능성이다. 즉, 매년 정기적 수취 대상에 포함시킴으로써 수급량을 보다 안정적으로 확보하고자 한 의도가 반영되었을 수 있다. 조선시대에 아교는 사용처가 다양하고 실제 소비량 역시 상당했다. 일례로 1901년 의정부찬정(議政府贊政) 탁지부대신서리(度支部大臣署理) 탁지부협판(度支部協辦) 이용익(李容翊)이 의정부의정(議政府議政) 윤용선(尹容善)에게 진연 준비 과정에서 각종 기물의 채색에 필요한 아교를 청구했는데 수량이 935근에 달했다.[49] 이들이 모두 채색을 위해 사용된 것이라고 단정할 수 없지만 함께 청구한 안료의 양 역시 1,000여 근에 이르고, 안료와 같은 항목에 아교를 포함시켜 청구서를 작성하고 있기 때문에 상당량이 채색에 사용된 것이라고 할 수 있다. 1902년에 고종의 60세 생일

나고, 실제로 약재로 소용된 경우가 대부분이기 때문에 약재로서의 분류가 본령에 해당한다고 할 수 있다. 무창군의 경우 유일하게 토산 항목만 설정되어 있다.

48 김동수, 「『세종실록』 지리지의 연구 - 특히 物産·戶口·軍丁·墾田·姓氏項을 중심으로」, 서강대학교 박사학위논문, 1991, 65~68쪽.

49 『各部請議書存案』 19, "磊碌二百四十六斤 每六戔 一百四十七兩六戔, 丁粉三十斤 每六戔 十八兩, 石磵朱六百七十四斤 每六戔 四百四兩四戔, **阿膠九百三十五斤** 每五戔 四百六十七兩五戔, 石紫黃六斤 每六兩 三十六兩, 洋碌八十八斤 每四兩 三百五十二兩, 朱紅五十五封 每十兩 五百五十兩"(출전, 『각사등록』 근대편).

진연을 위해 의정부찬정(議政府贊政) 탁지부대신(度支部大臣) 김성근(金聲根)이 의정부참정(議政府參政) 김규홍(金奎弘)에게 청구한 아교 량 역시 469근에 이르렀으며, 함께 청구한 안료 량 역시 수백 근에 달했다.[50] 조선 초기 여진족 등과 한참 전쟁이 진행될 때 무기 제작을 위해 북방 변경에 보낸 어교가 1년에 많아야 300근이었음을 고려하면 비교할 수 없는 소비량이다. 특히 『세종실록』 지리지에서 특정 물품이 반드시 특정 항목에만 고정 분류된 것이 아니며, 해당 지역의 호구, 생산 여건, 운송 등의 여러 요소를 반영해 다른 항목으로 분류를 진행한 경우가 적지 않기 때문에[51] 아교 역시 의도적으로 전라도 지역에 한정시켜 궐공 항목으로 분류했을 수 있다.

궐공 항목에 나타난 교의 분류에서 또 하나 간과할 수 없는 점은 어교가 근거리인 경기도에는 분정되지 않고 주로 경기 외곽인 충청도와 황해도에 분정된다는 사실이다. 조선시대 공물 분정은 기본적으로 해당 지역의 산출 여부, 즉 '임토작공(任土作貢)'의 분정 원칙을 적극 고려했기 때문에[52] 경기도의 어교 미분정 상황은 어교 미산출과 연계하여 이해할 수 있다.

하지만 경기도 역시 바다가 인접한 지역으로서 어량이 충청도와 황해도 등에는 미치지 못하지만 경상도 등에 비해서는 월등히 많기 때문에[53], 그리고 『세종실록』 지리지 편찬 이후 경기도 지역에서도 어

---

50 『各部請議書存案』 22, "洋碌一百六十封 每封六兩式 九百六十兩, 朱紅六十三封 每封十二兩式 七百五十六兩, 石磵朱一百十七斤 每斤八戔式 九十三兩六戔, 丁粉五十斤 每斤八戔式 四十兩, 磊碌二十八斤 每斤八戔式 二十二兩四戔, **阿膠四百六十九斤** 每斤七戔式 三百二十八兩三戔"(출전, 『각사등록』 근대편).

51 박도식, 「조선전기 공납제의 특징」, 『인문학연구』 13, 가톨릭관동대학교 인문과학연구소, 2009.

52 위의 논문, 21쪽.

53 『세종실록』 지리지에 기록된 각도의 어량은 경기도가 31곳, 충청도와 황해도가

교의 생산과 공납 사실이 확인되기 때문에[54] 『세종실록』 지리지 당시 경기도 지역 어교 분정에서 임토작공의 문제가 적극적인 고려 요소로 작용했다고 단정하기는 쉽지 않다. 특히 산출되지 않는 물품을 공물로 분정하는 소위 '불산공물(不山貢物)'의 분정 원칙도 반영했기 때문에[55] 임토작공의 관점에서만 생각하기도 어렵다.

『세종실록』 지리지에 반영된 분정 양상을 보면, 경기도는 한양에서 최근거리에 위치하는 지정학적 환경으로 인해 도내 모든 군현이 준비해야 하는 공물, 소위 '매읍소산(每邑所産)'에 해당하는 물품이 타 도에 비해 많고, 특히 일상 생활용품에 해당하는 장작[燒木], 말먹이풀[藁草], 숯[炭], 참빗, 새끼줄[藁索], 마끈[麻索] 등을 포함하여 영선용 목재, 자작목, 살구나무, 피나무 등 노동력 투입이 크게 요구되는 물품을 준비해야 했기 때문에 관에서 마련하는 관비공물이나 지역 토산물의 공납에 관해서는 많은 감면이 이루어진 바 있다.[56] 대신 경기도의 외곽에

각각 117, 118곳, 전라도가 50곳, 경상도가 7곳, 함경도 1곳으로 확인되며, 강원도와 평안도는 어량 미설치 지역으로 분류되고 있다(정두희, 「朝鮮初期 地理志의 編纂 (Ⅰ)」, 『역사학보』 69, 역사학회, 1976, 83쪽 표8 참조).

54 『세종실록』 지리지 편찬 이후 경기 지역에서 어교 생산과 공납 사실을 확인시키는 자료는 앞서 언급한 바 있는 경기·황해도·충청도·전라도 관찰사에 대한 세조의 유시(諭示)와 성종 2년 경기도의 공물 량을 반으로 감해준 기록 등에서 살필 수 있다. 『成宗實錄』 12卷, 成宗 2年 閏9月 23日(壬戌條), "지난 해에 실농(失農)하여 백성의 양식이 넉넉하지 못한데, 금년에 부득이하여 또 대창(大倉)의 담 쌓는 일을 거행하여 경기의 백성을 모두 징발하여 부역하게 하였으니, 양식을 싸가지고 내왕하며 고생이 막심하였다. 금년 신묘년 공물로 연목(椽木)·잡목(雜木)·새끼줄·염소·닭·우각(牛角)·잡우(雜羽)·어교(魚膠)·괴화(槐花)·생리(生梨)·휴지(休紙)·군기(軍器) 등 물건은 전부 면제하고, 땔나무·생돼지는 반으로 감하며…(去歲失農, 民食不裕, 今年不得已又擧大倉築墻之役, 盡徵京畿之民, 以赴之, 贏糧往來, 艱苦莫甚. 今辛卯年貢物, 如椽木、雜木、藁索、羔、雞、牛角、雜羽、魚膠、槐花、生梨、休紙、軍器等物全除、燒木、生猪減半…)"

55 박도식, 앞의 논문, 2009, 22쪽.
56 소순규, 앞의 논문, 2013, 68~69쪽.

해당하는 충청도, 황해도, 강원도 등의 경우 경기도 지역에서 공납하는 장작, 말먹이풀, 숯 등의 일부와 다종의 목재 및 임산물 등 경기도민의 부담을 덜기 위한 공물을 주로 부담했다.[57] 따라서 경기도 도 총론 궐공 항목에 어교가 분류되지 않은 것은 임토작공의 문제보다는 지정학적으로 경기도가 처한 공물 부담의 여러 상황이 더 적극적으로 고려되었을 가능성이 크다. 경기도 공물 가운데 수산물이 매우 적은 것도 바로 그러한 점을 고려한 데서 비롯되었다.[58] 특히 성종대의 기록이기는 하지만 그와 같은 공물 부담 여건을 고려하여 경기도 공물에서 어교가 제외되는 상황도 구체적으로 출현시키고 있다.[59]

분정 지역의 문제 이외에 교의 명칭이 다소 불분명하게 제시된 점도 간과할 수 없는 내용이다. 어교라는 명칭은 어류를 사용하여 제조된 교의 통칭에 해당하고, 아교 역시 중국과 우리나라에서 우교를 지칭한 경우가 다수이지만 반드시 우교만을 지칭하는 경우만 있는 것도 아니며[60], 특히 명칭 자체로는 짐승을 사용하여 제조된 교의 통칭에 해당하기 때문에 궐공 항목에 제시된 어교와 아교는 어종이나 짐승의 종류에 관계없이 모든 종류의 어교 및 아교를 지시한 경우로 해석할 수 있다.

하지만 공납 대상을 제시하면서 물품의 종류를 구체화하지 않았다는 것은 정황상 이해하기 어렵고, 어교 및 아교와 함께 궐공 항목에 분류된 기타 물품의 경우 표피(豹皮), 삵가죽[狸皮], 대구어(大口魚), 문

---

57 위의 논문, 70쪽.
58 경기도에 분정된 수산물은 水魚, 民魚 등 2~3종으로 전라도 29종, 경상도 27종에 비하면 월등히 적다. 수산물 분정은 주로 전라도와 경상도에 집중되었다(위의 논문, 71쪽).
59 각주 54) 참조.
60 김병모, 「조선시대 교(膠)의 명칭 분화와 제조·생산된 교의 종류」, 『동방학』 45, 한서대학교 동양고전연구소, 2021 참조.

어(文魚), 상어[沙魚] 등으로 특정 물품명을 구체적으로 제시하기 때문에 어교와 아교 역시 특정 교를 지시한 것으로 이해하는 것이 공물 분정 정황에 부합한다고 할 수 있다. 특히 당시에 특정 어류 및 짐승을 중심으로 어교와 아교가 제조되고 소비된 상황이었다면 비록 통칭으로 제시되었다고 할지라도 실제로 공납된 어교 및 아교의 종류는 특정화되고 개별화된 경우로 수용되었을 것이다. 이와 관련하여 아래 기사는 주목되는 내용을 제공한다.

> "이제 수교(受敎)에 의하여 연어피(年魚皮)로써 교를 만들어 활을 만드는데, 비록 어교에는 미치지 못하나 아교보다는 나으니, 청컨대 이제부터 활을 만드는 데는 또한 연어피교를 쓰게 하소서."[61]

이는 함길도 감련관(監鍊官) 김왕겸(金王謙)의 정문(呈文)에 의거하여 병조에서 올린 계문(啓文)의 일부인데 활 제작에 있어서 연어피의 성능을 논하면서 '비록 어교에는 미치지 못하나 아교보다 나으니'라는 표현을 사용한 것을 보면 이 문장에서의 어교와 아교는 특정 종류의 교를 지칭한 것으로 읽혀질 수밖에 없다. 연어피교와 접착 성능을 비교하면서 막연한 어종이나 짐승의 교를 비교 대상으로 삼지는 않았을 것이기 때문이다.

그렇다면 이들 각각은 어떤 종류의 교를 대상으로 궐공 항목에 제시된 것일까? 먼저 어교의 경우 대개 민어 부레로 만든 민어교가 가장 널리 언급되기 때문에[62] 이러한 기존 인식에 기초하면 『세종실록』 지

---

61 『端宗實錄』 2卷, 端宗 卽位年 8月 27日(丁亥), "今依受敎, 以年魚皮作膠造弓, 雖不及魚膠, 勝於阿膠, 請自今造弓, 亦用年魚皮膠."
62 "한국에서는 전통적으로 민어의 부레를 사용해 어교를 만들었다."(신학, 「동양회화에서의 아교 연구」, 동덕여자대학교대학원 박사학위논문, 2012, 63쪽).

리지 궐공 항목에 분류된 어교는 민어교를 주로 지시한 것으로 해석할 수 있다. 다만 오늘날 폭넓게 언급되는 민어부레교에 관하여 조선시대 관찬서 및 개인 저술에서 제조 사실을 확인할 수 있는 기록이 찾아지지 않기 때문에[63] '어교'로 표현된 경우에 대해 모두 민어교로 확단하여 해석하기는 쉽지 않은 상황이다. 아래 기사는 세조가 지방 관찰사에게 유시(諭示)한 것으로서 여기에 기록된 어교는 적어도 민어부레교를 지칭한 것으로 읽혀지지 않는다.

> "어교(魚膠)는 조기[石首魚]에서 나오는 것이 활을 만드는데 가장 알맞다. 그 몸체가 작기 때문에 버리고 쓰지 않지만 작은 것도 쌓이면 많아지는 것이니, 지금부터 공선(公船)이나 사선(私船)에서 얻는 어교(魚膠)는 모두 수납하여서 바치도록 하라."[64]

위 기록에서 언급된 2회의 어교 용례는 민어부레교가 아니라 모두 석수어로 만든 어교를 지시한 것으로 판단된다. 다만 뒤에서 언급된 어교의 경우 석수어교 이외의 어교를 지시했을 가능성도 배제할 수 없는데 이럴 경우 공선이나 사선에서 잡히는 모든 어종의 교를 지시한 것으로 해석할 수밖에 없다. 어떤 경우이든 민어부레교로서 해석 공간은 찾아지지 않는다. 따라서『세종실록』지리지 도(道) 총론 궐공 항목으로 분류, 제시된 어교의 경우 민어부레교를 지시했을 가능성이 크지만 민어부레교 제조에 관한 구체적 기록이 확인되지 않는 상황이고, 특히 기타 석수어교, 연어교 등을 지시하는 경우도 나타나기 때문에 현재로서는 민어부레교 한 가지로 특정하여 해석할 수 없는 상황

---

63 김병모, 앞의 논문.
64『世祖實錄』21卷, 世祖 6年 7月 1日(乙亥), "魚膠出於石首魚者, 最宜造弓。以其體小, 棄而不用, 然積小成多, 自今公私船所得魚膠, 悉令收納以進."

이다.

어교에 비해 아교는 특정화된 의미로 해석될 수 있는 용례가 보다 광범위하게 나타난다. 세조 영정에 사용할 교에 관해 영조가 행예조판서 김취노에게 던진 아래 기사는 그 가운데 하나로서 녹각교와 비교 대상이 된 아교는 녹각교와 마찬가지로 특정 종류의 교를 지시한 것으로 읽혀진다. 녹각교의 비교 대상을 제시하면서 특정하지 않은 경우를 실례로 제시하기는 어렵기 때문이다.

"아교를 사용하는가 아니면 녹각교를 사용하는가?"[65]

일본 도쿠가와 이에야스[德川家康]가 1603년 조선에 요청한 약재 목록에도 아교가 포함되어 있는데 이 경우에도 약재 목록의 특성상 범칭으로 해석하기는 어렵다. 함께 제시된 우황(牛黃), 사향(麝香), 진사(辰砂), 웅황(雄黃) 등의 경우와 마찬가지로 특정의 아교를 지시한 것으로 해석하는 것이 정황에 부합한다.[66] 조선 왕실에서 제출된 각종 탕약 처방전의 아교 역시 특정 효능과 밀접하게 연관되기 때문에 범칭의 용례로 이해하기 어렵다. 일례로 효종 9년(1658) 1월 빈궁의 치료를 위해 제출된 '팔물탕원방(八物湯元方)' 처방전의 아교주(阿膠珠)는 함께 제시된 천문동(天門冬), 상기생(桑寄生) 등의 경우와 마찬가지로 특정 종류의 아교를 지시한 것으로 읽혀진다.[67] 현종 원년(1659) '영패탕(寧

---

65 『承政院日記』 808冊 (탈초본 45책) 英祖 11年 9月 2日(戊戌), "雨後日氣稍寒, 阿膠筆, 似難寫去, 是爲悶矣。上曰, 用阿膠耶? 用鹿角膠耶? 取魯曰, 面部則用明膠矣."

66 『宣祖實錄』 163卷 宣祖 36年 6月 14日(己亥), "우황 5냥, 사향 1근, 백렴 2근, 백랍 1근, 진사 2근, 웅황 1근, 장연동 2근, 아교 2근, 광명주사 30근…(一, 牛黃五兩, 一, 麝香一斤, 一, 白蘞二斤, 一, 白蠟一斤, 一, 辰砂二斤, 一, 雄黃一斤, 一, 自然銅二斤, 一, 阿膠二斤, 一, 光明朱三十斤…)"

67 『承政院日記』 148冊 (탈초본 8책) 孝宗 9年 1月 7日(甲辰), "藥房再啓曰, 卽伏承嬪

肺湯)' 처방전에 천궁(川芎), 당귀(當歸), 숙지황(熟地黃), 오미자(五味子)
등과 함께 언급된 아교주 역시 마찬가지이다.[68]

그렇다면 이들 용례에서 지시한 아교는 구체적으로 어떤 종류의
교를 특정하여 지시한 것일까? 조선시대 아교에 대해 대개 우피교로
인식하고 있는 점에 기초하면 우교를 지칭했을 가능성이 가장 크다.
당시 소의 가죽을 끓여 만든 아교의 제조 사례는 다음 기사를 통해 구
체적으로 확인된다.

> "단청 및 가칠에 소용될 아교는 816근 8량이며, 포수는 큰 것으로 1두
> 가 소용된다. 우피 10장은 아교를 만드는데 소용된 것이다."[69]

> "겨울에 각사(各司)가 모두 달이는 약을 제조하느라 살아있는 소를 잡
> 아 그 가죽으로 달이게 되니 그 폐단이 매우 큽니다."[70]

전자는 서궐 공사 때 단청 등에 사용될 아교 제조를 위해 우피 10
장이 소요된 내역을 적은 것이고, 후자는 중앙의 각사에서 우피로 약
을 제조하기 위해 소를 도살한 내용 및 그 폐단에 관한 기록으로서 모
두 우교로 특정된 아교 용례를 확인시킨다. 조선시대 문헌에서 특정

宮乳汁之流出, 比晝頗減之敎, 不勝喜幸, 卽與趙徵奎·梁濟臣·崔梱及諸御醫等商議, 則皆
以爲此症, 因氣血俱虛而發, 八物還元方, 去熟(艸＋卜), 代以乾(艸＋卜), 加條芩一錢, 阿膠
珠·天門冬·桑寄生各七分, 多用十餘貼宜當云. 此藥三貼, 爲先劑入, 何如? 答曰, 依啓."

68 『承政院日記』157冊 (탈초본 8책) 玄宗 卽位年 8月 24日(壬子), "鄭維岳以爲, 成後寧
肺湯元材, 去阿膠珠·川芎·當歸·熟地黃·五味子等五種, 加片芩·乾葛·貝母·薑汁
炒各一錢, 知母七分, 枳角夫炒五分以進, 似合於今日症候云."

69 『西闕營建都監儀軌』, "丹靑及假漆所入, 阿膠八百十六斤八兩, 太一斗, 泡水所入, 牛皮
二百十張阿膠所入."

70 『中宗實錄』31卷 中宗 12年 12月 28日(己巳), "冬月各司, 皆劑煎藥, 殺取生牛皮煮之,
其弊至重."

종류의 교를 아교로 지칭한다는 기록이 확인되지 않기 때문에 광범위하게 사용된 아교라는 명칭이 모두 우교를 지시한다는 관점을 제시하기는 어렵지만 상호 관련성을 고려하는데 위 기록은 간과할 수 없는 논거를 제공한다.

하지만 조선시대에 짐승의 가죽이나 뼈 등을 이용하여 만든 교가 우교에 한정된 것도 아니고, 기타 교에 관해서도 아교로 표현한 용례가 적지 않기 때문에 '아교'로 표현된 경우를 모두 우교로 해석하기는 쉽지 않다. 일례로 말의 가죽으로 만들어진 교에 대하여도 아교로 지칭한 경우가 있고[71], 특히 중국에서 보여준 실례이기는 하지만 아교와 우교가 서로 다르게 간주된 상황들도 확인된다. 일례로 송대 조관지가 쓴 『묵경(墨經)』에는 먹을 제조할 때 소용된 교로서 어교, 우교, 아교 3가지가 구분, 제시되고 있다.[72] 따라서 궐공 항목에 분류된 아교 역시 어교와 마찬가지로 특정의 교로서 확단하여 해석하기는 쉽지 않다.

공납 대상으로서 어교와 아교가 지시하는 교의 종류를 명확하게 파악할 수 없지만 상공(常貢) 및 세공(歲貢) 대상으로 공납된 상황은 여러 사례를 통해 확인된다.

> "근래 황해도의 세공(歲貢)을 평안도에 수송하고 있으니, 모두 이 예에 의하여 어교를 적당히 보내게 하소서"[73]

위 기사는 황해도에서 진행된 어교의 세공 사례 가운데 하나이며,

---

71 『文宗實錄』 卷8, 文宗 1年 6月 26日(癸巳), "各牧場死馬皮, 請依舊例, 煮阿膠, 或造橐鞬."

72 晁貫之, 『墨經』, "교는 한가지만 사용해서는 안 된다. 우교, 어교, 아교 등을 함께 사용해야만 한다(膠不可單用, 或以牛膠, 魚膠, 阿膠參和之.)"

73 『世祖實錄』 27卷, 世祖 8年 1月 30日(乙丑), "近以黃海道歲貢輪平安道, (諸)[請]依此例, 量送魚膠."

어교를 대상으로 이루어진 상공(常貢)의 실례는 앞서 소개한 성종대 경기도 지역 공물 면제 기사에서도 엿볼 수 있다.[74] 아울러 상공(常貢)이 아닌 진상품의 하나로 공납된 사례도 확인된다.

> "홀라온(忽剌溫)과 올적합(兀狄哈)이 왕왕 어교(魚膠)를 바치는 경우도 있는데, 빛이 깨끗한 것은 진상하고 깨끗지 못한 것은 영중의 군기를 수선할 수 있게 예비합니다"[75]

위 기사는 세종 22년(1440) 여진족 홀라온과 올적합 등이 함길도에 어교를 바치자 이 가운데 최상품을 선별하여 왕실에 진상한 사례로서, 외교 업무라는 특수한 상황에서 비롯된 것이기 때문에 각 군현에서 생산된 물품의 공납 사례와는 다소 맥락이 다르지만 식재료 등과 마찬가지로 어교 역시 일반 공물이 아닌 또 다른 수취 대상으로 인식되고 인식, 취급되었음은 분명하게 주지시킨다. 다만 이외의 진상 관련 기록이 거의 나타나지 않기 때문에 일반적인 지방 산출품에 대한 진상 수취 방식의 반영 정도는 현재로서는 명확하게 개진하기 어렵다.

약재 항목에는 동물성 및 식물성 약재를 주로 분류했다. 동물성 약재의 경우 내장류(內臟類), 각류(角類), 골류(骨類), 피류(皮類), 향류(香類) 등을 중심으로, 식물성 약재의 경우 피류(皮類), 나무류, 씨류, 열매류, 근류(根類), 화류(花類) 등을 중심으로 분류했다.[76] 이들 토산 약재

---

74 각주 54) 참조.

75 『世宗實錄』90卷, 世宗 22年 7月 17日(丁巳), "忽剌溫兀狄哈往往有贈魚膠者, 色潔則進上, 不潔則備修營中軍器."

76 약재의 몇몇 실례를 제시하면 다음과 같다. 동물성 약재의 경우 내장류는 섣달 여우간[臘狐肝]·웅담·잉어쓸개[鯉膽] 등, 각류는 녹각·녹용·영양각(羚羊角) 등, 골류는 虎脛骨·오어골(烏魚骨), 거북뼈[龜甲] 등, 피류는 매미허물[蟬脫皮]·고슴도치가죽[猬皮] 등, 향류는 안식향·사향 등이 있고, 식물성 약재의 경우 피류는 황

들은 일반 공물의 수취 방식에 해당하는 상공(常貢) 및 세공(歲貢)보다는 봉진(封進)의 시기, 방법, 수량 등에서 상대적으로 변동성이 큰 진상(進上) 등의 공납 방식을 통해 주로 수취되었다. 아래 기사는 내의원에서 사향(麝香), 모향(茅香), 상기생(桑寄生) 등의 부족분을 각 도의 관비로 급히 구득해 진상토록 건의한 내용으로서 그와 같은 수취 방식의 특징을 잘 드러내준다.

> "사향(麝香)이 부족하니, 바라건대 경상도·전라도·강원도·충청도로 하여금 구득하는 대로 봉진(封進)하도록 하고, 모향(茅香)도 남아 있는 것이 없으니, 바라건대 경상도·충청도는 매년 10근을 더 봉진하고, 전라도는 20근을 더 봉진하도록 하며, 상기생을 또한 경상도·전라도·충청도·강원도·황해도 등으로 하여금 매년 구득하는 대로 봉진하도록 하소서."[77]

사실 조선시대 공납제는 대동법 출현으로 인해 세공(稅貢)으로서의 공물제도가 폐지되면서 일반 공물은 대부분 경중(京中)에서 마련되었지만 약재의 상당 부분은 여전히 진상을 통해 수취가 지속되었기 때문에[78] 진상의 수취 대상으로서 약재에 대한 이해는 조선시대 전 기간에 걸쳐 유효했다고 할 수 있다. 뿐만 아니라 일반 상공(常貢)에 못지

경나무껍질[黃蘗皮]·뽕나무껍질[桑白皮]·모란껍질[牧丹皮] 등, 나무류는 옻[漆]등, 씨류는 산이스랏씨[郁李仁]·복숭아씨[桃仁]·살구씨[杏仁], 決明子 등, 열매류는 산수유(山茱萸)·오미자(五味子)·고염[小柿]·탱자[枳殼]·복분자(覆盆子) 등, 근류는 인삼·호라비좆뿌리[天門冬]·겨우살이풀뿌리[麥門冬]·당귀(當歸)·작약(芍藥)·두릅뿌리[獨活]·족도리풀뿌리[細辛] 등, 화류는 겨우살이꽃[金銀花]·선복화(旋覆花), 황국(黃菊) 등이 있다.

77 『中宗實錄』 54卷, 中宗 20年 7月 24日(辛巳). "麝香不足, 請令慶尙、全羅、江原、忠清道, 隨所得封進. 茅香則無遺在, 請令慶尙、忠清道每年加進十斤, 全羅道進二十斤. 桑寄生, 亦令慶尙、全羅、忠清、江原、黃海等道, 每年隨所得封進."

78 전상욱, 「『輿地圖書』에 나타난 進上관련 조항의 분석」, 『문화재』 44-3, 국립문화재연구소, 2011, 155쪽.

않게 진상을 통한 수취는 정부와 왕실 재정에서 차지하는 역할과 비중이 매우 컸다.[79]

교 가운데는 아교와 녹각교가 이 항목에 분류되었다. 다만 이들이 모든 도 총론 약재 항목에 동일하게 분류된 것은 아니며, 아교의 경우 전라·평안·함경 3개 도를 제외한 경기·충청·황해·강원·경상 등 5개 도를 중심으로 분류되고, 녹각교의 경우 경기·황해·함경 3도를 제외한 충청·전라·경상·강원·평안 등 5개 도를 중심으로 분류되었다. 지역적으로 볼 때 충청도·강원도·경상도 등은 아교와 녹각교가 모두 분류된 지역에 해당하지만 경기도는 근거리에 위치했음에도 불구하고 아교 1종만 분류되는 소극적 분류 지역으로 나타난다.

지역별로 나타나는 이러한 차별적 분정 양상은 앞서 언급한 바와 같이 해당 지역의 물품 산출 여부, 즉 분정에 있어서 임토작공의 기본 원칙이 무엇보다도 적극 고려되면서 비롯되었을 것이다. 하지만 남쪽 원거리에 위치한 전라도와 경상도의 경우 경기 외곽에 접한 충청도, 황해도, 강원도에 비해 군현에서 공물로 봉납하는 토공 및 토산품의 종류가 다양하고, 특히 수산물 및 과수류를 포함하여 종이·자리[席] 등과 같은 수공업 제품의 비중이 여타 지역에 비해 높게 나타나기 때문에[80] 수공업 제품의 일종에 해당하는 아교와 녹각교가 경상도와 전라도 지역에 적극 분정된 상황을 간과하여 취급할 수 없게 된다. 즉, 궐공 항목에서 보여준 어교의 분정 상황과 마찬가지로 공물 부담 상황 및 운송 등의 문제 역시 여기에서도 중요한 요소로 고려되었을 것으로 보인다. 특히 경기도의 경우 일상적 수요에 대응하는 물품들이

79 최주희, 「15~16세기 別進上의 상납과 운영 - 강원·경상지역 사례를 중심으로」, 『한국사학보』 46, 고려사학회, 2012, 8쪽.
80 소순규, 앞의 논문, 2013, 71~72쪽.

주요 공물로 편재된 상황에 관해 앞서 언급한 바 있는데, 그러한 점을 고려하면 경기도에 유일하게 분정된 아교의 경우 일상적 수요에 보다 밀접하게 연관된 물품으로 취급, 인식되었을 가능성도 배제할 수 없게 된다.[81]

약재로서 아교와 녹각교가 지역 별로 다른 편재를 보여주지만 각각 5개 도에서 약재 항목으로 분류되었다는 사실은 이들이 접착제보다는 약재로서 본령을 삼았음을 분명하게 드러낸다. 실제로 문헌에서 이들 물품이 약재로서 제조되고 사용된 실례들을 다양하게 확인할 수 있다. 일례로 아교의 경우 우교 제작을 위한 소 도살 금지를 청하는 사헌부의 계문 등을 통해[82], 그리고 앞서 언급한 다양한 왕실 처방전 및 도쿠가와 이에야스가 조선에 요청한 약재 물목 등을 통해 확인된다.[83] 녹각교의 경우도 흥정당(興政堂)에 이이명(李頤命) 등이 입시하여 숙종의 각부(脚部) 질환과 관련된 처방을 논의하는 내용에서[84], 그리고 전라도에서 내의원에 녹각교와 녹각상 등을 진상한 기록[85]과 1885년 전라도 관찰사 윤영신(尹榮信)이 녹각교와 녹각상 등을 승정원에 진상한 기록(啓文) 등을 통해 확인된다.[86] 특히 녹각교의 경우 녹각, 녹용

---

81 위의 논문, 73쪽.

82 『中宗實錄』 卷31 中宗 12年 12月 28日(己巳條), "겨울에 각사가 모두 달이는 약을 제조하느라 살아있는 소를 잡아 그 가죽으로 달이게 되니 그 폐단이 매우 큽니다(冬月各司, 皆劑煎藥, 殺取生牛皮煮之, 其弊至重.)"

83 각주 66) 참조.

84 『承政院日記』 463冊(탈초본 25책), 肅宗 37年 10月 8日(癸亥), "上曰, 此丸藥製進, 可也.頤命曰, 在外時, 問于本院, 則材料中鹿角膠, 陳久不堪用, 今方新劑若干, 且爲移關於所産處, 而今明日內, 似難劑入矣. 上曰, 依爲之."

85 『六典條例』 卷之六, 禮典, 內醫院, 各道進上, "全羅道……大黃二斤八兩, 鹿角霜二斤, 熟玄蔘一斤, 鹿角膠三斤, 鬱金八兩, 枾霜二斤……"

86 『各司謄錄』 18, 湖南啓錄 4, 光緒24年(1885) 11月 15日, "全羅道所封, 去十月令藥材進上……鹿角霜貳斤, 鹿角膠貳斤. 乙酉別卜定鹿角膠壹斤."

등과 함께 귀한 약재로서 나란히 분류, 기록되고 있기 때문에 아교에 비해 약재로서의 분류 특질을 파악하기가 보다 수월하다.

하지만 아교와 녹각교의 경우 약재로서 뿐만 아니라 접착제로서도 광범위한 사용이 이루어졌다. 왕의 회갑 등 각종 왕실의 1회 진연에서 일반 목재의 접합 및 채색 장식 등에 소요된 아교가 수백 근에 이르렀고[87], 일반 회화를 포함하여 각종 초상화 및 불화 등에도 아교 포수 및 안료 접착용으로 광범위하게 소비했다.[88] 뿐만 아니라 비전투용 화살 제작을 포함하여 기타 병기 제작[89] 및 금속공예 등에도 사용되었다.

녹각교 역시 접착제로서의 쓰임이 적지 않았다. 명정과 재궁 등에 글씨를 쓰거나 기물 표면의 채색 장식에 사용된 경우가 많은 것으로 확인되며, 이럴 경우 대개 금분 등과 섞어 사용했다.[90] 세조의 영정 제작에 필요한 교의 종류를 논의하면서 영조가 김취노에게 말한 "아교를 사용하는가 아니면 녹각교를 사용하는가"라는 질의 역시 접착제로서 특별한 용도에 주목한 것이다.[91]

그렇다면 『세종실록』지리지 도 총론에서 아교와 녹각교를 약재로 분류한 것은 당시의 쓰임을 있는 그대로 온전하게 반영한 분류 관점이라기보다 국가 수취 대상으로서 특정한 관점과 인식을 반영한 선택

---

87 각주 49), 50) 참조.

88 박지선, 「한국 불화의 재료와 제작기법」, 『동악미술사학』 제15호, 동악미술사학회, 2013.

89 『世祖實錄』 28卷, 世祖 8年 3月 28日(癸亥), "함길도 도관찰사 강효문·도절제사 강순에게 유시하기를, '전에 보낸 어교를 칠한 화살은 사후(射侯)하는 데 허비하지 말고, 오로지 군기(軍器)에만 사용하라' 하였다(諭咸吉道都觀察使康孝文、都節制使康純曰: "前送魚膠箭竹, 勿爲射侯之費, 專用於軍器.")"

90 『國朝喪禮補編』 銘旌, "녹각교는 금과 섞는 데 사용한다. 내의원에서 진배한다(鹿角膠所以和金者內醫院)."

91 『承政院日記』 808冊(탈초본 45책), 英祖 11年 9月 2日(戊戌), "雨後日氣稍寒, 阿膠筆, 似難寫去, 是爲悶矣. 上曰, 用阿膠耶? 用鹿角膠耶? 取魯曰, 面部則用明膠矣."

적 분류 관점에 해당한 것이라고 할 수 있다. 아울러 약재를 분류의 본령으로 선택하게 된 배경의 하나로서 최상품의 아교 및 녹각교가 왕실 약재로서 진상되는 상황 및 역할 등을 주목할 필요가 있다.

종양약재 항목에는 율무[薏苡], 생강[薑], 보리[大麥], 해바라기씨[葵子], 검정콩[黑大豆], 맨드라미꽃[鷄冠花], 감국(甘菊), 나팔꽃씨[牽牛子], 생지황(生地黃) 등 야생이 아니라 재배종 약재를 주로 분류했다. 교 가운데는 이 항목으로 분류된 것이 없다.

IV. 『세종실록』 지리지 군현(郡縣) 단위의 교(膠) 분류

『세종실록』 지리지는 도 단위와 마찬가지로 군현 단위에서도 토의(土宜), 토공(土貢), 약재(藥材), 토산(土産) 등 여러 항목으로 나누어 분류를 진행했다. 다만 이들 4개 항목을 모든 군현에 일괄 반영한 것이 아니라 군현의 상황에 따라 반영 정도를 달리했다. 예를 들어 현풍현(玄風縣)(경상)·창령현(昌寧縣)(경상)·여산현(礪山縣)(전라)·고산현(高山縣)(전라)·결성현(結城縣)(충청)·연천현(漣川縣)(충청)·삭령현(朔寧郡)(경기)·장련현(長淵縣)(경기) 등의 경우 토산 항목을 설정하지 않았고, 부여현(扶餘縣)(충청도)의 경우 약재 항목을 설정하지 않았다. 뿐만 아니라 미산현(尼山縣)(충청)·진잠현(鎭岑縣)(충청) 등과 같이 약재 항목이 설정되어 있으나 해당 약종이 기재되지 않은 경우도 있다.

이러한 양상은 해당 군현에 대한 정보 미비를 상정하지 않을 수 없으나[92] 토산 항목을 제외한 토의, 토공, 약재 항목 등의 경우 관련 정

---

92 항목을 설정하였으면서도 해당 정보를 누락한 경우가 단적인 실례에 해당할 것이다. 이러한 경우는 약재 항목에서 가장 빈번하게 나타난다.

보가 비교적 잘 갖추어진 상황을 고려하면 토지와 인구의 다소, 해당 지역 산출 물산을 중심으로 한 공물 분정 등 여러 원칙의 폭넓은 반영도 고려하지 않을 수 없게 된다.

분류 항목 가운데 첫 번째에 해당하는 토의 항목은 쌀[稻]·조[粟]·보리[麥]·콩[菽]·기장[黍]·메밀 등 오곡 중심으로 기록한 군현도 있고, 여기에 뽕나무[桑]·삼[麻]·모시·닥나무·왕골 등 기타 물산을 더하여 기록한 군현도 있다. 제시된 물산 가운데 곡물은 도 총론 궐부 항목의 곡물과 차이가 없다. 하지만 삼·모시·뽕나무 등 기타 물산의 경우 궐부 항목의 명주[綿紬]·베[正布]·무명[綿布]·모시[苧布]·면화(綿花) 등 면포류 중심의 수공업 제품과 직접적인 관련성을 형성하지 않는다.[93] 따라서 이 항목은 궐부 항목과 달리 해당 군현의 토질에 적합한 경종(耕種) 작물만을 구분, 제시한 것으로 간주된다.[94] 교 가운데 이 항목으로 분류된 경우는 찾아지지 않는다.

토공 항목에는 모피류, 과실류, 어류, 해조류, 패류(貝類), 염장류(鹽藏類), 버섯류, 대나무류[竹類], 차류[茶類], 종이류[紙類], 자리류[席類] 등의 물산을 분류했다.[95] 도 총론 궐공 항목과 물종의 차이가 없다고

---

93 군현 단위에서 전부(田賦) 항목의 생략에 관해서는 "모든 군읍의 전부(田賦)는 원근(遠近)의 것이 모두 같으므로 군읍(郡邑)의 아래에 거듭하여 기록하지 않는다"라는 궐부 항목 세주(細註) 내용에서도 확인된다(金東洙, 「『世宗實錄』 地理志의 기초적 고찰」, 『성곡논총』 24, 성곡언론문화재단, 1993, 2135쪽).

94 이기봉은 전결공물과 관련된 도 총론 궐부 항목은 종류가 많지 않고 군현마다 차이가 크지 않기 때문에 군현 단위에서는 생략한 것으로 본다. 다만 군현마다 경종에 알맞은 작물에 대해서는 궐부 항목에서 파악이 어려웠기 때문에 토의 항목을 두어 분류, 제시한 것으로 본다(이기봉, 앞의 논문, 2003, 5쪽 ; 김동수, 「『세종실록』 지리지의 연구 - 특히 物産·戶口·軍丁·墾田·姓氏項을 중심으로」, 서강대학교 박사학위논문, 1991, 54~85쪽).

95 토공 항목에 분류된 물품의 몇몇 사례를 제시하면 다음과 같다. 모피류는 여우가죽·삵가죽·사슴가죽·어피(魚皮)·사어피(沙魚皮)·족제비털 등, 과실류는 석류·

할 수 있으며, 단지 군현 단위의 물산을 기록한 것이기 때문에 물종의 수에서 차이를 보이는 정도이다. 예를 들어 충청도의 경우 도 총론 궐공 항목에는 89종의 물산을 분류했지만 충주목 토공 항목에는 꿀·밀[黃蠟]·석이[石茸]·칠(漆)·영지버섯[芝草]·느타리버섯·주토(朱土)·돼지털·족제비털[黃毛]·종이 등 10여 종의 물품을, 충주목 관할 하의 괴산군 토공 항목에는 꿀·밀·칠·대추·지초·잡깃[雜羽]·여우가죽·삵가죽·족제비털 등 9종의 물품을 분류했다. 물론 도 총론 궐공 항목의 물품과 중복되는 경우도 있고, 중복되지 않는 경우도 있다. 위에서 언급한 충주목을 실례로 할 경우 석이·칠·느타리, 주토·돼지털·족제비털·종이 등이 중복된 경우에 해당하고, 이들 7종을 제외한 82종이 중복되지 않는 경우에 해당한다. 또 충주목에 분류된 토공 물품 가운데 도 총론 궐공 항목에 없는 경우들도 있다. 꿀, 밀, 지초 등 3종이 그러한 실례에 해당한다. 다만 꿀, 밀 2종은 도 총론 궐부 항목으로 분류되어 있다.

교 가운데는 어교가 유일하게 이 항목에 분류되었으며, 8도 가운데 충청·황해·경상·전라·평안 등 5개 도의 군현에 분류했다. 이 가운데 충청·황해·경상 3도는 도 총론 궐공 항목에 어교가 포함된 경우이고, 전라도와 평안도는 포함되지 않은 경우에 해당한다. 다만 전라도의 경우 궐공 항목에 아교가 포함되어, 아교와 어교 모두 포함되지 않은 평안도와 차이를 보인다.

대추·사과·귤, 건포도, 밤[黃栗] 등, 어류는 대구어(大口魚)·민어·모래무지[沙魚]·청어(靑魚)·방어(魴魚)·상어·홍어·오징어 등, 해조류는 미역·우모(牛毛)·세모(細毛)·김[海衣]·청각 등, 패류는 전복·홍합 등, 염장류는 곤쟁이젓·연어알젓·토끼젓 등, 버섯류는 표고·송이·석이·느타리 등, 죽류는 가는대[篠]·왕대[簜]·죽순 등, 차류는 작설차(雀舌茶) 등, 종이류는 표지·도련지(擣鍊紙)·안지(眼紙)·백주지(白奏紙)·상주지(常奏紙)·장지(狀紙) 등, 자리류는 황화석(黃花席)·채화석(彩花席)·만화침석(滿花寢席)·만화석(滿花席)·염석(簾席)·방석(方席) 등, 기타는 꿀, 밀, 생선기름[魚油], 칠 등이다.

각 도별 어교 분류 군현의 수는 4~5개 정도이며, 따라서 각 도의 전체 군현 수 40~60개에 비하면 어교 분류 군현이 차지하는 비중은 매우 작은 것으로 나타난다.[96] 특히 전라도의 경우 나주목 관할하의 영광군에 한정되고, 평안도의 경우도 의주목 관할하의 용천군과 철산군 등 2개 군현에 한정되어 그 비중은 더욱 낮아진다. 어교가 분류된 군현의 수가 크게 제약을 받게 된 원인으로 여러 경우를 상정할 수 있겠지만 바다와 인접해야 하는 환경적 요인도 크게 영향을 미쳤을 것이다.

현재 이 항목에 관하여는 군현에서 산출된 공물을 기록한 것으로 보는데 이견이 없다. 즉, 도 총론의 궐공 항목과 서로 밀접하게 연관된 것으로 본다. 다만 도 총론 약재 항목 말미에 제시된 "今將土産稀貴者, 錄于各邑之下, 其每邑所産, 但存其凡于此, 不復錄云"의 세주(細註) 내용에 대한 해석 여하에 따라 궐공 항목과의 관계가 다르게 이해된다. 이에 대해 김동수는 "이상의 잡공 및 약재는 토산희귀자를 각 읍의 아래에 기록한다. 읍마다의 소산은 단지 이곳에 범례로만 기록하고 다시 기록하지 않는다"라고 해석하였는데[97], 이럴 경우 궐공의 물산들은 읍마다의 소산으로서 단지 범례에 해당하고, 각 군현의 토산희귀자는 각 군현의 토공 및 토산 항목에 대응하는 형태가 되어 도 총론과 각 군현 물산의 중복을 인정하지 않는 결과가 된다.[98] 하지만 도 총론과 군현의 토공 및 토산 항목 사이에는 중복되는 경우가 적지 않으며, 이에 김동수도 중복된 경우를 불산공물(不産貢物)의 존재로 인해 발생한 것으로 별도 해석을 더했다.[99] 다만 불산공물이 어떻게 영향을 미쳤는지

---

96 『세종실록』 지리지에 수록된 각 도의 군현 수는 경기도 41개, 황해도 24개, 강원도 24개, 충청도 55개, 전라도 56개, 경상도 66개, 평안도 47개이다(이기봉, 앞의 논문, 2003, 3쪽).

97 김동수, 「『세종실록』 지리지 물산항의 검토」, 『역사학연구』 12, 1991, 65~66쪽.

98 소순규, 앞의 논문, 2013, 45~46쪽.

이에 관한 구체적 논증은 포함하지 않았다.

세주 내용에 대해 소순규는 "이상 잡공 및 약재는 지금 토산(土産)으로 희귀한 것을 가지고 각 읍(邑)의 아래에 기록한다. 매 읍에서 생산되는 것은 다만 그 대체를 여기에 기록하고 다시 기록하지 않는다"라고 해석하여 도 총론 물품 가운데 각 군현에서 다시 기록한 경우, 즉 중복 기록한 경우만 토산희귀자로 간주하고, 도 총론 물품 가운데 군현에서 기록하지 않은 경우, 즉 중복하여 기록하지 않은 경우에 대해서는 모든 군현에서 생산되는 소위 '매읍소산(每邑所産)'으로 파악했다.[100] 즉, 도 단위의 궐공 항목과 군현 단위의 토공 및 토산 항목의 관계를 '궐공항목＝토산희귀자＋매읍소산'의 관계로 파악했다.

사실 『세종실록』 지리지에는 도 총론의 궐공 항목과 군현의 토공 항목, 그리고 뒤에서 살펴볼 토산 항목의 물품 사이에는 중복되는 경우가 적지 않다. 일례로 전라도의 경우 궐공의 114건 물품 가운데 토공 및 토산의 물품과 중복되는 경우가 66건으로 58%에 이르고, 경상도의 경우 78건 가운데 44건으로 57%에 이른다.[101] 따라서 이들의 관계를 어떻게 이해할 것인가 하는 문제는 토공 항목의 해석에 있어서 매우 중요한 내용이 된다.

본 연구자의 판단으로는 세주에 언급된 '기매읍소산(其每邑所産)'을 '각 읍의 소산'보다는 '모든 읍의 소산'으로 해석하는 것이 이들 중복된 물산과 중복되지 않은 물산 사이의 관계를 이해하고 파악하는 데 좀 더 합리적 관점이 아닌가 생각된다. 그렇지 않으면 중복된 물산에

---

99 김동수, 「『세종실록』 지리지의 연구 - 특히 物産·戶口·軍丁·墾田·姓氏項을 중심으로」, 서강대학교 박사학위논문, 1993, 66쪽.

100 소순규, 앞의 논문, 2013, 46쪽.

101 기타 지역의 중복 비율은 평안도 57%, 강원도 48%, 황해도 45%, 충청도 39%, 경기도 27%이다(위의 논문, 47쪽).

대한 설득력 있는 해석 근거를 확보하기가 어렵다. 중복되지 않은 물산 즉, 모든 읍에서 생산한 매읍소산의 경우 대부분 한반도 전반에 광범위하게 분포하기 때문에[102] '모든 읍의 소산'으로 해석하는 관점은 실제 제시된 물산의 생산 및 산출 환경과도 부합한다.

이럴 경우 충청, 황해, 경상 3개 도의 군현 토공 항목에 기록된 어교는 해당 군현의 토산희귀자, 즉 해당 군현을 중심으로 생산된 경우로 분류된다. 그리고 전라도 궐공 항목에 특이하게 분류가 이루어졌으나 전라도 내 군현의 토공 항목에는 분류되지 않은 아교의 경우는 매읍소산으로 분류가 가능하게 된다.

그리고 실제 매 읍에서 생산이 불가한 품목일 경우라도 생산과 수취에 매 읍이 간접적으로 동참함으로써 매읍소산의 범주가 포괄적으로 설정될 경우, 예컨데 수취 단위가 '도(道)' 단위로 진행되는 진상품, 즉 각도 수군절제사의 통제를 받는 진(鎭)과 포(鋪) 등에서 수군을 활용하여 채취가 이루어지는 해산물 혹은 기본적으로 관찰사 및 병마절도사 등 도 단위 병력을 동원하여 포획하도록 되어 있는 곰, 호랑이, 사슴 등 야생 동물 등에 대해 이들이 비록 특정 군현 단위로 파악될 수 없을지라도 이념상 모든 군현이 부담하는 것으로서 '매읍소산'의 범주에 포함시키게 될 경우[103], 아교는 모든 군현에서 생산한 경우와 도 단위에서 직접 생산하여 봉납한 경우 모두를 상정할 수 있게 된다. 다만 매읍소산에 해당하는 물품의 경우 경기도 지역에서 멀어질수록 전체 물품에서 차지하는 비율이 낮은 것으로 나타나기 때문에[104] 모든

---

102 위의 논문, 48쪽.

103 위의 논문, 50~51쪽.

104 각도의 매읍소산 비율은 가장 근거리에 위치한 경기도가 73%로 가장 높고, 원거리에 위치한 경상도, 전라도, 평안도는 각각 43%, 42%, 42%로서 가장 낮으며, 경기도를 둘러싼 충청도, 황해도, 강원도가 각각 56%, 52%, 55%로서 중간

군현이 공물 생산에 실제 동원될 가능성은 도 단위에서 직접 생산하여 봉납하였을 경우에 비해 그 가능성이 낮다고 할 수 있다.

그렇다면 군현 토공 항목에는 분류되었으나 도 총론 궐공 항목에는 분류되지 않은 어교, 즉 평안도 용천군과 철산군, 그리고 전라도 영광군 등의 토공 항목에만 기록된 어교는 어떻게 분류될 수 있을까?

사실 기존 연구에서는 도 총론의 궐공 항목을 도내에서 생산하는 모든 공물의 총합으로 파악하기 때문에 도 총론의 궐공 항목에 기록되지 않은 물산이 군현 단위에서 기록된 경우 이에 대한 적절한 해석 공간을 찾기 어렵다. 따라서 용천군, 철산군, 영광군에 기록된 어교의 분류에 관하여도 현재로서는 마땅한 해석 공간을 찾기 어렵다.

다만 『세종실록』 지리지 이후의 시기에 해당하는 경우이지만 평안도와 전라도에서 어교의 공납 사례가 다수 확인되고[105], 특히 전라도 지역의 경우 충청, 경상도와 마찬가지로 가장 적극적으로 어교를 공납한 지역의 하나로 확인되기 때문에 『세종실록』 지리지 편찬 당시 비록 전라도와 평안도 도 총론에 기록되지 않았을지라도 해당 도의 공물로서의 인지는 충분히 가능한 상황이다. 그렇다면 이들 어교에 대해 중복 기록된 경우로서 추론의 여지는 주어지며, 이럴 경우 해당 군현의 토산희귀자로 분류할 수 있는 해석 공간도 어느 정도 확보할 수 있게 된다.

약재 항목에는 토공 항목에서와 마찬가지로 도 총론 약재 항목에 기록된 다양한 부류의 약재, 즉 내장류, 각류, 골류, 피류 등의 동물성 약재와 피류, 씨류, 열매류, 근류, 화류, 나무류 등의 식물성 약재를 주로 분류했다. 다만 궐공 항목과 토공 항목 사이에 반영된 분류 특징과

수치를 보인다(위의 논문, 65쪽).

105 각주 46) 참조.

유사하게 도 총론 약재 항목과 서로 중복되는 경우도 있고, 중복되지 않는 경우도 있다. 후자의 경우는 다시 도 약재 항목에만 있는 경우가 있고, 반대로 군현 약재 항목에만 있는 경우도 있다. 예를 들어 경상도 창원도호부 약재 항목의 궁궁이[芎藭], 경상도 김해도호부 약재 항목의 오징어뼈[烏魚骨] 등은 도 단위 약재 항목에는 포함되어 있지 않은 경우에 해당한다.

교 가운데 이 항목으로 분류된 것은 녹각교 1종뿐이다. 아교의 경우 경기·충청·황해·강원·경상의 5개 도 총론 약재 항목과 전라도 도 총론 궐공 항목에 각각 분류된 바 있지만, 군현 단위에서는 약재 항목을 포함하여 기타 항목에서도 분류된 실례가 확인되지 않는다. 즉, 도 단위와 군현 단위에서 중복하여 기록한 경우는 찾아지지 않는다. 아교가 군현 단위에서 전혀 언급되지 않기 때문에 아교와 지방 군현 사이의 연관성에 관해 관심을 두지 않게 되지만 앞서 언급한 도 총론 약재 항목 말미의 세주 내용에 근거하면 아교는 매읍소산으로 분류가 가능하고, 따라서 도 단위 주도의 생산뿐만 아니라 모든 군현이 직접 생산에 참여하는 방식 역시 상정이 가능하게 된다.

다만 아교 관련 내용을 가장 적극적으로 기록하고 있는 『조선왕조실록』, 『비변사등록』, 『승정원일기』, 『의궤』, 『각사등록』 등을 포함하여 『대전통편』·『전록통고』·『경국대전』·『대전회통』 등의 법령 자료에서 군현 단위 봉납 사례에 대한 기록을 거의 찾아볼 수 없기 때문에 현재로서는 지방 군현에서의 아교 생산 및 공납 실현을 구체적으로 상정하기 어렵다. 특히 태종 17년(1417) 황해도에서 진언한 내용 가운데 "군기감에 납부하는 아교피(阿膠皮)는 후박(厚薄)·대소(大小)를 가리지 말고 그 근량(斤兩)을 숫자로 정하여 봉납하게 하소서"[106]라고 언급

---

106 『太宗實錄』 卷33, 太宗 17年 閏5月 9日(甲子), "豐海道陳言內一款軍器監納阿膠皮, 不

한 내용이 아교 봉납과 관련한 유일한 기록으로 확인되는데, 이 역시 군현에서의 생산 및 봉납 상황을 분명하게 설명해주지 않는다. 따라서 아교의 경우 매읍소산으로 모든 군현의 생산 가능성을 배제할 수 없지만 현재로서는 적극적 고려가 쉽지 않다.

군현 단위 약재 항목에 유일하게 분류된 녹각교의 경우 도 단위에서 충청, 강원, 전라, 경상, 평안 등 5개 도의 약재 항목에 분류되었기 때문에 군현에서도 다양한 지역의 분류를 예상하게 되지만 예상과 달리 전라도와 강원도에 한정하여 분류가 이루어지고 있다. 즉 충청도, 경상도, 평안도 등의 경우 도 단위 분류에 한정된다.

이러한 분류 양상은 충청도, 경상도, 평안도의 경우 녹각교를 매읍소산으로 분류했다는 것을 의미하며, 따라서 도 주도의 생산 방식을 포함하여 모든 군현이 생산에 참여하는 방식 역시 상정이 가능해진다. 다만 경상도와 평안도의 매읍소산 비율이 40% 정도에 그치고 있어[107] 도 주도의 생산을 보다 적극 고려케 한다.

충청, 경상, 평안 3개 도의 경우와 달리 군현 단위에서 중복 분류가 이루어진 전라도와 강원도의 경우 매읍소산이 아닌 토산희귀자로 분류된다. 이럴 경우 중복 기록이 이루어진 전라도의 9개 군현과 강원도의 3개 군현, 즉 전라도의 금산군, 태인현, 고산현, 흥덕현, 장성현, 무주현, 곡성현, 화순현, 옥과현 등과 강원도의 정선군, 영월군, 삼척도호부 등이 녹각교 생산의 핵심 지역이자 희귀 생산지로서 인식이 가능해진다.

사실 도 단위 약재 항목에서 녹각교가 공납 대상으로 분정된 지역이 8도 가운데 5개 도에 이르기 때문에 녹각교 생산이 광범위한 지역

擇厚薄大小, 以其斤兩, 定數捧納."
107 각주 104) 참조.

에서 전개되었을 것으로 예상하게 되지만 토산희귀자 지역으로 분류된 경우를 통해서 본다면 극히 일부 지역에 한정된 생산을 확인하게 된다. 게다가 전라도의 경우 군현과 도호부, 목 등을 포함하여 지방 행정 단위가 총 60여개에 이르는 점을 고려하면[108] 녹각교를 토산희귀자로 생산하여 공납한 지역은 전라도 내에서 극히 일부 지역에 한정된 것으로 나타난다.

토산 항목에는 모과[木瓜]·홍시 등의 과실류·곰·노루·사슴 등의 짐승류, 연어·대구·방어·청어·잉어·낙지(落地)·문어 등의 어류, 김[海衣]·해청(海靑)·우모(牛毛)·세모(細毛), 다시마[多絲亇] 등의 해조류, 전복[生鮑]·굴[石花]등의 패류, 송이·느타리·석이 등의 버섯류, 뇌록(磊綠)·동석(銅石)·백토(白土)·녹반(綠礬)·수철(水鐵) 등의 광물류, 산개(山介)·신감초(辛甘草) 등의 임산물류 그리고 기타 왕대, 인삼 등을 분류했다. 전체적으로 보면 단순한 물종이라고 할 수 없지만 각 군현 별 토산 항목에 분류된 물종은 많아야 7~8종이고, 적은 경우 1~2종에 불과하며, 3~4종인 경우가 가장 많다. 따라서 각 군현 별 토공 항목의 물종에 비하면 크게 미치지 못한다.

뿐만 아니라 소수의 물종을 제외하면 도 단위의 궐공 항목이나 군현 단위의 토공 항목에 포함되지 않은 물종이 대부분이다. 즉, 도 단위 궐공 항목과 중복되지 않고 토산 항목에만 분류된 경우가 대다수이다. 일례로 충청도 태안군의 경우 토산물로 김, 해청(海靑), 낙지, 전복 등이, 충청도 해미현의 경우 토산물로 굴이 제시되어 있으나 도 단위 공물 항목과 태안군 및 해미현의 토공 항목에는 이들 물산이 포함되어

---

108 『世宗實錄』 地理志 卷151, "전라도⋯⋯관할은 유수(留守)가 1이고, 목(牧)이 2이고, 도호부(都護府)가 4이고, 군(郡)이 12이고, 현(縣)이 39이다(所管留守一, 牧二, 都護府四, 郡十二, 縣三十九.)"

있지 않다. 경상도 김해도호부의 경우도 토산물로 사철(沙鐵)과 은석(銀石)이 포함되어 있으나 경상도 궐공 항목과 김해도호부 토공 항목에는 이들 물산이 포함되어 있지 않다.

하지만 이러한 분류 양상이 모든 지역에 일관성 있게 반영된 상황은 아니다. 일부 품목의 경우 도 단위 궐공 항목과 중복된 경우도 있다. 일례로 경상도 창원도호부의 경우 토산물로 미역, 우무, 세모, 대구어, 굴, 해삼, 사철(沙鐵), 연동석(鉛銅石) 등이 분류되어 있는데, 창원도호부 토공 항목에는 이들 물품이 포함되어 있지 않지만 도 단위 궐공 항목에는 대구어, 우무 등 일부가 중복 기록되고 있다.

이밖에 토산 항목의 경우 설정되지 않은 군현도 적지 않다. 예를 들어 전라도 남원도호부의 경우 관할 하의 군현이 10개에 이르는데 이 가운데 장수현, 무주현, 진안현 등 3개 군현에 토산 항목이 설정되어 있지 않다. 전주부의 경우도 관할 하의 군현이 16개에 이르는데 이 가운데 임피현·함열현을 제외한 14개 군현에 토산 항목이 설정되어 있지 않다. 이러한 양상은 토의, 토공, 약재 항목이 군현 대부분에 설정된 정황과는 크게 다른 것이다.

현재 이 항목에 대하여는 지역 토산품 혹은 특산품으로 이해하는 관점이 일반적이며, 따라서 매읍소산이나 토공 항목에 분류된 일반 공물과는 다른 것으로 취급된다.[109] 다만 이들 역시 언제든지 공납 대상에 포함, 간주될 수 있는 것으로 파악되며, 특히 상당수 물종의 경우 각 군현의 공물로 배정되었을 것으로 추측되고 있다.[110] 하지만 위에서 언급한 전주부의 실례로 본다면 공물로서 분정이 광범위한 지역에 걸쳐 실현되기는 쉽지 않았을 것으로 판단된다.

---

109 소순규, 앞의 논문, 2013, 58쪽.
110 위의 논문, 60쪽.

교 가운데 이 항목으로 분류된 경우는 확인되지 않는다. 교가 토산품의 하나로 생산이 전혀 이루어지지 않았다고 단정할 수 없겠지만 이 항목에 분류된 물종이 호피, 연어, 상어, 굴, 다시마 등 비 가공품 위주로 분류가 이루어졌기 때문에[111] 수공업 제품에 해당하는 교의 분류 가능성은 크지 않다.

V. 결론

이상으로 조선시대 지리지 가운데 전국적 공물(貢物) 분정(分定) 상황 및 산출품에 관한 가장 체계적이고 세분화된 분류 체계를 보여주는 『세종실록』 지리지 물산 항목을 중심으로 국가 수취 대상으로서 교의 분류 특징에 관해 검토를 진행하였다. 검토는 『세종실록』 지리지 물산 항목의 분류 체계에 따라 도(道) 단위와 군현(郡縣) 단위로 나누어 진행했다. 검토 결과를 적요하여 결론으로 하면 다음과 같다.

도 단위의 경우 궐부(厥賦), 궐공(厥貢), 약재(藥材), 종양약재(種養藥材) 등 4개의 항목으로 나누어 물품 분류가 진행되었으며, 교가 분류된 항목은 궐공과 약재 항목에 한정되었다. 곡식류, 포류(布類), 유밀류(油蜜類) 등 전결공물(田結貢物)과 관련된 물산을 주로 분류한 궐부 항목과 특산품과 같은 토산품을 주로 분류한 토산 항목에는 교가 분류되지 않았다.

궐공 항목에는 모피류, 임산물류, 목재류, 과실류, 어류, 종이류, 용기류, 자리류[席類], 대나무류, 화류(花類), 광물류 등 일반 공물 관련 물품을 주로 분류했으며, 교 가운데는 어교(魚膠)와 아교(阿膠)를 이 항목

---

111 위의 논문, 62~63쪽.

으로 분류했다. 다만 모든 도에 분류한 것이 아니라 어교는 8개 도 가운데 충청·황해·경상 등 3개 도에, 아교는 전라도에 한정, 분류했다.

아교의 경우 약재로서 여러 도에 분류되는 것이 일반적 양상이기 때문에 전라도에 한정시켜 궐공 항목으로 분류한 것은 특이한 것으로 주목되었다. 이에 관해서는『세종실록』지리지의 기록 불철저, 전라도에서의 어교의 공납 사례 등을 근거로 어교의 오기 가능성, 그리고 광범위하게 사용되는 아교의 안정적 확보를 위한 의도적인 궐공 항목 분류 가능성 등이 상정되었다.

어교의 경우도 근거리인 경기도에 분류되지 않고 경기 외곽인 충청도와 황해도 등에 분류된 점이 주목되었다. 이에 관해서는『세종실록』지리지 편찬 이후 출현하는 경기도에서의 어교의 공납 사례, 그리고 경기도 해역에 조성된 적지 않은 어량, 일상용품 위주의 공납으로 인한 기타 토산물 감면 상황 등에 근거하여 어교 산출 여부를 고려하는 임토작공(任土作貢)의 문제보다는 지정학적으로 경기도가 처한 공물 부담의 여러 상황을 좀 더 적극 고려할 필요가 있는 것으로 파악되었다.

공납 대상을 제시하면서 물품의 종류를 구체화하기가 쉽지 않은 어교 및 아교 등의 명칭을 사용한 점도 간과할 수 없는 내용으로 주목되었다. 어교의 경우 민어부레교를 지시했을 가능성이 크지만 석수어교, 연어교 등의 지시 사례도 확인되고, 아교의 경우도 우교를 지칭했을 가능성이 크지만 기타 짐승을 이용하여 제조된 교에 관해서도 아교로 표현한 용례가 적지 않게 나타나기 때문에 양자 모두 특정 종류로 확단, 해석하기는 쉽지 않은 상황으로 파악되었다.

그리고 어교의 경우 공납 대상으로서 상공(常貢) 및 진상(進上)의 사례가 모두 확인되지만 진상의 경우 외교 업무라는 특수 상황에서 비롯된 것이기 때문에 일반적인 지방 산출품에 대한 진상 수취 방식의 반영 정도는 현재로서는 명확한 입장을 제시하기가 쉽지 않았다.

약재 항목에는 주로 동물성 약재와 식물성 약재를 분류했으며. 교 가운데는 아교와 녹각교를 이 항목으로 분류했다. 아교의 경우 경기·충청·황해·강원·경상 등 5개 도에, 녹각교의 경우 충청·전라·경상·강원·평안 등 5개 도에 분류되어 지역적으로 충청도·강원도·경상도 등에 분류가 편중되었다. 즉 근거리에 있는 경기도는 상대적으로 소극적 분류 대상으로 나타났다. 이러한 지역적 편중은 궐공 항목의 어교와 마찬가지로 임토작공(任土作貢)의 문제보다는 각도의 공물 부담 상황과 운송 등의 문제가 중요한 요소로 고려되었을 가능성이 큰 것으로 파악되었다.

아울러 아교와 녹각교의 경우 약재로서 뿐만 아니라 접착제로서도 광범위하게 사용되었기 때문에 약재로 분류가 이루어진 것은 당시의 쓰임을 온전하게 반영한 분류라기보다 국가 수취 대상으로서 특정한 관점과 인식이 반영된 선택적 분류 관점에 해당한 것으로 파악되었다. 그리고 약재를 분류의 본령으로 선택하게 된 배경의 하나로서 최상품의 아교 및 녹각교가 왕실 약재로 진상되는 상황 및 역할 등도 주목되었다.

군현 단위의 경우도 도 총론 분류체계와 유사하게 토의(土宜), 토공(土貢), 약재(藥材), 토산(土産) 등 여러 항목으로 나누어 분류를 진행했으며, 교의 분류는 토공과 약재 항목에 한정되었다. 해당 군현의 토질에 적합한 경종(耕種) 작물이 분류된 토의 항목과 토산 및 특산품이 주로 분류된 토산 항목에는 교가 분류되지 않았다.

토공 항목에는 모피류, 과실류, 어류, 해조류, 패류(貝類), 염장류, 버섯류, 대나무류[竹類], 차류[茶類], 종이류[紙類], 자리류[席類] 등 군현에 분정된 다양한 공물을 분류했으며, 교 가운데는 어교(魚膠)를 유일하게 이 항목으로 분류했다. 충청·황해·경상·전라·평안 등 5개 도의 군현에 한정, 분류했으며, 어교가 분류된 군현의 수는 도별로 많아야 4~5개 정도에 한정되었다. 이는 도내 전체 군현 수 40~60개에 비하면 비중이 크게 낮은 것이다.

토공 항목의 어교 분류 양상은 도 총론 궐공 항목과 중복하여 분류된 경우와 중복하지 않고 군현 단위에만 분류된 경우로 나타났다. 즉 충청·황해·경상 3개 도의 경우 도 총론과 군현에서 모두 분류를 진행했고, 전라도와 평안도의 경우 영광군·용천군·철산군 등 군현 단위에서만 분류를 진행했다.

이들 분류에 대해서는 도 총론 약재 항목 말미에 부가된 세주(細註) 내용에 근거하여 충청·황해·경상 3개 지역 군현의 토산희귀자(土産稀貴者)로 분류하여, 해당 군현을 중심으로 어교가 생산된 경우로 파악했다. 전라도 영광군과 평안도 용천군 및 철산군에 한정하여 분류가 이루어진 경우에 대하여는 비록 도 총론에 기록되지 않은 경우이지만 『세종실록』 지리지 편찬 이후 확인되는 평안도와 전라도의 어교 공납 사례를 근거로 역시 토산희귀자로 분류했다.

이들 두 분류 이외에 전라도 궐공 항목에 특이하게 분류가 이루어졌으나 군현 토공 항목에 분류되지 않은 아교에 대하여는 매읍소산(每邑所産)으로 분류하여 모든 군현이 생산에 참여한 경우와 도에서 직접 생산한 경우를 모두 상정했다. 다만 매읍소산에 해당하는 물품의 경우 경기도 지역에서 멀어질수록 매읍소산 비율이 낮아지는 점에 근거하여 도 주도의 생산 가능성이 더 큰 것으로 이해했다.

약재 항목에는 도 총론 약재 항목과 마찬가지로 동물성 약재와 식물성 약재를 주로 분류했으며, 교 가운데는 유일하게 녹각교를 이 항목으로 분류했다.

아교의 경우 경기·충청·황해·강원·경상의 5개 도 총론 약재 항목과 전라도 도 총론 궐공 항목에 각각 분류했지만 군현 약재 항목에서는 분류가 이루어지지 않았다. 군현 단위에서 기록되지 않기 때문에 아교와 지방 군현과의 연관성을 간과하기 쉽지만 세주 내용에 기초하여 이 역시 중복 기록을 피한 매읍소산의 하나로 파악했다. 아울러 모든 군현의 생산과 도 주도의 생산을 모두 가능한 것으로 상정했다. 다만 아교 관련 내용을 가장 적극적으로 기록하고 있는 『조선왕조실록』, 『비변사등록』, 『승정원일기』 등에서 진상과 관련된 봉납 관련 기록을 거의 찾아볼 수 없기 때문에 지방 군현에서의 아교 생산 및 공납 실현을 구체화하기는 쉽지 않았다.

녹각교의 경우도 도 단위에서 충청·강원·전라·경상·평안 등 5개 도의 약재 항목에 분류했지만 군현 단위에서는 전라도와 강원도에 한정하여 분류가 진행되었기 때문에 이 역시 토산희귀자와 매읍소산 두 가지로 분류, 파악했다. 즉, 전라도와 강원도 지역 녹각교의 경우 토산희귀자로 파악하여 각각 9개, 3개 군현을 중심으로 생산이 진행된 것으로 파악했고, 충청도·경상도·평안도 등의 경우 매읍소산으로서 모든 군현의 생산과 도 주도의 생산 2가지 방식을 상정했다.

이상의 검토 내용은 무엇보다도 조선시대 교의 수취가 실제 제조, 생산된 15여 종의 교 전체를 대상으로 하지 않고 어교, 아교, 녹각교 등 일부를 대상으로 하고 있다는 점, 그리고 국가 수취 대상으로서 이들 어교, 아교, 녹각교의 분류가 궐부(厥賦), 토의(土宜), 토산(土産) 등 전세(田稅), 해당 군현에 적합한 경종(耕種) 작물, 토산품 등과 같은 영역보다는 궐공, 토공, 약재 등 상공(常貢), 별공(別貢), 진상(進上)과 관련된 공물 분야에 집중되었다는 점, 그리고 그러한 분류 분야의 선택에서 각 교의 쓰임을 있는 그대로 반영하기보다 국가 수취 대상으로서 특정한 관점과 인식이 적극 고려된 선택적 분류에 해당했다는 점 등을 구체적으로 인식시킨다.

아울러 국가 수취 대상으로서 교의 분류가 특정 지역의 산출 여부만을 고려하는 단선적, 획일적 방식으로 진행된 것이 아니라 각 지역이 처한 공물 부담, 수송 여건, 국가 수요에 부응하는 안정적이고 원활한 수취 등의 문제를 다양한 맥락에서 고려하는 유기적, 차별적 방식으로 진행되었다는 점 등을 인식시킨다.

국가 수취 대상으로서 교에 반영된 이와 같은 분류 특징은 향후 조선시대 교의 산출지 문제는 물론이고 생산 주체 및 체계 등을 검토하는데 중요한 기초 및 토대를 제공할 것이다.

참고문헌

1. 사료

『各司謄錄』

『經國大典』

『慶尙道續撰地理志』

『慶尙道地理志』

『國朝喪禮補編』

『端宗實錄』

『大典通編』

『大典會通』

『東國輿地勝覽』

『墨經』

『文宗實錄』

『備邊司謄錄』

『西闕營建都監儀軌』

『宣祖實錄』

『世祖實錄』

『世宗實錄』

『世宗實錄』 地理志

『承政院日記』

『新增東國輿地勝覽』

『新撰八道地理志』

『輿地勝覽』

『六典條例』

『典錄通考』

『中宗實錄』

『太宗實錄』

2. 단행본

徐仁源, 『조선초기 지리지 연구 -『東國輿地勝覽』을 중심으로-』, 혜안, 2002.

田川孝三, 『李朝貢納制の研究』, 東京 : 東洋文庫, 1964.

3. 논문

강제훈, 「조선초기의 전세공물」, 『역사학보』 158, 역사학회, 1998.

김동수, 「『世宗實錄』 地理志의 기초적 고찰」, 『성곡논총』 24, 성곡언론문화재
　　　단, 1993.

_____, 「『세종실록』 지리지 물산항의 검토」, 『역사학연구』 12, 1991.

_____, 「『세종실록』 지리지의 연구 - 특히 物産·戶口·軍丁·墾田·姓氏項을 중
　　　심으로」, 서강대학교 박사학위논문, 1993.

김병모, 「조선시대 교(膠)의 명칭 분화와 제조·생산된 교의 종류」, 『동방학』
　　　45, 한서대학교 동양고전연구소, 2021.

김재현·정종길, 「동의보감 중 아교가 配俉된 처방의 활용에 대한 고찰」, 『대
　　　한한의학방제학회지』 15-2, 대한한방내과학회, 2007.

김지은·유지아·한예빈·정용재 등, 「전통 편금사에 사용된 붉은 접착제 특성
　　　연구」, 『보존과학회지』 34권 3호, 한국문화재보존과학회, 2016.

德成 外志子, 「朝鮮後期의 貢物貿納制 - 貢人研究의 前提作業으로」, 『역사학보』
　　　113, 역사학회, 1987.

박도식, 「朝鮮前期 貢納制의 내용과 그 성격」, 『인문학연구』 1, 카톨릭관동대
　　　학교 인문과학연구소, 1998.

_____, 「조선전기 공납제의 특징」, 『인문학연구』 13, 카톨릭관동대학교 인문
　　　과학연구소.

_____, 「朝鮮前期 田稅條貢物 研究」, 『인문학연구』 8, 카톨릭관동대학교 인

문과학연구소, 2004.

_____, 「조선초기 국가재정의 정비와 공납제 운용」, 『관동사학』 7집, 관동사
학회, 1996.

_____, 「조선초기(朝鮮初期) 토산물(土産物) 변동(變動)과 공안개정(貢案改
正)이 추이(推移)」, 『조선시대사학보』 50, 조선시대사학회, 2009.

박지선, 「한국 불화의 재료와 제작기법」, 『동악미술사학』 제15호, 동악미술사
학회, 2013.

박현순, 「16~17세기 공납제 운영의 변화」, 『한국사론』 38, 서울대 국사학과,
1997.

서인원, 「世宗實錄地理志 編纂의 再檢討(1)」, 『역사와 교육』 8, 동국역사교육
회, 1999.

소순규, 「『世宗實錄』 地理志를 통해 본 朝鮮初 貢物 分定의 실제와 특성 - 厥
貢, 土貢, 土産 항목의 검토를 중심으로」, 『한국사연구』 161, 한국사
연구회, 2013.

_____, 「세조대 공안수록 내용의 확대와 재정적 위상 강화」, 『역사와 현실』
110, 한국역사연구회, 2018.

_____, 「燕山君代 貢案改定의 방향과 辛酉貢案의 특징」, 『사학연구』 134, 한
국사학회, 2019.

_____, 「朝鮮 成宗代 貢案改定의 배경과 특징」, 『조선시대학보』 87, 조선시
대사학회, 2018.

_____, 「조선초기 공납제 운영과 공안 개정」, 고려대학교 박사학위논문, 2017.

신학, 「동양회화에서의 아교 研究」, 동덕여자대학교대학원 박사학위논문, 2012.

오정섭, 「高麗末·朝鮮初 各司位田을 통해 본 국가재정」, 『한국사론』 27.

이경섭·송병기, 「阿膠 및 艾葉의 효능에 관한 문헌적 연구 - 崩漏証에 대하여」,
『대한한의학회지』 1, 대한한의학회, 1980.

이기봉, 「朝鮮時代 全國地理志의 生産物 項目에 대한 검토」, 『문화역사지리』
15-3, 한국문화역사지리학회, 2003.

李相泰, 「조선초기 지리지 편찬의 再檢討」, 『芝邨金甲周教授華甲紀念史學論叢』,
1994.

이정란, 「고려 진상제의 내용과 성격의 변화」, 『사학연구』 133, 한국사학회, 2019.

이정희, 「고려후기 재정체제의 변화에 대한 일고찰 -상요, 잡공을 중심으로-」, 『부산사학』 22, 부산경남사학회, 1992.

李載龒, 「조선초기 布貨田에 대한 일고찰」, 『한국사연구』 91, 한국사연구회, 1995.

李泰鎭, 「동국여지승람 편찬의 역사적 성격」, 『진단학보』 46·47합집, 진단학회, 1979.

전상옥, 「『輿地圖書』에 나타난 進上관련 조항의 분석」, 『문화재』 44-3, 국립문화재연구소, 2011.

정두희, 「朝鮮初期 地理志의 編纂 (Ⅰ)」, 『역사학보』 69, 역사학회, 1976.

_____, 「朝鮮初期 地理志의 編纂(Ⅱ·完)」, 『역사학보』 70, 역사학회, 1976.

조형진, 「金屬活字本 印出用 墨汁의 實驗 研究」, 『서지학연구』 74, 한국서지학회, 2018.

최주희, 「15~16세기 別進上의 상납과 운영 - 강원·경상지역 사례를 중심으로」, 『한국사학보』 46, 고려사학회, 2012.

동아시아 해역의
물품 교류와 지역

01

5~8세기 탐라국(耽羅國)의 대외 교류와 진상·조공품

이승호(李丞鎬, 동국대학교 문화학술원 HK연구교수)

Ⅰ. 머리말

3세기 무렵 『삼국지(三國志)』 동이전(東夷傳)에서 '주호(州胡)'라는 이름으로 역사 상에 첫 등장을 알린 제주의 고대 사회는 곧 '탐라(耽羅)'[1]라는 국명을 가진 고대국가로 발돋움하며 동아시아의 여러 세력과 관계를 맺게 된다. 이에 학계에서는 기록에 보이는 주호와 탐라를 통해 고대 제주 사회의 역사 전개와 대외 교류 양상을 해명하고자 하는 연구가 활발하게 시도되어왔다.[2] 그리고 이러한 연구의 진전 속에

---

1 耽羅는 『三國史記』 百濟本紀와 『日本書紀』 등의 문헌에서 '耽羅' 혹은 '躭羅'로 확인된다. 또 『三國遺事』에는 '乇羅(托羅)'로 전하며, 『魏書』 고구려전에서는 '涉羅', 『隋書』와 『北史』 百濟傳에서는 각각 '躭牟羅國'과 '躭牟羅國'으로 표기되어 있다. 한편, 『新唐書』 劉仁軌傳에는 '儋羅'로, 『高麗圖經』에서는 '聃羅'로 전한다 (장창은, 「古代 耽羅國 연구의 쟁점과 이해방향」, 『탐라문화』 57, 2018, 89쪽 ; 「史書에 남겨진 古代 耽羅國 운위 실체의 재검토」, 『고대 동아시아와 탐라』, 제주대학교 탐라문화연구원, 2019, 105~116쪽).

2 森公章, 「耽羅方脯考 － 8世紀, 日本と耽羅の「通交」－」, 『続日本紀研究』 239, 1985 ; 「古代耽羅の歴史と日本」, 『朝鮮學報』 118, 1986 ; 전경수, 「上古耽羅社會의 基本構

고대 제주 사회의 역사 전개와 발전 방향 및 그 역사에 내재한 함의에 관한 심도 있는 논의가 이루어졌다. 그럼에도 불구하고 관련 사료의 부족으로 그 역사의 전말(顚末)은 여전히 많은 부분 베일에 쌓여 있으며, 전하는 기록이 희소한 만큼 관련 기록을 둘러싼 다양한 이견이 충돌하고 있다.

예컨대, 기록에서 주호가 교류·교역하였다고 전하는 '중한(中韓)'에 대한 해석 문제나 대략 5세기 말 혹은 6세기 초에 고구려에 '가(珂)'를 진상하였다는 '섭라(涉羅)'의 정체, 6~7세기에 걸쳐 탐라국(耽羅國)이 교섭하였던 백제·신라·일본과 탐라국의 관계에 대한 이해 방식, 그리고 8세기 무렵 일본 측 사료에 보이는 '탐라복(耽羅鰒)'에 담긴 역사상 등 고대 탐라국의 대외 관계와 관련된 다양한 지점에서 여러 연구자의 의견이 엇갈리고 있다.[3] 이에 이 글에서는 여러 선행 연구에 의지하여 5~8세기 탐라의 대외 교류 양상을 개관해 가며 각각의 쟁점을 둘러싼 논의를 살펴보고, 이를 통해 이 시기 탐라국 대외 교섭의 특징을

造와 運動方向」, 『濟州島研究』 4, 1987 ; 진영일, 「古代耽羅의 交易과 「國」 形成考」, 『제주도사연구』 3, 1994 ; 이청규, 「耽羅上古社會 變遷過程 研究」, 『성곡논총』 27, 1996 ; 진영일, 「『三國志』 東夷傳 韓條 「州胡」, 『三國史記』 「耽羅國」 研究」, 『인문학연구』 6, 2000 ; 이근우, 「탐라국 역사 소고」, 『부대사학』 30, 2006 ; 진영일, 「고대 탐라국의 대외관계」, 『탐라문화』 30, 2007 ; 김경주, 「고고유물 (考古遺物)을 통해 본 탐라(耽羅)의 대외교역 -한식(漢式) 유물을 중심으로-」, 『탐라사의 재해석』, 제주발전연구원, 2013 ; 김경주, 「문헌과 고고자료로 본 탐라의 대외교류」, 『호남고고학보』 58, 2018a ; 「耽羅 前期의 聚落構造와 社會相」, 『탐라문화』 57, 2018b ; 「탐라시대 전기의 취락구조와 대외교류」, 『고대 동아시아와 탐라』, 제주대학교 탐라문화연구원, 2019 ; 박남수, 「탐라국의 동아시아 교섭과 신라」, 『탐라문화』 58, 2018 ; 재수록 『고대 동아시아와 탐라』, 제주대학교 탐라문화연구원, 2019. 본 연구 또한 이상의 연구 성과에 의지한 바가 큼을 밝힌다.
3 각각의 쟁점과 이를 둘러싼 여러 논의와 관련하여서는 진영일, 앞의 논문, 2000 및 장창은, 앞의 논문, 2018 ; 앞의 논문, 2019에 잘 정리되어 있다.

확인해보고자 한다. 그리고 이와 함께 "동유라시아 물품 교류와 지역"이라는 본 총서 주제에 맞추어 당시 탐라국의 대외 교류 과정에서 활용된 진상·증여품에 대해서도 간략하게나마 검토해보고자 한다.[4]

　한편, 그동안 탐라국의 대외 교섭에 대한 검토는 백제사나 신라사 혹은 일본사의 관점에서 접근되어 온 경향이 있다. **"백제의 질서에 의존하고, 백제에 의한 왕위(王位)의 보호에 의해서만 결집할 수 있었던 탐라 지배층은 백제의 위기에 임해서 일본에 사자를 파견했다. 백제의 위기는 곧 탐라의 위기였기 때문이다"**라고 주장한 가케이 도시오[筧敏生]의 언급은 그러한 시각을 단적으로 보여주는 사례라 할 수 있다.[5] 물론 전하는 기록만 놓고 보면 탐라국의 대외 관계는 7세기 중반까지는 백제에, 백제 멸망 이후로는 신라에 종속된 상태에서 전개되었던 것처럼 읽힌다. 그러나 탐라인은 스스로 역사 기록을 남기지 못했고, 후세인들은 탐라인이 아닌 타자의 시선에서 바라보고 기록한 탐라 역사의 흔적을 더듬을 수밖에 없다. 이런 점을 고려할 때, 현전하는 기록만을 가지고 탐라국의 역사가 그처럼 타율적으로 전개되었다고 평가하는 것은 온당치 않다. 특히 백제나 신라 중앙으로부터 바다를 두고 격절되어 있는 탐라국의 지리적 특성을 고려할 때, 탐라국의 대외 활동은 그러한 인접국의 영향력에서 벗어나 비교적 자유롭게 전개되었을 가능성이 크다고 본다. 따라서 이 시기 탐라국의 대외교섭사는 탐라국을 중심으로 해석할 필요가 있다.

　4　본고는 2020년 11월 12일에 "진상·증여품을 통해서 본 전근대 동유라시아와 제주"라는 주제로 제주대학교에서 열린 동국대학교 문화학술원 HK+사업단 국내 학술대회에서 발표된 글을 수정·보완한 것이다. 특히 이 글이 작성되기까지 당일 발표의 토론자로 오셨던 김경주 선생님의 교시에 힘입은 바가 매우 크다. 지면으로나마 감사의 말씀을 전한다.

　5　筧敏生, 「耽羅王權と日本」, 『續日本記研究』 262, 1989 ; 「耽羅王權과 日本」, 『탐라문화』 10, 1990, 266쪽.

이러한 문제의식을 바탕으로 여기서는 5~8세기 탐라국의 대외 교류 전개 양상과 그 과정에서 활용된 물품을 살펴보고자 한다. 앞서 지적하였듯이 사실 고대 탐라의 대외교류 및 물품(物品) 교역에 관해서는 이미 다양한 연구가 이루어져 왔고, 이 글이 이러한 선행 연구를 극복하기는 쉽지 않음을 잘 안다. 다만 이번 기회를 통해 5~8세기 탐라국을 둘러싼 국제 정세를 탐라국의 주체적 대외 활동이라는 시선에서 환기해볼 수 있다면, 목적한 소기의 성과는 거둘 수 있을 것으로 생각한다.

II. 5~6세기 탐라국의 대외 교섭과 섭라(涉羅)의 '가(珂)'

서두에서도 언급하였듯이 이미 3세기 무렵 고대 제주 사회는 바다를 건너 주변 세력과 교류를 전개하였는데, 아래의 사료는 그러한 상황을 잘 보여주고 있다.

사료 (가) : 『삼국지(三國志)』 권30, 위서(魏書) 30, 동이전(東夷傳) 한(韓) 조
또 주호(州胡)가 마한(馬韓)의 서쪽 바다 가운데 큰 섬에 있다. 그 사람들은 비교적 키가 작고 언어는 한(韓)과 같지 않다. 모두 선비(鮮卑)와 같이 곤두(髠頭)를 하고, 오직 옷은 가죽[옷]을 입고 소와 돼지 기르기를 좋아한다. 그 옷은 상의만 있고 하의는 없는데, 거의 나체와 같다. 배를 타고 왕래하며 한에서 [물건을] 사고팔았다[市買中韓].[6]

---

6 『三國志』 卷30, 魏書 30, 東夷傳 韓 條, "又有州胡在馬韓之西海中大島上. 其人差短小, 言語不與韓同. 皆髠頭如鮮卑, 但衣韋, 好養牛及猪. 其衣有上無下, 略如裸勢. 乘船往來, 市買中韓."

선행 연구에 따르면 여기에 보이는 '주호'를 지금의 제주도로 보는데에 크게 이견은 없다고 하며,[7] 특히 기사의 밑줄 친 마지막 구절 "市買中韓"이라는 대목에 주목하고 '주호'가 '한'과 교역을 했다는 점에서 이를 제주도로 상정할 수 있다고 본다.[8] 그런데 "市買中韓"의 풀이에 대해서는 사실 연구자들 간에 의견이 분분한 상황이다. "中韓"에 대해 일찍이 이병도가 "특히 마한(馬韓) 등"을 가리키는 것으로 본 뒤로[9] 이러한 시각을 계승하는 연구가 많았지만,[10] 한편으로는 1928년 제주시 산지항(山地港) 공사 중에 출토된 오수전(五銖錢)·화천(貨泉) 등 중원지역 화폐와 출토 토기 양상을 근거로 하여 『삼국지』에서 지칭하는 "中韓"을 변한(弁韓)으로 보는 의견도 있다.[11] 또 영산강 유역의 신미제국(新彌諸國)이 그 대상일 것으로 지목하는 견해도 근래 많은 연구자의 지지를 받고 있으며,[12] "中韓"을 중국과 삼한의 합칭으로 보고 주호가 중국 및 한반도와 해상 교류를 전개한 것으로 이해하는 견해도 제기되었다.[13]

---

7 김경주, 앞의 논문, 2018a, 27~28쪽 ; 장창은, 앞의 논문, 2018, 92~93쪽 ; 앞의 논문, 2019, 109쪽.

8 장창은, 앞의 논문, 2018, 93쪽 ; 앞의 논문, 2019, 110쪽.

9 이병도, 「第4篇 三韓問題의 硏究 ; 附, 州胡考」, 『韓國古代史硏究(修訂版)』, 博英社, 1985, 299쪽.

10 이청규, 『濟州島 考古學 硏究』, 학연문화사, 1995, 318~319쪽 및 334쪽. 진영일은 보다 구체적으로 州胡의 교섭 대상을 新彌國 중심의 영산강 유역 사회로 본바 있다(진영일, 앞의 논문, 2000, 219쪽).

11 전경수, 앞의 논문, 1987, 34~37쪽.

12 진영일, 앞의 논문. 2000, 218~219쪽.

13 강봉룡, 「한국고대의 해로와 제주 해양교류」, 『해양문화의 보고 제주바다』, 서경문화사, 2017, 92쪽. 강봉룡은 이러한 주장의 근거로서 산지항 및 곽지리에서 출토된 漢代 화폐, 용담동에서 출토된 철제 유물, 삼양동에서 출토된 환옥 제품 등을 지적하였다. 물론 이러한 시각은 일찍부터 제시되어 왔던 것인데, 일례로 강창화는 이와 같은 漢系 유물들이 당시 중국을 기점으로 하는 동방교역로를 통

그런데 5세기 무렵 편찬된 『후한서(後漢書)』 동이열전(東夷列傳)에서 위의 기사와 대응하는 구절을 찾아보면 범엽(范曄)이 이 부분을 "貨市韓中"으로 고쳐놓았음을 볼 수 있다.[14] 이에 『삼국지』 판본 중에도 "市買中韓"이 아닌 "市買韓中"으로 되어 있는 경우가 있음을 지적하고 "韓中"과 "中韓"은 판본상의 차이일 가능성이 큼을 고려하여 주호국이 "韓中"과 교역한 것으로 이해하는 견해도 제기된 바 있다.[15] 그러나 『삼국지』의 여러 판본을 대조해보면, "市買中韓"을 "市買韓中"으로 교감한 중화서국본을 제외한 소흥본·소희본·촉각소자본·남감본·급고각본·무영전본·백납본 등 현전하는 모든 『삼국지』 판본에서 "市買中韓"으로 쓰고 있는 만큼[16] "市買中韓" 구절을 그대로 인정하는 상에서 논의를 전개할 필요가 있다.

그렇다면 "市買中韓"이 담고 있는 의미는 어떻게 풀이할 수 있을까. 우선 "市買中韓" 구절을 단순히 "한(韓)과 [물건을] 사고팔았다" 혹은 "한(韓)에서 [물건을] 사고팔았다"라고 풀기에는 "中"의 해석이 어색한 점이 있다. 굳이 "中"을 풀이한다면 문맥상 어조사격의 "~에서"로 해석하는 것이 순리이겠지만, 그렇게 보아도 "市買中韓"보다는 "市買韓中"이어야 해석이 자연스러울 것 같다. 또 "中韓"을 "중앙의 한(韓)" 등으로 거칠게 이해하여 목지국(目支國) 등과 연결시키는 것도 어색하긴 마찬가지이다.

해 제주도에 새로운 문물이 유입되고 있었음을 보여주는 것으로 이해한 바 있다(강창화, 「耽羅 以前의 社會와 耽羅國의 形成」, 『강좌 한국고대사』 10, 2003, 31~34쪽 ; 「고대 탐라(耽羅)의 형성과 전개」, 『유적과 유물을 통해 본 제주의 역사와 문화』, 서경문화사, 2009, 105~107쪽).

14 『後漢書』 卷85, 東夷列傳 韓 條, "馬韓之西, 海島上有州胡國, 其人短小, 髠頭, 衣韋衣, 有上無下. 好養牛豕. 乘船往來, 貨市韓中."

15 장창은, 앞의 논문, 2018, 93쪽 ; 앞의 논문, 2019, 110~111쪽.

16 동북아역사재단 한국고중세사연구소 편, 『中國正史 東夷傳 校勘』, 2018, 41쪽.

이런 점에서 "中韓"을 '중국과 삼한'으로 해석하는 견해를 경청할 필요가 있다.[17] 이러한 해석은 앞서 언급한 1928년 제주시 산지항 공사 중에 출토한 오수전·화천·대천오십(大泉五十)·화포(貨布) 등 18점의 화폐를 비롯하여 제주 각지에서 확인되는 한식(漢式) 유물[18]을 근거로 들고 있다. 이와 관련하여 대천오십과 화포가 남한 지역에서는 제주도에서만 출토되었다는 지적도 주목되는데,[19] 이는 이들 출토 화폐가 한반도 남부의 세력과 교류를 통해 건너온 유물이 아닐 가능성을 상정케 한다. 이런 점에서 볼 때, "市買中韓"의 "中韓"은 곧 '중국과 한', 구체적으로 '낙랑·대방군 및 삼한'을 지칭하는 표현이었을 가능성을 완전히 배제할 수는 없다.[20]

다만, 이러한 해석도 3세기 당시 "中"이라는 글자가 곧바로 '중국(中國)' 혹은 '군현(郡縣)'과 연결되는 표기로 사서에서 일반적으로 통용되었던 것인지 확신하기 어렵다는 점에서 문제가 될 수 있다. 특히 이것이 낙랑군(樂浪郡)·대방군(帶方郡) 등을 염두에 둔 표기였다면, "市買中韓"이 아닌 "市買郡韓"으로 쓰는 것이 보다 자연스럽지 않았을까. 결국 여기서의 "中"을 중국 혹은 군현과 연결하기에는 보다 면밀한 검토가 필요해 보이며, 현재로서는 이를 문맥상 어조사격의 "~에서"로 해석하는 것이 최선이 아닐까 한다. 이에 본고에서는 이 구절을 잠정적으로 "한에서 [물건을] 사고팔았다" 정도로 풀이해 두고자 한다.[21]

---

17 강봉룡, 앞의 논문, 2017, 92~93쪽.

18 山地港 공사에서 출토한 유물에 대해서는 김경주, 앞의 논문, 2013, 125쪽 〈표1〉을 참조.

19 장창은, 앞의 논문, 2018, 94쪽 ; 앞의 논문, 2019, 112쪽.

20 이와 관련하여 당시 탐라 사회가 마한·변한을 매개로 낙랑군과 간접교섭을 진행했을 뿐만 아니라, 낙랑군 자체와도 일정한 교역 관계를 유지했을 것이라는 지적이 있어 참고가 된다(김경주, 앞의 논문, 2013, 155~156쪽).

21 이 글을 처음 발표할 당시 필자 또한 "市買中韓" 구절의 "中"에 대해 '中國' 혹은

아무튼 1세기 초에 사용된 중원 지역의 화폐가 발견되었다는 점과 『삼국지』의 "市買中韓" 구절을 통해 고대 제주 사회가 바다를 통해 일찍부터 주변 여러 지역과 직·간접적으로 교류하고 있었음을 알 수 있다. 이에 당시 탐라는 한반도 서남해안과 일본 규슈 지역으로 연결되는 교역로 상에 직접적으로 위치하지 않았음에도 불구하고 외부로부터 다양한 위세품을 수입하며 낙랑→ 한반도→ 일본으로 연결되는 교역 루트에 적극적으로 개입하고 있었다고 본다.[22] 그리고 이와 같은 대외 교류의 전개는 3세기 무렵 '주호'에서 '탐라'로 나아가는 배경이 되었던 것으로 이해되고 있다.[23]

하지만 이러한 탐라의 대외 교류 양상은 5세기 후반 백제가 고구려에게 한강 유역을 빼앗기고 웅진으로 남천(南遷)하면서 새로운 상황을 맞이하게 되었다.

그와 연결된 '郡縣'의 의미로 해석하였다. 이후 필자는 위와 같은 해석을 보류하게 되었는데, 그 이유는 본문에서 서술한 해석상의 문제뿐만 아니라 "산지항 출토 漢系 유물이 군현과 직접 교류의 산물이기보다는 당시 국제무역항이었던 泗川의 勒島貝塚 집단과 교류 과정에서 획득한 것일 가능성이 크다"라는 토론자 김경주 선생님의 지적이 있었기 때문이다. 김경주 선생님의 지적대로 州胡와 漢郡縣 간의 직접 교섭이 있었다면 漢式 토기의 유입이 확인되어야 하는데 그렇지 않다는 점, 오히려 韓과의 교류 과정에서 유입된 토기가 해당 시기 유적에서 다량 확인된다는 점도 州胡와 漢郡縣의 직접 교섭보다는 韓을 매개로 한 간접적인 교류를 상정케 한다.

22 김경주, 앞의 논문, 2013, 155쪽.
23 김경주, 앞의 논문, 2018a, 30~31쪽 ; 앞의 논문, 2018b, 47~52쪽 ; 앞의 논문, 2019, 54~61쪽. 3세기를 전후하여 제주에는 마한·변한 지역과의 교섭을 통해 철기를 비롯한 다양한 선진문물이 도입되고, 원거리 교역을 바탕으로 성장한 읍락[거점 취락]과 정치체가 등장하며 수장층이 출현한다고 한다. 특히 대외교역의 거점으로서 제주도 서북 지역의 외도동·용담동 일대를 중심으로 '國邑'에 비견되는 거점 취락이 형성되면서 '탐라 정치체의 출현'을 상정케 하는데, 곧 이와 같은 사회적 진전이 '州胡' 사회가 '耽羅'로 나아가는 과정과 궤를 같이하고 있다고 이해되고 있다.

사료 (나)-①: 『삼국사기』권26, 백제본기 4, 문주왕(文周王) 2년 하(夏)
　　　　　　4월 조
[문주왕 2년(476)] 여름 4월, 탐라국(躭羅國)이 방물(方物)을 바치니 왕
이 기뻐하며 사자를 은솔(恩率)로 삼았다.[24]

사료 (나)-②: 『삼국사기』권26, 백제본기 4, 동성왕(東城王) 20년 8월 조
[동성왕 20년(498)] 8월, 왕이 탐라(躭羅)가 공부(貢賦)를 바치지 않자 친정
(親征)에 나서 무진주(武珍州)에 이르렀는데, 탐라가 이를 듣고 사신을 보
내 죄를 비니 곧 그만두었다. [탐라는 곧 탐모라(躭牟羅)이다.][25]

위의 사료 (나)-①·②의 기록은 5세기 후반 탐라국(躭羅國)과 백제
의 교섭 기사이다. 특히 사료 (나)-①은 476년 탐라국과 백제가 처음
통교하였음을 전하고 있다. 이를 통해 5세기 후반 탐라와 백제의 관계
가 처음 성립하였고, 이때부터 탐라는 백제에 공납을 바치는 속국으로
위치하였다는 것이 현재 학계의 통설이다.[26] 하지만 아래의『일본서기
(日本書紀)』기록에서는 이러한 이해와 반하는 사실을 전하고 있다.

사료 (다):『일본서기』권17, 남대적천황(男大迹天皇) 계체천황(繼體天皇)
　　　　　 2년 12월 조
[계체천황 2년(508)] 12월, 남해(南海) 가운데 탐라인(躭羅人)이 처음으
로 백제국(百濟國)과 통교하였다.[27]

---

24 『三國史記』卷26, 百濟本紀4, 文周王 2年 夏4月 條, "夏四月, 躭羅國獻方物, 王喜拜使
　　者爲恩率."
25 『三國史記』卷26, 百濟本紀4, 東城王 20年 8月 條, "八月, 王以躭羅不修貢賦親征, 至
　　武珍州, 躭羅聞之, 遣使乞罪, 乃止. [躭羅即躭牟羅.]" 흔히 이 東城王 20년 조 기사
　　에 보이는 탐라국에 대해 원문 표기를 "耽羅"로 쓰는 경우가 많다. 하지만『삼
　　국사기』정덕본이나 옥산서원본에서는 모두 "躭羅"로 적고 있다. 물론 '躭'은
　　'耽'의 俗子이므로 양자 간에 의미 차이를 둘 필요는 없다.
26 장창은, 앞의 논문, 2018, 100쪽 ; 앞의 논문, 2019, 121~123쪽.
27 『日本書紀』卷17, 男大迹天皇 繼體天皇 2年 12月 條, "十二月, 南海中耽羅人初通百濟國."

위에서처럼 『일본서기』에서는 백제와 탐라의 첫 교섭을 508년의 일로 전하고 있다. 이에 앞서 사료 (나)-①·②의 '탐라국' 혹은 '탐라'를 제주도에 위치한 세력으로 볼 수 없다는 의견도 여러 차례 개진된 바 있다. 즉, 사료 (다)의 『일본서기』 기록이 사료적 가치가 높다는 점, 사료 (나)-②에서 동성왕이 이끄는 군대가 도착한 지역이 무진주(武珍州)였으므로 그의 군대가 제주로 향하였다고 보기는 어렵다는 점, 그리고 『일본서기』 「신공기(神功紀)」의 삼한 정벌 기사를 백제 근초고왕(近肖古王) 시대의 일로 치환하여 4세기 후반에 백제가 전남 지역을 영유했다고 보는 주장의 위험성 등을 지적하며 사료 (나)-①·②의 탐라를 해남 강진 일대의 침미다례(忱彌多禮)로 보아야 한다는 주장이다.[28] 그리고 최근까지 이러한 주장에 공감하는 연구도 여러 편 제기된 바 있다.[29]

하지만 사료 (나)-①·②의 탐라국 혹은 탐라를 침미다례로 보기는 어렵다고 생각한다. 선행 연구에서 지적하였듯이 『일본서기』 신공기 49년 조 기사에서는 침미다례가 근초고왕 시대 백제에게 도륙을 당하였다고 전하는데, 이러한 침미다례의 상황은 탐라국의 역사 전개에 비추어 정황상 맞지 않는 부분이 많다.[30] 기사의 신뢰 여부는 차치하고서라도 백제가 바다 건너 제주도로 정벌을 감행하여 도륙하는 상황은 어떻게든 상정하기 어렵다고 생각한다. 또 사료 (다)에서 보듯 "남해 가운데 탐라인"이라는 『일본서기』의 기사는 당시의 탐라가 곧 오늘날 제주도를 지칭하는 것임을 분명하게 확인시켜주고 있다. 다시 말하면

---

28 이근우, 앞의 논문, 2006, 5~7쪽.

29 김경주, 앞의 논문, 2018a, 36~38쪽 및 장창은, 앞의 논문, 2018, 102~103쪽 ; 앞의 논문, 2019, 124~130쪽의 논의를 참조.

30 김영심, 「문헌자료로 본 忱彌多禮의 위치」, 『전남지역 마한 소국과 백제』, 학연문화사, 2013, 114~115쪽.

사료 (다)에 보이는 『일본서기』의 '탐라'를 제주도로 보아야 한다면, 사료 (나)-①·②의 탐라국·탐라 또한 제주도로 보아야 하는 것이 순리이다. 그리고 앞서 인용한 선행 연구에서 지적한 것처럼 476년 무렵까지 백제의 영향력이 한반도 서남해안 일대까지 미쳤다고 보기 어렵다는 점을 인정하더라도 사료 (나)-①·②의 기사를 이해할 수 없는 것은 아니라고 생각한다.

먼저 사료 (나)-①에서 탐라국이 백제에 방물을 바치는 조공 외교를 전개하고 있었던 점, 그리고 (나)-②에서도 동성왕이 탐라 정벌을 기도하며 탐라가 공부(貢賦)를 바치지 않았다는 것을 명분으로 들었던 점을 상기할 필요가 있다. 즉 위의 두 기사는 곧 탐라국이 당시 한반도 서남부 지역에서 맹주의 지위에 있던 백제에 대한 조공 외교를 전개한 사실을 전할 뿐, 이것이 곧바로 백제의 탐라 복속을 뜻하는 것은 아니다.[31] 특히 사료 (나)-①에서 탐라와 백제의 첫 교섭 기록이 백제가 고구려로부터 한강 유역을 상실하고 웅진으로 천도한 바로 그 이듬해에 일어난 일임을 고려할 필요가 있다. 당시 탐라국의 입장에서는 한반도를 중심으로 복잡하게 전개되던 국제 정세를 파악할 필요가 있었을 것이다. 사료 (나)-①의 탐라 - 백제 교섭은 그와 같은 배경 속에서 진행된 탐라의 능동적인 외교 행위로서 이해할 필요가 있다. 탐라가 백제에 조공을 바쳤던 배경을 백제의 남해안 진출과 연결하고자 하는 시각은 온전히 백제사 중심의 시선에서 비롯한 것이라 생각된다. 탐라의 대(對)백제 교섭 기록은 탐라의 입장에서 주체적인 행위로 이

---

31 진영일, 앞의 논문, 2000, 238~240쪽. 이 시기 탐라와 백제의 관계에 대해서는 '부용관계'로 바라보거나(이청규, 앞의 논문, 1996, 40쪽), 탐라가 백제의 '속국' 적 지위에 있었다고 보는 견해도 있지만(森公章, 앞의 논문, 1986, 121~123쪽), 대체로 정치적 구속성이 크지 않은 조공 관계로 바라보는 견해가 타당하다고 생각한다(진영일, 앞의 논문, 1994 ; 앞의 논문, 2007 ; 이근우, 앞의 논문, 2006).

해할 필요가 있는 것이 아닌가 한다.[32]

또한 사료 (나)-①을 기점으로 성립된 양자의 관계가 그리 오래 지속된 것처럼 보이지도 않는다. 이어지는 사료 (나)-②에서처럼 탐라가 조공을 오지 않자 동성왕이 정벌을 결심했다는 점은 그러한 사실을 잘 말해주고 있다. 즉, 백제에 대한 탐라국의 조공 외교는 양자의 지속적인 관계 구축을 의도한 것이었다기보다는 일회성이 강한 일시적 조치였을 가능성이 크다. 그리고 여기에 더해 단순히 조공국이 조공을 바치지 않는다는 이유만으로 왕이 친정을 결심했다는 것도 어딘가 어색한 부분이 있다. 결국 탐라가 '조공을 바치지 않는다'는 것은 백제 측의 침공 명분일 뿐, 동성왕 20년의 군사행동에는 왕이 직접 군대를 움직일만한 또다른 이유가 있었을 것으로 보인다. 이와 관련하여 주목되는 것이 아래의 사료이다.

> 사료 (라): 『위서(魏書)』 권100, 열전(列傳) 88, 고구려(高句麗) 조
> 정시(正始) 연간(504~508)에 세종(世宗)이 동당(東堂)에서 그 사신 예실불(芮悉弗)을 접견[引見]하니, [예]실불이 전언하기를, "고려(高麗)의 이어지는 정성은 하늘에 닿고, 여러 대에 걸쳐 진실로 성실하여, 땅에서 나는 [모든] 산물이 공물에서 빠지지 않았습니다. 다만 황금은 부여에서 나고, 가(珂)는 섭라(涉羅)에서 생산합니다. [그런데] 지금 부여는 물길(勿吉)에 쫓겨났고, 섭라는 백제에 병합되어, [고려] 국왕(國王)인 신(臣) 운(雲)은 끊어진 것을 다시 잇는 도리를 생각하여, [부여와 섭라 백성들을] [고려의] 경내로 옮겼습니다. 두 가지 물품이 왕부(王府)에 오르지 않은 것은 사실 두 도적들 때문입니다"라고 하였다.[33]

---

32 이 시기 탐라와 백제의 교섭이 이루어진 동인을 탐라 내부에서 찾고자 하는 견해도 경청할 필요가 있다. 즉 "탐라 자체 내에 지배엘리트가 있어, 인접 大國에 그 지위를 인정받기 위해 朝貢外交를 펼친 것"이라는 지적이다(이청규, 앞의 논문, 1996, 40쪽).

33 『魏書』卷100, 列傳88, 高句麗 條, "正始中, 世宗於東堂引見其使芮悉弗, 悉弗進曰, 高

위의 기록은 6세기 초 고구려 사신 예실불(芮悉弗)이 북위(北魏)로 가서 자신들의 조공품 가운데 황금과 가(珂)가 품목에서 빠진 이유를 말하는 대목이다. 여기서 주목되는 구절이 위의 밑줄 친 부분으로 가는 섭라에서 생산되는데 섭라가 백제에 병합되면서 고구려가 더 이상 가를 조공 품목에 포함시키지 못하였다고 전하고 있다. 그런데 기사에 등장하는 섭라에 대해서는 현재 탐라, 즉 제주도로 보는 전통적인 견해[34]와 함께 최근에는 이를 신라의 다른 표기로 보는 견해가 많은 연구자의 지지를 받고 있다.[35]

그리고 이렇게 섭라를 탐라로 볼지 신라로 볼지 의견이 갈리면서, 섭라가 고구려에 바쳤다는 '가'에 대해서도 견해가 엇갈린다. 먼저 기록에 보이는 '가'에 대해 처음 구체적인 검토를 시도하였던 진영일은 『대한화사전(大漢和辭典)』에 정리된 '가'의 용례를 인용하며 "①옥 이름(玉銘), ②소라 종류(바다에서 나며 큰 것을 가(珂)라 하며 검고 노란 색깔을 띠며 그 뼈는 희며 말을 장식한다), ③조개로 만든 말 재갈 장식, ④말 재갈[馬勒], ⑤흰 빛깔 마노[白瑪瑙]" 이렇게 다섯 가지 용례를 제시하였다. 그리고 '가'를 "탐라에서 산출되는 소라 등 종류로서 말 재갈 장식을 의미한다"라고 보고, 당대(唐代) 5품(品) 이상의 관인이 사용하였던 말 재갈을 치장하는 옥조개[玉珂]를 같은 것으로 이해하여

麗係誠天極, 累葉純誠, 地産土毛, 無愆王貢. 但黃金出自夫餘, 珂則涉羅所産. 今夫餘爲勿吉所逐, 涉羅爲百濟所幷, 國王臣雲惟繼絶之義, 悉遷于境內. 二品所以不登王府, 實兩賊是爲."

34 이러한 견해는 조선 후기 학자인 韓鎭書로부터 장도빈, 이홍직, 고창석, 이청규, 진영일, 이도학 박남수 등의 연구자들이 지지하고 있다(이와 관련하여서는 장창은, 앞의 논문, 2018, 106~108쪽 ; 앞의 논문, 2019, 131~134쪽).

35 이러한 견해는 현재 노태돈, 김현숙, 주보돈, 정재윤, 장창은, 井上直樹, 김진한 등의 연구자들이 지지하고 있다(장창은, 앞의 논문, 2018, 109~113쪽 ; 앞의 논문, 2019, 134~136쪽).

당대의 귀족에게도 제주산 옥가가 귀중한 필수품이었다고 주장한 바 있다.[36] 반면, 섭라를 신라로 보는 견해에서는 가에 대한 위의 ①번 혹은 ⑤번 용례에 따라 '백마노(白瑪瑙)'로 보며, 사료 (라)에 보이는 섭라가 백제에 병합되었다는 예실불의 언급을 나제동맹에 대한 고구려 입장에서의 외교적 수사(修辭) 정도로 해석한다.[37]

그런데 사료 (라)의 섭라가 백제에 병합되었다는 언급과 관련하여서는 고구려 사신 예실불이 북위로 건너간 정시(正始) 연간(504~508)이라는 시점을 주목할 필요가 있다. 『삼국사기』에 따르면 이때의 사행은 문자명왕(文咨明王) 13년(504)의 일이었다고 한다.[38] 그리고 사료 (라)에 전하는 대로 물길(勿吉)에 쫓겨 부여 왕실이 고구려에 귀부한 것은 고구려 문자명왕 3년(494)의 일이다.[39] 그렇다면 고구려는 예실불이 북위로 간 504년 이전, 그리고 부여가 물길에 쫓겨 고구려로 내투한 494년에서 그리 멀지 않은 시기에 섭라가 백제에 병합되었다고 주장한 것으로 볼 수 있는데, 이와 관련하여 사료 (나)-②에서 동성왕이 탐라 정벌을 기도했던 498년은 시기적으로 잘 들어맞는다.[40]

즉, 사료 (라)에서 섭라가 백제에 병합되었다는 예실불의 언급은 사료 (나)-②의 일을 말하는 것으로 생각되며, 이로 보아 섭라는 곧 탐라일 가능성이 크다고 본다. 결국 5세기 후반 백제와 첫 교섭을 진행하였던 탐라는 곧 대외적으로 활동의 범위를 넓혀 고구려와 접촉하였고,

---

36 진영일, 앞의 논문, 1994, 28~29쪽.

37 장창은, 앞의 논문, 2018, 109쪽 ; 앞의 논문, 2019, 135쪽.

38 『三國史記』卷19, 高句麗本紀7, 文咨明王 13年 條, "夏四月, 遣使入魏朝貢, 世宗引見其使芮悉弗於東堂. 悉弗進曰, 小國係誠天極, 累葉純誠, 地産土毛, 無愆王貢. 但黃金出自扶餘, 珂則涉羅所産, 扶餘爲勿吉所逐, 涉羅爲百濟所幷, 二品所以不登王府, 實兩賊是爲."

39 『三國史記』卷19, 高句麗本紀7, 文咨明王 3年 條, "三年, 春正月, 遣使入魏朝貢. 二月, 扶餘王及妻孥, 以國來降."

40 박남수, 앞의 논문, 2018, 36쪽 ; 앞의 논문, 2019, 155쪽.

고구려에 '가'를 헌상했던 것으로 추정할 수 있다. 좀 더 억측해보자면, 476년 백제와 첫 교섭을 진행했던 탐라가 고구려의 강공을 받고 남천할 수밖에 없었던 백제의 상황을 파악하고, 고구려와 접촉을 시도했던 것이 아닌가 한다.[41] 탐라는 백제보다도 당시 한반도 정세를 주도하던 고구려에 조공하는 것이 자국의 외교적 보폭을 넓히고 국제적인 교류를 확장하는 데에 있어 유리하다고 판단했던 것으로 보인다.

다만 이렇게 보면, 현재까지 확보된 고고자료에서 이 시기 고구려와 관련한 물질 자료가 제주도에서 확인되지 않는 점이 문제가 될 수 있는데, 이는 탐라와 고구려 사이의 교섭 기간이 그만큼 짧았음을 반영한다고도 볼 수 있을 것 같다. 즉, 476년 백제와 처음 교섭한 탐라가 곧 교섭 대상을 고구려로 바꾸었지만, 그로부터 20여 년이 지난 498년 동성왕의 친정 시도에 의해 고구려와의 관계가 큰 진척 없이 철회되고 말았던 것이 아닌가 한다. 물론 사료 (라)에서처럼 탐라가 이때 백제에 병합되었다는 예실불의 언급은 사실이 아니다. 다만, 백제의 군사적 압력으로 인해 탐라가 더 이상 고구려에 조공을 하지 않게 되자 예실불이 그러한 상황을 과장하여 북위에 전한 것으로 볼 수 있다. 하지만 (나)-②에서 탐라가 동성왕의 침공 소식을 듣고 사신을 보내 죄를 빌었다는 대목에서 백제에 대한 탐라국의 일정한 외교적 굴복이 있었음은 짐작할 수 있다. 즉, 예실불의 언급에 다소 과장은 개재되어 있을지언정 전혀 없는 사실을 꾸며 전한 것은 아님을 알 수 있다.

반면, 498년에 동성왕이 주도한 군사행동으로 백제는 탐라에 대한 직접적인 병합은 아니었지만, 탐라와 고구려의 연결을 확실히 차단하고 탐라를 외교적으로 종속시키는 성과를 얻을 수 있었다. 사실 탐라가 자신들의 적국이었던 고구려와 접촉하는 상황을 인지한 백제 입장

---

41 이청규, 앞의 논문, 1996, 39쪽 ; 앞의 책, 1995, 321~322쪽.

에서 이를 가만히 묵과하고만 있을 수는 없었을 것이다. 탐라와 고구려의 교류가 빈번하게 전개될 경우 자칫 탐라뿐만 아니라 전라남도 해안 일대 제(諸) 세력의 동요를 불러올 수도 있었다. 북으로 고구려와 대치하는 상황에서 배후의 안정을 도모하기 위해서라도, 그리고 전남 지역 제 세력에 대한 단속 차원에서도 고구려와 연결을 도모한 탐라에 대한 군사행동은 필수적이었다.[42] 결국 동성왕 20년 친정 시도는 배후에 위치한 탐라와 고구려의 연결을 차단하고, 이와 함께 전남 지역 제 세력에 대한 장악력을 강화하기 위한 목적에서 진행된 것으로 이해된다.

III. 7~8세기 탐라국의 대외 교섭과 '탐라복(耽羅鰒)'

앞서 사료 (나)-②를 통해 살펴본 것과 같이 탐라는 498년 백제의 군사적 압력에 굴복하면서 다시 백제의 조공국으로서 위치하게 되었다. 특히 이 이후로 백제가 멸망할 때까지 사서 상에 탐라의 대외 교섭 기사는 더는 확인되지 않는데,[43] 이것은 당시 탐라의 주체적인 대

---

42 이와 관련하여 당시 東城王이 탐라를 정벌하는데 금강 하구를 통해 해로로 나아가지 않고 군이 육로로 武珍州까지 이르렀던 것은 단순히 탐라 정벌만 시도하려 했던 것이 아니라 공물을 바치지 않은 탐라를 정벌할 정도로 위엄을 과시하면서 전라도 일원 諸 세력에 대한 강한 경고를 하고자 한 의도에서 비롯한 것이라는 지적은 크게 참고가 된다(정재윤, 「백제의 섬진강 유역 진출에 대한 고찰」, 『백제와 섬진강』, 서경문화사, 2008, 252쪽). 즉 당시 백제의 군사행동 대상은 탐라국으로 명시되어 있지만 이는 어디까지나 '상징적인 목표'였을 것으로 생각되며, 사실은 武珍州 아래 나주·영암·해남·강진으로 이어지는 서남해안 지역에 대한 일종의 무력시위였을 가능성이 크다.

43 다만, 『隋書』東夷列傳, 百濟 條 및 『北史』列傳, 百濟 條에서는 隋 開皇(581~660) 初에 陳을 평정한 隋의 戰船이 표류하여 '耽牟羅國'을 거쳐 백제를 경유하여 귀

외 활동이 백제의 감시와 견제 속에 원활하게 전개되지 못했음을 보여준다.[44] 특히 백제 성왕(聖王) 16년(538)에 사비 천도가 단행되고 전라남도 남해안 일대까지 백제의 지배력이 강하게 미치게 되면서, 탐라 또한 그러한 백제의 영향력에서 자유로울 수 없었던 것으로 보인다.[45] 아래의 사료 (마)-①은 당시 그러한 탐라의 상황을 보여주고 있다.

사료 (마)-①: 『삼국사기』 권6, 신라본기 6, 문무왕(文武王) 2년 춘(春) 2월 조
[문무왕 2년(662) 봄 2월] 탐라국주(耽羅國主) 좌평(佐平) 도동음률(徒冬音律)이 와서 항복하였다. 탐라(耽羅)는 무덕(武德, 618~626) 이래로 백제에 신속(臣屬)하였기 때문에 좌평으로써 관호(官號)를 삼았는데, 이에 이르러 항복하고 속국이 되었다.[46]

사료 (마)-②: 『일본서기』 권26, 제명천황(齊明天皇) 7년 5월 조
[제명천황 7년(661) 5월] 정사(丁巳) 탐라(耽羅)가 처음으로 왕자 아파기(阿波伎) 등을 보내 공물(貢物)을 바쳤다. 이길련박득(伊吉連博得)의 서

국하는 사건을 전하고 있다. 여기서의 耽牟羅國은 곧 탐라를 말한다. 제주도에 표류한 隋 선박이 백제를 경유하여 돌아갔다는 점과 이 귀향길에 백제 사신이 함께 동행하였던 점 등을 통해 볼 때, 사건의 해결은 백제 주도로 이루어졌음을 알 수 있게 한다. 이는 곧 당시 백제가 耽羅의 대외 교섭을 통제하고 있었음을 보여주는 것으로 볼 수 있다.

44 이와 관련하여 『日本書紀』에서 백제와 탐라의 첫 통교가 있었다고 전하는 508년 이후로 탐라의 대외교섭 대상이 백제로 일원화되었다고 본 견해가 있으며(김경주, 앞의 논문, 2018a, 38쪽), 武寧王 4년(504) 국세를 회복한 백제가 서해 중부 이남의 제해권을 다시 장악함으로써 탐라와 고구려의 내왕이 막혔던 것이라는 주장도 제기된 바 있다(박남수, 앞의 논문, 2018, 37쪽 ; 앞의 논문, 2019, 157쪽).

45 당시 백제는 탐라에 대해 조공 관계에 기반한 간접지배 형태의 복속 관계를 강요했던 것으로 보인다(김경주, 앞의 논문, 2018a, 42쪽).

46 『三國史記』 卷6, 新羅本紀6, 文武王 2年 2月 條, "耽羅國主佐平徒冬音律[一作津]來降. 耽羅自武德以來, 臣屬百濟, 故以佐平爲官號, 至是降爲屬國."

(書)에 말하기를 "신유년(661) 정월 25일에 돌아와 월주(越州)에 도착하였다. 4월 1일에 월주로부터 상로(上路)로 동쪽으로 돌아왔다. 7일에 행렬이 정안산(檉岸山) 남쪽에 도착하였다. 8일 닭이 울 무렵(새벽)에 서남풍을 타고 배는 대해(大海)로 나왔다. 바다에서 길을 잃고 표류하여 큰 고통을 겪었다. 8박 9일 만에 겨우 탐라도(耽羅嶋)에 도착했을 때 바로 섬사람 왕자 아파기 등 9인이 불러 위로하고, 함께 객선(客船)을 타고 제조(帝朝)에 바치려 하였다. 5월 23일에 조창(朝倉)의 조정에 봉진(奉進)하니, 탐라가 조정에 들어온 것이 이때에 시작되었다.[47]

사료 (마)-③:『신당서(新唐書)』권220, 열전(列傳) 145, 동이(東夷) 유귀(流鬼) 조

용삭(龍朔, 661~663) 초에 탐라[儋羅]가 있었는데, 그 왕 유리도라(儒李都羅)가 사신을 보내 입조하였다. [그] 나라는 신라의 무주(武州) 남쪽 섬에 거(居)하는데, 습속은 박루(朴陋)하며 큰 돼지 가죽[大豕皮]로 옷을 해 입으며 여름에는 혁옥(革屋)에 거주하고 겨울에는 굴실(窟室)[에 거주한다]. 그 땅은 오곡이 나고 밭갈이에 소를 사용할 줄 모르며, 철치파(鐵齒杷)로 땅을 일군다. 처음 백제에 부용되었다가, 인덕(麟德, 664~665) 연간에 추장이 내조하고 황제를 좇아 태산(太山)에 이르렀고, 후에는 신라에 부용되었다.[48]

위의 사료 (마)-① 문무왕(文武王) 2년 2월 조 기사에서는 탐라가 백제에 '신속(臣屬)'한 시기를 당 무덕(武德) 연간(618~626)이라고 전하고 있다. 탐라가 백제와 처음 통교한 시점에 대해 앞서 사료 (나)-①에서

---

47 『日本書紀』 卷26, 齊明天皇 7年 5月 條, "丁巳, 耽羅始遺王子阿波伎等貢獻. 伊吉連博得書云, 辛酉年正月廿五日, 還到越州. 四月一日, 從越州上路, 東歸. 七日, 行到檉岸山明. 以八日鷄鳴之時, 順西南風, 放船大海. 海中迷途, 漂蕩辛苦. 九日八夜, 僅到耽羅之嶋. 便卽招慰嶋人王子阿波伎等九人, 同載客船, 擬獻帝朝. 五月廿三日, 奉進朝倉之朝. 耽羅入朝, 始於此時."

48 『新唐書』 卷220, 列傳145, 東夷 流鬼 條, "龍朔初, 有儋羅者, 其王儒李都羅遺使入朝. 國居新羅武州南島上, 俗朴陋, 衣大豕皮, 夏居革屋, 冬窟室. 地生五穀, 耕不知用牛. 以鐵齒杷土. 初附百濟, 麟德中, 酋長來朝, 從帝至太山, 後附新羅."

는 476년으로, 사료 (다)에서는 508년으로 전했던 반면, 다시 여기서는 7세기 초반 무렵에 탐라가 백제에 신속하였다고 전하고 있는 것이다. 이처럼 탐라와 백제의 관계가 처음 성립하는 시점에 대해 기록마다 차이가 나타나는 이유를 해당 사서마다 취득한 정보의 차이에서 비롯한 것으로 보기도 하며,[49] 사료 (마)-①에 전하는 '무덕'을 '무령(武寧)'이나 '위덕(威德)'의 오기로 보거나 양자를 아울러 통칭하는 표현으로 보는 견해도 제기된 바 있다.[50] 그런데 (마)-①의 기사는 7세기 전반에 이르러 탐라에 대한 백제의 지배력이 더욱 강화되었음을 말해주는 기사로서 이해할 수 있지 않을까 한다. 즉, 이전까지 탐라국은 백제에 대한 조공국의 위치에 있었지만, 7세기 초에 이르면 탐라국의 왕이 '좌평(佐平)' 관등을 받으며 백제왕의 신하로 위치하게 되고, 이와 같은 관계 설정에 따라 그만큼 백제의 간섭을 더 직접적으로 받게 되었던 사정을 반영[51]하는 기사가 아닐까 한다. 물론 이 또한 탐라에 대한 백제의 직접 지배를 의미하는 것은 아닐 것이다. 다만, 탐라국왕이 '좌평' 관등을 받고 형식적으로나마 백제왕의 신하로 위치하게 되면서 이전보다 백제의 정치적 간섭과 외교적 구속력이 한층 심화되었을 것으로 짐작된다.

하지만 그러한 양자의 관계는 오래가지 못했는데, 660년 백제의 멸망을 기점으로 탐라국은 백제의 그늘에서 벗어나 다시금 독자적인 대외 활동을 전개하기 시작하였다. 다시 위의 사료 (마)-①·②·③을 보면 탐라국은 백제가 멸망한 660년 이듬해인 661년에 일본과 접촉하였

---

49 박남수, 앞의 논문, 2018, 36쪽 ; 앞의 논문, 2019, 156쪽.

50 김경주, 앞의 논문. 2018a, 39~40쪽.

51 김경주, 앞의 논문, 2018b, 76쪽 ; 앞의 논문, 2019, 93쪽에 따르면, 백제에 신속한 상태에서 탐라국은 반자치적인 國體제를 유지하였지만, 대외 교섭과 교류 창구는 백제를 통해 일원화되었던 것으로 추정된다.

고, 662년에는 신라에 사신을 보내 항복하고 속국이 되었다고 한다. 또 사료 (마)-③에서 보듯 같은 시기 탐라[儋羅]의 왕 유리도라(儒李都羅)가 당에 입조하였으며,[52] 백제부흥운동이 실패로 종결된 인덕(麟德) 연간에는 그 추장이 내조하여 황제를 좇아 태산(太山) 봉선(封禪) 의식에도 참여하였다고 한다.[53] 백제의 영향력 아래에서 그간 백제 이외의 대외 창구를 마련하기 어려웠던 탐라국이 백제 멸망을 계기로 대외 교섭을 다각도로 전개하며 변화하는 국제 정세에 대응하고 있음을 볼 수 있다.[54]

한편, 사료 (마)-①에서는 탐라국이 신라 측에 먼저 사신을 보내 자진해서 속국이 될 의사를 표했다고 전하는데, 이는 이전에 탐라국이 백제와 처음 교섭할 때의 양상과 유사하다. 즉, 이때 탐라국이 신라의 '속국'을 자처하였던 것 역시 양국이 관계를 맺는 과정에서 진행된 단순한 외교적 의례 및 수사일 뿐 이를 계기로 실제 신라가 탐라를 통제 아래 두거나 지배력을 미치진 못했던 것으로 보인다.[55] 663년 백제부흥군과 일본의 연합군이 백촌강(白村江) 전투에서 패하면서 항복한 인

---

52 『唐會要』 卷100, 耽羅國 및 『冊府元龜』 卷970, 外臣部 15, 朝貢에 따르면 이는 龍朔 원년(661)의 일이라 한다.

53 『三國史記』 卷6, 新羅本紀6, 文武王 5年 秋8月 條에 따르면, 이는 이른바 '就利山 회맹'을 마친 뒤 劉仁軌가 신라·백제·탐라·왜 4국의 사신을 거느리고 唐으로 돌아가 泰山에서 제사를 지낸 일을 말하는 것이다(歃訖, 埋牲幣於壇之壬地, 藏其書於我之宗廟. 於是, 仁軌領我使者及百濟·新羅·倭人四國使, 浮海西還, 以會祠泰山). 『資治通鑑』 卷201 麟德 2年 8月 條 및 『唐會要』 卷95 新羅傳에도 같은 사실이 수록되어 있다.

54 이에 대해 탐라가 백제 멸망 이후에도 기존 교역 루트의 재건과 대외 교섭을 위한 정치적 노력에 매진하였다고 평가하기도 한다(김경주, 앞의 논문. 2018a, 41쪽).

55 660년 백제 의자왕의 항복에 따라 백제의 속국으로서 唐과 신라에 대한 항복의 의사를 표한 것이 탐라국의 당나라 조공과 신라에 대한 내항이었다는 의견도 있다(박남수, 앞의 논문, 2018, 39~40쪽 ; 앞의 논문, 2019, 160쪽).

원 중에는 백제·일본 측 인물들과 함께 '탐라국사(耽羅國使)'가 보이므로,[56] 662년 이후로도 탐라는 백제 유민 및 일본 측과 긴밀한 연대 속에서 움직이고 있었음을 알 수 있다. 그리고 뒤에서도 살펴보겠지만, 660년대 탐라국은 신라에 칭신(稱臣)하는 한편, 일본 측에도 수차례 사신을 파견하며 대외 교섭의 루트를 다각도로 모색하고 있었다. 즉, 사료 (마)-①의 내항 기사는 백제 멸망 이후의 한반도 정세를 탐색하는 한편,[57] 당시 백제부흥운동 진압에 진력하던 신라군의 공세가 자칫 탐라국에까지 미치는 것을 미연에 방지하고자 하는 목적에서 이루어진 임기응변적 사행이었던 것으로 보인다.

사료 (바)-①: 『일본서기』 권27, 천지천황(天智天皇) 4년 추(秋) 8월 조 [천지천황 4년(665) 가을 8월] … 탐라(耽羅)가 사신을 보내 조공하였다.[58]

사료 (바)-②: 『일본서기』 권27, 천지천황 6년 추 7월 조 및 윤(閏) 11월 조 [천지천황 6년(667) 가을 7월] 기사(己巳)에 탐라가 좌평(佐平) 연마(椽磨) 등을 보내 공물을 바쳤다. … [윤(閏) 11월] 정유(丁酉)에 금(錦) 14필, 힐(纈) 19필, 비(緋) 24필, 감포(紺布) 24단(端), 도염포(桃染布) 58단, 부(斧) 26, 삽(鈒) 64, 칼 62개를 연마 등에게 주었다.[59]

사료 (바)-③: 『일본서기』 권27, 천지천황 8년 3월 조 [천지천황 8년(669)] 3월 기묘(己卯) 삭(朔) 기축(己丑)에 탐라가 왕자 구

---

56 『舊唐書』 卷84, 列傳34, 劉仁軌傳, "仁軌遇倭兵於白江之口, 四戰捷, 焚其舟四百艘, 煙焰漲天, 海水皆赤, 賊衆大潰. 餘豐脫身而走, 獲其寶劍. 僞王子扶餘忠勝·忠志等率士女及倭衆幷耽羅國使, 一時並降. 百濟諸城, 皆復歸順. 賊帥遲受信據任存城不降."

57 진영일, 앞의 논문, 2007, 224쪽.

58 『日本書紀』 卷27, 天智天皇 4年 秋8月 條, "…耽羅遣使來朝."

59 『日本書紀』 卷27, 天智天皇 6年 秋7月 條, "己巳, 耽羅遣佐平椽磨等貢獻." ; 同 閏11月 條, "丁酉, 以錦十四匹·纈十九匹·緋廿四匹·紺布廿四端·桃染布五十八端·斧廿六·鈒六十四·刀子六十二枚, 賜椽磨等."

마기(久麻伎) 등을 보내 공물을 바쳤다. … 병신(丙申)에 탐라의 왕에게
5곡의 종자를 주었다. 이날 왕자 구마기 등이 사행을 마치고 돌아갔다.[60]

사료 (바)-④: 『일본서기』 권29, 천무천황(天武天皇) 2년 윤 6월 조 ; 같
은 책 8월 조
[천무천황 2년(674) 윤 6월] 임진(壬辰)에 탐라가 왕자 구마예(久麻藝)·
도라(都羅)·우마(宇麻) 등을 보내 조공하였다. … [같은 책 8월] 무신(戊
申)에 등극을 축하하는 [신라] 사신 김승원(金承元) 등 중객(中客) 이상
27인을 경(京)으로 불렀다. 그리고 대재(大宰)에 명하여 탐라의 사신에
게 조(詔)를 내려 말하기를, "천황(天皇)이 새로 천하를 평정하고 처음
즉위하였다. … 그러므로 빨리 돌아가라"라고 하였다. 그리고 본국에
있는 국왕과 사신 구마예 등에게 처음으로 작위(爵位)를 주었다. 그 작
(爵)은 대을상(大乙上)이었고 또 금수(錦繡)로 장식하였는데, 그 나라의
좌평(佐平)의 관위에 해당한다. 곧 축자(筑紫)에서 귀국하였다.[61]

사료 (바)-⑤: 『일본서기』 권29, 천무천황 4년 추 8월 조
[천무천황 4년(676) 가을 8월] 8월 임신(壬申) 삭(朔)에 탐라의 조사(調
使) 왕자 구마기가 축자에 이르렀다.[62]

사료 (바)-⑥: 『일본서기』 권29, 천무천황 4년 추 9월 조
[천무천황 4년(676) 가을 9월] 9월 임인(壬寅) 삭(朔) 무진(戊辰)에 탐라
왕(耽羅王) 고여(姑如)가 난파(難波)에 이르렀다.[63]

---

60 『日本書紀』 卷27, 天智天皇 8年 3月 條, "三月己卯朔己丑, 耽羅遣王子久麻伎等貢獻.
… 丙申, 賜耽羅王五穀種. 是日, 王子久麻伎等罷歸."
61 『日本書紀』 卷29, 天武天皇 2年 閏6月 條, "壬辰, 耽羅遣王子久麻藝·都羅·宇麻等朝
貢."; 同 8月 條, "戊申, 喚賀騰極使金承元等, 中客以上廿七人於京. 因命大宰, 詔耽羅
使人曰, 天皇新平天下, 初之卽位. 由是, 唯除賀使, 以外不召. 則汝等親所見. 亦時寒浪
險. 久淹留之, 還爲汝愁. 故宜疾歸. 仍在國王及使者久麻藝等, 肇賜爵位. 其爵者大乙上.
更以錦繡潤飾之. 當其國之佐平位. 則自筑紫返之."
62 『日本書紀』 卷29, 天武天皇 4年 秋8月 條, "八月壬申朔, 耽羅調使王子久麻伎泊筑紫."
63 『日本書紀』 卷29, 天武天皇 4年 秋9月 條, "九月壬寅朔戊辰, 耽羅王姑如到難波."

사료 (바)-⑦:『일본서기』권29, 천무천황 5년 2월 조 ; 같은 책 7월 조
[천무천황 5년(677) 2월] 계사(癸巳)에 탐라의 사신에게 배 1척을 주었
다. … [같은 책 7월] 갑술(甲戌)에 탐라의 사신이 돌아갔다.[64]

사료 (바)-⑧:『일본서기』권29, 천무천황 4년 추 8월 조
[천무천황 6년(678) 가을 8월] 무오(戊午)에 탐라가 왕자 도라(都羅)를
보내 조공하였다.[65]

위의 사료 (바)에서 보듯 665년부터 678년까지 탐라는 일본에 총 7
차례 사신을 파견하였다. 663년 백제부흥운동이 실패로 막을 내리고
이어서 668년 고구려가 멸망하였으며, 676년 나당전쟁이 신라 측의 승
리로 귀결되는 등 한반도를 둘러싼 국제 정세가 급박하게 돌아가고
있을 무렵 탐라국은 일본과의 긴밀한 연대 속에 급변하는 정세에 대
응하고자 하였던 것으로 보인다.[66]

사료 (사)-①:『삼국사기』권7, 신라본기 7, 문무왕 19년 2월 조
[문무왕 19년(679)] 2월 사신을 보내어 탐라국을 경략[略]하였다.[67]

사료 (사)-②:『삼국사기』권10, 신라본기 10, 애장왕(哀莊王) 2년 동(冬)
10월 조
[애장왕 2년(801) 겨울 10월] 탐라국(乇羅國)이 사신을 보내어 조공하
였다.[68]

---

64 『日本書紀』卷29, 天武天皇 5年 2月 條, "癸巳, 耽羅客賜船一艘." ; 同 7月 條, "甲
戌, 耽羅客歸國."
65 『日本書紀』卷29, 天武天皇 6年 秋8月 條, "戊午, 耽羅遣王子都羅朝貢."
66 이유진, 「탐라의 대일교섭」,『탐라문화』58, 2018, 76쪽 ; 재수록『고대 동아시
아와 탐라』, 제주대학교 탐라문화연구원, 2019, 207~208쪽.
67 『三國史記』卷7, 新羅本紀7, 文武王 19年 2月 條, "二月, 發使略乇羅國."
68 『三國史記』卷10, 新羅本紀10, 哀莊王 2年 冬10月 條, "乇羅國遣使朝貢."

한편, 사료 (사)-①에서처럼 신라는 이와 같은 탐라의 행보에 제동을 걸며 외교적으로 압박을 가하였다. 사실 문무왕 19년(679)에 신라가 '사신'을 보내 탐라국을 '략(略)'하였다는 구절은 좀처럼 의미를 파악하기 어려운 면이 있다. 이에 대해 선행 연구에서는 신라의 군사적 경략으로 탐라가 신라에 복속된 것으로 보기도 하며,[69] 사신을 파견하여 '략'하였다는 점에 주목하여 "신라가 사신을 파견하여 탐라의 조공을 독촉한 것에 불과"하고 그 결과 "탐라왕을 설득하여 조공 관계를 다시 회복시킨 사실을 반영하는 것"으로 이해하기도 한다.[70] 또 나당전쟁에서 승리한 신라가 탐라에 사신을 파견하여 탐라국주의 항복을 받아내고 속국으로서의 지위를 명확히 하고자 한 것이라는 견해도 제기된 바 있다.[71] '사신'을 파견했다는 것으로 보아 직접적인 군사행동으로 여겨지지는 않지만, '략'이라는 표현에 주목하면 신라가 탐라에 대해 외교적 굴복을 받아내었던 것만큼은 분명해 보인다.

하지만 탐라국은 679년 이후로도 일본과 통교를 지속하며 신라에 의해 강제되는 외교적 고립을 탈피하고자 하였는데,[72] 그마저도 693년 11월의 사신 파견을 끝으로 탐라의 대일(對日) 외교가 중단되고 만다. 이는 이미 지적된 바 있듯 탐라의 대일 외교가 신라에 의해 통제되었기 때문이라 생각되며, 사료 (사)-②에서 보듯 신라에 대한 탐라의 조

---

69 森公章, 앞의 논문, 1986, 138~139쪽.

70 진영일, 앞의 논문, 2007, 225쪽.

71 박남수, 앞의 논문, 2018, 41~43쪽 ; 앞의 논문, 2019, 161~162쪽.

72 『日本書紀』卷29, 天武天皇 7年(679) 春正月 條, "己卯, 耽羅人向京." ; 同書 卷29, 天武天皇 8年(680) 9月 條, "庚子, 遣高麗使人, 遣耽羅使人等, 返之共拜朝庭." ; 同書 卷29, 天武天皇 13年(685) 冬10月 條, "[辛巳] 是日, 縣犬養連手繦爲大使, 川原連加尼爲小使, 遣耽羅." ; 同書 卷29, 天武天皇 14年(686) 8月 條, "癸巳, 遣耽羅使人等還之." ; 同書 卷30, 持統天皇 2年(688) 8月 條, "辛亥, 耽羅王遣佐平加羅, 來獻方物." ; 同 9月 條, "戊寅, 饗耽羅佐平加羅等於筑紫館. 賜物各有差." ; 同書 卷30, 持統天皇 7年(693) 冬11月 條, "[十一月 丙戌朔] 壬辰, 賜耽羅王子·佐平等, 各有差."

공 기사도 그러한 양자 관계에서 나타난 것으로 이해된다.[73] 이후 8세기 무렵 탐라와 일본의 관계를 보여주는 사료는 아래와 같다.

사료 (아)-①:『속일본기(續日本紀)』권13, 성무천황(聖武天皇) 천평(天平) 12년(740) 11월 조
또 금월(今月) 3일에 군조(軍曹) 해견양오백의(海犬養五百依)를 보내어 역인(逆人) 후지와라[藤原] 히로쓰구[廣嗣]의 종자 삼전형인(三田兄人) 등 20여 인을 맞이하게 했습니다. 아뢰기를 '광사의 배가 지가도(知駕嶋)에서 출발하여 동풍을 만나 4일을 가다가 섬을 보았습니다. 배 위의 사람이 '저것은 탐라도(耽羅嶋)'라 하였습니다.[74]

사료 (아)-②:『속일본기』권35, 광인천황(光仁天皇) 보구(寶龜) 9년(778) 11월 조
임자(壬子)에 견당사(遣唐使)의 제4선(船)이 살마국(薩摩國) 증도군(甑嶋郡)에 다다랐다. 그 판관(判官) 해상진인삼수(海上眞人三狩) 등은 표류하다가 탐라도(耽羅嶋)에 도착하여 섬사람에게 노략질당하고 억류되었다. 다만 녹사(錄事) 한국련원(韓國連原) 등이 몰래 밧줄을 풀고 도망갈 것을 모의하여 남은 무리 40여 명을 거느리고 돌아왔다.[75]

사료 (아)-③:『속일본기』권35, 광인천황 보구 10년(779) 5월 조
정사(丁巳)에 조당(朝堂)에서 당의 사신에게 잔치를 베풀었다. 중납언(中納言) 종(從)3위(位) 물부조신택사(物部朝臣宅嗣)가 칙(勅)을 선포하여, "당조(唐朝)의 천자(天子) 및 공경(公卿)과 국내의 백성은 평안하신가. 또한 해로(海路)가 험난하여 한두 사인(使人)이 혹은 바다에서 표류하다가 죽

---

73 박남수, 앞의 논문, 2018, 46~51쪽 ; 앞의 논문, 2019, 171~176쪽.
74 『續日本紀』卷13, 聖武天皇 天平 12年(740) 11月 條, "… 又以今月三日, 差軍曹海犬養五百依發遣, 令迎逆人廣嗣之從三田兄人等二十餘人. 申云, 廣嗣之船, 從知賀嶋發, 得東風往四箇日, 行見嶋. 船上人云, 是耽羅嶋也."
75 『續日本紀』卷35, 光仁天皇 寶龜 9年(778) 11月 條, "壬子, 遣唐第四船, 來泊薩摩國甑嶋郡. 其判官海上眞人三狩等, 漂着耽羅嶋, 被嶋人略留. 但錄事韓國連源等, 陰謀解纜而去, 率遺衆冊餘人而來歸."

고, 혹은 탐라(耽羅)에 노략질 당하였다는데, 짐(朕)이 그것을 들으니 마음이 슬프고 한탄스럽다." …76

사료 (아)-①·②에서 보듯이 이 무렵 일본 측에서는 탐라를 '탐라도(耽羅嶋)'로 쓰고 있어 국명이 아니라 지명처럼 표기하였다. 즉, 탐라를 더 이상 독립적인 정치세력이 아닌 신라의 한 영역으로 간주하는 듯한 모습을 보이고 있는 것이다. 여기에 더해 8세기 중반 이후 제주도에서 통일신라 양식의 토기 출토량이 급증하는 점 등을 통해 볼 때, 8세기에 접어들면서 탐라에 대한 신라의 지배력은 점차 강화되어 갔던 것으로 볼 수 있겠다.77

이상에서 살펴본 바, 7세기 후반까지 탐라국은 급변하는 동아시아 국제 정세에 기민하게 대응하며 백제와 신라, 그리고 당과 일본을 대상으로 활발한 교섭을 펼쳤음을 확인할 수 있었다. 그리고 7세기까지 탐라국의 대외 관계는 주로 자신들보다 국력이 우위에 있던 주변국을 대상으로 '헌방물(獻方物)' 혹은 '공헌(貢獻)' 형태의 교섭으로 전개되었다. 그렇다면 지금까지 검토한 탐라국과 주변 세력의 교섭 과정에서 탐라국이 상대국에게 전달한 진상·조공품에는 어떤 것이 있었는지 살펴볼 필요가 있다. 우선 앞장에서 언급하였듯이 섭라가 고구려에 진상하였던 '가'를 주목할 수 있다. 이에 대해서는 앞서 언급한 '조개로 만든 말재갈 장식[玉珂]'이라는 진영일의 견해를 주목할 수 있는데, 해산물이 풍부한 제주도의 자연환경을 고려할 때 타당한 견해라고 생각한다.78

---

76 『續日本紀』卷35, 光仁天皇 寶龜 10年(779) 5月 條, "丁巳, 饗唐使於朝堂. 中納言從三位物部朝臣宅嗣宣勅曰, 唐朝天子及公卿國內百姓平安以不. 又海路艱險, 一二使人, 或漂沒海中, 或被掠耽羅, 朕聞之悽惝於懷. …"

77 김경주, 앞의 논문, 2018a, 43쪽.

78 이 涉羅산 珂(玉珂)의 정체와 관련하여 청자고둥이 주목을 끈다. 청자고둥 껍데기가 馬具 말 띠 꾸미개(雲珠) 장식에 쓰이는 사례로는 잘 알려져 있듯 류큐[劉

한편, 이 당시 탐라의 교역 물품에 대해 보다 구체적으로 보여주는 자료가 일본 측 기록에 확인된다. 잘 알려진 "탐라방포(耽羅方脯)"와 "탐라복(耽羅鰒)"이 그것이다. 여기에 대해서는 일찍이 모리 기미유키[森公章]의 상세한 연구가 있었다. 그는 「천평 10년 주방국정세장(天平十年周防國正稅帳)」에 보이는 "탐라방포"를 단서로 하여 당시 탐라와 일본의 교류상과 교역 품목에 대해 검토하였는데, 천평(天平) 10년(738) 10월 '탐라도인(耽羅島人)' 21인이 내일(來日)하여 주방국(周防國)을 지나 헤이조쿄[平城京]로 가던 중에 주방국(周防國)이 이들로부터 "탐라방포"를 구입하였음을 확인하였다. 그리고 이를 실마리 삼아 관련 사료에 대한 정밀한 검토를 통해 당시 내일한 21명의 탐라도인에 대한 영

〈도 1〉 헤이조궁(平城宮) 출토 탐라복 목간

志摩国英虞郡名錐郷
戸主大伴部国万呂戸口同部得嶋御調
耽羅鰒六斤
天平十七年九月

출처: https://mokkanko.nabunkan.go.jp/data/mokkan/6AABUS48/L/000764.jpg

球]산 청자고둥, 즉 이모가이[イモガイ]가 있다. 일본 고훈[古墳] 시대 마구 장식에 쓰였던 이모가이는 신라에서는 6세기부터 말 띠 꾸미개에 사용되기 시작하며(이현정, 「馬具로 본 昌寧地域의 馬事文化」, 『비사벌의 지배자 그 기억을 더듬다』, 국립김해박물관, 2014, 180~182쪽), 또한 가야시대 유적에서도 자주 보이는데, 최근에는 대성동 91호분 출토 마구에서도 확인되었다(박천수, 「가야와 왜의 교류의 역사적 배경」, 『가야고분군 세계유산등재를 위한 국제학술대회 자료집』, 2018, 114~115쪽 ; 심재용, 「김해 대성동고분의 변천과 가락국사」, 『가야고분군Ⅴ -가야고분군 연구총서 6권-』, 가야고분군 세계유산 등재추진단, 2019, 116쪽). 그런데 사실 이러한 청자고둥은 제주 연안에서도 서식하는 종으로서, 앞으로 좀 더 면밀한 검토가 필요하겠지만 涉羅산 珂와 관련하여 청자고둥 껍데기를 연관 지어 검토해볼 필요가 있을 것 같다.

객사(領客使)가 파견되지 않았다는 점, 그리고 당시는 탐라와 일본의 공식적인 통교(通交)가 단절되어 있었다는 점 등으로 보아 이때의 탐라도인은 외교사절이 아니라 표류민이었을 가능성이 크다고 보았다.[79] 그리고 "탐라방포"는 녹(鹿)·우(牛)·저(猪) 등으로 만든 건육(乾肉)이었을 것으로 추정하는 한편, 이와 함께 『연희식(延喜式)』주계식(主計式) 상(上)의 조(調)와 관련한 기록에서 비후국(肥後國)이 "탐라복" 39근(斤)을, 풍후국(豊後國)이 "탐라복" 18근을 각각 조(調)로서 공진(貢進)하였던 사실을 확인하고, 또 헤이조쿄[平城宮] 유적 출토 목간[도 1]에서 천평 17년(745)에 "탐라복" 6근을 공상(貢上)하였다는 내용이 적혀 있음을 소개하면서 이 "탐라복"의 명칭이 산지를 나타내는 것이 아니라 단순히 복(鰒)의 종류를 의미한다고 결론 내렸다.[80]

이후 이러한 주장에 대한 반박도 제기되었는데, 진영일은 이들 탐라인 21명이 표착한 사람들이었다면 주방국이 외국 사신에 대한 식료 공급액에 의거하여 이들에게 식량을 공급하거나 일본 조정이 이들을 번거롭게 헤이조쿄까지 불러들일 이유는 없으며, 이것은 일본 정부가 탐라인 21명에 대해 특별한 관심과 주의를 보인 결과라고 주장하였다. 그리고 이들이 우연한 표착인이었다면 공물로 진상할 정도의 고급 물품인 "탐라방포"를 배에 싣고 다녔을 리 없다고 보아, 이들 탐라도인은 일본 정부와 평소 무역 거래를 하던 민간 상인이었다고 이해하는 한편, "탐라방포"의 "방(方)"이 국가를 뜻한다고 보아 이것이 "탐라국에서 일본 조정에 공상한 말린 고기[脯]"라는 의미일 것으로 보았다. 그리고 이 "탐라방포"는 앞서 언급한 『연희식』 등에 나오는 "탐라복"을 말하는 것으로 "탐라산 말린 전복살"로 풀이하였다.[81]

---

79 森公章, 앞의 논문, 1985, 23~24쪽.
80 森公章, 앞의 논문, 1985, 25~26쪽.

그런데 최근 이 사건과 관련하여 보다 구체적인 연구가 제시되었다. 박남수의 견해를 정리하면 다음과 같다.

① 천평 10년의 「주방국정세장」에 보이는 "탐라방포"는 당시 대재부(大宰府)로부터 주방국으로 발송된 첩에서 대금 지출을 요청한 물품 가운데 하나로서, 이 대금 지출 요청서는 천평 10년(738) 4월 19일 대재부에서 이첩한 것이다.

② 당시 대금 지출 요청 물품은 조소(造蘇) 4승(升), 납호(納壺) 4구(口), 유우(乳牛) 6두(頭), 사도(飼稻) 48속(束)을 비롯하여, 교역어리료(交易御履料) 우피(牛皮) 2령(領)[가(價) 도(稻) 170속(束)], 교역녹피(交易鹿皮) 15장(張)[가(價) 도(稻) 61속(束)], 탐라방포 4구(具)[가(價) 도(稻) 60속(束)], 시체전마(市替傳馬) 11필(匹)[가(價) 도(稻) 2750속(束)] 등이었다. 즉 이들 물품은 대재부에서 천평 10년(738) 4월 19일 무렵에 매입된 것이다.

③ 이와 관련하여 738년 정월에 대재부에 도착한 김상순(金想純) 등 147명의 신라 사신단을 주목할 수 있다. 이들은 헤이조쿄에 들어가지 못하고 대재부에 머물다가 같은 해 6월 24일 대재부의 향응을 받고 방환(放還)되었는데, 체류하는 동안 교역을 진행하였다. 천평 10년의 「주방국정세장」에 보이는 "탐라방포"는 바로 이 신라 사신단과의 교역 물품일 가능성이 크다.

④ 더불어 정세장에 "탐라방포"와 함께 적혀 있는 "교역어리료우피"와 "교역녹피" 등의 가죽 물품도 일찍부터 신라의 사신들이 일본 조정에 '조공품'으로 가져갔던 물품임을 고려할 때, 이 또한 김상순 일행이 탐라방포와 함께 교역한 물품일 가능성이 크다. 그리고 우·녹은 탐라의 특산품이므로, 탐라방포와 함께 거래된 우피·녹피도 탐라의 산물일 가능성이 크다.

---

81 진영일, 앞의 논문, 1994, 31~32쪽. 한편, 耽羅鰒의 교역과 관련하여 수송기간과 운반수단 등을 고려할 때 건조된 형태의 干鰒이었을 것으로 추정하는 견해도 있다(전경수, 「韓·耽別祖論과 耽羅의 文化主權」, 『탐라사의 재해석』, 제주발전연구원, 2013, 41쪽).

⑤ 그렇다면 천평 10년의 「주방국정세장」에 10월 21일 향경(向京)의 식료 제공자 가운데 포함되어 있는 탐라도인 21명은 우피·녹피 교역 및 탐라방포와 관련된 사람들로 볼 수 있고, 결국 21명의 탐라도인은 147명의 김상순 사신단 중 일원이었을 가능성이 크다. 신라 사신단은 6월 24일 본국으로 돌아갔지만, 탐라도인 21명은 같은 해 10월 21일까지도 일본에 남아 식료를 제공받기도 하였는데, 아마도 이들은 유우(乳牛)의 사육이나 신발 등 가죽 제품, 탐라방포 등의 제작 기술과 관련하여 향경이 허용되었던 것으로 추측된다.[82]

요컨대, 천평 10년(738) 무렵 신라는 탐라의 특산물을 일본과의 교역 내지 외교적 증여물로 활용하였고, 여기에 일군의 탐라인이 참여하였다는 것이다. 사료에 대한 치밀한 분석을 바탕으로 한 이 주장은 모리 기미유키와 진영일의 주장에서 진일보한 탁월한 견해라고 생각한다. 이로 보아 기록에 보이는 탐라방포와 함께 우피·녹피 등의 가죽 물품도 당시 탐라의 주요 교역 물품이었다고 이해할 수 있게 되었다. 특히 우피(牛皮)의 경우에는 고려 문종 7년(1053) 2월 탐라의 진상품 중에도 보이며,[83] 또 『세종실록(世宗實錄)』 권151, 지리지(地理志) 전라도(全羅道) 제주목(濟州牧)에서 제주의 주요 물산 중에 전복[전포(全鮑)]과 녹용(鹿茸) 등도 보여 이후 시기에도 우(牛)·녹(鹿)·복(鰒) 등이 제주의 주요 산물 중 하나였음을 알 수 있다. 끝으로 탐라 물산과 관련하여 한 가지 더 주목해볼 자료로서 『부상략기(扶桑略記)』에는 10세기 전반 무렵 신라인이 탐라도(貪羅嶋)에서 '해조(海藻)'를 교역하다가 표류하여 대마도 하현군(下縣郡)에 표착하였다는 기록이 전하는데,[84] 여기

---

82 이상 박남수, 앞의 논문, 2018, 54~55쪽 ; 앞의 논문, 2019, 179~182쪽 참조.
83 『高麗史』 卷7, 世家7, 文宗 7年 2月 條, "耽羅國王子殊雲那, 遣其子陪戎校尉古物等來, 獻牛黃·牛角·牛皮·螺肉·榧子·海藻·龜甲等物, 王授王子中虎將軍, 賜公服·銀帶·彩段· 藥物."

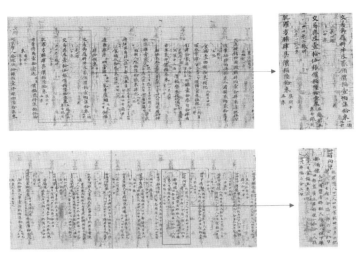

〈도 2-1〉 「천평 10년 주방국정세장」(正倉院 소장)

출처: https://shosoin.kunaicho.go.jp/treasures/?id = 0000011096&index

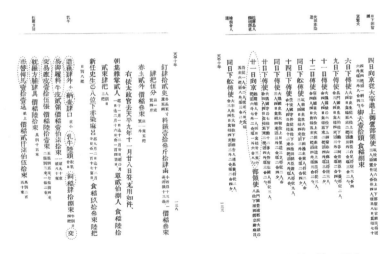

〈도 2-2〉 「천평 10년 주방국정세장」(『大日本古文書(編年文書)』 권2, 1901)

출처: https://wwwap.hi.u-tokyo.ac.jp/ships/shipscontroller

서의 '해조' 또한 고려 문종 7년(1053) 2월 탐라의 진상 품목 중에 보이고 있어 탐라의 주요 교역 물품 중 하나로 활용되었을 것으로 추정된다.

IV. 맺음말

지금까지 5~8세기 탐라국의 대외 교류 전개 양상에 대하여 살펴보았다. 그리고 이와 함께 주변국과의 교류 과정에서 전달된 탐라국의 진상·조공품에는 어떤 물품이 있었는지에 대해서도 간단하게나마 다루어 보았다. 관련 주제에 대한 이해가 턱없이 부족한 상황에서 선행 연구 성과에 의지한 채 논의를 전개하였고, 그러다 보니 부분부분 무리한 추정을 앞세우기도 하였음을 자인하게 된다. 이러한 한계를 인정하고 글의 부족한 부분에 대해서는 향후 보완을 약속하며 본문의 논의를 요약하는 것으로 결론을 대신하고자 한다.

먼저 이 글에서는 탐라국의 대외 교류에 대한 그간의 연구가 백제사나 신라사 혹은 일본사의 관점에서 접근되어온 경향이 있음을 지적하고 5~8세기 탐라국을 둘러싼 국제 정세를 탐라국 중심의 시선에서 살펴보고자 하였다. 5~6세기 탐라국의 대외 교섭은 백제와 고구려를 대상으로 이루어졌는데, 그러한 교섭의 동인과 전개 과정은 탐라국의

---

84 『扶桑略記』 卷24, 延長 7年(929) 5月 17日 條, "이보다 앞서 지난 정월 13일에 貪羅嶋에서 해조를 교역하던 신라인이 對馬 下縣郡에 표착하였다. 嶋守 經國은 [이들을] 安存시켜 粮食을 공급해주고, 아울러 擬通事 長岑望通과 撿非違使 秦滋景 등을 보내 全州로 돌려보내게 하였다(先是, 去正月十三日, 新羅交易海藻於貪羅嶋之 ■, 瓢蕩著對馬下縣郡. 嶋守經國加安存給粮食, 并差加擬通事長岑望通·撿非違使秦滋景 等, 送皈全州)."

주체적인 정세 판단과 대외 교섭 노력에 기초하고 있음을 확인하였다. 특히 476년 백제와의 첫 교섭을 계기로 5세기 후반 급변하는 한반도 정세를 인지한 탐라국이 5세기 말경에 백제가 아닌 고구려를 주요 교섭 대상으로 설정하고 '가(珂)'를 진상하였던 것으로 보았다.

한편, 660년 백제 멸망을 기점으로 탐라가 신라와 일본 및 당을 상대로 다각적인 교섭을 진행하며 급변하는 정세에 대응하고 있었음도 확인하였다. 특히 일본과의 교섭 과정에서 탐라국은 탐라방포·탐라복 등의 자국 특산물을 활용하였을 것으로 추정되며, 이와 함께 우피·녹피·전복·해조 등이 당시 탐라의 주요 산물이자 대외 교섭에 활용된 진상·조공품으로 이용되었을 것으로 보았다.

참고문헌

1. 단행본

국립제주박물관 편, 『해양문화의 보고 제주바다』, 서경문화사, 2017.
동북아역사재단 한국고중세사연구소 편, 『中國正史 東夷傳 校勘』, 2018.
이청규, 『濟州島 考古學 研究』, 학연문화사, 1995.
채미하 외 5명, 『고대 동아시아와 탐라』, 제주대학교 탐라문화연구원, 2019

2. 논문

강봉룡, 「한국고대의 해로와 제주 해양교류」, 『해양문화의 보고 제주바다』, 서경문화사, 2017.
강창화, 「耽羅 以前의 社會와 耽羅國의 形成」, 『강좌 한국고대사』 10, 2003.
강창화, 「고대 탐라(耽羅)의 형성과 전개」, 『유적과 유물을 통해 본 제주의 역사와 문화』, 서경문화사, 2009.
김경주, 「고고유물(考古遺物)을 통해 본 탐라(耽羅)의 대외교역 -한식(漢式) 유물을 중심으로-」, 『탐라사의 재해석』, 제주발전연구원, 2013.
김경주, 「문헌과 고고자료로 본 탐라의 대외교류」, 『호남고고학보』 58, 2018a.
김경주, 「耽羅 前期의 聚落構造와 社會相」, 『탐라문화』 57, 2018b(「탐라시대 전기의 취락구조와 대외교류」, 『고대 동아시아와 탐라』, 제주대학교 탐라문화연구원, 2019 재수록).
김영심, 「문헌자료로 본 忱彌多禮의 위치」, 『전남지역 마한 소국과 백제』, 학연문화사, 2013.
김희만, 「신라와 탐라의 관계기사 재검토」, 『한국고대사탐구』 28, 2018.
박남수, 「탐라국의 동아시아 교섭과 신라」, 『탐라문화』 58, 2018(『고대 동아시아와 탐라』, 제주대학교 탐라문화연구원, 2019 재수록).

박천수, 「가야와 왜의 교류의 역사적 배경」, 『가야고분군 세계유산등재를 위한 국제학술대회 자료집』, 2018.

심재용, 「김해 대성동고분의 변천과 가락국사」, 『가야고분군Ⅴ-가야고분군 연구총서 6권-』, 가야고분군 세계유산 등재추진단, 2019.

이근우, 「탐라국 역사 소고」, 『부대사학』 30, 2006.

이병도, 「第4篇 三韓問題의 硏究 ; 附, 州胡考」, 『韓國古代史硏究(修訂版)』, 博英社, 1985.

이유진, 「탐라의 대일교섭」, 『탐라문화』 58, 2018(『고대 동아시아와 탐라』, 제주대학교 탐라문화연구원, 2019 재수록).

이청규, 「耽羅上古社會 變遷過程 硏究」, 『성곡논총』 27, 1996.

이현정, 「馬具로 본 昌寧地域의 馬事文化」, 『비사벌의 지배자 그 기억을 더듬다』, 국립김해박물관, 2014.

장창은, 「古代 耽羅國 연구의 쟁점과 이해방향」, 『탐라문화』 57, 2018(「史書에 남겨진 古代 耽羅國 운위 실체의 재검토」, 『고대 동아시아와 탐라』, 제주대학교 탐라문화연구원, 2019 재수록).

전경수, 「上古耽羅社會의 基本構造와 運動方向」, 『濟州島硏究』 4, 1987.

전경수, 「韓·耽別祖論과 耽羅의 文化主權」, 『탐라사의 재해석』, 제주발전연구원, 2013.

정재윤, 「백제의 섬진강 유역 진출에 대한 고찰」, 『백제와 섬진강』, 서경문화사, 2008.

진영일, 「古代耽羅의 交易과 「國」 形成考」, 『제주도사연구』 3, 1994.

진영일, 「『三國志』 東夷傳 韓條 「州胡」, 『三國史記』 「耽羅國」 硏究」, 『인문학연구』 6, 2000.

진영일, 「고대 탐라국의 대외관계」, 『탐라문화』 30, 2007.

최희준, 「탐라국의 대외교섭과 항로」, 『탐라문화』 58, 2018(『고대 동아시아와 탐라』, 제주대학교 탐라문화연구원, 2019 재수록).

筧敏生, 「耽羅王權と日本」, 『續日本記硏究』 262, 1989(「耽羅王權과 日本」, 『탐라문화』 10, 1990).

森公章, 「耽羅方脯考 − 8世紀, 日本と耽羅の「通交」−」, 『続日本紀研究』 239, 1985.

森公章, 「古代耽羅の歴史と日本」, 『朝鮮學報』 118, 1986.

3. 기타

平城宮 출토 탐라복 목간 사진(http://mokkanko.nabunken.go.jp/ja/6AABUS4 80764)

『大日本古文書(編年文書)』 卷2, 1901(https://wwwap.hi.u-tokyo.ac.jp/ships/ships controller)

「천평 10년 주방국정세장」(正倉院 소장)(https://shosoin.kunaicho.go.jp/treasures/ ?id=0000011096&index)

02

10~12세기 탐라의 대외 교류

고수미(高秀美, 제주대학교 사학과 강사)

Ⅰ. 머리말

전근대 바다와 해양은 탐라가 외부세계와 소통할 수 있는 창구였으며, 탐라는 시기마다 외부의 정치적 변화에 적극적으로 대응하며 대외 활동을 전개하였다. 이를 통해 만들어진 탐라인의 해양세계를 아는 것은 탐라의 해양성을 이해하는 기반이 된다.

제주인들에게 바다는 삶의 터전이었고 한정된 제주의 영역을 확장할 수 있는 가능성의 세계로, 고대부터 해양으로 진출하여 매 시기마다 주어진 조건 안에서 대외 교역과 외교 활동을 활발하게 펼쳤다. 별과 해류와 바람으로 만들어진 항해 지식과 기술은 인근 해역을 넘어 점차 타 지역 국가들과의 교류를 가능하게 해주었고 이들에게서 받아들인 선진 문물과 문화는 제주의 새로운 문화가 만들어지는 토대가 되었다. 더불어 해상 활동 중에 의도치 않게 발생한 표류와 표착은 표착지에서의 경험과 제주로 표류해 온 인접 국가의 사람들을 만나는 기회가 되었다는 점에서 또 다른 교류라고 할 수 있다.

고대 중국과 한반도, 일본으로 연결되는 해양 항로의 교차점에 위치한 탐라국은 다양한 주변 지역과 교역을 하였으며 필요에 따라서는 백제, 신라, 고려와 조공(朝貢) 관계를 맺어 한반도 지역과 교류를 지속해갔다.

10~12세기 동북아시아는 송, 요, 금, 고려, 일본 등 여러 국가가 공존하는 다중심적 상황에서 세력 균형을 유지하였다. 고려는 국가 안보를 위해 거란 및 금과 조공 - 책봉 관계를 맺었는데, 이는 일방적인 지배 - 종속 관계가 아니라 상호 인정하고 예측이 가능한 외교 방식이었다. 고려와 송, 일본 등은 다중심적 국제질서 안에서 외교와 문물 교류를 분리하여 취급였으며, 특히 송 상인들은 교역 활동을 위해 활발하게 고려를 찾았고, 고려는 경제, 문화 등의 측면에서 국제 관계를 활용하여 다원적인 세계관을 구현하였다.

탐라는 이를 활용해 고려와의 외교에 적극적으로 참여하면서 고려뿐 아니라 고려를 찾은 타 국가와의 무역으로 경제적 이득을 얻었으며 종교, 서적, 도자기 등 송과 고려의 선진 문물을 수입하였다.

10~12세기에 탐라는 고려의 간접 지배에 놓여 있었지만 여전히 독립국의 지위를 유지하였다. 그러나 12세기 중반 고려의 지방으로 편입되면서부터 정치 및 사회적 변화를 겪게 되었다. 이 때문에 탐라에 관한 연구는 주로 탐라와 고려와의 지배 형태 및 성격 규명, 탐라의 지방 편제 시기, 고려의 탐라 인식과 변화 등에 집중되어 있다.[1]

---

1 고창석, 「耽羅의 郡縣設置에 대한 考察 -고려전기를 중심으로-」, 『제주대 논문집』 14, 제주대학교, 1982 ; 진영일, 「高麗前期 耽羅國 硏究」, 『탐라문화』 제16호, 제주대학교 탐라문화연구원, 1996 ; 김일우, 「高麗時代 耽羅의 地方編制 시기와 그 單位의 형태」, 『한국사학보』 제5호, 고려사학회, 1998 ; 김창현, 「高麗의 耽羅에 대한 정책과 탐라의 동향」, 『한국사학보』 제5호, 고려사학회, 1998 ; 김일우, 「高麗와 耽羅의 관계 형성과 그 형태」, 『한국학보』 3권 2호, 일지사, 2004 ; 노명호, 「10~12세기 탐라와 고려국가」, 『제주도연구』 28집, 제주학회, 2005 ; 김보광, 「고려전기 탐라에 대한 지배방식과 인식의 변화」, 『역사와 담론』 85호,

탐라와 고려는 시기별로 교류의 양상과 성격을 달리한다. 10~11세기 탐라와 고려는 간접 지배 형태로 '진헌(進獻)과 하사(下賜)'라는 조공 관계의 성격이었다면, 1105년(숙종 10) '탐라군(耽羅郡)'으로 편제된 후 의종대 탐라현(耽羅縣)으로 재편되어 지방관이 파견되면서 고려의 직접 지배하에 놓였다.[2] 탐라가 고려의 지방으로 완전히 복속된 후 발생한 수차례의 민란은 과도한 공부(貢賦)와 지방관과 토호세력 간의 갈등으로 야기된 측면이 있다. 이런 역사적 배경에서 당시 탐라와 고려의 교류 양상과 관련된 기록들을 고찰하여 교류의 변화와 성격을 살피는 과정은 탐라를 이해하는 또 하나의 방편이 될 것이다.

본고에서는 10~12세기 탐라의 대외 교류 양상과 관련하여, 문헌 기록을 중심으로 고대 탐라와 주변국과의 교류 양상과 지향점에 대해 고찰한 후, 1105년(숙종 10) 고려의 탐라군으로의 편제, 의종대 지방관 파견 등의 조치들이 취해지면서 탐라국에서 고려의 지방으로 편입되는 과정과 사회의 변화에 대해 살펴보겠다. 이 안에서 탐라와 고려 간 '진헌과 하사'를 차용한 경제적 교류 양상을 살펴 교역의 실체를 구체화하고자 한다. 그리고 11~12세기 송 - 고려 - 일본으로 이어지는 동북아 해상 교역 시스템 안에서 의도하지 않은 교류였던 표류와 관련된 기록을 검토하여 탐라의 대외 교류와 해상 도시의 성격을 살펴보겠다. 이후 12세기 중반 고려의 지방으로 편제되면서 탐라의 위상이 달라지고 교류 양상의 변화도 함께 살피겠다.

탐라는 10~12세기 섬과 바다라는 시·공간적 범위 안에서 적극적으로 경제활동을 펼쳤으며 변화의 시점에서는 정세 변화에 순응하거나

호서사학회, 2018 ; 전영준, 「10~12세기 고려의 渤海難民 수용과 주변국 同化政策」, 『제주도연구』 55집, 제주학회, 2021. 등 다수의 연구가 있다.

2 『고려사』 권57 志11 地理2 全羅道 耽羅縣.

맞서면서 중세 탐라의 다각적인 모습을 보여주고 있었다.

II. 탐라의 해양 교류와 지향점

1. 고대 탐라의 교류와 지향점

탐라에 대한 최초 문헌 기록은 3세기 후반의 '주호(州胡)'이다.[3] 5세기 중반 주호국(州胡國)[4]의 '주호' 또한 대다수의 연구자가 탐라로 비정하고 있다.[5] 이들 기록에서는 주호의 교역 성격이 드러나 있으며 당시 탐라는 한반도 남해안 지역의 다양한 정치체들과 해상교역체계를 갖추어 경제활동을 하고 있었다.

하지만 고고학적 연구 성과를 바탕으로 살펴보았을 때 1세기 대에도 탐라의 해양 교역이 이루어지고 있었으며, 교역을 이끌었던 수장층 내지 교역 집단이 존재했음을 알 수 있다. 해남 군곡리와 사천 늑도패총에서 동시대 제주산 토기가 확인되고, 오수전·화천·대천오십·화포 등 중국 화폐와, 동경·동검·동촉·옥기 등의 한식(漢式) 유물이 출토되었으며 이는 낙랑군을 매개로 하여 한반도 남부 지역을 통해 수입되었

---

3 『三國志』魏書 東夷傳 韓. "又有州胡在馬韓之西海中大島上 其人差短小 言語不與韓同 皆髡頭如鮮卑 但衣韋 好養牛及豬 其衣有上無下 略如裸勢 乘船往來 市買韓中."

4 『後漢書』東夷列傳 韓. "馬韓之西 海島上有州胡國 其人短小髡頭 衣韋衣有上無下 好養牛豕 乘船往來貨市韓中."

5 진영일, 『고대 중세 제주역사 탐색』, 제주대학교 탐라문화연구소, 2008 ; 전경수, 『탐라·제주의 문화인류학』, 민속원, 2010 ; 이청규, 『해상활동의 고고학적 기원과 전개』, 경인문화사, 2016 등 이 외 주호의 위치 비정과 관련하여 '강화도설', '묘도열도설' 등이 있다. 김경주, 「문헌과 고고자료로 본 탐라의 대외교류」, 『호남고고학보』58권, 호남고고학회, 2018 참조.

다. 또한 용담동 철기부장묘에서 보이는 철기 부장품들은 철이 생산되지 않았던 탐라가 변(弁)·진한(辰韓) 지역에서 철을 수입하였다는 것을 보여준다. 이는 당시 탐라인들이 해양 교류에 필요한 선박 제조 기술과 항해 기술을 보유하고 있었으며, 필요한 인력을 동원할 수 있는 권력과 경제력을 소유한 집단이 도내 각 지역에 분포하고 있었음을 의미한다.[6]

탐라가 낙랑 - 마한 - 弁·辰韓 - 倭로 이어지는 교역경로 상에 포함되어 있지 않았음에도 불구하고, 산지항과 용담동·삼양동 등에서 화폐와 철제 무기류·옥환 등 중국이나 진·변한 계통의 위신품이 출토되는 까닭은 탐라가 이들의 교역체계에 능동적으로 동참했기 때문이다. 그리고 당시 탐라의 교역범위는 제주산 토기가 출토되는 전남지역의 마한을 중심으로 한반도 남부지역 전체로 상정할 수 있다.[7] 이는 탐라에서 생산되지 않는 필요한 물자 확보 및 수장층의 정치적 권위를 내세울 위세품 등의 확보를 위한 적극적인 교역 활동의 결과였다.

이후『삼국사기』「백제본기」[8]와 「신라본기」[9]에 보이는 탐라와 백제, 신라와의 관계에서 탐라는 백제와 신라의 조공 대상으로 나타나고 있다.

5세기 탐라는 '탐라국'이라는 지명으로 사서에 등장하는데 백제와 신라의 조공국으로 인식되고 있다.『삼국사기』백제본기 476년(문주왕 2) '탐라국에서 방물을 바치자 왕이 기뻐하면서 탐라 사자에게 은솔(恩率) 벼슬을 내려 주었다'라는 기록[10]과 498년(동성왕 20)의 기록[11]

---

6 탐라 전기 고고유물은 중국 화폐가 출토되었던 산지항, 금성리, 종달리 외에도 강정동, 화순동, 곽지리, 하귀리, 외도동, 용담동 등 제주 전역에서 출토되고 있다.

7 장창은,「고대 탐라국 연구의 쟁점과 이해방향」,『탐라문화』제57호, 제주대학교 탐라문화연구원, 2018, 88쪽.

8『三國史記』卷26,「百濟本紀」4, 文周王 2年 4月. "耽羅國獻方物, 王喜拜使者爲恩率."

9『三國史記』卷6,「新羅本紀」6, 文武王 2年 2月. "耽羅國主佐平徒冬音律[一作津]來降. 耽羅自武德以來, 臣屬百濟, 故以佐平爲官號, 至是降爲屬國."

10『三國史記』卷26,「百濟本紀」4, 文周王 2年 4月. "耽羅國獻方物, 王喜拜使者爲恩率."

등에서 보이듯 종종 방물을 진상하면서 백제와의 관계를 이어갔다. 백제 멸망 후 662년(문무왕 2) 2월 탐라국주 도동음률(徒冬音律)의 신라에 대한 조공 기사에서 보이듯 이후 탐라는 신라의 속국이 되었으며[12], 이후 801년(애장왕 2)에 신라에 사신을 보내 조공하는 기록이 있어[13] 지속해서 신라와 관계를 유지하였음을 알 수 있다.

7세기 이후 탐라는 일본과도 교류하였다. 탐라와 일본 간 교류 내용은 661년 5월 탐라 왕자 아파기(阿波伎) 등이 일본에 공헌(貢獻)하였다는 『일본서기(日本書紀)』에 보인다. 661년 일본의 견당사가 귀국길에 탐라에 표착하여 탐라 왕자의 도움을 받아 귀국하였으며 이때 처음으로 탐라와 일본의 통교가 이루어지면서[14] 779년까지 탐라와 일본 간에 15건의 교류 기록이 보인다.[15] 이후 일본과의 교섭 기사는 보이지 않지만 일본의 기록에 '탐라도(耽羅嶋)'라는 이름으로 10세기 후반까지 탐라와 일본이 교류하고 있었음을 볼 수 있다.[16]

또한 661년 8월 탐라국은 당에도 사신을 보내 조공하였다.[17] 이 시

---

11 『三國史記』卷26,「百濟本紀」4, 東城王 20年 8月. "八月, 王以耽羅不修貢賦親征 至武珍州 耽羅聞之 遣使乞罪乃止 [耽羅即耽牟羅]."

12 『三國史記』卷6「新羅本紀」6 文武王 2年 2月. "耽羅國主佐平徒冬音律 [一作津]來降 耽羅自武德以來 臣屬百濟 故以佐平爲官號 至是降爲屬國."

13 『三國史記』卷10「新羅本紀」10 哀莊王 2年 10月. "耽羅國遣使朝貢."

14 『日本書紀』卷26 齊明天皇 7年 5月. "丁巳 耽羅始遣王子阿波伎等貢獻 伊吉連博德書云, 辛酉年正月廿五日, 還到越州. 四月一日, 從越州上路, 東歸. 七日, 行到檉岸山明. 以八日鷄鳴之時, 順西南風, 放船大海. 海中迷途, 漂蕩辛苦. 九日八夜, 僅到耽羅之嶋. 便即招慰嶋人王子阿伎等九人, 同載客船, 擬獻帝朝. 五月廿三日, 奉進朝倉之朝. 耽羅入朝, 始於此時."

15 高昌錫, 『耽羅國史料集』, 신아문화사, 1995. 『日本書紀』(12건), 『續日本記』(3건)에서 661~779년 사이 15건의 교류 기록이 보인다.

16 이유진, 「탐라의 대일교섭 -『日本書紀』의 교류기록을 중심으로-」, 『고대 동아시아와 탐라』, 제주대학교 탐라문화연구원, 2019, 222쪽.

17 『唐會要』卷100, 耽羅國.

기 신라, 일본, 당과의 교류 관계를 감안하면 탐라는 신라의 삼국통일 이후 동북아 정세의 변화에 긴밀히 적응하며 해외 진출을 모색하면서 중국, 한반도, 일본 등과의 교역 활동에 적극적으로 참여하였다.

탐라는 고고유물과 문헌 기록에서 보이듯 1세기 전후부터 1,000여 년간 끊임없이 해양으로 진출하여 적극적인 대외 교류를 행하였으며 선진 문물을 받아들이고 시대적 변화에 나름의 방식으로 적응하면서 탐라의 문화와 해양성을 만들어냈다. 탐라의 해양 교류는 외부와의 소통 방식이자 세계관 구성의 바탕이었다.

2. 고려 전기 탐라와 고려의 교섭

탐라가 고려와 처음 관계를 맺는 것은 고려로부터 성주(星主), 왕자 (王子)의 지위를 인정받으며 독립국으로서 조공 - 책봉 관계 안에서 설정 되었다. 성주와 왕자는 당시 탐라국을 대표하는 정치체의 호칭으로, 이 는 탐라국의 지위 및 정치 질서를 재확인 내지 공인한다는 의미였다.[18]

탐라와 고려의 공식적인 만남은 925년(태조 8)에 탐라의 방물(方物) 을 바치면서이다. 이후 938년(태조 21) 탐라국의 태자가 내조(來朝)하 여 성주와 왕자의 사작(賜爵)을 받는데[19], 성주와 왕자의 직위는 661년 (문무왕 2) 고후(高厚)·고청(高靑) 등 세 형제가 신라의 왕을 만났을 때 신라왕이 큰아들을 성주, 둘째 아들을 왕자, 막내아들에게 도내(都內) 의 지위를 주었던 데서 시작된 것으로[20], 이는 태조가 기존 탐라국의 지위를 인정하면서 고려의 영향 아래 포섭하고자 하였던 것이다.

---

18 김보광, 「고려전기 탐라에 대한 지배방식과 인식의 변화」, 『역사와 담론』 85, 호서사학회, 2018, 266쪽.

19 『高麗史』 卷2 世家2 太祖 21年 12月. "冬十二月 耽羅國太子末老來朝 賜星主王子爵."

20 『高麗史』 권57, 志11, 地理 2, 耽羅縣.

	시기	내용
1	938년 12월 (태조 21)	겨울 12월 탐라국의 태자 末老가 來朝하자 星主, 王子의 벼슬을 내려주었다.
2	1011년 9월 15일 (현종 2)	을유, 탐라가 州郡의 예에 따라 朱記를 하사할 것을 간청하자, 이를 허락하였다.
3	1024년 7월 27일 (현종 15)	임자 탐라의 酋長 周物과 아들 高沒을 함께 雲麾大將軍上護軍으로 삼았다.
4	1029년 6월 26일 (현종 20년)	6월 계축 탐라의 세자 孤鳥弩가 來朝하자, 游擊將軍에 제수하고 袍 1벌을 하사하였다.
5	1043년 12월 27일 (정종 9)	12월 경신 乇羅國 星主 游擊將軍 加利가 아뢰기를, "王子 豆羅가 최근에 죽었는데, 하루도 후계자가 없어서는 안 되므로 號仍을 왕자로 삼게 해주십시오."라고 하며, 이어서 方物을 바쳤다.
6	1054년 5월 16일 (문종 8)	탐라국에서 使者를 보내어 태자의 冊立을 축하하므로, 使者 13인에게 관직을 주고 뱃사공과 수행원에게는 賜物을 차등 있게 하사하였다.
7	1057년 1월 12일 (문종 11)	기축, 高維를 右拾遺로 삼고자 하였다. 중서성에서 아뢰기를, "고유는 탐라 출신이므로 諫省에는 합당하지 않은데, 만일 그 재주를 아깝게 여긴다면 다른 관직을 제수하길 요청합니다"라고 하자, 이를 받아들였다.
8	1063년 3월 9일 (문종 17)	신해 탐라의 새 星主 豆良이 來朝하니, 특별히 明威將軍을 제수하였다.
9	1090년 1월 23일 (선종 7)	기축, 예빈성에서 乇羅 구당사의 보고에 의거하여 아뢰기를, "星主 유격장군 加良仍이 죽고 同母弟인 陪戎副尉 高福令으로 그 뒤를 이었는데, 부의하는 물품(賵賻之物)은 예전의 사례에 따라 지급하여 보내는 것이 마땅할 것입니다"라고 하니, 왕이 이를 허락하였다.
10	1101년 10월 8일 (숙종 6)	을미 乇羅의 새로운 星主인 陪戎副尉 具代를 遊擊將軍으로 삼았다.
11	『고려사』 卷57 志11 地理2 全羅道 珍島縣 耽羅	· 1105년(숙종 10) 乇羅를 耽羅郡으로 고쳤다 · 毅宗 때 縣令官이 되었다.

21 〈표 1〉은 『고려사』와 『고려사절요』를 중심으로 탐라와 고려 간 정치적 복속관계를 정리하였다.

〈표 1〉은 고려 전기 탐라와 고려의 정치적인 영속 관계를 정리한 내용으로, 탐라는 고려의 번국(藩國)으로 조공 - 책봉 관계를 유지하며 관계를 이어가다 1105년 이후 고려의 지방으로 편입되는 과정을 보여준다.

고려는 건국 후 국가를 경영하며 주변국과의 관계 설정과 이에 따른 여러 정책을 실시하였다. 북방의 이민족들과는 기미주(羈縻州) 설치, 제번경기(諸蕃勁騎)에 대한 중폐비사(重幣卑辭) 전략, 발해 난민의 수용과 정착을 위한 제 정책을 실시하였고, 탐라에 대해서는 고려의 번국으로 기미지배 방식의 운용을 통한 영향력을 강화시켰다.[22]

탐라국의 성주는 독립적인 자격으로 고려 및 주변국과 대외 교류를 진행하였다. 이는 탐라가 다른 국가들과 동등한 지위로 팔관회의 조하의식에 참석한 기록에서도 볼 수 있다. 이후 1011년(현종 2) 탐라가 주군의 예에 따라 주기(朱記)를 내려주기를 청하여 주기를 하사하였다는 내용은[23] 탐라가 고려 정부와 좀 더 긴밀한 관계를 요구하였다고 볼 수 있다. 당시 탐라는 독립국의 지위를 유지하였지만 고려는 탐라에 구당사(勾當使)를 파견하여 진주 등 희귀한 물품을 수취하였고[24], 내정간섭과 탐라의 상황을 보고받으면서[25] 영향력을 강화해갔다.

1011년은 거란의 2차 침입이 종료되고 현종이 개경으로 돌아와 개경과 서경의 황성을 다시 쌓는 등 재정비를 하는 시기로 4월에 영빈관(迎賓館)과 회선관(會仙館)을 설치하여 사신들을 접대하였다는 기록이 보이는데[26], 영빈관은 1055년(문종 9) 송의 상인이 머물렀던 객관이며,

---

22 전영준, 「10~12세기 고려의 발해난민 수용과 주변국 동화정책」, 『제주도연구』 55호, 제주학회, 2021, 14~20쪽.

23 『高麗史』 卷4, 世家4, 顯宗 2年 9月. "乙酉 耽羅乞依州郡例 賜朱記 許之."

24 『高麗史』 卷9 世家9, 文宗 33年 11月. "壬申 耽羅勾當使尹應均獻大眞珠二枚 光曜如星 時人謂夜明珠."

25 전영준, 「10~12세기 고려의 발해난민 수용과 주변국 동화정책」, 『제주도연구』 55호, 제주학회, 2021, 18쪽.

탐라 상단 158인이 머물렀던 조종관(朝宗館)도 설치되어 있었다.[27] 여기서 탐라의 주기 요청은 고려의 간섭을 받는 대신 고려의 연안 항로 이용 및 고려 내에서의 상업 활동, 탐라 상인의 객관 설치 등 무역의 규모를 넓히려는 목적이 있었던 것으로 여겨진다.

〈표 1〉에서 탐라의 성주와 왕자는 고려 왕의 책봉을 받았으며 왕은 이들에게 '운휘대장군상호군(雲麾大將軍上護軍)', '유격장군(游擊將軍)', '명위장군(明威將軍)' 등 무산계(武散階)의 직위를 사작하고 관복[袍], 의대 등 사물을 지급하였다. 9번 사료는 탐라의 성주가 죽어서 부의하는 물품(賻賵之物)을 보내고 있는데 '예전의 사례에 따라 지급하여 보내는 것이 마땅할 것입니다'라는 내용에서 탐라의 성주 혹은 왕자가 죽었을 때 부의물품을 보내는 것이 관례화되었던 것 같다. 『고려사』에서 볼 수 있는 왕의 부의물품으로는 쌀, 콩, 포, 종이 등이 보인다.[28]

고려는 문호를 개방하여 외국인도 과거에 응시할 수 있는 빈공과(賓貢科)가 설치되어 있었다. 탐라인으로는 977년(경종 2)에 진사시 갑과에 고응(高凝) 등 3인과 을과 3인이 최초로 합격하면서[29] 인적 교류도 일어났다. 그 후 1057년(문종 11) 고유(高維)를 우습유에 임명하려 하였지만 탐라 출신이라는 이유로 반대하여 임명하지 못하고[30], 『고려사』 열전 고조기조에 고유가 우복사에 제수되었다는 기록이 보인다.[31]

---

26 『高麗史』 卷4 世家4, 顯宗 2年 4月. "丁卯 置迎賓·會仙二館 以待諸國使."

27 『高麗史』 卷7 世家7 文宗 9年 2月. "戊申 寒食, 饗宋商葉德寵等八十七人於娛賓館 黃拯等一百五人於迎賓館 黃助等四十八人於淸河館 … 耽羅國首領高漢等一百五十八人於朝宗館."

28 『高麗史』 卷64 志18 禮6 凶禮 諸臣喪. "高麗 大臣之卒 賻贈恩恤 極爲優厚." 탐라의 성주에게도 그 정도의 부의물품을 보냈을 것이다.

29 김봉옥, 『제주통사』, 제주발전연구원, 2013, 45쪽.

30 『高麗史』 卷8 世家8 文宗 11年 1月. "己丑 以高維爲右拾遺. 中書省奏, '"維系出耽羅 不合간省 如惜其才 請授他官.'" 從之."

1107년(예종 2) 고유의 아들 고조기가 문과에 급제하여 1135년(인종 13) 김부식의 보좌관으로 활동하였으며 의종 대에는 참지정사판병부사(參知政事判兵部事)와 중서시랑평장사(中書侍郞平章事)를 역임하였다.[32] 이처럼 탐라인이 빈공과에 응시하고 고려의 고위 관료로 활동할 수 있었던 배경에는 탐라가 일정 정도 독립국의 지위를 유지하고 있었기 때문이며, 개경에서 이들의 존재는 탐라를 알리는 역할을 하였다. 탐라인이 개경을 방문했을 때에도 적잖이 의지가 되었을 것이다. 이러한 인적 왕래 및 물적 교류는 탐라 사회의 변화와 발전을 촉진하였다.

탐라는 1105년(숙종 10) '탐라군'으로 편제되면서 독립국의 지위에서 고려의 지방으로 편입되었다. 이후 의종대 현령관이 되면서 이후 지속해서 지방관이 파견되었다.[33] 1153년(의종 7) 팔관회에 '탐라현'으로 진헌한 기록이 있어[34] 1153년 이전 의종 초에 탐라현으로 편제되었고 이후 탐라의 진헌 기록은 더 보이지 않는다.

「오인정 묘지명(吳仁正 墓誌銘)」에서 오인정이 탐라에 구당사(勾當使)로 파견되었는데 1155년(의종 9)에 병을 얻어 개경으로 돌아왔다는 내용[35]으로 보아 현령 등의 지방관은 1155년 이후에 파견되었던 것 같다. 1211년(희종 7) 고을(탐라)의 석천촌(石淺村)을 귀덕현(歸德縣)으로

---

31 『高麗史』 卷98 列傳11 諸臣 高兆基. "高兆基. 初名唐愈 耽羅人 … 父維 右僕射." 右僕射는 尙書右僕射라고도 불리며 尙書省의 정2품 관직이지만 실직이 아니어서 宰樞의 반열에 들지 못하였다. 따라서 고유는 실직을 부여받지는 못했던 것 같다.

32 『高麗史』 卷98 列傳11 諸臣 高兆基.

33 『高麗史』 卷57, 志11, 地理2, 珍島縣 耽羅縣.

34 『高麗史』 卷18 世家18 毅宗 7年 11月. "庚子 耽羅縣徒上仁勇副尉中連珍直等十二人來, 獻方物."

35 김용선, 「吳仁正 墓誌銘」, 『역주 고려 묘지명집성』 上, 한림대학교 출판부, 2012. "■是差授毛羅島句當使 … 貞元三年■■■■■■■■■■■■■仍遇疾還京 至其年七月■■■■■■■■■ 乃葬于法雲山西北."

삼아 주현과 속현의 관계가 되었으며, 1216년(고종 3) 다시 '탐라군'으로 편제, 이후 1229년(고종 16) '제주(濟州)'로 읍호를 변경하고 부사와 판관을 파견하였다.[36]

하지만 1105년 이전에도 탐라는 고려의 영향력 아래 놓여 있었음을 알 수 있는 기록들이 보인다.

Ⅱ-① 1052년(문종 6) 임신, 三司에서 아뢰기를, "탐라국에서 해마다 바치는 귤을 100包子로 개정하고, 이를 항구한 제도로 삼으십시오"라고 하자, 이를 받아들였다.[37]

Ⅱ-② 1058년(문종 12) 왕이 탐라 및 영암에서 재목을 베어 큰 배를 만들어 장차 송과 통하려고 하니, 내사문하성에서 아뢰기를, … 또 탐라는 땅이 척박하고 백성이 빈곤하여, 오직 해산물과 배 타는 것으로 집안을 경영하고 생계를 도모하고 있습니다. 지난 해 가을에는 목재를 베어 바다 건너 사찰을 새로 창건하여 피로가 이미 쌓여 있으므로, 지금 또 이 일로 거듭 괴롭히면 다른 변이 생길까 두렵습니다.[38]

Ⅱ-③ 1079년(문종 33) 탐라 勾當使 尹應均이 夜明珠 2枚를 바쳤는데 빛이 별같이 반짝여서 당시 사람들이 夜明珠라고 하였다.[39]

---

36 『高麗史』 卷57, 志11, 地理2, 珍島縣 耽羅縣 ; 『新增東國輿地勝覽』 卷38 全羅道 濟州牧 建置沿革.

37 『高麗史』 卷7, 世家7, 文宗 6年 3月 27日(壬申). "三司奏, 耽羅國歲貢橘子 改定一百包子 永爲定制 從之."

38 『高麗史』 卷8, 世家8, 文宗 12年 8月. "王欲於耽羅及靈巖 伐材造大船 將通於宋 內史門下省上言 " … 且耽羅地瘠民貧 惟以海産 乘木道 經紀謀生. 往年秋 伐材過海 新創佛寺 勞弊已多 今又重困 恐生他變'" 從之."

39 『高麗史』 卷9 世家9 文宗 33年 11月. "壬申 耽羅勾當使尹應均獻大眞珠二枚, 光曜如星, 時人謂夜明珠."

위의 기록들은 탐라군으로의 편제 이전에도 해마다 귤을 세공품으로 공납하고 있었으며, 탐라민들은 사찰을 조영하거나 배를 만드는 데 필요한 재목을 충당하고 더불어 역(役)을 수행하고 있었음을 보여준다. Ⅱ-③의 기록은 최소한 1079년 이전에 탐라에 구당사[40]가 파견되어 민정을 살폈으며 이는 고려가 탐라에서 생산되는 물산에 대해 상세히 파악하고 있었다는 사실을 보여준다. 그렇다 하더라도 당시 탐라가 지방정부로 완전히 편입된 상태는 아니었으며 고려의 번국으로 위치하면서 간접 지배를 받고 있었다. 이후 의종대 탐라현으로 편제되면서 지속적으로 지방관이 파견되었다는 것은 간접 지배에서 직접 지배로의 전환을 나타낸다. '진헌과 하사'라는 교류의 성격은 없어지고 진헌은 고려의 지방민으로서 의무적 공납으로 바뀌었다. 이후 지방관과 토호세력 간 마찰, 과도한 공납과 수탈은 도민들의 반발을 불러와 민란이 일어나는 하나의 요인이 되었다.

Ⅲ. 10~12세기 탐라의 교류 양상

1. 10~12세기 고려와의 경제적 교류

고대국가 단계부터 활발하였던 동아시아 국가 간 대외 교류는 중세에도 지속되어 고려를 포함한 동아시아 국가 간 무역망이 형성되었고 고려는 동북아시아 각국을 대상으로 활발한 대외 교류를 펼쳤다.

---

40 고려는 994년(성종 13) 河拱辰을 압록도 구당사로 파견하였다.(『高麗史』 卷3, 世家3, 成宗 13年 8月) 이후 1011년(현종 2) 탐라가 州郡의 例에 따라 朱記를 요청하였다는 기록이 있어『高麗史』卷4, 世家4, 顯宗 2年 9月) 아마 1011년 이후 탐라에도 구당사가 파견되었을 것으로 짐작된다.

고려는 북방 지역의 거란, 말갈, 여진과 통교하면서 기미주를 설치하였고, 송·아라비아·일본·탐라 등과의 해상무역은 개경의 국제무역항인 벽란도를 중심으로 성행하였다. 고려는 매년 팔관회를 통해 주변국과의 관계를 공고히 하면서 동북아시아 내에서 체제 질서를 만들어갔다. 팔관회 의례 중 외국 사신이나 상인들의 조하의식(朝賀儀式)은 고려의 대외적 위상을 높여주었으며 왕실, 관청, 관료들을 대상으로 진헌 무역을 행하였다. 고려와 동북아시아 제 국가 간에는 해로를 이용한 해양 교류가 활발히 전개되었다. 송, 동·서번, 흑수, 말갈, 탐라, 일본, 대식국, 비내국[41] 등의 국가에서 조공을 받았으며 특히 발달한 해상무역을 바탕으로 송 상인의 활약이 두드러졌다. 무역품으로는 왕실에서 소비되는 사치품 외에도 생활용품, 서적, 방문 국가의 토산물 등 다양하였다. 고려의 하사품은 고려의 특산물인 종이, 인삼, 청자 등이었다.[42]

탐라는 고려적 질서 안에서 고려의 무역망을 활용하여 주변국과의 무역에 참가하였다. 조공과 책봉체제를 수용하여 고려 왕에게서 성주·왕자의 지위와 작위를 부여받는 것은 탐라민들에게 지배층(또는 토호세력)의 권위와 지위를 보장해주는 장치였다. 또한 진헌과 하사라는 관계 안에서 일정 정도 독립국으로 교역에 참여할 수 있었는데 팔관회에서의 외국인 진헌 의례 참가 및 고려를 비롯한 송, 여진, 거란, 일본, 대식국 등 여러 국가와의 무역을 통해 필요한 물품을 구입하고 경제적 부를 쌓았다. 이 외에도 고려왕의 하사품과 서적, 도자기, 종교시설, 의례 등의 선진 문물 수입 등의 문화 교류는 탐라의 문화를 만들어가는 통로였다.

---

41 『高麗史』 卷4 世家4 顯宗 9年 6月(乙亥).
42 전영준, 「고려시대 동아시아의 해양과 국제교류 양상」, 『중세 동아시아의 해양과 교류』, 제주대학교 탐라문화연구원, 2019, 84~85쪽.

〈표 2〉 고려 전기 탐라의 진상 사례[43]

회	시기	내용
1	925년 11월 (태조 8)	11월 기축에 탐라에서 方物을 바쳤다.
2	1012년 8월 7일 (현종 3)	임인에 탐라인이 와서 큰 배 2척을 바쳤다.
3	1019년 9월 9일 (현종 10)	임술에 重陽節이었으므로 邸館에서 송과 탐라, 흑수의 여러 나라 사람들에게 잔치를 베풀었다
4	1021년 7월 3일 (현종 12)	병자에 탐라에서 방물(方物)을 바쳤다
5	1022년 2월 9일 (현종 13)	기유에 탐라에서 방물(方物)을 바쳤다
6	1027년 6월 15일 (현종 18)	탐라에서 방물을 바쳤다.
7	1029년 7월 1일 (현종 20년)	탐라에서 방물을 바쳤다.
8	1030년 9월 1일 (현종 21)	9월 신해 초하루에 탐라에서 방물을 바쳤다.
9	1034년 11월 4일 (정종 원년)	팔관회를 열었는데, 神鳳樓 나아가 백관에게 술과 음식[酺]을 하사하였으며, 저녁에 법왕사에 행차하였다. 다음 날 大會 때 또한 또 술과 음식을 하사하고 음악 공연을 관람하였다. 東京·西京·東路兵馬使·北路兵馬使·4都護·8牧에서 각각 표문을 올려 하례하였고, 宋의 商客과 東蕃·西蕃·耽羅國에서 또한 方物을 바쳤다. 의례를 관람할 수 있는 자리를 마련해 주고[賜坐] 음악을 관람하였는데, 이후로 상례로 삼았다.
10	1036년 11월 15일 (정종 2)	11월 기축에 팔관회를 열자, 송 상인과 동여진, 탐라에서 각각 방물을 바쳤다.
11	1043년 12월 27일 (정종 9)	12월 경신, 乇羅國 星主 游擊將軍 加利가 아뢰기를, "王子 豆羅가 최근에 죽었는데, 하루도 후계자가 없어서는 안 되므로 號仍을 왕자로 삼게 해 주십시오"라고 하며, 이어서 方物을 바쳤다
12	1049년 11월 13일 (문종 3)	11월 임인에 탐라국 振威校尉 夫乙仍 등 77인과 北女眞 首領 夫擧 등 20인이 와서 土物을 바쳤다.
13	1052년 3월 27일 (문종 6)	임신에 三司에서 아뢰기를, "탐라국에서 해마다 바치는 귤을 100包子로 개정하고, 이를 항구한 제도로 삼으십시오"라고 하자, 이를 받아들였다.
14	1053년 2월 7일 (문종 7)	탐라국 왕자 殊雲那가 아들 陪戎校尉 古物 등을 보내어 우황·우각·우피·나육·비자·해조·구갑 등 물품을 바치므로, 왕이 왕자에게 中虎將軍을 除授하고 公服·은대·채단·약물을 하사하였다.
15	1054년 5월	기묘에 … 탐라에서 使者을 보내어 태자를 책봉하여 세운 것을 하례하

회	시기	내용
	(문종 8)	였으므로 사자 13인에게 관직을 주고 뱃사공과 수행원에게는 물품을 차등 있게 하사하였다.
16	1055년 2월 20일 (문종 9)	무신에 한식이므로 송 상인 葉德寵 등 87인은 娛賓館에서, 黃拯 등 105인은 迎賓館에서, 黃助 등 48인은 淸河館에서, 탐라국 首領 高漢 등 158인은 朝宗館에서 음식을 대접하였다.
17	1056년 2월 27일 (문종 10)	기유, 耽羅國에서 방물을 바쳤다.
19	1062년 2월 27일 (문종 16)	을사, 탐라에서 高叶 등이 와서 土物을 바쳤다.
20	1062년 10월 6일	겨울 10월 기묘에 탐라 성주 高逸이 와서 方物을 바쳤다.
21	1063년 3월 (문종 17)	신해에 耽羅 星主 豆良이 來朝하였다. 특별히 明威將軍을 제수하였다.
22	1068년 3월 (문종 22)	정묘에 탐라 성주 遊擊將軍 加也仍이 와서 土物을 바쳤다. (고려사절요에는 2월로 기록됨)
23	1073년 11월 12일 (문종 27)	신해에 팔관회를 열고 神鳳樓에서 觀樂하였다. 다음 날 대회일에 大宋·黑水·耽羅·일본 등 여러 나라 사람들이 각각 예물과 명마를 바쳤다.
24	1077년 12월 1일 (문종 31)	탐라국에서 方物을 바쳤다.
25	1079년 11월 8일 (문종 33)	임신에 탐라 구당사 윤응균이 큰 진주 두 매(枚)를 바치는데, 빛이 별같이 반짝여서 당시 사람들이 夜明珠라고 하였다.
26	1086년 2월 7일 (선종 3)	병인에 乇羅의 游擊將軍 加於乃 등이 와서 (문종 후비 인예순덕태후 이씨의 太后 책봉)을 축하하고 方物을 바쳤다.
27	1092년 2월 26일 (선종 9)	기묘에 탐라의 성주 懿仁이 와서 토산물을 바치자, 定遠將軍을 더하고 衣帶를 하사하였다.
28	1094년 6월 19일 (선종 11)	무자에 宋의 都綱 徐祐 등 69인과 乇羅의 高的 등 194인이 와서 왕의 즉위를 축하하고 토산물을 바쳤다.
29	1095년 7월 20일 (헌종 원년)	계축에 乇羅의 高勿 등 80인이 와서 토산물을 바쳤다.
30	1096년 9월 12일 (숙종 원년)	경자에 乇羅 星主가 사람을 보내 왕의 즉위를 축하하였다.
31	1100년 11월 16일 (숙종 5년)	무인에 宋 상인과 乇羅 및 女眞 등이 와서 토산물을 바쳤다.
33	1101년 11월 14일 (숙종 6)	송의 상인과 탐라 및 東北蕃의 酋長 등이 와서 토산물을 바쳤다.
34	1153년 11월 15일 (의종 7)	경자에 耽羅縣의 徒上 仁勇副尉 中連과 珍直 등 12인이 와서 방물을 바쳤다.

〈표 2〉는 고려 전기 탐라와 고려 간 방물 진상과 하사에 관련된 사례를 추출한 것으로 약 34차례 진상 기록이 보인다. 고려시대 탐라에 관한 최초 기록은 925년(태조 8)으로, 11월에 탐라에서 방물을 바쳤다는 기사이다.[44] 당시 탐라는 신라가 후삼국으로 나뉘고 고려가 건국되는 등 한반도의 정세 변화에 대해 알고 있었을 것이다. 탐라가 처음 고려를 찾은 925년은 9월부터 발해장군 신덕(申德) 등 500명의 내투를 시작으로[45] 발해 유민들의 귀부가 이어졌고[46], 매조성(買曹城, 경기도 양주)의 장군 능현(能玄)의 항복[47], 10월에는 고울부(高鬱府, 경북 영천 지역) 장군 능문(能文)이 내투하고[48], 태조가 견훤과 화친을 맺는[49] 등의 상황이 벌어지던 시기로 탐라는 11월에 팔관회[50]에 참가하여 방물을 바치면서 고려에 복속하고자 하는 뜻을 전하며 시대적 변화에 동참하였다.

팔관회는 태조가 '여민동락(與民同樂)'을 강조하며 「훈요십조」에 매년 설행할 것을 명시하여[51]고려 말까지 지속되었던 국가의례이다. 국왕을 중심으로 한 지배 질서 안에서 온 국민이 참여하는 국가 축제로

---

43 〈표 2〉는 10~12세기 『고려사』와 『고려사절요』를 중심으로 탐라의 진상과 물품에 관련된 내용을 정리하였다.

44 『高麗史』 卷1 世家1 太祖 8年 11月. "十一月 己丑 耽羅貢方物."

45 『高麗史』 卷1 世家1 太祖 8年 9月 6日.

46 『高麗史』 卷1 世家1 太祖 8年 9月 10日.

47 『高麗史』 卷1 世家1 太祖 8年 9月 24日.

48 『高麗史』 卷1 世家1 太祖 8年 10月 10日.

49 『高麗史』 卷1 世家1 太祖 8年 10月 16日.

50 『高麗史』 卷1 世家1 太祖 원년 11月. "十一月 始設八關會 御儀鳳樓觀之 歲以爲常."

51 『高麗史』 卷2, 世家2, 太祖 26年. 팔관회는 승려 혜량의 건의로 불교 교리를 전하기 위해 551년(진흥왕 12)부터 시작되었는데 이후 전몰 군사를 위한 위령제로, 護國적 성격을 가진 국가 행사로 설행되었으며, 궁예는 지역의 토속신들을 위한 제사의식으로, 고려는 국가 축제로 각기 성격은 다르지만 고려 말까지 설행되었다.

이 과정에서 '고려인'으로의 소속감과 일체감을 느끼는 의례가 진행되었고, 각종 예악과 백희가무는 고려 문화의 결집체로 고려 문화를 유지해가는 핵심적 장치였다. 또한 팔관회의 외국인 조하의식에 참가하는 송, 거란, 여진, 말갈, 탐라, 일본 등은 고려의 신하로 복종하는 것은 아니지만 고려왕의 덕화(德化)를 받는 조공국의 사자로 예우되었다.[52] 여기에는 고려를 중심으로 한 질서체계 안에 존재한다는 고려의 대외 인식이 드러나 있으며, 주변국과의 조하의식을 통해 천자와 제후 관계를 설정하여 천하관을 드러냄과 동시에 진헌과 하사를 통해 진헌 무역을 실행하였다.[53]

더불어 팔관회는 국제무역의 활성화라는 경제적 기능도 가지고 있었다. 팔관회 전후로 전국의 지방관들은 공물과 하표(賀表)를 가지고 참가하였고, 외국의 상인들 또한 사신의 자격으로 참가하여 다양한 인적·물적 교류가 이루지면서 팔관회는 대외 무역을 통한 시장의 활성화라는 경제적 순기능도 갖고 있었다.[54]

고려는 동북아시아의 국제적 무역망을 활용하여 1034년(정종 원년)부터 팔관회의 외국인 조하의식을 상례화하였다. 탐라 역시 송과 동·서번과 같은 외국의 지위로 팔관회의 조하의식과 연회에 참여하였고[55] 팔관회의 장을 적극적으로 활용하여 국제무역을 진행하였다. 탐라는 1153년까지[56] 팔관회 참가 외에도 30여 차례 진헌한 기록이 있으며 고

---

52 안지원, 『고려의 국가 불교의례와 문화』, 서울대학교출판부, 2005, 213~214쪽.
53 고수미, 「고려시대 팔관회의 성격 변화와 문인층의 인식」, 제주대학교 석사학위 논문, 2014, 11쪽.
54 고수미, 「고려시대 팔관회의 성격 변화와 문인층의 인식」, 제주대학교 석사학위 논문, 2014, 14쪽.
55 『高麗史』 卷69, 志23, 禮11, 嘉禮雜儀, 仲冬 八關會. "十一月 設八關會, 御神鳳樓, 賜 百官酺, 翌日, 大會, 又賜酺, 觀樂. 東·西二京·東·北兩路兵馬使·四都護·八牧, 各上表 陳賀, 宋商客·東西蕃·耽羅國, 亦獻方物. 賜坐觀樂, 後以爲常."

려의 지방으로 편제된 후에도 일정 기간 탐라국의 지위로 고려와 진헌 무역의 형태로 교류를 지속하였다. 탐라의 팔관회 참여는 고려의 번 국으로의 지위 유지와 대외 교류의 한 방편으로, 고려를 기반으로 고려에 방문한 각국의 상인들과 교류의 영역을 확대하였다.[57] 탐라현으로 편제되었던 1153년(의종 7)에 팔관회에 방물을 진상했던[58] 이유 또한 고려적 질서 안에 탐라가 속하고 있었음을 표현한 것이며, 당시까지도 '도상(徒上)'으로 표현되는 탐라 상단[59]의 무역 행위가 이뤄지고 있었다.

〈표 2〉에는 탐라 상단의 숫자를 알 수 있는 기록이(12, 15, 16, 28, 29, 34) 보인다. 1049년(문종 3) 탐라국 진위교위 부을잉(夫乙仍) 등 77인, 1054년(문종 8) 탐라 사자 13인, 뱃사공, 수행원, 1055년(문종 9) 탐라국 수령 고한(高漢) 등 158인, 1094년(선종 11) 탁라의 고적(高的) 등 194인, 1095년(헌종 원년) 탁라의 고물(高勿) 등 80인, 1153년(의종 7) 탐라현의 도상 인용부위 중련(中連)과 진직(珍直) 등 12인으로, 상단의 규모가 많게는 200여 명으로 구성된 상단이 방문했었으며, 탐라현으

---

56 『高麗史』 卷18 世家18. 1153(의종 7)년 팔관회에 耽羅縣의 명칭으로 方物을 바쳤다는 기록이 보인다. 이로 보아 1105년(숙종 10)에 '耽羅郡'으로 편제되었지만 일정기간 외국의 지위로 진헌 무역을 하였던 것으로 생각된다.

57 고수미, 「고려시대 팔관회의 성격 변화와 문인층의 인식」, 제주대학교 석사학위논문, 2014, 17쪽.

58 『高麗史』 卷18, 世家18, 毅宗 7年 11月. "庚子 耽羅縣徒上仁勇副尉中連珍直等十二人來, 獻方物."

59 高橋公明은 '徒上'에 대해 '제주도에서는 제3위의 名譽職'이라고 설명하고 있으며 (高橋公明, 「해역세계 가운데 제주도와 고려」, 『도서문화』 제20집, 목포대 도서문화연구원, 2002, 252쪽.), 전영준은 항파두리 名文瓦 분석 인용에서 '高內村 徒上(都內)'을 특정 목적으로 기와를 제작한 세력으로 고려시대 이전 탐라국에서 사용되었던 계층적 질서의 표현이었던 '都內'와 동일한 명칭으로 보고 있다.(전영준, 「삼별초의 항파두리 토성 입거와 전략적 활용」, 『역사민속학』 제47호, 한국역사민속학회, 2015, 199~200쪽.)

로 편제된 후에는 상단 구성원이 작아졌음을 짐작할 수 있다. 이 기록 외에도 고려 방문은 자주 갈 수도 없었고 위험을 감수하고 바다를 건너야 했기 때문에 최대한 많은 수의 상단을 구성하여 방문하는 것이 효율적이었을 것이다. 송상은 오빈관에, 탐라국 수령은 조종관에서 접대한 기사[60]는 탐라국 상단이 머물렀던 장소가 정해져 있었으며 송상보다 규모는 작지만 중요한 교역 대상이었음을 보여준다.

탐라인들은 교역국과 탐라에서 생산되지 않는 각종 금속기, 도자기, 장식품 등을 수입하고 각종 해산물, 축산물, 약재 등을 조공품이나 상품으로 수출하였다. 고려시대 탐라에서 진상했던 품목들을 보면 선박, 귤, 우황(牛黃), 우각(牛角), 우피(牛皮), 나육(螺肉), 비자, 해조(海藻), 귀갑(龜甲), 진주, 말 등이며 이외 특산물도 포함되었을 것이다.

탐라의 특산물은 상품 가치가 높아 대외적으로 탐라의 위상을 높였다. 말린 전복인 '탐라복(耽羅鰒)'과 말린 고기포인 '탐라방포(耽羅方脯)'는 유명하여 일본 황실에도 진상되었다.[61]

『삼국사기』에는 탐라가 조공했던 물품의 구체적인 명칭보다는 '방물'이라는 표현으로 기록되어 있어 상세한 방물의 내용을 알 수는 없지만 일본과의 교류에서 탐라의 물산이라고 추정되는 738년『주방국정세장(周防國正稅帳)』의 '탐라방포', 746년 헤이조궁(平城宮) 출토 목간에 기록된 '탐라복', 927년『연희식(延喜式)』주계상식(主計上式)의 '탐라복' 등이 보인다. 이들 물품 중 탐라방포를 제외한 탐라복의 진상 지역에 대한 의견이 갈리기는 하지만 원산지는 탐라로 보고 있다.[62]

---

60 『高麗史』卷7, 世家7, 文宗 9年 2月. "戊申 寒食, 饗宋商葉德寵等八十七人於娛賓館, 黃拯等一百五人於迎賓館, 黃助等四十八人於淸河館, 耽羅國首領高漢等一百五十八人於朝宗館."
61 전경수,「耽羅鰒과 "耽羅海" : 公共體의 "海政學"을 위하여」,『제주도연구』제50권, 제주학회, 2018, 93쪽.

전복은 예로부터 최고의 강장식품으로 인정받아온 해산물 중 하나
로 『자산어보(玆山魚譜)』에는 전복을 '복어'라고 부르면서 '살코기는
맛이 달아서 날로 먹어도 좋고 익혀 먹어도 좋지만 가장 좋은 방법은
말려서 포를 만들어 먹는 것이다'라고 전복을 소개하고 있다. 탐라의
전복은 고대부터 품질이 좋은 산물로 후대의 기록이긴 하지만 『屠門大
嚼』에는 '대전복'은 제주에서 나는 것이 가장 크다. 맛은 작은 것 보다
는 못하지만 중국 사람들이 매우 귀하게 여긴다'라는 내용이 있어[63]
탐라에서 생산되는 전복의 품질이 뛰어났음을 알 수 있다.

탐라의 귤도 인기 있는 품목이었다. 1052년(문종 6) 탐라의 세공으
로 귤을 100포자로 정했다는 내용은[64] 이전에도 일정량의 귤을 중앙에
진상하였음을 보여준다. 귤은 연등회나 팔관회에서 임금이 관리들에
게 하사품으로 내려주는 물품 중 하나로 조선시대에도 과원을 설치하
여 국가가 관리하면서 제주도민을 고통스럽게 했던 대표적인 공납물
이기도 하다. 이규보의 『동국이상국집(東國李相國集)』에 귤에 대한 두
편의 시가 실려 있는데, 최자(崔滋)가 제주부사로 왔던 기간에 이규보
에게 귤을 선물로 보내니 이규보가 시로 사례하면서[65] '탐라가 아니면
보기조차 어려운 것(除却耽羅見尙難)', '제주 외에는 나지 않는다(此橘
耽羅外無之)'라고 하며 귤을 '선계의 과일(此果眞仙物)'이라 칭하고 있
다.[66] 이처럼 전복뿐 아니라 귤도 탐라의 고급 특산물이었으며 고려에

62 전경수, 「耽羅鰒과 "耽羅海" : 公共體의 "海政學"을 위하여」, 『제주도연구』 제50
   권, 제주학회, 2018, 93쪽.

63 오영주, 「제주전복 역사성 기반의 식품특화전략」, 『제주도연구』 제53권, 제주학
   회, 2020, 226쪽 사료 재인용.

64 『高麗史』 卷7, 世家7, 文宗 6년 3月 27日.

65 『東國李相國後集』 권제2 古律詩. 「濟州太守崔安以洞庭橘見寄以詩謝之」 ; 『東國李相
   國後集』 권제3 古律詩. 「次韻濟州守崔安以前所寄詩韻問訊兼賦靑橘」

66 『東國李相國後集』 권제2 古律詩. 「濟州太守崔安以洞庭橘見寄以詩謝之」 "學士見和 親

서 행사에 쓰인 후 왕의 하사품으로 사용될 만큼 인기 있는 방물이었다. 조선 초의 사료이지만『세종실록』지리지 토공조와『신증동국여지승람』[67]의 토산 내용은 고려시대 탐라의 모습이라고 보아도 무방할 것이다. 두 사료 모두 제주의 전복과, 귤, 말이 포함되어 있다. 이에 고려는 공복, 은대, 채단 등 사작에 따른 사여품과 인삼, 서적, 청자 등 고급 물품을 하사하였다.

2. 의도하지 않은 교류 ; 표류(漂流)

표류는 항해 도중 예기치 않게 발생하는 사고로 의도하지 않은 또 하나의 국가 간 교류로 볼 수 있다. 따라서 바다를 통한 교류가 빈번했던 시기 표류(漂着, 漂到)를 통해서도 탐라와 주변국과의 교류 양상을 가늠해 볼 수 있다.

중세 동아시아의 해양을 매개로 형성된 무역망은 동아시아의 해상 교역체제를 만들었다. 송·고려·일본을 연결하는 해상 교역로 구축, 해항도시 간 네트워크 성립, 송의 시박사(市舶使)제도라는 교역 시스템을 형성하면서 동아시아 해역 세계가 해상을 통한 국가·민간 차원의 인적·물적 교류가 활발하게 일어났다.[68] 이 와중에 예상치 못한 기후 변화와 선박 파손에 의해 발생하는 표류는 필연적인 현상이었을 것이다.

한라산은 1,954m의 표고로 고대부터 동중국해 연안에서 가장 높은 산이었고 가시범위가 170km여서 멀리서도 잘 보여 남해안이나 동중

訪見贈 復次韻奉答.”

67『世宗實錄』권151 地理志 全羅道 濟州牧, 旌義縣, 大靜縣 土貢 ;『新增東國輿地勝覽』제38권 全羅道 濟州牧 土産.

68 전영섭,「10~13세기 표류민 송환체제를 통해 본 동아시아 교통권의 구조와 특성」,『석당논총』50호, 동아대학교 석당학술원, 2011, 377쪽.

국해를 항해하는 선박들의 표식이 되었으며 안전한 해역의 경계를 알리는 기능도 하였다. 또한 탐라는 고려·송·원·일본의 무역항로 상에 위치하는 중간(교점)지역으로 '제주는 해외 거진(巨鎭)으로 송상과 왜인이 무시로 왕래한다'[69]라는 기록은 탐라가 고려와 송, 일본을 오가는 선박들의 교통로에 있으면서 상인들의 이정표 기능을 제공하였음을 보여준다.

당시 탐라의 지정학적 중요성을 인식할 수 있는 기록을 살펴보면, 1269년 원 황제는 일본 정벌을 준비하며 '탐라에 이르렀다가 남송과 일본에 간다면 바닷길이 매우 쉬울 것입니다'라는 이야기를 들었다면서 천호(千戶) 탈탈아(脫朶兒)·왕국창(王國昌)·유걸(劉傑)을 고려의 경계로 보내어 탐라 등지의 길을 살피고 군사와 함선을 점검하며 고려 왕으로 하여금 바닷길 지리에 밝은 관원을 뽑아 보내 인도하고 앞서 나아가도록 조서를 내렸으며,[70] 그해 10월에 고려에게 일본 정벌을 위해 병력 1만, 선박 1,000척, 그리고 탐라에서 선박 100척을 만들 것과 일본으로 가는 바닷길을 조사할 관리 파견을 요구하고 있다.[71] 그리고 1272년(원종 13) 삼별초를 평정하려고 흑산도와 탐라의 바닷길을 조사하여 만든 지도를 바치자 먼저 탐라를 취하면 탐라의 선박까지 활

---

69 『高麗史』 卷25 世家25 元宗 元年 2月(庚子). "濟州海外巨鎭 松商·島倭無時往來."

70 『元高麗記事』 耽羅 至元 6年 7月. "世祖皇帝至元六年七月五日, 樞密官奉旨, 差千戶脫脫兒·王國昌·劉傑赴高麗地界, 相視耽羅等處道路, 整點軍兵船艦, 令高麗王選差知識海道地面好官, 領引前去. 詔曰, "諭高麗國王王植. 以其曾有人云, '若至耽羅, 欲往南宋并日本道路甚易.' 今復遣明威將軍都統脫朶兒·武德將軍統領王國昌·武略將軍副統領劉傑, 就彼點整卿所備軍兵船隻, 并先行相視耽羅等處道路, 卿當應副大船, 可選堪委見職正官, 務要引送道達, 以副朕懷.""

71 『高麗史』 卷26, 世家26, 元宗 9年 10月. "庚寅 蒙古遣明威將軍都統領脫朶兒·武德將軍統領王國昌·武略將軍副統領劉傑等十四人來, 詔曰, "卿遣崔東秀, 來奏, '備兵一萬, 造船一千隻事.' 今特遣脫朶兒等就彼, 整閱軍數, 點視舟艦. 其所造船隻, 聽去官指畫. 如耽羅已與造船之役, 不必煩重, 如其不與, 卽令別造百艘.""

용할 수 있다고 말하고 있다.[72] 이처럼 탐라의 지정학적인 위치에 대해 고려는 물론 중국과 일본도 중국 - 고려 - 일본의 해양 교역 시스템 안에서 탐라를 중간기착지로 인식하고 있었고 상인들에게는 더욱 중요한 역할을 하였다.

탐라가 남긴 문헌 사료가 남아 있지 않아 고려와 중국, 일본이 남긴 소략한 문헌 자료에 의지하여 당시 상황을 유추하였지만, 당시 바다를 통해 세계와 소통하였던 탐라인들에게도 무수한 표류 방황이 발생했을 것이다.

〈표 3〉 11~12세기 탐라의 표류 사례[73]

	시기	사료	내용	표착지
1	1029년 7월 28일 (현종 20)	『高麗史』 권5	을유 탐라 백성 貞一 등이 일본에서 돌아왔다. 과거에 정일 등 21인이 바다를 건너다가 바람에 떠내려가 동남쪽의 지극히 먼 섬에 도착하였다. 섬사람들은 키가 크고 덩치도 컸으며 온 몸에 털이 나고 언어가 달랐는데, 7개월 동안 위협을 당하며 억류되어 있었다. 정일 등 7인이 작은 배를 훔쳐 동북쪽으로 가서 일본 那沙府에 이르러서 살아서 돌아올 수 있었다."	日本
2	1031년	『小右記』 8	탐라인 伯達 등 9명이 일본에 표착하여 돌아왔다.	日本
3	嘉祐 年間 (1056~1063년)	『海東繹史』 40권 交聘志 漂流	嘉祐年間에 崑山縣 上海에 돛대가 부러진 배 한 척이 바람에 표류하여 해안에 도착하였다. 배 안에는 30여 인이 타고 있었는데 … 한참 뒤에 그들이 글 하나를 내어 사람들에게 보여주었는	宋 蘇州 崑山縣

---

72 『元高麗記事』 耽羅 至元 9年 11月 15日. "十一月十五日, 中書省奏, "先奉旨議耽羅·日本事. 臣等同樞密院官詢問, 有自南國經由日本來者耽羅人三名, 畵到圖本."

73 〈표 3〉은 『高麗史』와 裵淑姬, 「宋代 東亞 海域上 漂流民의 發生과 送還」, 『중국사연구』 제65집, 중국사학회, 2010, 77~79쪽. 〈표 1〉 宋·高麗(耽羅)·日本 各 국의 표류 현황 ; 전영섭, 「10~13세기 표류민 송환체제를 통해 본 동아시아 교통권의 구조와 특성」, 『석당논총』 50호, 동아대학교 석당학술원, 2011, 379~387쪽, 〈표〉 10~13세기 高麗·宋·日本의 표류 실태 정리표를 중심으로 작성하였다.

	시기	사료	내용	표착지
			데, 바로 天授 年間(918~933)에 屯羅島首領陪戎副尉에 제수한 것이었다. 또 글 하나가 있었는데, 고려에 올리는 표문으로 역시 屯羅島라고 칭하였으며 … 그 당시에 贊善大夫 韓正彦이 崑山縣 知事로 있으면서 그 사람들을 불러다가 술과 음식을 내려주었다. … 한정언이 사람을 시켜서 배의 돛대를 고쳐주게 하였는데, 돛대를 예전대로 船木의 위에다가 꽂으니 움직일 수가 없었다. 이에 工人이 回轉軸을 만들어서 일으키고 쓰러뜨리는 법을 가르쳐주니, 그 사람들이 또 기뻐하면서 손으로 머리를 받들고는 말이 땅에 엎드리는 듯한 자세를 취하였다. 『夢溪筆談』 ○ 삼가 살펴보건대 屯羅는 지금의 耽羅이다.	
4	1078년 9월 1일 (문종 32)	『高麗史』 권9	9월 계유 초하루 日本國에서 耽羅 표류민[飄風民] 高礪 등 18인을 돌려보냈다.	日本
5	1080년 (원풍 3)	『元豊類稿』 『曾鞏集』 권32	탐라인 崔擧 등이 표류하여 泉州에 닿았으며 明州에서 귀국하였다.	宋 泉州
6	1088년 7월 (선종 5)	『高麗史』 권10	가을 7월 송의 明州에서 우리 탐라(我耽)의 표류민 用阝 등 10인을 돌려보냈다.	宋
7	1097년 6월 12일 (숙종 2)	『高麗史』 권11	갑오 송에서 우리 표류민 子信 등 3인을 돌려보냈다. 처음에 탐라민 20인이 배에 탔는데 표류하여 나국(躶國)에 들어갔다가 모두 살해당하고, 다만 이 3인만 탈출할 수 있어서 송에 갔다가 이때가 되서야 돌아온 것이다.	躶國 - 宋
8	1099년 7월 20일 (숙종 4)	『高麗史』 권11	송에서 우리 탐라(乇羅) 사람으로 배를 잃고 표류한 趙暹 등 6인을 돌려보냈다.	宋
9	1134년 (소흥 4)	『建炎以來繫年要錄』 권78	羅州島人 光金과 그 무리 10여 명이 탐라에서 배를 출발하였는데 바람으로 泉州 泰楚境으로 표류하였다.	宋 泉州

10~12세기 고려인의 표류 기록은 31회로 이 중 탐라인의 표류는 9회이다. 〈표 3〉의 내용은 11~12세기 탐라인들이 해상 활동 과정에서 풍랑을 만나 타국으로 표류하게 된 사례들이다. 9건의 기사 중 1번의 경우처럼 동남아의 섬으로 표류하였다가 일본을 경유해서 돌아오거

나, 일본으로 표류하였다가 귀환하는 경우가 4건, 7번의 나국의 위치를 정확히 알 수 없지만 송을 경유해서 돌아왔으며, 각기 표류지는 다르지만 6건의 표류민들이 송에서 귀환하였다. 탐라인들의 표류 기사는 11세기에 집중되어 있다(1~8번까지 모두 11세기의 표류 기록이다). 이는 이 시기 탐라인들의 해상을 통한 대외 무역이 가장 왕성하였다는 의미이기도 하다. 일반적으로 11세기는 거란과의 전쟁이 마무리되면서 현종대 이후 대외 무역이 확대되었고, 11세기 말~12세기 초에 가장 활발하였으며, 이 시기 탐라도 능동적으로 바다를 통한 주변국과의 교섭을 진행하였다. 1134년 이후로 탐라인의 표류 기사는 1229년(고종 16)에 1회 보이며,[74] 그 후에는 110여년 후인 1379년(우왕 5)[75]과 1381년(우왕 7)[76] 두 건의 표류 기록만 보인다. 이는 탐라의 지방편제 후 탐라의 해상 활동이 크게 위축되었으며 교역의 공간적 범위도 고려로 한정되어 안전하고 익숙한 항로를 이용했다는 것을 짐작할 수 있다. 고려의 연안항로 등 익숙한 바닷길 사용은 해상에서의 난파 위험성도 줄여주었고 달라진 탐라의 위상은 고려 해역을 통한 교류의 모습으로 제한되었다.

계절별 표류민의 표류와 송환 시기는 송, 고려, 일본의 항해 시기와 거의 일치하며 송환 경로는 평상시 이용하였던 항로를 이용하였다. 송과 고려 간 항로는 남방항로인 명주 - 주산군도 - 동중국해 - 흑산도 - 서해연안항로 - 예성강 - 벽란도 - 개경으로, 송 상인은 계절풍을 이용하여 대체로 5월에서 8월 사이에 고려에 도착하여 머무르다가 11월 이

---

74 『高麗史』 卷22 世家22 高宗 16年 2月. "乙丑 宋商都綱金仁美等二人 偕濟州飄風民梁用才等二十八入來."

75 『高麗史』 卷134 列傳47 禑王 5年 6月. "帝遣還耽羅飄風人 洪仁隆等十三人."

76 『高麗史』 卷134 列傳47 禑王 7年 7月. "濟州人飄泊上國境 時大明疑我從北元 見囊中書 有紀洪武年號 喜厚慰遣還."

후 돌아갔다. 송과 일본 간 항로는 명주 - 류큐군도(琉球群島) - 오도열
도(五道列島) - 규슈 노선을 이용하거나 명주 - 주산군도 - 오도열도 - 규
슈 노선을 활용하였다. 일본인들은 먼저 탐라에 도착하여 역전순환회
류(逆轉循環回流)와 계절풍을 이용하면 비교적 짧은 기간에 명주에 도
착할 수 있었다. 일본에서 송으로의 항해 시기는 주로 1월부터 3~4월,
9~11월로 열흘 정도 걸린다고 하였으며, 송에서 일본으로의 항해 시기
는 5월에서 8월 사이가 많았다. 고려와 일본 간 항로는 개경-금주(김
해) - 대마도 - 규슈 노선이 주로 활용되었고 시기는 북서계절풍이 부
는 7월에서 9월이 가장 많았다.[77] 탐라와 일본은 주로 탐라 - 금주 - 대
마도 - 규슈 항로를 이용하였다.

　탐라의 표류인들은 고려를 통해 송환되었다. 3번의 기록에서 송에
서는 탐라인들을 고려인으로 인식하였으며, 일본에 표류한 경우 대마
도에서 금주를 통해 송환되는 경우가 일반적이었기 때문에 일본으로
표류한 탐라인 역시 대마도와 금주를 통해 탐라로 송환되었다. 표류
기록을 통해 당시 해상무역에 참가했던 탐라 상단은 고려 외에도 일
본이나 중국과 교역하였음을 짐작할 수 있다. 또한 1113년(예종 8) 6월
1일 "진도현 백성 한백(漢白) 등 8인이 장사하기 위해 탁라도(乇羅島)로
가다가 풍랑을 만나 표류하다가 송 명주에 이르렀는데 송 황제의 명
령을 받들어 이들에게 각각 비단 20필과 쌀 2석을 하사하고 돌려보냈
다"[78]라는 기록은 진도와 나주 등 한반도 서남해안 지역에서도 상업
활동을 위해 탐라를 방문하고 있었음을 보여준다. 하지만 항해에서 표
류의 위험은 늘 도사리고 있었고 1번이나 7번의 경우처럼 전혀 모르

77　裵淑姬,「宋代 東亞 海域上 漂流民의 發生과 送還」,『중국사연구』제65집, 중국사
　　학회, 2010, 74~75쪽.
78　『高麗史』卷13 世家13 睿宗 8年 6月. "珍島縣民漢白等八人因賣買 往乇羅島 被風漂到
　　宋明州. 奉聖旨 各賜絹二十匹米二石 發還."

는 낯선 지역에 표착하였을 경우 살인 등 두려움과 위험 요소는 더욱 컸을 것이다.

이와 반대로 탐라가 타국 상선의 표착지가 된 경우도 있다.

Ⅲ-① "(갑진) 31년(1244) 봄 2월 계유 有司가 전 濟州副使 盧孝貞과 判官 李珏이 재임시에 일본 상선이 폭풍[颶風]을 만나 제주 해역에서 난파하였는데 노효정 등이 綾絹과 은, 진주 등의 물건을 私取하여 탄핵하였다고 보고하였다. 이에 노효정에게서 은 28근, 이각에게서 은 20근을 추징하고 섬으로 유배 보냈다."[79]

Ⅲ-② "금년(1292년) 5월에 귀국(일본) 商船이 耽羅의 해안가에 정박하였는데, 탐라는 성질이 완고하고 곧아 그 상선을 활로 쏘아서 쫓아버리고 2명을 잡아서 보냈습니다."[80]

Ⅲ-③ "1326년 원에 건너갔다가 귀로에 오른 배가 탐라에서 좌초되었다. 거기에서 선원이 육지에 오르자 도민과 전투가 벌어져 사망자도 나왔다. 고려의 현령은 원의 황제에게 이 사건을 보고하고 원 황제의 명으로 배와 식량을 지급받아 무사히 일본으로 돌아갔다."[81]

Ⅲ-④ "엔닌(円爾)은 1235년 송에 건너갔던 일본 승려로 1241년 5월 초하루 귀국하면서 慶源府 定海縣에서 출발하였는데 풍랑을 만나 선단을 이루었던 다른 두 척의 배는 이미 침몰하고, 엔닌이 탔던 배는 간신히 침몰을 면하여 6월 그믐에 '高麗國耽沒羅阿私山下'에 4일간 정박하였다"[82]

---

79 『高麗史』 卷23 世家23 高宗 31年 2月. "(甲辰)三十一年 春二月 癸酉 有司劾奏 前濟州副使盧孝貞 判官李珏 在任時 日本商船遇颶風 敗於州境 孝貞等私取綾絹·銀·珠等物 徵孝貞銀二十八斤·珏二十斤 流于島."

80 『高麗史』 世家 卷30 忠烈王 18年 10月. "今年五月 貴國商船 到泊耽羅洲渚 耽羅性頑頡 射逐其船 邏捉二名而送之."

81 『乾峰和尙語錄』 卷2, 悼高麗鬪死僧軸序. 에노모노 와타루, 「송일·원일 간 해상항로와 고려 도서지역」, 『해양문화재』 9, 국립해양문화재연구소, 2008, 87쪽 재인용.

위 기록은 모두 일본 상선의 표류 사례로 모두 풍랑을 만나 탐라에 표착하게 된 경우이다. 하지만 이들에 대한 탐라의 대응은 그리 환대적이지 않았던 것 같다. 심지어 Ⅲ-①의 기록은 표류인들을 관리하고 돌려보내야 할 임무가 있는 제주의 관리들이 오히려 배에 있던 재물을 약탈하였으며, Ⅲ-②와 Ⅲ-③에서는 표류한 선박을 쫓아버리거나 이들과 전투를 벌이고 있다. Ⅲ-④의 엔닌은 1235년 송에 건너간 일본 승려로 5월 1일 정해현에서 출발 후 6월 그믐에 탐라에 정박하였다는 내용으로 보아 2개월간 바다에서 표류했던 것으로 보인다.

위 기록들로 보아 탐라는 동중국해를 왕래하던 선박들에 위험하기도 하지만 풍랑을 만났을 때는 정박지로서 매우 중요한 섬이었음을 알려준다.

표류민들의 신분은 사신, 상인, 승려, 군인, 가노(家奴), 어부 외 특별한 신분을 기록하지 않고 '민(民)', '인(人)', '표류인', '고려인', '탐라인' 등으로 표기되었으며[83] 〈표 3〉의 탐라 표류인들의 신분도 대부분 '탐라인'으로 표기되어 있어 모두 상인이었을 것이다. 당시 동아시아 해역권은 사교역이 중심으로 진행되었고 따라서 특별히 신분이 기록되지 않은 경우는 상인으로 봐도 무방할 듯하다.

송, 일본, 고려의 표류민에 대한 송환 절차는 특별히 규정되지는 않았지만 표류민을 서로 송환하는 관행이 있었으며, 식량 지급과 송환은 기본적인 조처였다. 송은 '외국의 번박(藩舶)이 표류하여 중국 연해 지

---

82 『聖一國師 円爾 年譜』仁治 2年. "五月朔 船出明州定海縣 至大洋 風波甚惡 同發者三船 二船已沒 我船亦將沈者數次 … 六月晦 著高麗國耽沒羅阿私山下 留滯四日 七月 達博多." 에노모노 와타루, 「송일・원일 간 해상항로와 고려 도서지역」, 『해양문화재』제9호, 국립해양문화재연구소, 2008, 91쪽 재인용.

83 전영섭, 「10~13세기 표류민 송화체제를 통해 본 동아시아 교통권의 구조와 특성」, 『석당논총』50호, 동아대학교 석당학술원, 2011, 390~391쪽.

역에 닿아 배가 파손되고 선주의 부재 시 관에서 구제하여 화물을 기록하고 그 친속에게 돌려주어 도적을 방비해야 한다'[84]라는 외국인 표류 선박에 대한 법률 규정을 두어 보호하였다.

표류는 송환 과정에서 표류인이라는 매개를 통해 양국 간의 우호를 증진시키기도 하였으며, 당시 국제 정세에 관한 정보를 전달하였고, 표류인들의 송환지는 대외 교섭 창구의 역할도 하였다. 표류되어 탐라로 왔거나 표류했던 탐라인이 돌아온 경우 이들을 통해 여러 가지 정보를 얻을 수 있었으며, 3번의 경우처럼 표착한 지역에서 새로운 선박 수리 기술을 배운다거나 체류하는 동안 새로운 문물을 접할 수 있었다. 특히 명주는 국제무역항으로 탐라와 타국가가 연결되는 루트로서 정치·문화적으로 중요한 작용을 하였다.

3. 탐라의 교류 양상 변화

12세기 이후 탐라가 고려의 지방정부로 완전히 복속된 후 탐라의 위상이 달라지면서 교류 양상도 변화한다. 1153년(의종 7) 탐라의 팔관회 진상 기록 이후 더 이상 탐라국으로 팔관회에 참여한 기록은 보이지 않는다. 이 시기 탐라는 고려의 현으로 완전히 복속되었고 지방관이 파견되었으며 탐라의 역할은 개경으로 진상할 공물을 마련하는 데 집중되었다. 여기에 지방관과 토호세력 간 갈등, 지방관의 추가적인 공물 징수는 탐라민들의 공물 부담을 가중시키면서 경제적 폐해와 사회적 혼란이 가중되었다.

---

84 『宋會要輯稿』,「職官」44-8, 哲宗 元符 2年(1099) 5月 12日 戶部. 裵淑姬,「宋代 東亞 海域上 漂流民의 發生과 送還」,『중국사연구』 제65집, 중국사학회, 2010, 80쪽 재인용.

탐라에 군이 설치되고 고려 정부로부터 직접 수령이 파견되지만 토호세력인 성주와 왕자를 중심으로 하는 지배체제는 그대로 유지되었다. 고려의 군현으로 편입시키는 대가로 성주와 왕자의 지위를 세습하는 독자적인 토착 세력권을 인정하였으며 공물을 제외한 조세도 개경으로 보내지 않고 탐라가 독자적으로 사용하였다. 하지만 1153년부터 탐라의 행정단위 서열이 높아져 외관이 파견되기 시작하면서 외관의 급여를 감당해야 했다.[85] 이는 지방관에 의한 경제적 수탈을 일정 정도 용인해준다는 의미이기도 한다. 인종대 김부식의 문생이었던 오인정이 10여 년간 관직을 얻지 못해 경제적으로 궁핍하자 김부식은 '의식(衣食)이 나오는 곳'이라며 오인정을 탐라 구당사로 파견하며 설득하고 있다.[86] 1259년(고종 46) "김지석(金之錫)을 제주부사로 파견하였는데 고을 풍속에 남자 나이 15세 이상이면 세공으로 콩 1섬(斛)을 바치게 하였으며, 관아의 서리 수백인은 해마다 말 1필을 바쳐 이를 부사와 판관이 나누어 가졌으며 수령들은 가난한 자라도 모두 부를 축적하여 김지석이 이를 금지하였다"[87]의 기사에서도 보이듯 탐라는 부를 축적할 수 있는 부임지였고 이를 감당해야 할 탐라민들의 고통은 심할 수밖에 없었다. 더불어 국가의례를 거행할 때 진상품도 의무적으로 바치는 등 공물 부담이 늘어났으며, 탐라에 부임하는 관리들은

---

85 『高麗史』卷80 食貨3 祿俸. 인종 때의 外職 邑祿에 따르면, 탐라현령의 녹봉은 연 26석 10두, 현위는 20석이다.

86 김용선, 「吳仁正 墓誌銘」, 『역주 고려 묘지명집성·상』, 한림대학교 출판부, 2012. "… 相國見而■曰, "爾爲門生, 何不詣於■■"' ■是差授乇羅島句當使. 公欲改受京官, 相曰 "吾之所■■■■■以公家貧落魄, 而彼地可資以爲衣食 故亦■■■■■■可求矣.""

87 『高麗史』卷121 列傳34 良吏 金之錫. "金之錫, 未詳其世係. 高宗末, 爲濟州副使. 州俗, 男年十五以上, 歲貢豆一斛, 衙吏數百人, 各歲貢馬一匹, 副使·判官分受之. 以故守宰雖貧者, 皆致富."

탐라가 의식을 넉넉히 해주는 곳으로 인식되었기 때문에 세공을 빙자한 수탈이 가중되었다. 하지만 최척경의 경우에서 보듯 청렴한 관리 생활을 하였을 땐 그 직위에서 벗어나는 순간 굶주림을 걱정해야 될 정도로 빈곤한 생활을 견뎌야 했기 때문에,[88] 일반적으로 탐라에 온 관리들은 백성들을 수탈하여 치부하거나 수탈한 재물을 권세가에게 바쳐 출세의 발판으로 삼았다.[89]

무인집권기와 강도기(江都期)에도 팔관회는 설행되었지만 13세기 후반 원을 중심으로 동북아시아의 국제질서가 재편되면서 팔관회의 외국인 조하의식은 사실상 무의미해졌고 탐라의 고려 복속은 진상의 성격을 변화시켰다. 공부와 진상이라는 이중적 수취 구조가 이루어졌고 이에 대한 반발로 수차례의 민란이 일어났다. 고려 후기 탐라가 지방으로 완전히 편제되었지만 고려 말까지 토관 세력은 성주·왕자의 지위를 유지하였으며[90] 따라서 공물 수취와 진상, 지방관과 토관 세력 간의 마찰 등과 관련하여 중앙정부와의 갈등 상황은 계속 내재되어 있었다. 1168년(의종 22) 탐라에서 일어났던 '양수(良守)의 난' 또한 그런 선상에서 볼 수 있다.

> Ⅲ-⑤ "정축에 탐라안무사 趙冬曦가 入覲하였다. 탐라까지는 험준하고 멀어 攻戰이 미치지 않는 곳인 데다 토지가 기름져서 나라의 재정에 충당되었다. 이보다 앞서서는 貢賦가 煩多하지 않아 백성들이 생업에 즐

---

88 『高麗史』 권99 列傳12 崔陟卿. "… 王謂宰相崔褒偁曰, '"有賢如此, 何不用之?"' 召賜綾絹, 卽除耽羅令. 陟卿請挈家以赴, 王許之, 任耽羅者, 與室偕, 自陟卿始. 耽羅人聞陟卿來, 卽具輕艦迎之. 比入境, 皆投戈羅拜曰, '"公來, 吾屬再生矣."' 按堵如故."

89 전영준, 「고려의 탐라 수탈과 良守의 亂」 『역사와교육』 25집, 동국대학교 역사교육연구소, 2017, 133쪽.

90 1404년(태종 4) 濟州 土官의 칭호를 고쳐 星主를 都州官左都知管으로, 王子를 都州官右都知管으로 삼았다는 기록이 있다(『朝鮮王朝實錄』 卷7, 太宗 4年 4月 21日(辛卯)).

거위하였는데 근자에 들어와 관리들이 불법을 행하고 도적의 우두머리 良守 등이 모반하여 수령을 쫓아내기까지 하였다. 왕이 조동희에게 명하여 持節로 宣諭하게 하자 적이 스스로 항복하였다. 양수 등 두 명과 그 무리 5인을 참수하고, 나머지에게는 모두 곡식과 布帛을 내려 이들을 위무하였다."[91]

'양수의 난'은 1153년 탐라의 팔관회 진헌 기록 후 처음 보이는 기사이다. 탐라가 고려 지방으로 완전히 편입된 후 처음 발생한 민란이자 탐라의 지위가 달라진 것을 보여준다. '중앙에서 파견된 관리의 불법을 이유로 양수가 난을 일으켜 수령을 내쫓았다'라는 내용으로 보아 과중한 부세 부담과 지방관과 토착세력 간의 갈등에서 벌어진 일이라고 할 수 있다. 즉, 탐라가 지방으로 편제되면서 과중한 공물 수취가 이루어졌으며 이에 대한 반발이 일어난 것이다. 난이 정리된 후 탐라인들이 최척경을 다시 탐라현령으로 보내달라고 요구한 것도[92] 이를 반증한다.

Ⅲ-⑥ "壬戌에 제주에서 공물로 바친 말과 최의가 기르던 胡馬를 문무 4품 이상 관리들에게 나누어 주었다."[93]

Ⅲ-⑦ 1260년 7월 9일(원종 원년) "乙亥, 濟州에서 공물로 바친 말을 4품 이상의 문·무 관리들에게 하사하였다."[94]

---

91 『高麗史』 卷018, 世家18, 毅宗 22年 11月. "丁丑 耽羅安撫使趙冬曦, 入覲. 耽羅險遠, 攻戰所不及, 壤地膏腴, 經費所出. 先是, 貢賦不煩, 民樂其業, 近者, 官吏不法, 賊首良守 等, 謀叛, 逐守宰. 王命冬曦, 持節宣諭, 賊等自降. 斬良守等二人及其黨五人, 餘皆賜穀 帛, 以撫之."

92 『高麗史』 卷99 列傳12 崔陟卿.

93 『高麗史』 卷24 世家24 高宗 45年 5月 13日. "壬戌 以濟州貢馬及崔竩所畜胡馬 分賜 文武四品以上."

94 『高麗史』 卷25 世家25 元宗 元年 7月 9日. "乙亥 以濟州貢馬 賜東西四品以上."

위 Ⅲ-⑥, Ⅲ-⑦사료들은 탐라에서 바친 공마를 문·무 4품 이상 고위관료들에게 나눠주는 내용으로 탐라마는 품질이 좋은 호마와 함께 관료들에게 인기가 많았던 공물이었다. 탐라에서 진상했던 말을 고위관료에게 하사하는 일은 종종 있었던 것 같다. 탐라는 원의 목마장 설치 이전에도 큰 규모의 목축이 이뤄지고 있었고 말 또한 주요 진상품이었음을 보여준다. 말의 공납 비중도 타지역에 비해 많았으며 말과 관련한 부정부패가 심했다. 공납 외에도 별선(別膳), 사선(私膳) 등의 명목으로 말을 진상하였다.

이후에도 중앙정부의 과도한 공물 수취는 탐라인들의 반발과 더불어 토호세력과 지방관의 대립을 불러왔다. 고려 후기 문신인 정이오(鄭以吾)가 박덕공(朴德恭)을 임지(탐라)로 보내는 서(序)에, "그 풍속이 야만스럽고 거리도 먼 데다가 성주·왕자·토호의 강한 자가 다투어 평민을 차지하고 사역을 시켜, 그것을 인록(人祿)이라 하여 백성을 학대하여 욕심을 채우니, 다스리기 어렵기로 소문이 났다"[95]라는 글을 보냈던 상황으로 보아 탐라의 토호세력들과 지방관의 대립은 고려 말까지 계속되었으며 고려 정부가 탐라를 완전히 장악하지 못하고 있음은 중앙정부와의 갈등 상황이 내재된 채 이어지고 있었다.

Ⅳ. 맺음말

앞 장에서 탐라의 해양성과 지향점을 대외 교류를 통해 살펴보고 해양국가로서의 면모를 살폈다. 그 내용을 정리하며 글을 맺고자 한다. 고대 탐라는 동아시아의 일원으로 해양을 통해 동아시아 각국과

---

95 『新增東國輿地勝覽』 제38권 全羅道 濟州牧 風俗條.

서로 밀접하게 통교하고 문물을 수입하면서 독자적 생존을 모색하였다. 고대와 중세 동북아시아는 중국에서 서해안과 남해안을 거쳐 고려와 일본으로 이어지는 교역로를 이용하였으며 탐라는 중간 기착지 역할을 하였다. 따라서 중국, 한반도, 일본 등 주변 국가와 교섭하고 조공 - 책봉 질서 안에서 선진 문물을 받아들이는 등 활발한 해상 교역을 이어갔다. 새롭게 들어온 문물들은 탐라 사회의 발전을 가져와 7~8세기 대에는 중국, 신라, 일본 등과 교류할 수 있는 규모로 성장하였고 이후로도 꾸준한 해상 활동과 교역을 통해 독립국으로서의 지위를 유지하며 탐라의 해양성과 세계관을 구축하였다.

10~12세기 탐라는 고려의 간접 지배를 받으며 진헌 - 하사 형식으로 교류하면서 외국으로서의 지위를 유지하였다.

탐라의 팔관회 참여는 번국의 지위 유지와 무역의 한 방편으로 고려를 기반으로 교류의 영역을 확대하였다. 팔관회에서의 외국인 진헌 의례 참가 및 고려를 비롯한 송, 여진, 거란, 일본, 대식국 등 고려를 찾아온 외국 상인들과 교류하면서 경제적 목적을 추구하며 무역을 통해 경제적 부를 쌓았다. 전복, 귤, 말, 해산물 등은 탐라의 특산물로 수요가 많았으며 고려 왕의 하사품과 서적, 도자기, 종교시설과 의례 등의 문화를 받아들이는 과정은 탐라의 새로운 문화를 만들어가는 통로였다.

바다를 통해 세계와 소통하고자 했던 탐라인들에게 바다는 외부 세계와 연결해주는 공간이지만 늘 위험이 도사리고 있는 공간이기도 하다. 표류는 항해 도중 예기치 않게 발생하는 사고로 의도하지 않은 또 하나의 국가 간의 교류이다. 탐라 상인들은 송과 일본으로 표류하였으며 일본 선박들 또한 탐라로 표류하여 왔다. 이는 당시 해상무역에 참가했던 탐라 상단이 고려 외에도 일본이나 중국을 대상으로 해상무역을 수행하였음을 보여준다. 표류에 의한 교류는 송환 과정에서 표류인이라는 매개를 통해 양국 간의 우호를 증진시키기도 하였으며, 당시 국제 정세에 관한 정보를 주고받았고, 표류인들의 송환지는 대외 교섭 창구의 역할도 하였다. 표착한 지역에서 새로운 선박 수리 기술을 배운다거나 체류하는 동안 새로운 문물을 접할 수 있었다. 특히 명주는 국외와 연결되는 루트로써 정치·문화적으로 중요한 작용을 하였다. 중국과 일본, 고려는 바다를 오가는 중간 지점에 위치했던 탐라의 지정학적 중요성은 이후 원의 일본 침략 시 탐라를 전진기지로 활용하게 되는 요인이 되기도 하였다.

13세기 후반 원을 중심으로 동북아시아의 국제질서가 재편되면서 탐라의 위상은 또 한 번 변화를 맞는다. 원은 고려 - 일본 - 중국 간 교차지점에 위치한 탐라를 원의 직할령으로 삼아 탐라총관부를 설치하여 관리를 파견하였으며, 원의 목마장이 설치되고, 국가 간 해양을 통한 교역의 거점으로 활용하였다. 이에 원제국의 다양한 사람과 문물, 문화가 탐라로 유입되면서 새로운 문화가 만들어지고 더불어 탐라인의 세계관도 확장되는 계기가 되었다.

참고문헌

1. 사료

『高麗史』,『高麗史節要』,『東國李相國集』,『三國史記』,『新增東國輿地勝覽』,『元高麗記事』,『日本書紀』,『世宗實錄地理志』

2. 단행본

국사편찬위원회, 『한국사』 14, 국사편찬위원회, 2003.
김봉옥, 『제주통사』, 제주발전연구원, 2013.
김용선, 『역주 고려 묘지명집성-상』, 한림대학교 출판부, 2012.
김일우, 『고려시대 탐라사 연구』, 신서원, 2000.
안지원, 『고려의 국가 불교의례와 문화』, 서울대학교출판부, 2005.
여원관계사연구팀, 『역주 원고려기사』, 선인, 2008.
이청규, 『해상활동의 고고학적 기원과 전개』, 경인문화사, 2016.
전경수, 『탐라·제주의 문화인류학』, 민속원, 2010.
진영일, 『고대 중세 제주역사 탐색』, 제주대학교 탐라문화연구원, 2008.

3. 논문

고수미, 「고려시대 팔관회의 성격 변화와 문인층의 인식」, 제주대학교 석사학위논문, 2014.
고창석, 「耽羅의 郡縣設置에 대한 考察 -고려전기를 중심으로-」, 『제주대 논문집』 14, 제주대학교, 1982.
高橋公明, 「해역세계 가운데 제주도와 고려」, 『도서문화』 제20집, 목포대 도서문화연구원, 2002.
김경주, 「문헌과 고고자료로 본 탐라의 대외교류」, 『호남고고학학보』 58권,

호남고고학회, 2018.

김동철, 「상업과 화폐」『한국사』 14, 국사편찬위원회, 2003.

김보광, 「고려전기 탐라에 대한 지배방식과 인식의 변화」, 『역사와 담론』 85호, 호서사학회, 2018.

김일우, 「高麗時代 耽羅의 地方編制 시기와 그 單位의 형태」, 『한국사학보』 제5호, 고려사학회, 1998.

김일우, 「高麗와 耽羅의 관계 형성과 그 형태」, 『한국학보』 3권 2호, 일지사, 2004.

김창현, 「高麗의 耽羅에 대한 정책과 탐라의 동향」, 『한국사학보』 제5호, 고려사학회, 1998.

노명호, 「10~12세기 탐라와 고려국가」, 『제주도연구』 28집, 제주학회, 2005.

裵淑姬, 「宋代 東亞 海域上 漂流民의 發生과 送還」, 『중국사연구』 제65집, 중국사학회, 2010.

에노모노 와타루, 「송일·원일 간 해상항로와 고려 도서지역」, 『해양문화재』 제9호, 국립해양문화재연구소, 2008.

오영주, 「제주전복 역사성 기반의 식품특화전략」, 『제주도연구』 제53권, 제주학회, 2020.

장창은, 「고대 탐라국 연구의 쟁점과 이해방향」, 『탐라문화』 제57호, 제주대학교 탐라문화연구원, 2018.

전경수, 「耽羅鰒과 "耽羅海" : 公共體의 "海政學"을 위하여」, 『제주도연구』 제50권, 제주학회, 2018.

전영섭, 「10~13세기 표류민 송환체제를 통해 본 동아시아 교통권의 구조와 특성」, 『석당논총』 50호, 동아대학교 석당학술원, 2011.

전영준, 「삼별초의 항파두리 토성 입거와 전략적 활용」, 『역사민속학』 제47호, 한국역사민속학회, 2015.

전영준, 「고려의 탐라 수탈과 良守의 亂」, 『역사와 교육』 25집, 동국대학교 역사교과서연구소, 2017.

전영준, 「고려시대 동아시아의 해양과 국제교류 양상」, 『중세 동아시아의 해양과 교류』, 제주대학교 탐라문화연구원, 2019.

전영준, 「10~12세기 고려의 渤海難民 수용과 주변국 同化政策」, 『제주도연구』 55집, 제주학회, 2021.

03

근세 동북아시아 해역 질서와 '전복'의 길

: 원명 교체기 제주도 특산물의 교역과 진상

임경준(林慶俊, 동국대학교 문화학술원 HK교수)

I. 문제의 소재

한반도를 중심으로 보면 제주도는 서남쪽 바다 위에 홀로 떠 있는 화산도에 지나지 않는다. 그러나 시야를 동북아시아 해역 세계로 넓혀 보면, 한반도를 둘러싼 황해와 동해가 남쪽으로 흘러 들다가 동중국해로 합류하는 바로 그 지점에 위치한 제주도의 모습이 한눈에 들어온다. 이러한 지리적·환경적 특성으로 말미암아 역사적으로 제주도는 한반도, 중국 대륙, 타이완, 류큐열도, 일본열도를 비롯한 동북아시아 해역의 연안 지역을 하나로 묶어주는 해상교통의 요충지로 기능해 왔다. 동북아시아 해역의 지역 간 교역·상업에서 중심적인 역할을 수행하면서 독자적인 역사·문화를 형성해왔던 것이다. 또한 그러한 역사적 과정의 결과로서 각종 해난 사고도 빈발하여 선박의 침몰과 그로 인한 인명 피해뿐만 아니라, 멀리 이국으로 표류·표착하는 사례가 다양한 문헌 기록에 전하고 있다.[1]

---

1 동북아시아 해역 세계의 표류 표착을 전하는 주요한 사료는 다양하다. 朝鮮에서

종래의 연구는 전근대 동북아시아 속에서 제주도가 갖는 이러한 지리적·환경적 특성에 주목하면서 (1)제주도를 비롯한 동북아시아 각 지역의 해민이 전개한 해상 활동의 실태[2], (2)우발적으로 발생하는 표류·표착에 관하여 구체적 사례를 통해 검증해왔다.[3] 다른 한편으로 (3) 제주도의 독자적 왕권이었던 탐라가 종식된 이후 고려·대원·조선으로 이어지는 지배세력의 변동에 초점을 맞춰 그 구체적 양상을 밝히는 작업 또한 연구의 중요한 한 축을 지탱해왔다.[4] 연구의 토대를 이루는 사료집의 영인·역주 또한 활발하고 꾸준하게 진행되고 있으며 이에 호응하듯이 한국학계만이 아니라 일본학계에서도 대외관계사나 조선사 연구자에 의해 지속해서 관련 연구가 발표되고 있다.

양적으로나 질적으로나 견실한 연구 성과 위에 축조된 기왕의 '제주도상'에 대하여 구태여 벽돌을 하나 더 보탤 필요가 있나 하는 느낌도 든다. 그런데 14세기에서 15세기에 걸친 동북아시아의 200여 년간

는『朝鮮王朝實錄』과 같은 사료를 비롯하여『濟州啓錄』이나『漂人領來謄錄』과 謄錄을 통하여 풍부한 사례를 검출할 수 있다. 동북아시아 해역 세계의 표류와 관련된 연구 성과와 사료에 관한 개괄적인 설명으로는 劉序楓, 「표류, 표류기, 해난」, 桃木至朗(엮음)/최연식(옮김), 『해역아시아사 연구 입문』, 민속원, 2012 참조.

2 제주도를 비롯한 동북아시아 각 지역의 海民이 전개한 해상 활동의 실태에 관해서는 網野善彦와 高橋公明가 선구적으로 거론하였고 이후 한일 양국에서 후속 연구가 발표되고 있다. 網野善彦, 「中世から見た古代の海民」, 『日本の古代8 海人の傳統』, 中央公論社, 1987 ; 高橋公明, 「中世東アジア海域における海民と交流 : 濟州島を中心に」, 『名古屋大學文學部研究論集(史學)』 33, 1987 ; 高橋公明, 「中世の海域世界と濟州島」, 『海と列島文化4 : 東シナ海と西海文化』, 小學館, 1992 등 참조.

3 六反田豊, 「十九世紀濟州島民の海難と漂流 : 『濟州啓錄』を中心に」, 『年報朝鮮學』 7, 1999 ; 김나영, 「조선시대 제주인의 표류 발생 배경과 실태」, 『탐라문화』 57, 2008 ; 장혜련, 「조선중기 제주유민 실태와 사회적 지위 변화」, 『역사와경계』 69, 2008 등 참조.

4 藤田明良·李善愛·河原典史, 「島嶼から見た朝鮮半島と他地域の交流」, 『靑丘学術論叢』 19, 2001의 참고문헌을 참조.

은 원명 교체로 분수령을 이루는 육상국가의 변동에 발맞추어 해역 세계 또한 격동과 부침을 경험한 시기이기도 하였다. 동시기 제주도의 역사에 관하여 개별적·구체적 사례 연구가 풍부하게 축적되어 있는 반면에, 이를 동북아시아 해역 세계라는 보다 넓은 차원에서 부감하려는 시도는 관견이기는 하나 그다지 활발했던 것 같지 않다.[5]

이에 본고에서는 기존의 여러 실증적 연구에 의해 확정된 사실들에 의지하면서 원명 교체를 통하여 14세기에서 15세기에 이르는 '제주도'의 역사를 조망할 때 새롭게 혹은 다르게 보이는 측면들을 극적으로 부각시킴으로 해서 '동북아시아 해역 세계 속의 제주도'에 관한 하나의 시안을 제출하는 것을 목표로 한다. 그런 의미에서 본고가 겨냥하는 바는, 이제까지 알려져 있지 않던 새로운 자료를 발굴하여 이를 토대로 새로운 사실을 확정하는 데에 있기보다, 오히려 줄곧 연구의 대상으로 취급되어 왔던 사상(事象)에 대해 새로운 해석을 시도하는 데 있다고 할 수 있다. 이를 위한 실마리로서 본 발고에서 주목하는 것은 역사적으로 제주도의 특산품으로 알려져 왔으면서 해상 교역과 국가 공납에서 중요한 위치를 차지하고 있었던 '전복'[6]으로 대표되는 해산물이다.[7]

---

5 이런 측면에서 허남린의 연구는 '페리퍼리'와 '프론티어'라는 거시적인 지표를 통해 제주도의 역사적 위상을 고찰하였다는 점에서 주목할 만한 성과이다. 다만 이러한 지표가 朝鮮 공권력의 제주도 지배를 설명하기 위해 고안되었다는 점에서 어디까지나 朝鮮史라는 일국사적 틀을 벗어나지 못했다는 한계 역시 뚜렷하다. 허남린, 「제주도의 역사적 토포스 : 페리퍼리 그리고 프론티어」, 『탐라문화』 31, 2007.

6 제주도산 전복의 민속학적 고찰로는 今村鞆의 연구가 선구적인 업적에 속한다. 今村鞆, 「済州の鰒」, 『歷史民俗朝鮮漫談』, 南山吟社, 1928. 그 외 역사학에서는 주로 고대 耽羅와 倭의 교류를 다룬 연구로 森公章, 『古代日本の対外認識と通交』, 吉川弘文館, 1998 ; 梁聖宗, 「木簡の『耽羅鰒』についての一考察 : 現存する最古の記録遺物を読む」, 『耽羅研究会報』 11, 1994를 참조할 수 있다.

'전복'에 주목하는 본고의 의도는 단순히 이 물품의 기호적 측면을 밝히는 데 있지 않다. 역사적으로 제주도민의 생활양식에서 '전복'은 생계의 수단이자 수취의 대상이라는 이중성을 한데 가진 물품이었다. 그렇다고 한다면 '교역품'으로서든 '진상품'으로서든 근세 동북아시아 해역을 가로지르며 이동하던 '전복의 길'은 제주도의 역사적 위치와 그 주민의 생활양식을 가늠할 지표라 할 수 있다. 그리고 제주도의 역사적 전개 과정 속에서 '전복의 길'에 무언가 변화가 일어났다면, 이는 필경 제주도민의 생황양식에도 직접적으로 반영되어 나타나기 마련이다. '전복의 길'의 변화를 야기하는 외부적 요인으로는 크게 (1)제주도를 지배하던 조선왕조, (2)제주도를 포괄하는 동북아시아 해역 질서를 주재하던 명조(明朝)가 상정된다. 이 중에서 조선왕조의 제주도 지배에 관해서는 이미 중후한 연구사가 축적되어 있으므로 다양한 연구에 의해서 천착되어온 주제이기에 제쳐두기로 한다.[8] 그 대신에 본고에서는 주로 14세기에서 15세기에 걸쳐 '전복의 길'이 어떻게 변화해왔는지를 동북아시아 해역 질서의 변동과 연동하여 추적하도록 하겠다.

---

7 高橋公明,「中世東アジア海域における海民と交流：濟州島を中心に」; 高橋公明,「中世の海域世界と済州島」; 김나영,「조선시대 제주인의 표류 발생 배경과 실태」,『탐라문화』57, 2008.

8 권인혁·김동전,「조선후기 제주지역의 수취체제와 주민의 경제생활」,『탐라문화』19, 1998 ; 양진석,「18, 19세기 제주의 收取制度와 特徵」,『탐라문화』24, 2004 ; 박찬식,「19세기 濟州 지역 進上의 실태」,『19세기 濟州社會 研究』, 1997 ; 박찬식,「耽羅巡歷圖에 보이는 제주 진상의 실태」,『耽羅巡歷圖研究論叢』, 2000 ; 권인혁,「19世紀 前半 濟州地方의 社會經濟構造와 그 變動」,『李元淳教授華甲記念史學論叢』, 1986 등 참조.

Ⅱ. 15세기 이전 동북아시아 해역 질서와 제주도

조선 전기를 대표하는 유능한 재상으로서 널리 알려져 있는 보한재 신숙주(申叔舟, 1417~1475)는 1469년(예종 원년)에 안무사 겸 목사로 제주도에 부임하게 된 김호인(金好仁)[9]에게 다음과 같은 당부의 말을 남기고 있다.

> 제주는 옛 耽羅國이다. 남쪽으로 바다 한가운데 따로 떨어져 있어 海上으로 수백 리를 가야 다다른다. 奇材와 海産物[海錯]이 나며 商船이 끊임없이 왕래한다. 海賊도 종횡으로 활동하니 文武의 큰 재능이 없다면 다스릴 수 없는 땅이다. ……제주는 元末에 말을 방목하고 牧子를 두어 황제의 피난처로 삼으려 계획하기도 하였다. 몽골인과 漢人이 잡거[蒙漢雜處]하며 험준한 지형에 의지하여 반항하곤 하였다. 우리 왕조에 이르러 열성조의 '煦撫之恩'을 입게 되니 民人들이 동화되어 복속하였다. 그렇지만 商人들이 이곳으로 몰려 主客이 북적대니 땅은 황폐하고 民人은 빈곤하여 사나운 습속이 여전히 남아있다. 무릇 엄정하게만 대하면 빈민이 버티지 못하여, 관대하게만 대하면 사나운 습속을 다스릴 수 없으니, 관대함과 엄정함에 균형이 없으면 民人에게서 신뢰를 얻을 수 없다. 하물며 제주는 서쪽으로는 中國의 明州를 두고, 동쪽으로 日本 九州에 해당하며, 남쪽으로는 琉球諸島와 통하고 있어, 海賊이 출몰하고 푸른 바다로 막혀 서로 통하지 아니하여 구원하기에 때가 맞지 않다. 반드시 사람들 사이의 화합으로 지켜야 한다.[10]

---

9 金好仁의 濟州牧使 부임 시기에 대해서는 『耽羅志草本』 卷3, 「官案」條에 기록이 있다.

10 申叔舟, 『保閑齋集』 卷15, 「送金同年好仁安撫濟州序」: "濟州, 卽耽羅古國也. 在南海中絶遠, 浮海數百里而至. 産奇材海錯, 商舶絡繹. 海賊縱橫, 非文武大才, 莫能鎭之. …… 濟州自元季, 放馬置吏卒, 爲避亂之計. 蒙漢雜處, 恃險反覆. 至于我朝, 被列聖煦撫之恩, 民安於化, 同於内服. 然商販輻輳, 主客雜沓, 地瘠民貧, 遺風悍俗, 尚有存者. 一於猛, 貧民無以存, 一於寬, 悍俗無以懲. 不能以寬猛相濟, 民何所賴. 況州西値中國之明州, 東當日本之九州, 南通琉球諸島, 海賊出沒, 滄波阻隔, 救援不時. 是必人和可保."

본 사료는 15세기를 살았던 저자가 제주의 과거를 회고하면서 이를 바탕으로 그 통치 방안을 강구하고 있다는 데 가장 큰 특징이 있다. 당시 조정에서 신숙주가 차지하고 있던 정치적 위상으로 미루어 본다면, 명실공히 조선왕조 최고 위정자의 제주도 인식을 집약해 놓은 문헌이라 해도 과언이 아니다. 특히 15세기는 원명 교체의 대변동 속에서 동북아시아 각국의 국가체제와 국제관계가 새롭게 재편되던 시기였으며, 이는 제주도의 사회경제 구조에도 커다란 영향을 미치고 있었으리라 여겨진다. 따라서 본장에서는 이 사료를 실마리로 삼아 15세기를 전후한 시기 동북아시아 속의 제주도가 어떠한 역사적 위치를 차지하고 있었는지에 관하여 주로 사회경제 구조의 지속과 변화에 초점을 맞춰 살펴보고자 한다.

먼저 "바다 한가운데 따로 떨어져 있다(海中絶遠)"거나 "푸른 바다로 막혀 서로 통하지 않는다(滄波阻隔)"라는 구절이 등장하는데, 이는 당대의 전형적인 제주도관이기도 하였다. 예컨대 김호인보다 앞선 1404년(태종 4)에 제주목사로 부임했던 이원항(李元恒)[11]에게 양촌 권근(權近)이 주었다는 송별시에도 "탐라는 바다 한가운데에 있으니 …… 바람을 타고 가는 바다 길은 끝없이 아득한데다가, 수백 리 건너는 데도 위험한 파도를 예측할 수 없다"[12]라는 식의 서술이 보인다. 이처럼 제주도를 국가의 통제가 도달하는 변경으로 보는 관점은 조선왕조 위정자 사이에서 공유된 인식이었다고 해도 좋을 것이다.

이와 같이 일반적인 제주도관을 공유하면서도 신숙주의 견해가 갖는 차별성은 동북아시아 해역 속에서 제주도의 위치를 서술하는 지점

---

11 李元恒의 濟州牧使 부임 시기는 『耽羅志草本』 卷3, 「官案」 條를 참조.
12 『陽村先生文集』 卷20, 「送濟州牧使李君元恒詩序」 : "耽羅在海中. ……然以其颽風駕海, 渺漫無際, 涉數百里, 驚濤不測之險."

이다. "서쪽으로는 중국의 명주(明州)를 두고, 동쪽으로 일본의 규슈[九州]에 해당하며, 남쪽으로는 류큐제도와 통"한다고 서술하고 있는 바와 같이 신숙주는 제주도를 국가의 변경으로 보는 동시에 바다를 통해서 다른 나라와 지역으로 이어지는 지리적 요충지로 명확하게 파악하고 있다. 이러한 자연적·지리적 특성은 제주도민의 생활양식을 규정하고 있었는데, "기재(奇材)와 해산물[海錯]이 나며 상선이 끊임없이 왕래한다"라는 구절은 이를 극명하게 보여준다. 즉, 제주도의 대표적인 특산품은 '해산물'이며 이를 상선을 통해 동북아시아 여러 지역에 교역하는 것이 이 지역 주민의 일상적인 생활 방식이었던 것이다.

문헌 사료에서 제주도가 최초로 등장하는 것은 3세기 말에 편찬된 『삼국지』 위서 동이전으로 알려져 있다. 이에 따르면 제주도민을 가리키는 '주호(州胡)'가 "배에 올라 왕래하며 중·한에서 장사한다"라고 서술되어 있다.[13] 이를 뒷받침하듯이 제주도 산지항에서는 서기전 2세기경에 주조된 오주전(五銖錢)을 비롯한 중국 동전이 다수 출토되었는데, 근래 한·일의 고고학적 연구성과에 따르면 한반도와 일본열도 서부 일대의 연안·도서에서 발견된 중국 동전과 동일한 형태를 지닌 것으로 판단된다고 한다.[14]

그뿐만 아니라 1487년(성종 18) 추쇄경차관으로서 제주에 부임했다가 이듬해 부친상을 당하여 급히 귀향하던 도중에 풍랑을 만나 명조의 태주부 임해현에 표착한 최부(崔溥)의 표류 기록인 『표해록(漂海

---

13 『三國志』 卷30, 「魏書」 東夷傳 : "又有州胡在馬韓之西海中大島上, ……乘船往來, 市買韓中." 다만 여기에 등장하는 "韓中"의 실체에 대해서는 연구자별로 해석이 갈라지고 있다. 이에 대해서는 진영일, 「『三國志』 東夷傳 韓條 「州胡」, 『三國史記』 「탐라국 研究」, 『인문학연구』 6, 2000 등을 참조.

14 武末純一, 「三韓と倭の交流 : 海村の視点から」, 『国立歴史民俗博物館研究報告』 151, 2009 ; 김경주, 「考古遺物을 통해 본 耽羅의 대외교역 : 漢式 유물을 중심으로」, 『탐라사의 재해석』, 제주발전연구원, 2013 참조.

錄)』에는 다음과 같은 흥미로운 일화가 삽입되어 있다.

> 옛날 宋 仁宗 嘉祐(1056~1063) 연간에 高麗에 臣屬된 毛羅島 사람이 돛대
> 가 부러지고 표류하여 해안에 닿아 蘇州 崑山縣에 이르렀습니다. 知縣
> 韓正彦이 술과 음식으로 위로하고, 오래된 돛대를 舟木 위에 설치했는
> 데, 움직이지 않는 것을 보고 工人을 시켜 돛대를 수리하고 회전축을
> 만들게 하여 그것을 눕히고 세우는 법을 가르쳐주니 그 사람들이 손뼉
> 치며 빙글빙글 돌았습니다. 毛羅는 지금 우리나라의 濟州입니다.[15]

즉, 11세기 중반에 어떤 탐라인이 표류하여 중국 동남 연해에 조난
한 이야기가 현지인들 사이에 전해져 내려오다가 15세기 후반에 거의
동일한 사연으로 표착한 최부 일행에게 전해졌던 것이다. 당시 명조에
서는 왜구를 방비하기 위한 차원에서 해방(海防) 체제를 강화하고 있
었다. 최부 일행 역시 표착 당시에는 왜구로 오인되어 몰살당할 위기
에 몰리기도 하였다.[16] 이처럼 최부 일행에 대한 삼엄한 경계와는 대
조적으로 11세기 중반 탐라인의 표착은 우호적으로 받아들여지고 있
었다. 아울러 음식물의 제공이나 선박의 수리와 같이 표류인에 지방관
의 능숙한 처리를 보더라도 당시 동북아시아 해역에서 이와 같은
조난 사건은 특수한 사례가 아니라 일상화된 일이었음을 짐작할 수
있다.[17]

---

15 『漂海錄』成宗 19년(1488) 3월 23일조: 昔嘉祐中, 高麗臣屬毛羅島人, 檣摧桅折, 風
  漂抵岸, 至蘇州崑山縣. 知縣事韓正彦, 犒以酒食, 見其舊桅植舟木上不可動, 使工人爲治
  桅, 造轉軸, 教其起倒之法, 其人喜, 捧手而輾. 毛羅, 即今我濟州也.

16 서인범, 「明代 浙江지역의 海防體制와 조선 官人 崔溥의 漂着」, 『한국학연구』 28,
  2012 참조.

17 한편 최부보다 30여 년 빠른 1453년에 明朝에 조공 사절로 파견되었던 일본 승
  려 笑雲은 이듬해인 1454년 귀국하는 길에 풍랑을 만나 제주도에 표착한 일이
  있다. 이때 笑雲 일행은 "總兵官 金進山"이란 지방관에게 식량과 선박 수리에 필

말하자면 고대부터 황해와 동중국해 연안을 하나로 묶어주는 광역적 해상교역 네트워크 속에 제주도가 위치해 있었던 것이다. 『해동제국기(海東諸國記)』(1471)의 찬자로서도 알려져 있는 신숙주의 제주도 인식의 배후에는 이와 같은 역사적 배경이 응축되어 나타나 있다고 할 수 있다.

"상인들이 이곳으로 몰려 주객이 북적대니 땅은 황폐하고 민인은 빈곤하여 사나운 습속이 여전히 남아 있다"라는 신숙주의 서술은 농본주의에 입각한 유교 엘리트의 관점에서 제주도가 취약한 토지 생산성으로 말미암아 농업을 통한 식량의 수급이 불가능한 상황을 여실히 보여준다.[18] 실제 조선시대에 편찬된 각종 지리서에서도 "땅이 척박하여 민인이 빈곤하다"라는 문구가 제주도를 상징하는 일종의 상투구처럼 쓰이고 있다.[19] 그런 까닭에 제주도의 주된 경제적 토대는 바다와 섬이라는 자연환경적 특성을 최대한 활용한 해산물의 채취와 교역에 의해 지탱되었다. 해산물의 채취와 교역이야말로 제주도 경제구조의 기층 요소를 이루고 있었던 것이다.

다른 한편으로 신숙주가 제주도 역사의 분기점으로서 몽골제국~대원(大元)[20]의 지배를 거론하고 있는 점이 특히 주목된다. 즉 "제주는 원

요한 자재를 제공받았다. 『笑雲入明記 : 日本僧の見た明代中國』, 7월 1일조.

18 허남린은 이러한 측면을 '경제의 페리퍼리'로서 개념화하고 있다. 허남린, 「제주도의 역사적 토포스」, 18~22쪽.

19 "耽羅地瘠民貧"이란 표현은 이미 『高麗史』 卷8, 世家, 文宗 12년 8월(乙巳條)에 "且耽羅地瘠民貧, 惟以海産, 乘木道, 經紀謀生."에서부터 등장한다. 朝鮮 건국 이후 제주도민의 생계 문제에 관련해서는 〈표 1〉에서 관계사료를 정리하였다.

20 칭기스 칸이 건국한 몽골제국의 정식 국명은 'Yeke Mongyol Ulus(=大蒙古國)' 이었고 이에 대한 한자식 명칭이 '大元'이다. 이에 대해서는 김호동, 「몽골제국과 '大元'」, 『역사학보』 192, 2006 참조. 본고에서는 정식 국명을 강조하여 '大元'을 사용하되 문맥에 따라 元도 병용하겠다.

말에 말을 방목하고 목자를 두어 황제의 피난처로 삼으려 계획하기도
하였다. 몽골인과 한인(漢人)이 잡거[蒙漢雜處]하며 험준한 지형에 의지
하여 반항하곤 하였다"라는 구절이 그것이다. 이를 항목 별로 정리한
다면, ①말 방목의 개시, ②대원 황제의 피난 계획, ③몽골인과 한인의
잡거 상태, ④목호(牧戶)의 난으로 나눌 수 있다. 각각의 항목에는 이
미 여러 연구가 축적되어 있는 상황인데, 여기서 특히 주목할 필요가
있는 것은 제주도의 대원 복속기에 개시된 말 목장의 경영이 제주도
의 사회경제 구조에 어떠한 영향을 미쳤는가 하는 점이다.[21]

먼저 시대의 추이를 살펴보자. 13~14세기 몽골제국~대원의 흥기와
유라시아 대륙의 대통합은 동북아시아에 지각 변동을 일으킨 결정적
계기였다. 고려 역시 이러한 시대적 추세 속에서 벗어나지 못하여 몇
차례의 저항을 거쳐 최종적으로 대원에 굴복한다. 이 과정에서 제주도
는 고려에서 반원 세력을 대표하던 삼별초의 마지막 저항 거점이 되
었는데, 대원은 고려와 연합하여 정벌군을 파병하였다. 이후 삼별초를
진압하자 1273년(지원 10·원종 14) 제주도에 탐라국초토사(耽羅國招討
司)를 두어 직할령으로 개편하였고,[22] 이후 제주도에 대규모 직할 목장
을 설치하여 말을 사육하기 시작하였다.[23] 이에 따라 몽골인과 한인을
비롯한 많은 수의 외지인이 제주도에 들어와 살게 되었다.[24] 이로써

---

21 ①·②·③·④ 각 항목에 관해서는 岡田英弘,「元の惠宗と濟州島」,『モンゴル帝國
   から大淸帝國へ』, 藤原書店, 2010, pp.174~177(原載 :『國際基督敎大學アジア文化
   研究論叢』1, 1958)가 개관하고 있으므로 참조.
22 耽羅國招討司는 이후 1275년(至元 12·忠烈王元)에 軍民都達魯花赤總管府가 되었다
   가 1284년(至元 21·忠烈王 10)에 다시 軍民按撫司로 개편하였다. 大元은 1301년
   (大德 5·忠烈王 27)에 耽羅萬戶府를 설치하여 高麗의 征東行省에 귀속시킨다.
23 『高麗史』卷28, 世家, 忠烈王 2년 8월(丁亥條) : "元遣塔刺赤, 爲耽羅達魯花赤, 以馬
   百六十匹來牧."
24 이러한 제주도의 "蒙漢雜處"와 관련하여 주목되는 사건이 '蘭秀山의 亂'이다. 藤

제주도가 갖고 있던 동북아시아 해상교역 거점으로서의 입지가 대원이 통합한 유라시아 네트워크 속에 맞물려 들어가게 되었다고 할 수 있다.[25]

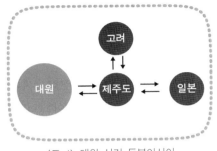

〈도 1〉 대원 시기 동북아시아 해역 속 제주도

대원의 지배는 제주도의 사회경제 구조에도 커다란 변동을 야기했다. 종래 제주도민의 생계수단이 주로 해산물 채취와 그 교역에 중점이 놓여 있었다고 한다면, 대원의 지배를 계기로 목장 경영을 통한 말 사육이 또 하나의 생계수단으로 떠오르게 된 것이다. 1374년(공민왕 23) 명의 사신이 고려에 와 "내가 생각건대, 고려는 이미 원조 때부터 말 2만~3만 필을 탐라에 두고 사육했으니, 지금은 필시 많이 번식해 있을 것이다"[26]라고 한 발언에서 미루어 짐작한다면 제주도에는 최소 2만~3만 필 규모 이상의 말 목장이 운영되고 있었으리라 추정된다. 아마도 제주도로 건

田明良에 따르면, 1368년 明朝가 浙江으로 군사를 파견하여 해상교통을 장악하려 하자 舟山列島를 근거지로 하던 해상 세력, 이른바 '蘭秀山賊'이 이에 반발하여 반란을 일으키는데, 결국 패배한 이들은 '耽羅'로 도망하였고 그중에는 耽羅 출신도 있었던 것으로 추정된다고 한다(「'蘭秀山の乱'と東アジアの海域世界」, 『歷史學硏究』 698, 1997). 이처럼 15세기 이전까지 동북아시아 해역에서는 바다를 넘는 이동과 교류가 빈번한 일이었으며, 제주도는 그러한 추세의 한가운데에 있었다고 할 수 있다.

25 이와 관련하여 漢地와 제주도의 교통 경로가 한반도를 경유하는 육로+해로만이 아니라 江南에서 직접 해로를 통해 직행하는 경로가 존재하였다는 점은 시사적이다. 일찍이 岡田英弘는 1365년에 제주도로 건너갔다가 귀국 후에 『耽羅志略』을 저술한 浙江 출신 李至剛의 일대기를 통해서 이 교통 루트를 선구적으로 밝힌 바 있다. 同, 「元の惠宗と濟州島」, pp.165~171.

26 『高麗史』 卷44, 世家, 恭愍王 23년 4월(戊申條) : "我想高麗國, 已先元朝, 曾有馬二三萬, 留在耽羅牧養, 孶生儘多."

너 온 몽골인이나 한인 대다수도 이러한 말 목장 경영과 깊이 연관되어 있었으리라 추정된다.

이상의 논의를 도식화하여 정리한 것이 〈도 1〉이다.[27] 15세기 이전 제주도의 사회경제를 지탱하던 두 가지 중요한 요소는 전복으로 대표되는 해산물 채취·교역, 그리고 목장 경영을 통한 말 사육과 교역이라 할 수 있다. 전자가 제주도의 열악한 토지생산성과 섬이라는 자연환경적 요인에 의해 강하게 규정되어 사회경제의 기층을 이루게 되었던 반면에, 후자는 대원의 지배라는 인위적이고 역사적인 요인이 작용함으로써 제주도 사회경제에서 또 하나의 층위를 형성시켰던 것이다.

이와 같은 제주도의 사회경제 구조 속에서 '전복'과 '말'이라는 특산품의 유통 경로는 크게 보아 두 갈래의 길이 상정된다. 하나는 전통적인 생계 수단으로서 '교역품의 길'이다. 이 길은 동북아시아 해상 네트워크의 결절점에 위치하는 제주도의 입지 조건을 배경으로 하면서 각국 해상의 활동한 교역 활동이 이를 뒷받침하고 있었다. 다른 하나의 길은 '진상품의 길'이다. '탐라복'이나 '탐라방포'라 불리는 제주도산 전복은 고대부터 일본과의 대외 교섭에서 중요한 물품으로서 이 길을 이용하고 있었으며, 이는 백제·신라·고려와의 관계에서도 동일하였으리라 추정된다. 이렇게 본다면 대원의 말 목장 설치는 종래 전복이 중심적이었던 '진상품의 길'에 '말'이라는 새로운 물품이 추가된 사건이라 할 수 있다.

15세기 이전 제주도는 이와 같이 '교역품'과 '진상품'이라는 두 갈래의 길 위를 교차하는 '물품'들에 의해 사회경제의 기본구조가 구성

---

27 다만 본 개념도는 제주도만을 경유하여 대원·고려·일본이 교류했음을 의미하지 않으며, 다양한 교류 루트 속에서 제주도가 중간 거점 중 하나로서 기능했음을 강조하는 데 목적이 있다.

되어 있었다. '물품' 속에는 고대에서부터 특산품으로 유명했던 전복을 비롯한 해산물이 기층에 자리하고, 여기에 대원의 유산으로서 '말'이 새로운 지층으로 덧붙여져 있었다. 그렇다면 원명 교체라는 유라시아 규모의 지각변동은 동북아시아 해역 질서에 어떠한 영향을 미쳤던 것일까. 나아가 그 속에서 제주도의 사회경제 구조는 다시 어떻게 변용하였을까.

III. 명초 동북아시아 해역 질서의 변동과 제주도 사회경제

14세기 중엽 이후 대원의 패권도 서서히 흔들리기 시작하여 세계의 종말과 미륵부처에 의한 구제를 설파하는 백련교 일파가 봉기하며 전국 각지에서 반란의 불길이 번져나간다. 이러한 혼란 속에서 빈농의 자식으로 태어난 떠돌이 승려 출신 주원장(朱元璋)이 군벌세력으로서 두각을 나타내어 1368년 남경에서 황제의 자리에 올라 대명(=명조, 1368~1644)을 건국하니, 곧 태조 홍무제(洪武帝, 1368~1398)다. 같은 해 명군이 북벌을 개시하여 장강을 넘어 화북(華北)으로 진군하자 대원

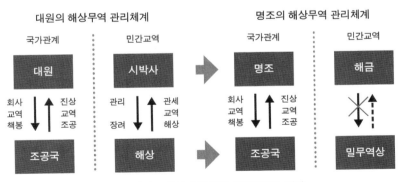

〈도 2〉 원명 교체와 해상무역 관리체제의 변화

정권은 더는 버티지 못하고 수도인 대도를 뒤로 하고 몽골고원으로 후퇴한다. 이로써 한지(漢地)를 장악한 패권국가가 원에서 명으로 바뀌는 이른바 원명 교체가 이루어진다.[28]

명조 정권은 한지를 장악한 즉시 고려·일본·류큐 등에 사신을 파견하여 입공을 요구하였는데, 이는 몽골고원에 건재한 대원 세력에 대항하여 주변 국가들로부터 정권의 정통성을 승인 받으려는 의도가 깔려 있었다. 북방의 위협 요소와 함께 동남 해상에서는 원 말부터 왜구(전기 왜구)가 횡행하고 있었다. 명조는 왜구에 대한 해방(海防)을 최우선시하여 민간 선박이 항구에 출입하는 행위 자체를 금지하고 대외 관계를 국가 간의 조공·책봉 관계에 한정시키는 대단히 엄격한 관리 체제를 구축하였다. 이렇게 하여 명조 정권의 주도 하에 해금과 조공이 결합된 '해금·조공 체제'가 형성됨에 따라 동북아시아 해역 질서 또한 커다란 변화를 맞이하게 된다.[29]

해금·조공 체제의 성립이 동북아시아 해역 세계에 미친 가장 두드러진 변화는 무역 형태의 변화이다. 주지하듯이 대원 시기까지는 국가 주도의 공무역 못지않게 민간 차원의 대외 무역도 활발하게 전개되고 있었다. 이에 대하여 해금·조공 체제는 민간 무역을 철저하게 억누르고 대외 무역을 명조 정권 주도의 조공·책봉 관계에 얽어매는 체제였

---

28 다만 元明 交替 자체가 몽골제국~大元의 멸망을 의미하지 않는다는 점을 유의할 필요가 있다. 몽골세력은 자신들의 연고지인 몽골고원으로 후퇴한 뒤에도 北元이라 불리며 독자적인 정치체제를 유지하였다. 1635년 北元의 적통에 해당하는 차하르(Čaqar)가 大淸으로 귀순함에 따라 몽골제국~大元 대칸의 지위는 大淸의 군주 홍타이지(Hong Taiji, 皇太極)에게 계승된다. 이에 대해서는 임경준, 「淸初 三藩의 亂과 盛京 지역 주변정세의 변화」, 『이화사학연구』 61, 2020, 145~148쪽 참조

29 '海禁 - 朝貢 체제'의 형성과 전개에 관해서는 檀上寬, 『明代海禁 = 朝貢システムと華夷秩序』, 京都大學學術出版會, 2013 ; 岩井茂樹, 『朝貢·海禁·互市 : 近世東アジアの貿易と秩序』, 名古屋大學出版會, 2020 등의 연구 성과를 참조.

다. 외부 세력이 명 측에 무역을 요청한다 해도 명조를 종주국으로서 인정하지 않는 이상 통상을 허가하지 않는 것이 이 체제의 가장 중요한 특징이다. 이에 따라 대외 무역은 철저하게 국가 관계로 한정되었고 기존 활발하게 전개되었던 민간 교역은 밀무역으로 규정되어 엄격하게 금지되었다. 이상의 체제 변화를 도식화한 것이 〈도 2〉이다. 당대(唐代) 이래 오랫동안 조공과 책봉의 틀에서 벗어나 있던 일본이 다시 여기에 참가하게 된 계기도 이러한 시대적 상황을 배경으로 한다.[30]

한편 원명 교체의 혼란은 한반도에도 영향을 미쳐 1392년에는 고려를 대신하여 조선왕조가 건국된다. 고려에서 조선으로의 왕조 교체에 의해 제주도의 영유권 역시 그대로 고려에서 조선으로 이전된다. 그렇다면 한반도 국가의 이러한 정치적 변동이 제주도의 내부 상황에 어떠한 영향을 미쳤던 것인가. 『조선왕조실록』에서 조선이 건국된 15세기를 중심으로 제주도민의 생계 문제에 관한 기사를 추출하여 살펴보도록 하자.

먼저 제주도의 자연환경에 관하여 "제주는 토지가 척박하고 백성은 조밀하여, 농사와 누에치기를 힘쓰지 않고, 수륙의 소산으로써 장사하여 생계를 삼고 있으므로, 밭의 조세를 받을 것이 없다"[31]라거나 "제주

---

30 日本의 對明 통교는 1402년 室町幕府의 실질적인 최고 권력자 足利義滿이 明의 永樂帝에게 조공 사절을 파견하고 '日本 國王'에 冊封됨으로써 공식적으로 수립되었다. 이는 478년 남북조 시대 劉宋의 황제 順帝가 倭王 武를 '使持節·都督倭·新羅·任那·加羅·秦韓·慕韓六國諸軍事安東大將軍·倭王'으로 책봉했다고 하는 일설에 따른다면, 실로 900년만의 國交 재개라 할 수 있다. 이상의 明·日 무역에 관한 배경 설명과 연구사 정리는 모모키 시로 외 엮음, 최연식 옮김, 『해역아시아사 연구입문』, 민속원, 2012, 제7장에 수록된 이토 고지, 「일명(日明)의 외교와 무역」을 참조. 이와 함께 최근 출간된 村井章介 編, 『日明關係史研究入門』, 勉誠出版, 2017 역시 개설적인 설명과 관련 연구를 망라하고 있어 대단히 유용하다.

31 『世宗實錄』 卷4, 世宗 원년(1419) 7월(丙辰條) : 濟州土瘠民稠, 不事農桑, 以水陸所産, 商販爲生, 故不可以收田租.

의 토지는 본래 메말라서 농사 짓는 사람이 토지에서 부지런히 일하여, 애쓰고 힘써서 그 공력을 백배나 들여도 항상 한 해 동안의 양식이 모자랄까 걱정하여, 농업을 하지 아니하고 상업에만 힘쓰는 자가 매우 많습니다"[32]라는 서술이 주목된다. 농업생산력에 대비하여 인구가 조밀한 탓에 농업에만 의지해서는 생계를 유지하는 것이 불가능하며 이에 따라 어업과 상업에 의존할 수밖에 없다는 인식이 공통적이다.

이러한 제주의 생계 환경은 "제주는……오늘날 사람은 많고 땅은 좁아, 비록 풍년이라 하더라도 오히려 해채(海菜)·상실(橡實) 등의 물건으로 겨우 살아가게 되옵니다"[33]라는 문구에서 단적으로 나타난다. 설령 농업에 의한 수확물이 최대치에 달하더라도 이것만으로는 생계를 꾸릴 수 없던 것이 당시 제주도의 상황이었다. 15세기 후반에도 "토지가 메말라서 백성이 먹고 살 식량이 모자라므로, 완전히 장사에 의지하여 먹고 사는데"[34]라고 할 정도였다. 제주도의 환경적 조건은 농업보다는 어업과 상업 우위의 생활을 규정하는 요소로서 15세기를 통틀어 지속적으로 작용하였다고 판단된다.

어업과 상업 이외에도 "제주는 땅은 좁은데 축산은 번성합니다"[35]라는 구절이 등장하는 데서 또 하나의 중요한 생계수단으로 축산을 들 수 있다. 축산이라고 하더라도 가장 중요한 대상은 '말(馬)'이었다. 이는 "제주 사람들은 말을 팔아서 입고 먹는 자본을 삼는"[36]다던가 "제주는 사람은 많고 땅은 비좁아서, 사람들은 모두 말을 사서 생계를

---

32 『世宗實錄』 卷5, 世宗 원년(1419) 9월(癸丑條) : 然濟州土地磽薄, 農人之家, 服勤南畝, 艱難辛苦, 百倍其功, 而常有卒歲無食之嘆. 因此, 不事農業, 而務行商賈者頗多.

33 『世宗實錄』 卷64, 世宗 16년(1634) 6월(甲子條) : 濟州……今人多地窄, 雖曰豊年, 猶以海菜橡實等物, 得以資生.

34 『成宗實錄』 卷247, 成宗 21년(1490) 11월(癸未條) : 本土瘠, 民不能粒食, 生利專賴興販.

35 『世宗實錄』 卷36, 世宗 9년(1427) 6월 10일(丁卯條) : 濟州土地窄, 而畜産繁.

36 『世宗實錄』 卷28, 世宗 7년(1425) 4월(辛丑條) : 濟州之人, 市馬以爲衣食之資.

마련"37한다는 당시 조정 관료들의 발언을 통하여 제주도인에게 말 사육과 거래가 갖는 위상을 짐작할 수 있다.

물론 말뿐만 아니라 '소(牛)'도 축산의 대상이었다. "제주는 땅이 좁고 인구는 많아, 생활이 간고하여, 소와 말을 도살하여 생계의 바탕으로 삼는 자가 자못 많고, 장사치들이 왕래하면서 우피(牛皮)와 마피(馬皮)를 무역하여 생활을 이어가는 자도 또한 많사옵니다"38라는 데에 확인할 수 있듯이 소와 말을 도살하여 그 가죽을 무역하는 것이 중요한 생계수단 중 하나였다. 이처럼 소와 말의 사육이 활발하여 "섬 안에 땅은 좁고 사람은 많은데, 목장이 절반이 넘어 소와 말이 짓밟기 때문에 곡식에 손해가 많"39다고 할 정도였다.

이상의 사례를 통해 고려에서 조선으로 영유권이 이전되었다 해도 15세기 제주도의 기본적인 사회경제 구조는 여전히 해산물 채취·교역과 말 목장 경영을 통해 지탱되었던 것을 알 수 있다. 이러한 제주도의 사회경제는 "개간하여 경작할 만한 땅은 겨우 10분의 1이며 오곡이 이루어지지 아니하고 논이 드물어서 세 고을 수령의 공궤하는 쌀은 단지 물고기와 미역을 가지고 육지에서 바꾸어야 겨우 채울 수 있으며, 민간에서는 오직 말을 파는 것으로 생업을 삼고 보리·기장·산채·해채로 보충합니다"40라는 기사에서 극명하게 나타난다. 즉, 15세기의 제주도민은 어업과 상업, 그리고 축산을 주요한 생계수단으로 삼

---

37 『世宗實錄』 卷29, 世宗 7년(1425) 9월(庚子條) : 濟州人多地窄單寒, 人民皆以買馬資生.

38 『世宗實錄』 卷64, 世宗 16년(1434) 6월(己未條) : 濟州地窄人多, 生理艱苦, 盜殺牛馬資生者頗多. 商賈來往, 貿易牛馬皮, 以資其生者亦多.

39 『世宗實錄』 卷39, 世宗 10년(1428) 1월(己丑條) : 島內地窄人多, 牧場過半, 因牛馬踐踏, 禾稼多損.

40 『成宗實錄』 卷281, 成宗 24년(1493) 8월(丁卯條) : 開墾可耕之地, 僅十分之一, 五穀不成, 水田希罕, 三邑守令供饋之米, 只將魚藿, 陸地貿遷, 方能僅足. 民間則專以鬻馬爲生, 麥、稷、山海菜補之.

고 있었는데, 이러한 배경에는 열악한 토지 생산성이 자리하고 있었음이 여러 사료에서 변함없이 확인되는 것이다.

다만 표면적으로는 동일한 것처럼 보이지만, 내용적으로 변화한 측면에도 주의할 필요가 있다. 원명 교체와 고려에서 조선으로의 영유권 이전이 발생한 15세기 초에 제주도가 직면한 변화는 크게 보아 두 가지로 정리할 수 있다. 하나는 조선의 제주도 지배가 진행됨에 따라 조선의 수취체제인 공납제가 정착되었다는 점이고, 다른 하나는 중요한 생계수단으로 거론되는 '교역'과 관련된 기사의 내용 변화이다. 양자는 각각 '진상품'과 '교역품'에 대응하고 있는데, 아래에서는 이 문제에 관하여 순서에 따라 살펴보도록 하겠다.

IV. 제주도에서의 공납제 착근과 '전복'의 길

주지하듯이 조선의 국가 재정은 전세(田稅)·양곡(良役)·공납(貢納)에 의해 구성되었는데, 여기서 공납은 다시 공물(=현물세)과 진상(=예물)으로 구별되었다.[41] 제주도의 경우 자연환경적 특수성 때문에 중앙에 상납하는 조세는 사실상 진상, 즉 예물에 한정되었다.[42] 조선의 수취제도가 제주도에 뿌리내림에 따라 종래 '교역품' 위주로 편성되어 있던 사회경제 구조에 '진상품'의 비중이 점차적으로 늘어났다고 할 수 있다.

---

41 田川孝三, 『李朝貢納制の研究』, 東洋文庫, 1964.

42 제주도 수취체제의 특성에 관해서는 박찬식, 「19세기 濟州 지역 進上의 실태」, 『탐라문화』 16, 1996 ; 長森美信, 「조선후기 제주 進上物 조달과 수송」, 『탐라문화』 23 ; 권인혁·김동전, 「조선후기 제주지역의 수취체제와 주민의 경제생활」, 『탐라문화』 19, 1998 ; 양진석, 「18, 19세기 제주의 收取制度와 特徵」, 『탐라문화』 24, 2004 등 참조.

서명	『世宗實錄地理志』(1454)	『新增東國輿地勝覽』(1530)	『耽羅志』(1653)	『南宦博物』(1703)
물품명	玳瑁·全鮑·引鮑·槌鮑·條鮑·烏賊魚·玉頭魚·昆布	海獺·蠣珠·玳瑁·貝·鸚鵡螺·無灰木·藿·牛毛·蟹·螺·鰒·黃蛤·海衣·烏賊魚·銀口魚·玉頭魚·鯊·刀魚·古刀魚·行魚·文魚	海獺·瑇珠·玳瑁·貝·鸚鵡螺·鰒·藿·牛毛·蟹·黃蛤·玉頭魚·銀口魚·鮫魚·刀魚·古刀魚·行魚·文魚·望魚·生魚·藿·牛毛·無灰木·	鮫魚·鰐魚·鯨魚·文魚·望魚·刀魚·古刀魚·行魚·生魚·玉頭魚·飛魚·銀口魚·秀魚·烏賊魚·魴魚·鰒·海蔘·紅蛤·瑇珠·玳瑁·貝子·鸚鵡螺·牡蠣·海獺·藿·青角·黃角·牛毛

실제로 신숙주가 '기재'와 '해착'의 산지라 지적했던 대로 제주도에는 한반도 본토에서는 생산되지 않는 진귀하고 독특한 물품이 풍부하였다. 말뿐만 아니라 해산물·감귤·약재와 같은 특이한 토산물이 여기에 해당할 텐데, 바다로 둘러싸여 있는 제주도의 도서로서의 입지 조건을 고려한다면, 중요한 물품은 역시 해산물이라 할 수 있다. 따라서 본절에서는 해산물을 중심으로 제주도와 해역·주변 지역과의 관계를 검증해보고자 한다.

〈표 1〉은 조선시대 각종 지리서에 등장하는 제주 토산물 중에서 해산물을 중심으로 정리한 것이다. 여기에서 알 수 있듯이 제주도 특산으로 평판이 높았던 것은 해조류와 조개류였다. 특히 제주도산 미역[藿]은 오래전부터 교역품으로 이용되었는데, 고려 말기에는 탐라에서 나는 '해채'의 명성이 멀리 중국인에게도 퍼져 있었다고 한다.[43] 이러한 경향은 "미역은 …… 제주에서 나는 것이 더욱 많아서, 토민이 쌓아놓고 부자가 되며, 장삿배가 왕래하면서 매매하는 것이 모두 이것

---

43 明의 성립 직후에 漢地의 江南 일대에서 '蘭秀山의 亂'이란 무장 봉기를 舟山群島의 해상 세력이 일으키는데, 이들은 명의 토벌군에 패배한 뒤 제주도로 도망한다. 그런데 이들 세력의 일부는 제주도에서 '海菜'를 매입하여 타 지역에 行商으로 잠입하려 했다. 이에 관해서는 藤田明良의 전게논문을 참조.

이"[44]라 언급하는 것처럼 15세기 초기까지도 이어졌던 것으로 보인다.

이어서 조개류에서 주목할 만한 것은 진주다. 1079년에 탐라구당사가 고려 국왕에게 진주를 헌상했는데, 그 빛나는 것이 마치 별과 같아서 '야명주'라 불렀다는 기록이 전한다.[45] 또 1276년에는 대원에서 임유간(林惟幹)을 제주도에 파견하여 진주를 채취케 하였는데, 뜻대로 되지 않자 일반 민인에게서 진주 100여 개를 탈취해 갔다고 한다.[46] 이로부터 제주도산 진주의 가치는 고려뿐만 아니라 한지(漢地)에도 널리알려져 있었음을 짐작할 수 있다.

그런데 제주도산 해산물 중에서 핵심적인 위치를 차지하던 물품은 다름 아닌 '전복'이었다. 전복은 역사적으로 제주도민의 해상교역에서 주된 상품이었던 동시에 대외 교섭에 수반되는 물품으로서도 중요시되었다.[47] 이러한 경향은 조선시대에 들어와서도 변함없이 유지되어 〈표 2〉의 각 지리서에도 '복(鰒)'으로 등장한다. 이 시기에는 두독야지(豆禿也只, 頭禿也只)·두무악(頭無岳)·포작인(鮑作人, 鮑作干·鮑作輩·鮑作漢) 등으로 불리는, 전복 잡이를 전문으로 하는 집단이 존재하였다. '이선

---

44 『世宗實錄』 卷117, 世宗 29년(1447) 9월(壬子條) : 夫藿者, ……處處皆有之. 濟州所産尤繁.

45 『高麗史』 卷9, 文宗 33년 11월(壬申條) : "耽羅勾當使尹應均獻大眞珠二枚, 光曜如星, 時人謂夜明珠."

46 『高麗史』 卷28, 忠烈王 2年 윤3월(丁酉條) : 元遣林惟幹及回回阿室迷里, 來採珠于耽羅. ; 『高麗史』 卷28, 忠烈王 2年 6월(壬申條) : 林惟幹採珠耽羅, 不得, 乃取民所藏百餘枚, 還元.

47 예를 들어 日本의 고대사료 『延喜式』이나 헤이조쿄에서 출토된 목간에는, 8세기 이후 肥後國(현재의 熊本縣 일대)과 분고국(豊後國, 현재의 大分縣)이 進貢品으로 '耽羅鰒'을 바쳤다는 기사가 등장한다. 여기에 등장하는 '耽羅鰒'이 전복의 종류를 가리키는 것인지, 아니면 전복의 産地를 나타내는 것인지는 연구사상 논쟁이 있으나, 耽羅와 깊은 관련을 맺고 있는 점 자체는 이론의 여지가 없다. 清武雄二, 『アワビと古代國家: 『延喜式』にみる食材の生産と管理』, 平凡社, 2021 참조.

위가(以船爲家)'라는 생활형태로 형용되는 이들 집단은 제주도만이 아니라 경상도나 전라도·충청도를 비롯한 한반도 연안을 무대로 전복을 채취하였다.[48]

이처럼 포작인과 같은 집단이 한반도 전역에 퍼져서 전복을 채집한 까닭은 당시 조선에서 전복이 중요한 공납품이었기 때문이었다. 김상헌(金尙憲)의『남사록(南槎錄)』에는 "포작배(浦作輩)는 홀아비로 살다 늙어 죽는 자가 많다. 그 이유를 물으니 '본주가 공물로 바쳐야 할 복어(鰒魚)의 수량이 매우 많고 관리들이 공무를 빙자하여 사리를 도모하는 것이 또한 몇 배나 됩니다. 포작배는 그 고역을 견디지 못하여 유망하거나 익사하여 열에 두셋만이 남게 되었습니다'"[49]라고 하여 당시의 과중한 부담을 짐작케 한다. 아울러 1489년(성종 20) 전라도와 충청도를 순시하던 경차관 이의(李誼)는 포작인과 당시 연안 일대에서 횡행하던 수적이 서로 표리 관계에 있음을 지적하고 있다.[50] 전복 진상의 과중한 부담이 포작인의 유민화를 촉진하였던 것이다.

조선은 제주도에 대한 전세 수취를 포기하는 대신 예로부터 특산으로 알려져 왔던 물품을 공납제에 편입시켜 진상품으로 수취하는 체제를 구축하였다 하겠다. 이중에서 '전복'은 제주도민의 입장에서 본다면 생계를 도모하는 수단 중 하나였지만, 바로 그러한 특성 때문에 역설적이게도 왕조국가의 수취체계에 편입되어 제주도 고유의 사회경제적 구조가 틀을 잡아가는 데 중요한 물품으로 기능했다고 할 수 있다. 그렇다면 전복이 이동하는 '길'에 초점을 맞춰 본다면, 이 시기에는 어떠한 변화를 감지할 수 있을까. 이미 살펴본 바와 같이 '전복의

---

48 高橋公明의 전게논문들을 참조

49 『南槎錄』 9월 22일조(p.100).

50 『成宗實錄』卷226, 成宗 20년 3월(癸酉條) : "如此之人, 不知其幾千人也, 而一朝定爲
常賦之役, 則避役逃散, 彼此流移, 與水賊相爲表裏, 深可畏也."

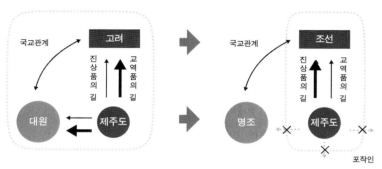

〈도 3〉 원명 교체와 제주도

길'에는 '교역품의 길'이 역사적 기층을 차지하고 있었다면, 그 위로 '진상품의 길'이 또 하나의 층위를 이루고 있었다. 그런데 조선의 제주도 지배가 관철되어 나감에 따라 점차적으로 '진상품의 길'이 대두하게 되었다고 할 수 있다.

교역품의 길 또한 이전과는 다른 형태로 재편된다. 물론 표면적으로는 변함없이 전복을 비롯한 해산물의 교역으로 제주도민의 생계가 유지되고 있었던 것처럼 보인다. 그런데 명조 정권의 성립 이후 해금·조공 체제가 동북아시아 해역 질서로 규율하게 되었다는 점을 염두에 둘 필요가 있다. 즉, 동북아시아 해상 교역은 철저하게 국가 간 공무역에 한정되고 국가의 공인을 받지 않은 일체의 사무역은 위법 행위로 간주된 것이다. 따라서 제주도민의 교역 역시 공식적으로는 조선이란 국가 내의 역내 교역에 국한되면서 이전과 같은 활발한 대외 교역은 불가능해졌다고 할 수 있다.

허균의 저술로 알려져 있는 『도문대작(屠門大嚼)』(1611)은 한반도 각지에서 생산되는 진귀한 식재료에 관하여 서술하고 있다.[51] 여기에

---

51 許筠은 『屠門大嚼』의 서문에서 임진왜란 때 피란을 갔다가 강릉에서 기거하였고 이후 벼슬살이를 하면서 전국을 주유했는데, 이때 전국에서 나는 기이한 해산물

'대복어(大鰒魚)'라는 항목이 있는데, 이에 따르면 "제주에서 나는 것이 가장 크다. 맛은 작은 것보다는 못하지만 화인(華人)이 매우 귀히 여긴다[52]"라고 하여 당시 제주도산 전복이 중국인에게도 알려져 있을 정도로 명성이 있었음을 지적하고 있다. 해금·조공 체제 하의 당시 상황을 고려한다면, 이렇게 제주도산 전복이 중국에 알려진 계기는 제주도민의 자체적인 전복 교역이 아니라 명조와 조선 양국의 조공·책봉 관계를 통해서였으리라 추정된다.

> 중국 사신을 접대하는 전례에 濟州 全鰒을 구매하여 대접하는 것이 수천 貼에 이르렀는데, 사람을 보내 반값만 지불하고서 사 오곤 하였다. 이에 공이 아뢰기를 "絶島의 백성들이 원망과 고통이 필시 많을 것입니다. 예전에 구매하여 지금 남아 있는 것으로도 충분할 텐데 하물며 중국 사신이 반드시 全鰒을 찾는다는 보장도 없을진대 더 말해 무엇 하겠습니까. 설령 중국 사신이 全鰒을 요구한다 하더라도 다른 것을 대신 주면 될 것이니, 더 구매하는 일은 중지하도록 하소서. 그리고 이미 보낸 절반의 물품 값 역시 환수하지 말도록 하여 전일에 억지로 팔게 했던 일을 보상해 주도록 하소서"라고 하니, 광해가 따랐는데 그 뒤에 과연 전복의 용도에 부족한 점이 없었다.[53]

이 사료는 월사 이정구(李廷龜, 1564~1635)의 행상에 실려 있는 일화이다. 이에 따르면 중국 사신을 접대할 때에는 반드시 전복이 사용되고 있었으며, 중국 사신 측에서 전복을 요구하기도 하였다는 것을

과 별미를 골고루 맛보았다고 회고하고 있다(『惺所覆瓿藁』 卷25, 「屠門大嚼引」).
52 『惺所覆瓿藁』 卷26, 「屠門大嚼」: "大鰒魚, 産濟州者最大. 味不及小者, 而華人極貴之."
53 趙翼, 『浦渚集』 卷34, 「議政府左議政諡文忠李公行狀」: 接待故事, 貿濟州全鰒至數千貼, 差人給半價以貿. 公啓, 絶島之民, 怨苦必多. 前貿餘儲, 亦足支用, 況天使不必求鰒魚. 設求之, 亦可代給他物, 請寢加貿. 且所送半價, 亦勿還收, 以償前日抑買. 光海從之. 其後鰒魚用不乏.

알 수 있다. 아마도 중국인이 제주도산 전복을 직접 접할 수 있는 기회란 사실상 명조와 조선 양국 간의 공식적인 관계에 한정되어 있었을 것이다. 제주도산 전복이 조선으로의 진상을 경유하여 외국과 접하게 방식으로 일원화되었다는 점이야말로 해금·조공 체제 아래 '전복의 길'이 맞이한 가장 큰 변화라 할 수 있다. 종래 '교역품의 길'과 '진상품의 길'이란 두 갈레의 길에 의해 지탱되던 '전복의 길'은 이제 후자가 전자를 압도하는 새로운 길로 재편된 것이다.

V. 맺음말

이제까지 15세기의 원명 교체를 기점으로 하여 제주도산 '전복의 길'이 어떠한 변화를 맞이하였는지에 관하여 다소 범박한 시안을 시도해 보았다. 이를 정리하면 다음과 같다.

첫째, 15세기 이전 제주도의 사회경제는 해산물의 채취와 교역이 기층에 자리 하면서 대원의 지배 이후 말 목장 경영이 활발해짐에 따라 말의 진상과 교역이 그 위에 표층을 이루는 구조를 갖고 있었다. 이러한 배경에는 바다와 섬이라는 지리적 요인에 더하여 열악한 토지 생산성이라는 자연환경적 요인이 강력한 영향을 미치고 있었다. 다시 말해 15세기 이전 제주도는 '교역품'과 '진상품'이라는 두 갈레의 길 위를 교차하는 '물품'들에 의해 사회경제의 기본구조가 구성되어 있었던 것이다. 이로부터 제주도는 동북아시아의 각 지역을 연결하는 결절점으로 기능하였다.

둘째, 동북아시아 해역에서 제주도의 위치가 변화를 맞이하는 계기는 원명 교체에 의한 조공·해금 체제의 구축이다. 종래 국가 간의 공무역뿐만 아니라 민간 간의 사무역도 자유롭게 이루어지던 동북아시아 해역은 새롭게 성립된 명조 정권의 강고한 정책 전환으로 인하여 일체의 대외 교역이 국가 간의 공무역으로 일원화된다. 이 과정에서 제주도의 영유권을 차지한 조선왕조는 이 지역에 공납제에 기반을 둔 수취체제를 시행하면서 제주도 지배를 관철해나간다. 그 결과 이제까지 제주도산 전복이 이동하던 주요한 '길'이었던 '교역품의 길'과 '진 상품의 길' 중에서 전자가 역내 교역으로 축소되며 후자의 비중이 압도적으로 늘어나게 되었다. 동북아시아 해상 교역의 결절점으로서 제주도가 갖고 있던 지위 상실을 '전복의 길'의 변화를 통해 간취할 수 있다.

원명 교체에 의한 동북아시아 해역 질서의 변화와 관련하여 제주도와 대조적인 사례는 류큐왕국이라 할 수 있다. 엄격한 해금 정책으로 인하여 명으로의 직접적인 도항에 제한이 많았기 때문에 15세기에는 아시아 해역에서는 중국 물산을 손에 넣을 수 있는 중계무역 거점이 번성하였다. 15세기 초에 통일된 류큐왕국은 동남아시아와 동북아시아를 연결하는 상업국가로서 크게 번영하였다. 이를 가능케 한 전제조건은 조공·해금 체제 하에서 독자적인 왕권을 보유하면서 명조를 종주국으로 인정하는 책봉국이 되었다는 데 있었다.[54] 1609년 이후 일본의 지배 하에 들어가서도 류큐가 일정 수준의 독립을 유지할 수 있었던 배경 역시 청·일 양국이 통교관계를 맺지 않은 하에서 일본의 대청 창구로서의 전략적 가치가 인정되었던 점이 주효하였다.[55]

지난 20여 년간 해역사 연구의 진전을 통하여 제주도뿐만 아니라 류큐왕국·주산군도(舟山群島)·대마도(對馬島)와 같은 동북아시아 해역

---

54 岡本弘道, 『琉球王國海上交涉史研究』, 榕樹書林, 2010.

55 渡邊美季, 『近世琉球と中日關係』, 吉川弘文館, 2012.

속 도서의 역사적 전개를 규명한 다양한 성과들이 축적되어 왔다. 동북아시아 해역에서 원명 교체를 하나의 분기점으로 파악한다면 이러한 변동 속에서 각 도서가 어떻게 대응하였고 그 결과가 어떠했는지에 대한 사례 분석은 흥미로운 비교연구의 재료가 될 수 있을 것이다. 이때 각 도서의 변화 양상을 구체적인 '물품'이 이동한 '길'에 초점을 맞춰 검토하는 것도 하나의 방법으로 유효하지 않을까. 본고는 제주도산 '전복의 길'을 소재로 삼아 이를 위한 초보적인 시도를 해본 데 지나지 않는다.

참고문헌

1. 사료

『朝鮮王朝實錄』
『陽村先生文集』
『保閑齋集』
『耽羅志草本』
『高麗史』
『三國志』
『惺所覆瓿藁』
『浦渚集』
『南槎錄』
『南宦博物』
『新增東國輿地勝覽』
『耽羅志』
『漂海錄』= 崔溥, 서인범·주성지 옮김, 『표해록』, 한길사, 2004.
『笑雲入明記』= 笑雲瑞訢, 村井章介·須田牧子(譯註), 『笑雲入明記 : 日本僧の 見た明代中國』, 平凡社, 2010.

2. 단행본

모모키 시로 외 엮음, 최연식 옮김, 『해역아시아사 연구입문』, 민속원, 2012.
岡本弘道, 『琉球王國海上交涉史研究』, 榕樹書林, 2010.
檀上寬, 『明代海禁＝朝貢システムと華夷秩序』, 京都大學學術出版會, 2013.
渡邊美季, 『近世琉球と中日關係』, 吉川弘文館, 2012.
森公章, 『古代日本の対外認識と通交』, 吉川弘文館, 1998.

岩井茂樹,『朝貢·海禁·互市 : 近世東アジアの貿易と秩序』, 名古屋大學出版會, 2020.

田川孝三,『李朝貢納制の研究』, 東洋文庫, 1964.

村井章介 編,『日明關係史研究入門』, 勉誠出版, 2017.

淸武雄二,『アワビと古代國家:『延喜式』にみる食材の生産と管理』, 平凡社, 2021.

3. 논문

권인혁,「19世紀 前半 濟州地方의 社會經濟構造와 그 變動」,『李元淳敎授華甲記念史學論叢』, 1986.

권인혁·김동전,「조선후기 제주지역의 수취체제와 주민의 경제생활」,『탐라문화』 19, 1998.

김경주,「考古遺物을 통해 본 耽羅의 대외교역: 漢式 유물을 중심으로」,『탐라사의 재해석』, 제주발전연구원, 2013.

김나영,「조선시대 제주인의 표류 발생 배경과 실태」,『탐라문화』 57, 2008.

김나영,「조선후기 호적자료를 통해 본 鮑作의 사회적 지위」,『역사민속학』 29, 2009.

김호동,「몽골제국과 '大元'」,『역사학보』 192, 2006.

나가모리 미쓰노부(長森美信),「조선후기 제주 進上物 조달과 수송」,『탐라문화』 23, 2003.

박찬식,「19세기 濟州 지역 進上의 실태」,『19세기 濟州社會 研究』, 1997.

박찬식,「耽羅巡歷圖 에 보이는 제주 진상의 실태」,『耽羅巡歷圖研究論叢』, 2000.

서인범,「明代 浙江지역의 海防體制와 조선 官人 崔溥의 漂着」,『한국학연구』 28, 2012.

양진석,「18, 19세기 제주의 收取制度와 特徵」,『탐라문화』 24, 2004.

劉序楓,「표류, 표류기, 해난」, 桃木至朗 엮음/최연식 옮김,『해역아시아사 연구 입문』, 민속원, 2012.

임경준,「淸初 三藩의 亂과 盛京 지역 주변정세의 변화」,『이화사학연구』 61, 2020.

진영일,「『三國志』東夷傳 韓條「州胡」,『三國史記』「탐라국」研究」,『인문학

　연구』 6, 2000.

허남린, 「제주도의 역사적 토포스 : 페리퍼리 그리고 프론티어」, 『탐라문화』
　　　31, 2007.

網野善彦, 「中世から見た古代の海民」, 『日本の古代8 海人の傳統』, 中央公論社,
　　　1987.

岡田英弘, 「元の惠宗と濟州島」, 『モンゴル帝國から大淸帝國へ』, 藤原書店, 2010.

高橋公明, 「中世東アジア海域における海民と交流 : 濟州島を中心に」, 『名古屋大
　　　學文學部研究論集(史學)』 33, 1987.

高橋公明, 「中世の海域世界と済州島」, 『海と列島文化』 4 : 東シナ海と西海文化
　　　』, 小學館, 1992.

今村鞆, 「済州の鰒」, 『歴史民俗朝鮮漫談』, 南山吟社, 1928.

藤田明良, 「『蘭秀山の乱』と東アジアの海域世界 : 一四世紀の舟山群島と高麗『日
　　　本」, 『歴史學研究』 698, 1997.

藤田明良·李善愛·河原典史, 「島嶼から見た朝鮮半島と他地域の交流」, 『青丘学術
　　　論叢』 19, 2001.

武末純一, 「三韓と倭の交流 : 海村の視点から」, 『国立歴史民俗博物館研究報告』
　　　151, 2009.

長森美信, 「18世紀濟州地域の凶年と賑恤策」, 『朝鮮學報』 193, 2004.

六反田豊, 「十九世紀濟州島民の海難と漂流 : 『濟州啓錄』を中心に」, 『年報朝鮮
　　　學』 7, 1999.

梁聖宗, 「木簡の『耽羅鰒』についての一考察 : 現存する最古の記録遺物を読む」,
　　　『耽羅研究会報』 11, 1994.

04

류큐·일본 관계에서의 관복(冠服)과 조칙(詔勅)

와타나베 미키(渡邊美季, 도쿄대학교 총합문화연구과 교수)
번역: 임경준(동국대학교 문화학술원 HK교수)

Ⅰ. 머리말

전근대 동유라시아 세계에서는 중국을 중심으로 하는 국제질서가 성립·기능하고 있었다. 이는 기본적으로 '중화(中華)', 즉 중국을 지배하는 황제(皇帝)와 '이적(夷狄)', 즉 주변국가와 민족의 수장 사이의 상하·군신 관계를 기축으로 하여 구상된 것이다. 이적의 수장이 중화의 황제에게 신하를 자칭하면서 정기적으로 사절을 파견하고 물품을 공납하는 조공(朝貢), 중화 황제가 여기에 답례하는 회사(回賜), 이적의 수장에게 왕호(王號)를 수여하는 책봉(冊封)이 이러한 관계를 떠받치는 중요한 요소였다.

조공·회사·책봉이 이루어질 때, 중화 황제는 이적의 수장에게 다양한 물품을 반사(頒賜)하였다. 그 중심이 된 물품으로는 황제의 이름으로 발급된 조령문서(詔令文書, 조서(詔書)·칙유(勅諭)·고명(誥命) 등)와 역(曆)·왕인(王印)·관복(冠服, 관(冠)과 복(服))이 있으며 그밖에 자신의 글씨나 공예품[1] 등을 하사하기도 하였다. 이러한 물품들은 무엇보다도 양자가 군신관계(君臣關係)를 맺었다는 '증거'인 동시에 이적의 수장이 자국 내에서 갖는 정치적 권위를 뒷받침하는 역할을 수행하기도 하였는데, 이처럼 조공·책봉의 당사자들만이 아니라 -때로는 주변 지역이나 세력까지도 영향을 미치는- 2차 3차적인 수용·이용·소비의 전개도 확인할 수 있다.

본고에서는 명청(明淸) 시대에 걸쳐 일관되게 중국의 조공국으로 존재하였던 한편, 17세기 초에 일본의 지배 하에 편입된 류큐왕국(琉球王國)을 중심으로 류큐·일본 관계에서 '황제의 반사품'이 어떠한 의미와 가치를 가지면서 어떻게 이용·소비되었는지를 관복과 조칙(조서·칙유)을 예시로 하여 검토한다. 이처럼 '황제의 반사품'이란 물품을 통하여 '동유라시아 세계 물품의 문명·문화사'를 보다 다각적이면서도 광역적으로 파악하는 데 일조하고자 한다.

II. 일본에서의 황제 반사품
-히데요시(秀吉)의 책봉을 중심으로-

1. 히데요시의 책봉과 반사품

류큐에 관하여 본격적으로 논의하기 전에 비교의 대상으로서 일본이 처한 상황에 대하여 정리해 두고자 한다. 전근대의 일본이 중국의 국제질서에 참여하였던 기간은 지극히 한정적이었는데[2], 그 마지막이자 단기간으로 참여했던 사례가 바로 도요토미 히데요시(豊臣秀吉, 1537~

---

1 예컨대 청대(淸代)에는 류큐의 조공 사절에게 비연호(鼻煙壺, 코담배를 넣어두는 병)나 유리제품을 하사하기도 하였다.
2 한대(漢代)에서 당대(唐代)에 이르기까지, 그리고 명대(明代)에 계속적으로 조공 내지는 조공·책봉 관계가 맺어졌다.

1598)의 책봉으로, 이에 관해서는 다수의 반사품이 현존하고 있다.[3]

히데요시의 책봉은 조선에 대한 침략전쟁, 즉 임진왜란(壬辰倭亂, 1592~1598)이 한창이던 때에 명조(明朝)와 일본 간 강화교섭의 일환으로서 이루어졌다. 히데요시의 책봉은 1595년 1월에 결정되었는데, 이후 정사(正使)의 도망사건이 벌어지면서 실제로는 명조의 책봉사가 오사카성(大坂城)에서 히데요시를 알현했던 것은 이듬해인 1596년 9월이었다.[4] 이때 히데요시는 책봉과 관련하여 조서·칙유·고명·인장·관복을, 그 신하들은 관복과 군관직에 대한 임명문서인 차부(箚付)를 받았는데, 얼마 지나지 않아 강화가 결렬되어 일본군은 조선에 다시 출병[정유재란丁酉再亂]하게 된다. 강화교섭의 결렬에 대하여 일본에서는 일반적으로 다음과 같이 이해되어 왔다. - 명조 황제의 책봉문서에 "너를 봉하여 일본 국왕으로 삼는다"라는 구절이 있는 것을 알게 된 히데요시가 격노하여 수령한 관복을 벗어던지고 문서를 찢어버렸다.[5] 1800년 교토(京都)에서 간행된 임진왜란을 테마로 한 소설 『회본조선군기(繪本朝鮮軍記)』에는 문서를 찢어버리는 히데요시의 삽화가 실려 있다(〈도 1〉).

그러나 사실 히데요시는 '명조 황제에게 일본 국왕으로 책봉된 것' 자체를 문제 삼지 않았던 듯 하여 조서·칙유 원본과 인장은 소재가 불명이지만 고명·관복은 현존하고 있다. 고명은 히데요시의 신하인 호리오 요시하루(堀尾吉晴)가 소장하고 있었다가 가메야마(龜山) 번주(藩主) 이시카와(石川) 가문에 전해져 현재는 오사카역사박물관에 있다.

---

3 이에 관한 주요 연구로는 [大庭1971 ; 河上1998 ; 米谷2014 ; 須田2017] 등이 있다.
4 아래의 서술은 특별히 주기가 없는 한 [大庭1971]과 [米谷2014]에 의거하였다.
5 예컨대 에도시대 말기부터 메이지시대에 이르기까지 널리 읽혀졌던 역사서인 『일본외사(日本外史)』(1827년 성립)에는 "至曰封爾爲日本國王, 秀吉變色, 立脫冕服抛之地, 取冊書扯裂之"(卷16)이라는 구절이 있다.

〈도 1〉『회본조선군기(繪本朝鮮軍記)』에 그려져 있는
조서 혹은 칙유를 찢어버리는 히데요시

한편으로 도망한 정사에 의탁되어 실제로는 사용되지 않았던 칙유도 경위는 알지 못하지만 현존하고 있다. 원래는 히라도(平戸) 번주 마츠우라 세이잔(松浦静山, 1760~1841)의 소장품이었다가 1838년에 유학자 사토 잇사이(佐藤一齊, 1772~1859)에게 양도되어 현재는 궁내청 서릉부에 소장되어 있다.

　관복은 히데요시 사후 1599년에 그를 기리려고 세워진 호코쿠사(豐國社)에 신보(神寶)로서 받아들여졌다(단 '관'은 전하지 않는다). 호코쿠사는 히데요시 사후에 정권을 장악한 도쿠가와 이에야스(德川家康, 1542~1616)[6]에 의해 폐사되었는데, 신보는 교토의 묘호인(妙法院)이란 사원에 이관되었다.[7] 1832년에 묘호인에서 정리한 히데요시의 애용품 도록인『풍공유보도략(豐公遺寶圖略)』에는 책봉 시에 명조로부터 하사된 의복 일부가 '조선의 의복'으로 게재되어 있다.

6　1542~1616년. 1603년 에도(江戸)에 바쿠후(幕府)를 개창하였다.
7　히데요시에게 하사된 관복에 대해서는 [河上1998]이 상세하다.

〈도 2〉 황제피변복도(皇帝皮弁服圖)에서
①피변관, ②피변복 상착(강사포), ③피변복 하착(중단)
출처: 만력『대명회전』권60, Wikimedia Commons '대명회전'

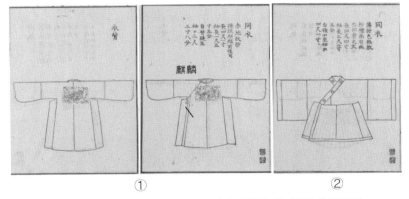

〈도 3〉『풍공유보도략(豊公遺寶圖略)』권하. ①상복, ②피변복 하착(중단)
※상착은 게재되어 있지 않으나 현존하고 있다.
출처: 국립국회도서관 소장 청구기호 841-19 디지털 컬렉션

히데요시에게 내려진 관복은 예복의 일종인 '피변복(皮弁服)'〈도
2·3〉과 평복인 '상복(常服)'〈도 3〉으로 명조 관제에 따르면 등급으로
서는 군왕(郡王) 상당·2품관격이었다. 이는 류큐 국왕과 동일한 등급
으로 조선 국왕이나 무로마치 쇼군(室町將軍)의 등급(친왕(親王) 상당·1

품관격)보다 한 등급 아래에 해당한다[豊見山2005]. 또 히데요시 책봉과 동시에 '일본 국왕의 신하'로서 군관직을 수여받은 여러 장수 중에서 우에스기 가게카츠(上杉景勝)에게 내려진 관복과 차부는, 우에스기 가문의 조상을 모신 우에스기 신사(上杉神社, 야마가타현 요네자와시)에 소장되어 있다. 차부는 이외에도 2점이 현존하고 있다('그림 4' [須田2017][8]).

한편, 히데요시의 가신인 모리 가문에 종사했던 무장 깃카와 히로이에(吉川廣家)는 '명의 황제가 히데요시에게 보내서 자신에게 하사하였다'고 하는 관복을 이즈모 타이샤(出雲大社, 시마네현 이즈모시)에 봉납하였다고 한다. 히데요시가 분여한 것인지, 아니면 기록은 남아있지 않으나 명조로부터 직을 수여받았을 가능성도 있다[須田2017]. 묘호인에는 히데요시의 유물 중에서 기록상 히데요시에게 반사되었다는 것이 확인되지 않는 여러 관복도 소장되어 있어[河上1998] 신하에게 나누어줄 수 있는 여분은 존재했으리라 여겨진다.

그런데 히로이에가 이즈모 타이샤에 관복을 봉납한 문안(1597년)에는 "일본의 양장(良將) 타이코 전하(=히데요시)는 (중략) 그 명성이 중화에 이르렀기 때문에 대명 황제가 사자를 보내와 제위를 주고 의복과 금새(金璽)를 주었다"[9]라 한다. 히데요시를 비롯한 일본 측 무장들이 책봉의 정치적 의미를 몰랐을 리 없으나, 다른 한편으로 명조 황제의 반사품을 히데요시로의 진상·입공으로 해석하는 분위기도 존재

---

8 모리 데루모토(毛利輝元) 차부(모리(毛利)박물관 소장), 마에다 겐이(前田玄以) 차부(도쿄대학 사료편찬소 소장). 차부에 대해서는 스다 마키코(須田牧子) 씨가 물품 자체와 문헌 기록을 동시에 구사하며 정력적으로 연구를 진행하고 있다([須田2017] 외).

9 "夫日本良將太閤閣下、……厥誉声播揚中華、則太明皇帝遣使、而附帝位、賦袞衣金璽……" 東京帝國大學文學部史料編纂所編 『大日本古文書 家わけ九ノ二』, 「吉川廣家寄進狀案」909号、東京帝國大學、1926年、p.58。

하였다. 이러한 해석의 여지가 생길 수 있었던 데는, 명조 황제에 의한 히데요시 책봉이 단기간에 끝나버린 데다가 일본 사회 내에서 책봉 본래의 정치적 의미가 실질적으로 거의 기능하지 않았던 것이 컸으리라 생각된다. 또한 직접적으로 전쟁이 재개되었는데도 불구하고 히데요시가 명조 황제의 반사품을 폐기하거나 은폐하지 않고 정중히 보관하고 있던 것과도 밀접하게 연관되어 있었으리라 여겨진다.

2. 에도시대 황제의 반사품

히데요시 사후 에도시대에 일본이 중국의 국제질서에 참여한 적은 없었으나, 히데요시 책봉에 의한 반사품은 계속해서 보관·전승되었다. 그밖에도 일본에는 무로마치 시대에 명과 관계를 맺으면서 발급된 칙유가 최소 4점, 양호한 상태로 현존하고 있다[小島2015 ; 村井2018].[10] 칙유와 차부는 에도시대를 통하여 자손과 사사(寺社)뿐만 아니라 다이묘·학자 등에 의해 귀중하게 소장되었고 때로는 사본이 제작되기도 하였다. 더욱이 중국 국내에서 발급된 일본과는 관계가 없는 명청시대의 고명·칙명도 일본에 다수가 수입되어 소장되었다[大庭1971 ; 小島2015]. 가라모노(唐物)나 한적(漢籍)을 왕성하게 수입하고 중국 문화의 수용에 열심이었던 에도시대의 일본 사회에 있어서는 발급처를 불문하고 명청 공문서에서 가치를 발견하고 관심을 표하는 문화적 토양이 존재하고 있었던 것이다.

---

10 ①1407(永樂 5)[將軍]足利義滿: 勅諭附屬 別幅(名古屋: 德川美術館藏), ②1407(永樂 5)[遣明使]堅中圭密·中立: 勅諭(京都: 相國寺藏), ③1408(永樂 6)[將軍]足利義持: 勅諭(舊廣島藩主淺野家舊藏), ④1433(宣德 8)[遣明使]龍室道淵: 勅諭(京都: 藤井有鄰館藏).

〈도 4〉 마에다가 전래 적단자지운룡문양금〈용포열〉
출처: 도쿄국립박물관 소장 열품번호 TI-453_24.

　또한 유래·출처는 특정할 수 없기는 해도 관복의 자투리도 중국에
서 만들어진 고급 견직물 중 하나로 진중되었다. 예컨대 도쿄국립박물
관에는 가가(加賀) 번주 마에다 가문에 전래되어 오는 적단자지운룡문
양금(赤緞子地雲龍文樣錦, 용포(龍袍)의 조각[裂])이 소장되어 있어 명대
의 관복 조각[裂](관복(冠服)의 자투리)으로 추정되고 있다〈도 4〉. 한
편으로 청조(淸朝)의 관복이나 그 일부로 만든 '에조 비단(蝦夷錦)'이라
총칭되는 견직물도 진귀하게 여겨지고 있다. 이는 청조가 흑룡강 하류
에서 사할린 방면의 수장에게 하사한 관복으로 이 지역 주민과 아이
누 민족과의 교역(산단교역(山丹交易))을 통하여 홋카이도(에조)에 가
져와져 일본 국내에도 유통된 것이다[靑森縣立鄕土館2004]. 적(赤)·감
(紺)·녹(綠) 바탕에 금사(金糸)·은사(銀糸) 등으로 운룡문양(雲龍文樣)을
짜 넣은 것으로 우치시키(打敷, 불단에 까는 깔개)·가사(袈裟) 등의 불
구(佛具)로의 가공을 중심으로 진바오리(陣羽織, 갑옷 위에 걸치는 옷)·
칼집(刀入)·베개(枕) 등을 만드는 재료로도 사용되었다〈도 5〉.[11]

11　마츠모토 가문은 마츠마에 번주의 고자부네(御座船, 귀인이 승선하는 배)의 선장
　　을 역임하였다.

〈도 5〉 마쓰모토가 전래 하이금진우직의 ①겉면 ②안면
출처: 도쿄국립박물관 소장 열품번호 K-38712.

III. 류큐왕국의 역사적 전개와 물품의 유출·소실

류큐는 12세기 전후에 왕국 형성을 개시하여 14세기 후반에 명조와 조공·책봉에 기반한 군신관계를 맺음으로써 명조를 중심으로 하는 국제질서에 참여하였다. 15세기에는 명조와의 관계를 배경으로 동아시아·동남아시아를 묶는 국가주도의 중계무역을 행하여 상업적인 번영을 구가하였다(〈도 6〉 참조). 그러한 모습은 1471년에 조선왕조의 재상 신숙주가 저술한 『해동제국기(海東諸國記)』에도 상세하게 기술되어 있다. 그러나 16세기에 들어오면 명조가 약체화됨에 따라 민간무역이 융성하기 시작하여 류큐의 무역은 점차 저조해져 중국·일본 이외의 국가들과의 관계도 끊어지게 된다.[12]

<도 6> 15세기경 류큐의 통교 범위
출전: 南西諸島水中文化遺産研究会編、
『沖縄の水中文化遺産』、ボーダー
インク、2014년、p.154。

16세기 말에는 일본의 통일정권 수립에 따른 정치적 압력이 류큐에도 미치게 되어 도쿠가와 이에야스에 의한 바쿠후의 수립(1603)을 거쳐 결국 1609년 류큐는 사츠마번(薩摩藩, 현재의 가고시마(鹿兒島)현) 시마즈(島津) 씨의 군사 침공에 패하였다. 그리하여 류큐는 명조와의 관계를 유지한 채로 사츠마번의 지배를 통하여 도쿠가와 바쿠후를 따르는, 이른바 '양속(兩屬)'적인 입장에 놓이게 된다. 1644년에 명조가 멸망함에 따라 새롭게 청조와의 조공·책봉관계를 개시하였으나(<도 8> 참조), 청·일에의 동시적인 신종(信從, 양속)이 청의 노여움을 사는 것을 두려워 한 류큐는 청조나 여기에 관계되는 외국들에 대해서 일

---

12 조선왕조로의 사절단 파견은 1500년을 마지막으로 끊어졌다.

〈도 7〉 청대 류큐의 통교 범위

출전: 渡辺美季, 「鄭秉哲の唐旅・大和旅」, 村井章介ほか編, 『琉球からみた世界史』,
山川出版社, 2011년, p.93。

본에의 복속을 (최소한 표면적으로는) 은폐하였다. 또한 청조와의 마
찰을 피하고자 한 바쿠후·사츠마도 여기에 협력하였다. 류큐·청조 관
계와 류큐·일본 관계는 이른바 표리일체와 같은 존재로서 암묵리에
스며들어가고 있던 것이다. 일본(도쿠가와 바쿠후)는 청조의 국제질서
에는 참여하지 않은 채 나가사키(長崎)항 한 곳에 한정하여 내항하는
청의 민간 상선을 통한 무역관계만으로 형성·유지되었다.

1868년에 새롭게 일본의 위정자가 된 메이지 정부는 1872년부터
단계적으로 류큐를 내국화(內國化, 병합)하는 정책을 추진하여 1879년
에 경찰·군대를 류큐에 파견하여 류큐번의 폐지와 오키나와현의 설치
를 단행하였다. 슈리(首里)성은 메이지 정부에 접수되었고 류큐 국왕
은 도쿄로 이송되었다. 이로써 류큐는 멸망하고 일본의 일부로서의 오

키나와현이 성립한 것이다.

이상과 같은 류큐의 역사 속에서 일본에 의한 1609년의 침공과 1879년의 병합은 많은 황제의 반사품 중 다수가 일본 본토로 이동하는 기회가 되었다. 침공은 도시부인 슈리·나하(那覇)를 중심으로 시마즈 군에 의한 대규모의 약탈이 행해져 "집집마다의 일기, 대대로 전해지던 문서, 칠진만보(七珍萬寶) 전부 사라진"(『희안일기(喜安日記)』) 상태가 되었다. 슈리성 등에 보관되었던 명대의 반사품 중 많은 수가 이때에 유출되었을 가능성이 높다. 류큐 병합이 이뤄졌을 때에는 메이지 정부의 지시로 슈리 성 내부에 있던 수많은 문서 -특히 '시마즈 씨의 류큐 통제에 관한 문서'나 '중국과의 관계 서류'- 가 접수되어 도쿄로 이송되었다[眞榮平2018]. 여기에는 황제의 조칙(詔勅) 등이 포함되어 있었다. 그리고 그 대부분은 1923년의 간토 대지진에 따른 화재에 의해 소실되었다.

물품의 손실이라는 의미에서 본다면, 슈리성의 소실에 대해서도 주의할 필요가 있다. 류큐왕국 시대에 슈리성은 전부 네 차례에 걸쳐 전소하여 그때마다 성내에 보관되고 있던 많은 반사품이 소실되었을 가능성이 높다. 류큐왕국 멸망 후의 슈리성은 군대의 주둔지나 학교로 전용되다가 1929년에 국보로 지정되어 문화재로서 수복·보존되었는데, 태평양전쟁 말기의 오키나와 전투(1945)에서 미국군의 공격에 의해 완전히 파괴되었다.[13] 슈리성뿐만 아니라 심각한 인적 손해와 함께 오키나와현 내의 사료·유물 일부도 미국군에 의해 이송되었다[眞榮平·平川2017].[14]

---

13 슈리성의 지하에 일본 측 육군 사령부의 참호가 설치되어 있었기 때문에 공격의 표적이 되었다.
14 이 중에서 몇 가지 물품은 반환되었다.

이러한 역사적 경위에 따라 류큐왕국 시대의 사료·유물·유적의 잔존 상태는 매우 좋지 않으나, 일본 본토나 미국에서 알려져 있지 않은 유물이 다시 출현할 가능성도 남아 있다.

Ⅳ. 류큐·일본 관계에서 관복(冠服)

1. 명·청대의 관복 수용 −피변관복을 중심으로−

중국 황제가 류큐 국왕에게 하사한 반사품 중에서 관복에 대해서는 물품이나 기록·회화가 비교적 풍부하게 남아 있어 복식사적인 연구[池宮1994·1998], 『대명회전』을 통한 관복의 파악[原田2001·2003], 관복을 통한 국왕의 국제적·국내적 위치에 대한 검증[豊見山2004], 국왕의 초상을 통한 관복의 분석[平川2015·2018a/b] 등 다수의 뛰어난 연구 업적이 존재한다. 여기에서는 이러한 선학의 성과를 참조하면서 명조와 청조 각각의 관복 수용 상황을 정리하고자 한다.

명대에는 책봉 시에 황제가 국왕에게 군왕(郡王) 상당·2품관격의 피변관복·상복이 한 벌씩 반사되었다[豊見山2004].[15] 이 중에서 피변관복은 국내에서는 여러 의례가 행해질 때에 국왕이 착용하는 정장이 되었다.[16] 그 실물은 현존하고 있지 않으나, 히데요시에게 내려진 동일한 등급의 관복을 참조할 수 있고 그밖에도 국왕이나 왕세자의 초상

---

15 조선 국왕에게는 ①冕旒冠·袞服(祭服), ②遠遊冠·絳紗袍(朝服)[＝皮弁服], ③翼善冠·袞龍袍(常服) 세 종류가 하사되었는데[柳ほか1982], 류큐 국왕(과 도요토미 히데요시)에게는 ①이 하사되지 않았다.

16 국왕은 중국 황제의 탄신일(성절(聖節)), 원단(元旦), 하지(夏至) 등의 의례에 피변관복을 착용하였다.

화인 오고에(御後繪)를 통해서 실물의 형태를 어느 정도 엿볼 수 있다. 다만 오고에의 실물은 오키나와 전투 당시에 모두 소실되었는데, 1945년 이전에 촬영된 11매의 오고에(모두 제2 쇼씨 왕통에 해당)의 흑백 사진이 현존하고 있다[平川2019].

초대 쇼엔(尙圓)(명대)	11대 쇼테이(尙貞)(청대)
3대 쇼신(尙眞)(명대)	13대 쇼케이(尙敬)(청대)
5대 쇼겐(尙元)(명대)	14대 쇼보쿠(尙穆)(청대)
7대 쇼네이(尙寧)(명대)	17대 쇼코(尙灝)(청대)
8대 쇼호(尙豊)(명대)	18대 쇼이쿠(尙育)(청대)
	쇼이쿠(尙育)의 세자 쇼준(尙純)(청대)

오고에에 묘사되어 있는 국왕의 관복은 명대와 청대가 크게 바뀐다[豊見山1996、原田2001、平川2015·2018a/b]. 이는 두 왕조가 내린 반사품의 내용 변화를 반영하고 있다. 〈도 9〉는 명말의 쇼네이(尙寧) 왕(재위: 1589~1620)의 오고에로 일곱 열로 일곱 개씩 옥이 장식된 칠류(七旒, 칠봉(七縫))의 피변복과 홍색 바탕의 상의(강사포(絳紗袍))·내의(중단(中單))·하의 외에 허리띠·옥규(玉圭)·신발 등으로 이루어진 피변복을 착용하고 있다.[17] 또한 오고에에는 그려져 있지 않으나, 상복으로서 '대홍식금흉배기린원령(大紅織金胸背麒麟圓領)' 한 벌이 반사되었다. 이것은 홍색을 기조로 하고 기린 문양을 가슴과 등 부분에 수놓은 포복(袍服)이다. 이러한 명의 의복은 류큐에서는 당의장(唐衣裝)이라 불렸으며 국왕뿐만 아니라 여러 관인들도 류큐식 옷차림(유장(琉裝))과 병용하고 있었다[池宮1998]. 오미에에서 쇼네이 왕의 주위에 작게 그려져 있는 가신들도 전원 명조의 의복을 착용하고 있다.

---

17 이하 오고에에 관한 본고의 서술은 모두 [平川2018a]에 의거하였다.

〈도 8〉쇼네이왕 오고에　　　　　〈도 9〉쇼이쿠왕 오고에

출처: 沖縄県立芸術大学附属図書·芸術資料館蔵鎌倉芳太郎撮影

　청대에 들어오면 복제가 변경되어 복식 그 자체만이 아니라 신분에 따라 관복을 제작하기 위한 옷감이 반사되었다.[18] 〈도 9〉는 청대의 쇼이쿠왕(재위: 1835~47)의 오고에인데, 쇼이쿠에게는 책봉 시에 망단(蟒緞) 2필, 장단(粧緞)[19] 2필, 청단(靑緞) 2필, 남단(藍緞) 2필 등의 견직물이 반사되었다(『역대보안(歷代寶案)』 2집 166-2호). 망단이란 발톱이 다섯 개인 용이 수놓아져 있는 단자(緞子, 실제로는 수자(繻子))를 말한다. 명대에는 황제의 권위를 상징하는 오조룡(五爪龍)에 대하여 일부의 신하에게 발톱을 하나 줄인 발톱 네 개를 가진 용(龍, 망(蟒))이 허용되었을 뿐이었는데, 류큐 국왕에게는 허용되지 않았다.[20] 청대에는 군왕(郡王)에게 발톱 다섯 개의 '망(蟒)'(즉 용)의 착용이 허용되었다. 즉,

---

18 최초의 반사 사례는 1654년(순치 11)에 보인다(『역대보안(歷代寶案)』 1집 03-07호).

19 동일한 색의 실로 문양과 바탕색을 수놓은 것.

20 조선 국왕은 1402년에 郡王에서 親王으로 승진하는데[河上2015], 이로써 常服에서 五爪龍의 착용이 인정되었다고 여겨진다. 『朝鮮王朝実録』 世宗 31年(1449) 9月(乙卯條)에 "又[上]曰, 昔予服四爪龍衣, 後聞中朝親王服五爪龍, 予亦服之, 以待天使, 其後, 帝賜五爪龍服"이라는 구절이 있다. 이 부분은 기무라 타쿠(木村拓) 씨의 교시를 받았다.

청대에 들어서 비로소 류큐 국왕은 용 문양의 사용이 가능해진 것이다. 바탕색은 현존하는 예에 따르면, 비색(緋色, 짙은 다홍색)이었는데, 천청(天靑, 짙은 감색)으로 된 망단도 반사되고 있었던 듯하다.[21] 다만, 망단을 비롯한 견직물은 책봉할 때뿐만 아니라 조공할 때에 반사되었고, 망단 이외의 견직물은 왕비나 조공 사절에게도 반사되었다.

이처럼 자신의 복제에 대응하는 옷감을 반사하기는 하였으나, 청조는 국외, 즉 조공국에 대해서는 복제(나 변발)을 강제하지 않았기 때문에[豊岡2012], 류큐는 청 황제에게 받은 망단 등을 사용하여 명조의 피변복풍으로 의상을 만들어 이를 국왕의 정장으로 사용하게 되었다. 조선에서도 청조가 아니라 명의 복제를 계승하고 있었기 때문에[22] 유사한 현상으로 볼 수 있으리라 생각된다[豊見山2004]. 다만 조선에서는 청의 망단은 사용되지 않았던 듯하다[柳 등 1982].

청대의 국왕 정장은 당의장·피변복에 더하여 '우만툰(御蟒緞)'(하복(夏服)은 우만사(御蟒紗))라고도 불렸다. 또한 청조가 옷감 이외에는 하사하지 않았기 때문에 피변관·옥규·장식품·신발은 명조의 것을 수리하여 계속하여 사용하였던가, 류큐에서 새로 제작하였다. 피변관은 1754년에 원래 7열로 되어 있던 옥을 명 황제와 동일한 12열로 바꾸었고 옥의 숫자도 늘리는 것으로 결정되어 이듬해에 여기에 따라 새롭게 제작되었다[豊見山1996·2006][23]. 따라서 이후 국왕의 오고에에 그려진 피변복은 이러한 변경 사항이 반영되어 있다.

---

21 후술하듯이 청 황제로부터 하사된 천청색의 망단을 사츠마 번주에게 헌상한 것 외에도 국왕이 청대에 비색뿐만 아니라 천청색의 피변복을 착용하고 있었다는 기록이 있다[池宮1998].

22 조선의 복제(服制)에 관해서는 [柳 외 1982 ; 張 외 2007 ; 東京國立博物館2020]을 참조하였다.

23 조선에서는 1897년에 大韓帝國을 선포한 高宗이 중국 황제와 동등한 冠服을 착용하게 되었다[柳ほか1982].

〈도 10〉 피변관 〈도 11〉 피변복

출처: 那覇市歴史博物館蔵

〈도 12〉 망단

출처: 沖縄県立芸術大学附属図書館・芸術資料館蔵

　명대와는 달리 청대의 피변관복은 여러 개가 현존하고 있다. 먼저 나하(那覇)시 역사박물관에 소장된 왕가의 전래품에는 12열로 된 피변관 〈도 10〉과 겨울용 피변복(적지용서운험산문양수진당의상(赤地龍瑞雲嶮山文樣繡珍唐衣裳)) 〈도 11〉과 동복(冬服, 감지용환문양단자당의상(紺地龍丸文樣緞子唐衣裳))을 비롯한 석대·신발 등의 장식품이 있고, 오키나와 현립박물관과 미술관에도 겨울용 피변복이 소장되어 있다[小林·與那嶺2012]. 또한 오키나와 현립 예술대학에는 겨울용 피변복의 옷감(망단) 한 벌분이 소장되어 있다(〈도 12〉).[24] 슈리성 공원에는 망단을 수선한 것으로 보이는 자투리와 망단으로 만들어진 손가방이 소장

---

24 류큐 최후의 국왕인 尚泰의 손자의 소장품으로 피변복으로 제작하는 데는 동일한 옷감이 한 벌 더, 그리고 소매를 만드는 데도 옷감이 더 필요하다고 한다(琉球新報1986年 5月 14日 朝刊). 이 부분에 관해서는 야마다 요코(山田葉子) 씨의 교시를 얻었다.

되어 있어[25], 모두 망단을 재이용한 것이라 할 수 있다. 다만, 후자는 왕가의 자손이 소장한 물품으로 왕국이 멸망하고 오키나와현이 된 이후 망단이 근대풍으로 다시 만들어진 것이다[上江洲2008]. 오키나와현립박물관·미술관에도 청색·적색 망단을 이용하여 만들어진 짧은 외투·일본식 코트·허리끈 등이 소장되어 있는데, 그 대다수는 왕족의 구장품에 속한다[小林·與那嶺2012].

2. 류큐·일본 관계에서의 관복 −청대를 중심으로−

1) 명대의 관복

류큐에 반사된 명대의 관복이나 청대의 망단은 류큐·일본 관계에서 어떠한 의미가 있던 것일까. 명대에 관해서는 기록·물증 모두가 빈약하여 명확하지 않은 점이 많으나 1471년, 류큐 국왕의 사자로서 조선을 방문한 하카타(博多, 현재의 후쿠오카현 후쿠오카시)의 상인이 '금대(金帶)·사모(紗帽)·흉배의(胸背衣)'를 보이면서 '류큐 국왕이 나를 사자로 삼아 이것을 입고 가는 것을 허가하였다'라고 하고 있다.[26] 명대의 류큐에서는 명의 복제를 도입하는 형태로 신분제가 형성되었고 국왕을 통하여 명조에서 반사된 관복이 그 군신에게 지급되었는데, 그 연장선상에서 일본의 상인도 포섭되었던 것으로 여겨진다[豊見山2004].

또한 교토 기온마츠리(祇園祭)에 사용되는 33기의 야마보코(山鉾, 축제 때에 사용하는 수레) 중 하나인 구로누시야마(黑主山)에 장식된

---

25 首里城公園管理センター編, 『首里城のデザイン』, 財団法人海洋博覽會記念公園管理財團, 2011년, pp.32~33。

26 琉球國使臣上官人信重, 以金帶·紗帽·胸背衣, 示宣慰使裴孟厚曰, 琉球國王命我爲使, 許服此行……(『朝鮮王朝実録』成宗 2年 11月(辛酉条)).

덮개에는, 명의 의복에 부착하는 '비어(飛漁)'(등에 날개를 단 용)가 새겨진 비단 조각이 사용되고 있었는데, 이것은 17세기초 류큐에서 3년간 체재했던 일본 승려 다이츄(袋中, 1552~1639)가 귀국할 때에 쇼네이 왕으로부터 받았다고 전해진다[河上1998][27]. 비어는 국왕의 관복에는 사용되지 않았고, 류큐에 반사되었다는 기록도 확인되지 않는데, 이것이 명이 내린 반사품이라고 한다면 증답품 내지 일본에 대한 선물로 사용되었다고 하는 이야기가 된다. 다만 이 비단 조각은 다이츄가 1616년에 재건한 교토 단노호린지(檀王法林寺)에 전해진 후 1817년에 구로누시야마에 기증되었는데[河上1998], 그 '기부증서'에는 "하도철금일괘(蝦嶋綴錦一掛)"라 기재되어 있어 당시 이미 덮개로 수선되어 있던 상태였으며 또한 '에조 비단'으로 인식되고 있었던 것을 알 수 있다.[28]

2) 일본 파견 사절의 관복 착용

청대에 들어오면 국왕의 정장으로서 당의장이 유지되었던 한편, 관인들의 복장은 '유의관(琉衣冠)'(유장(琉裝))으로 바뀌어 간다(단 오고에에는 가신들도 일관되게 명조풍 복장으로 묘사되어 있다)[池宮1994·1998].[29] 그러나 1726년에 일본(사츠마·에도)로 파견된 사절 중에서 고위관리에 한하여 '명조의관(明朝衣冠)'(당의장)을 착용하는 것이 의장의 규격과 함께 정해졌다[池宮1994·1998].[30] 특히 바쿠후에 파견한 사

---

27 九州國立博物館編、『琉球と袋中上人展－エイサーの起源をたどる-』、同館、2011년、24쪽에 사진이 실려 있다.

28 전게서 65쪽.

29 1645년에는 삼사관(三司官)·구메무라(久米村) 관원을 제외한 관리가, 1650년에는 구메무라 관원도 '유의관(琉衣冠)'으로 바뀌었다(『球陽』 卷5·6).

30 『球陽』 附卷3.

절단의 정사(正使)를 맡는 왕자(王子)[31] 직위의 관원들에 대하여 국왕의 대리라는 의미에서 국왕의 상복과 동일하게 "오사모(烏紗帽)·홍색단의(紅色緞衣)·기린보(麒麟補)" 등의 착용이 허용되었다. 다만 1671년과 1710년에 에도로 파견된 사절단을 그린 두루마리 그림(繪卷)[32]을 보면, 고위급 사절은 당의장을 착용하고 있었던 것이 확인되므로(〈도 13〉), 이미 관례처럼 행해지고 있던 것을 1726년 시점에서 제도화·규격화한 것이라 생각된다.

〈도 13〉 당의장을 착용한 1710년의 사절정사

출처: 狩野春湖、「琉球国両使登城之行列絵卷」部分、大英博物館蔵.

---

31 본래 국왕의 일가친척을 가리키는 용어였으나, 의미가 변하여 류큐의 위계제에서 최고 직위를 가리키게 되었다. 국왕의 자식과 구별할 때에는 '종왕자(從王子)'라 부르는 경우도 있었다(국왕의 자식은 '정왕자(正王子)'이라 한다).

32 1671년=「琉球使者金武王子出仕之行列」(하와이대학 마노아캠퍼스 도서관 소장) ; 1710년=「琉球中山王両使者登城行列」(일본 國立公文書館内閣文庫 소장).

18세기의 류큐에서는, 중국과의 관계 그리고 이에 따라 형성된 문화·학문(특히 유교)를, 일본에 강조함으로써 국가적 자의식·자존감을 강화하려고 하는 정치적 경향이 현저하였다[渡辺2012]. 에도로 파견된 사절의 관복(당의장)도 이러한 경향을 떠받치는 하나의 요소로써 정치적으로 활용되고 있었던 것으로 보인다.

그런데 류큐 국왕은 때로 신하에 대하여 오조룡 문양의 단자(緞子)를 하사하고 있었다. 그중에서도 18세기 중엽 이후 책봉사가 류큐에 방문했을 때 이를 접대한 '근로지공(勤勞之功)'으로서 반사하는 경우가 가장 많았는데, 예를 들면, 1756년의 책봉사 방문 시의 재상(섭정(攝政))이었던 쇼센보(尚宣謨, 나키진오지쵸기(今歸仁王子朝義), 1704~1786)에게는, 이듬해인 1757년에 "황제에게 받은 두루마리 그림 중 하나(從皇帝拜領卷物之內一本)"로서 "천청용문오조단장 한 필(天青紋五爪緞子一疋)"을 상으로 하사하였다.[33] 이것은 감색 바탕에 용환(龍丸) 문양을 배치한 '남단(藍緞)'을 가리키는 것으로 생각된다.

그 밖에도 조공 사절의 정사에게 "당(唐, =청조(淸朝))의 의상을 입게 하기 위하여" "천청용문오조단장 한 필(天青龍紋五爪緞子一疋)"을 하사한 사례(1724년)[34]나, 사츠마에 사자로서 파견된 고위 관원에게 "오조룡단 두 필(五爪龍緞二疋)"을 하사한 사례(1739년)[35] 등이 확인된다. 다소 특이한 사례로는 국왕의 다리 통증을 '신침(神針)'으로 치료한 의사에게 "오조룡단대대 한 근(五爪龍緞大帶一筋)"을 하사한 사례(1744년)도 존재한다.[36] 이러한 단자는 황제의 반사품일 가능성이 높지만, 무역

---

33 「向姓家譜(具志川家)」、那覇市企劃部市史編集室編、『那覇市史』、資料篇第1-7家譜資料 3、同室、274쪽.

34 「毛姓家譜(美里家)」、(同前)、809쪽.

35 「向姓家譜(具志川家)」、(同前)、270쪽.

36 乾隆九年甲子九月九日、蒙 王上褒賜五爪龍緞大帶一筋, 倭扇匣一個(內藏五把). 原是 王

에 의해 입수했을 수도 있다. 류큐·청조 무역을 통해서 다량의 고급
견직물이 수입되고 있었고, 그중에는 '용문단자(龍紋緞子)'도 포함되어
있었기 때문이다[上原2016].[37] 신하들 또한 황제나 국왕의 반사품뿐만
아니라 수입품을 사용하여 자신의 당의장을 제작하고 있었던 것으로
보인다.

다만 오조룡문으로 된 단자와는 달리 황제가 국왕에게만 반사한
망단에 관해서는 관견이기는 하지만 이를 신하에게 다시 하사한 사례
는 보이지 않으므로 류큐 측이 양자를 명확하게 구별하고 있었을 가
능성이 높다.

3) 사츠마 번주로의 진헌

그런데 류큐 국왕은 사츠마 번주에게 정기적으로 망단을 진헌하고
있었다. 이케미야 마사하루(池宮正治)는 류큐의 행정문서(평정소문서
(評定所文書))를 분석하여, 류큐 국왕이 사츠마 번주에게 1845년에는
망단 1본, 망사(蟒紗) 1본, 용문단자 3본, 용문사(龍紋紗) 2본, 1853년에
는 번주에게 망단 2본, 은퇴한 전임 번주인 인쿄(隱居)와 차기 번주인
와카기미(若君)에게 각각 장단(粧緞) 1본, 1854년에도 번주와 와카기미
에게 망단·색단자(色緞子)를 1본씩, 인쿄에게 장단·색단자를 1본씩 헌
상한 사례를 제시하면서 "장기간 이러한 예가 계속되었으리라 생각된
다"라고 지적하고 있다[池宮1994].

上忽患足痛, 臣以神針治之有效卽愈, 卽日蒙褒賜, (「得姓家譜(稻嶺家)」、同前、499쪽).
37 시마즈의 류큐 침공에 의하여 류큐령에서 사츠마번 직할이 된 아마미 오오시마
  에서는 청조 관복(四爪蟒)을 사용하고 있던 것으로 보이는 노로(=神女)의 의상이
  현존한다(東京國立博物館藏[列品番號K-39058]). 청조가 류큐 국왕에게 하사한 蟒
  緞(五爪)이지는 않으나, 류큐·청조 무역의 수입품이 어떤 경로를 통하여 유입되
  었을 가능성이 있다고 판단된다.

사츠마번의 기록을 조사한 결과 1689년에 류큐 국왕이 사츠마 번주에게 "대청왕(大淸王)에게 받은 천청용금입단자(天靑龍金入緞子, 망단)) 1권(卷)·천청운단자(天靑雲緞子) 1권·수자(繻子) 1권"을 보낸 사례(표의 ①)를 확인할 수 있고[38], 또한 류큐 국왕 앞으로 보낸 사츠마 번주의 서한에는 "대청국은 태평성세라 들었는데, 특히 황제에게서 받은 반사품은 재작년과 변함이 없어 모두 더할 나위 없이 만족하며 기뻐하고 있으니 대단히 경사스럽게 생각한다"라고 쓰여 있다.[39] 1690년·1695년에도 동일한 사례를 확인할 수 있다(표의 ②와 ③). '용(龍)'· '금입(金入)'·'망난단(蟒襴緞)'이라 하는 데에서 망단을 가리키는 것으로 여겨진다. 황제의 반사품인 것이 명기되어 있는 데다가 망단이 하사된 것은 관견에 따르면 사례①이 첫 번째 사례인데, 1680년에도 "청단자 1권·수자 1권"이 헌상되고 있는 것으로 보아[40] 이 또한 반사품일 가능성이 있다. 아마도 1680년 전후에 청 황제가 내린 견직물의 일부를 류큐 국왕이 사츠마 번주에게 헌상하는 '관습'이 성립되어 1689년에 망단이 반사품이라는 것을 명시한 뒤에 헌상하도록 하게 한 것은 아닐까. 그 경위는 정확하지 않으나, 청조로의 조공이 마무리될 때마다 그 자초지종을 사츠마에 보고하는 '당지수미어사자(唐之首尾御使者)'가 삼번(三藩)의 난(亂)을 거쳐 1678년에 제도화되고 있어[紙屋2013], 반사품의 헌상 역시 이와 연관되어 있을 가능성이 높다.

이후 당분간 사츠마번의 기록에 망단 헌상의 기사는 찾을 수 없으나, 1759년에 '대청이 하사한 물품인 금입용문단자(金入龍紋緞子, 망단) 1권·색단자 1권'을 류큐 국왕이 사츠마 번주에게 보낸 사례(표의 ④)

---

38 鹿兒島縣維新史料編纂所編, 『鹿兒島縣史料』, 舊記雜錄追錄1, 鹿兒島縣, 1971年, p.840 (2204號).
39 전게서 840쪽(2205號).
40 전게서 698쪽(1788號).

<表 1>

No.	서력	헌상품	구기잡록추록
①	1689※	從大淸王到來之天青龍金入緞子一卷·天青雲緞子一卷·繻子一卷	1-2204
②	1690※	青蟒襴緞一疋·香草·錦一疋進貢使帰帆付而、 從大淸国王拜領の由 候而...	1-2296
③	1695	從大淸到來之龍緞子一本·雲緞子一本·繪子一本	1-2528
④	1759※	從大淸賜物之金入龍紋緞子一卷·色緞子一卷	5-2230

를 확인할 수 있어[41] 이케미야가 제시한 19세기의 사례를 감안한다면 아마도 헌상은 18·19세기에 지속되었으리라 생각된다.

그러면 왜 류큐 국왕은 왕권의 상징이라고도 할 수 있는 망단을 사츠마 번주에게 헌상하였던 것일까. 명확한 이유는 알 수 없지만, (a) 사츠마 번주는 "황제·국왕이 맺은 군신관계와 이에 의해 성립되는 류큐 왕권"이란 구조 바깥에 위치한 존재이며, 망단을 헌상함으로써 류큐 왕권의 권위가 손상될 위험이 낮았던 점, (b) 일본 사회에 있어서 중국제의 고급 견직물이 진귀하게 여겨지는 상황에서 망단이 가진 희소성이 다른 진상품보다도 훨씬 더 높은 증여 효과를 얻을 수 있다는 점, (c) 황제가 국왕에게 반사한 물품을 헌상함으로써 청과 류큐와의 관계, 그리고 그 관계에서 류큐가 차지하는 위상을 강조할 수 있었다는 점 등이 컸으리라 생각된다.

이렇게 헌상된 망단의 행방에 관해서는 정보가 거의 남아 있지 않은데, 아마도 번주가 소장하거나, 혹은 타인에게 증여하는 데에 쓰였을 가능성이 높다고 생각된다. 사츠마 번주 유래의 망단으로는 시마즈 나리아키라(島津齊彬, 1809~1858)이 가신인 아카마츠에게 하사한 진바

---

41 鹿兒島縣維新史料編纂所編、『鹿兒島縣史料』、舊記雜錄追錄5、鹿兒島縣、1975年、p.734 (2230號)。

오리(가고시마 현립역사자료센터 소장)가 남아 있으며[池宮1994][42], 마찬가지로 나리아키라가 아버지 시마즈 나리오키(島津齊興)의 명복을 빌기 위해 1853년에 조동종(曹洞宗) 대본산(大本山)인 영평사(永平寺, 후쿠이(福井)현)에 기증했다고 전해지는 가사가 '하이금구조가사(蝦夷錦九條袈裟)'라는 이름으로 같은 종파인 청송사(淸松寺, 아키타(秋田)현)에 소장되어 있다.[43] 모두 짙은 감색의 망단인데, 류큐를 경유하여 입수했을 가능성이 높다.

덧붙여 1872년(메이지 5) 메이지 신정부에 파견된 류큐의 유신경하사(維新慶賀使)도 천황과 황후에게 '금입용문단자(金入り龍紋緞子)·금입용문사(金入り龍紋紗)'를 1본씩 헌상하고 있다[池宮1994].[44]

4) 일본에 대한 자의식의 표출

청조 황제가 류큐의 조공 사절에게 반사한 견직물은 와카(和歌)에서도 불러지고 있었다. 1762년 가고시마로 향하는 도중에 조난을 당하여 도사(土佐)번(고치(高知)현)에 표착한 류큐의 공용선(해선(楷船))에 타고 있던 이들에 대한 심문을 정리한 『대도필기(大島筆記)』는 다음과 같은 기사를 전한다[島村2020]. 다만 이때 심문한 이는 도사번의 유학자인 도베 요시히로(戶部良熙, 1713~1796)로 여기에 답한 이는 주로 선장이었던 옹사련(翁士璉)(시오히라페친(潮平親雲上))이었다.

이번에 이케구스쿠 웨카타(池城親方)[45]의 조부 이케구스쿠 웨카타(池城親方)가 북경에 '조공' 사절로 갔다가 귀국할 때에 비단(錦)을 2본

---

42 NHK·NHK プロモーション編、『NHK大河ドラマ特別展 西郷どん』、NHK、2018年、p.21。

43 http://www.city.oga.akita.jp/sp/index.cfm/14,1421,52,16.

44 「獻上品目錄」、外務省調查部編、『日本外交文書』5、日本國際協會、1938~40年、p.381。

45 모원익(毛元翼, 이케구스쿠 웨카타 안메이(池城親方安命))를 가리킨다[池宮1982].

하사받았으므로 조금 물러나서 '이를 보라(これを見よ)'라는 와카를 불렀다. '이 와카는 별도로 적는다.'

이때 중국인도 '이것을 보라(是を見よ)'라는 다섯 문자를 거기에서 들었다. 모두가 아래에서 본 다섯 문자는 진실로 반사품을 진귀하다 여긴 와카의 한 구절이라 할 수 있다.[46]

[류큐인 와카] 是を見よけふそまことの唐錦着へて故郷へ帰る袖かな (이것을 보라, 오늘이야말로 '황제에게서 받은' 진짜 중국 비단을 착용하고 '북경을 나와' 소매를 펄럭이며 고향으로 향하는구나.[47]

이 와카를 읊은 이케구스쿠 웨카타는 1696년에 류큐 조공 사절의 정사를 맡았던 모천상(毛天相, 이케구스쿠 안키(池城親方安倚), 1669~1710)을 가리킨다[池宮1982]. 즉, 17세기 말에 모천상이 청조 황제에게서 받은 견직물을 자랑하며 와카를 불렀다는 일화를, 18세기 중엽 도사 번에서 류큐인이 일본인에게 이야기했다는 것이다. 즉 청조 황제에게 받은 반사품인 견직물은 '청조에게 우대받은 류큐'라는 일본에 대한 류큐의 자의식을 표출하는 중요한 '작은 도구'로서도 기능하고 있었던 것이다.

덧붙여 류큐왕국 말기에 편집된 가집(歌集) 『오키나와집(沖繩集) 이편(二編)』(1876년)에는 이 와카의 이본(異本)으로 생각되는 "누군가 보라. 이것이야말로 진짜 중국 비단이니 / 북경을 떠나는 소매"[48]라는 와

---

46 "今ノ池城親方ノ祖父池城親方力、北京ヘ使者ニ行、帰国ノ節、錦ヲ二本賜リシニ少シ退キテ是ヲ見ヨノ歌ヲ読タリ、「歌別ニ記ス」、其時唐人モ是ヲ見ヨノ五文字切々聞事也、面々共ヲ下目ニ見成タル五文字、誠ニ賜物ヲ重ジタル詠ト称シタリシ。"

47 "これを見よ、今日こそ〔皇帝から拝領した〕本当の唐錦を着用して〔北京を出て〕袖を翻して故郷へと向かうことだ。"

48 "誰も見よこれぞまことのからにしき/きたのみやこをたちいづる袖"

카가 수록되어 있다. 이러한 이본의 존재, 그리고 비슷한 가사에서 "구전(口傳)에 가까운 형태로 전해졌다"라고 추정되고 있으며[池宮1982], 국내에서 이 노래가 구전되는 중에 일본에 대하여 자의식을 표출하는 하나의 실마리로써 침투하고 있었을 가능성이 있다.

V. 류큐·일본 관계에서의 조칙(詔勅)

1. 명청조칙(明清詔勅)과 류큐 병합(1879)

황제의 이름으로 발급된 조령문서(詔令文書)도 굉장히 귀중한 반사품 중 하나였다. 류큐 국왕에게는 명초(明初)의 일부 예외를 제외하면[49], 책봉 시에는 조서(詔書)·칙유(勅諭)와 그 밖의 (주로 조공에 대한) 칙유가 발급되었다. 이 중 류큐 입장에서 가장 중요했던 것은 책봉(국왕임명)의 조서였는데, 칙유는 주로 책봉·조공 시의 예물(반사품)을 하사하려고 발급되었다. 아래에서는 필자의 최신 연구성과[渡辺2020]에 기반하여 류큐에 발급된 명청조칙(조서·칙유)의 개요(특히 일실과 현존상황)를 확인한 뒤 류큐·일본 관계에서 이것들이 갖는 의미를 검토하고자 한다. 다만 관복에 비한다면 조칙은 물품으로서의 개별성·유일성이 보다 짙기 때문에 분할하거나 가공하는 것이 어려운 반면, 서사(書寫)라는 형태로 용이하게 복제·배포할 수 있다는 특징을 지적할 수 있다.

도쿄대학 사료편찬소에는 그 전신인 도쿄제국대학 사료편찬계가 1903년에 작성한 『명청책봉조칙목록(明清冊封詔勅目錄)』(이하, 『조칙목

---

49 일례이기는 하지만 고명(誥命)을 발급한 것을 확인할 수 있다(『明實錄』 永樂 13 年 5月(己酉條))[村井2018].

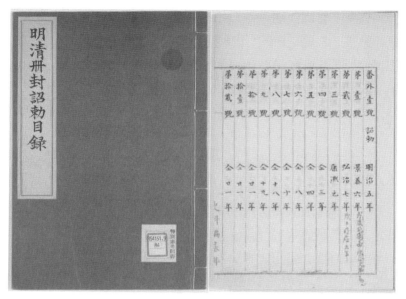

〈도 14〉『명청책봉조칙목록』의 표지와 목록의 서두 부분
출처: 東京大学史料編纂所蔵、請求記号RS4151.9-84.

록』이라 통칭)이 소장되어 있다(〈도 14〉 [黑嶋2016]). 1879년에 메이지 정부가 슈리성과 함께 접수50한 명청조칙의 목록으로 류큐왕국이 멸망한 시점에서 슈리 성내에 보관되어 있던 조칙의 개요를 파악할 수 있다. 166점에 달하는 조칙의 번호와 연호가 기재되어 있으며 2점이 명대, 나머지는 모두 청대의 것이다. 제목에는 책봉이라고 쓰여져 있으나, 그 숫자로 볼 때 조공 이외의 이유로 발급된 조칙도 포함되어 있으리라 생각된다. 이들 조칙은 도쿄로 보내져 내무성 총무국 문서과가 보관하였다. 사료편찬계 측에서 이관을 희망하였으나 "아직은 외교상의 비밀서류에 해당한다"라는 이유로 거절되었기 때문에 목록만

---

50 슈리성 접수에 관해서는 [眞榮平2018]이 자세하다.

이 등사되었다. 그 후 1923년의 간토대지진에 따른 화재로 조칙 원본
은 소실되었으리라 여겨진다.

2. 명대의 조칙과 류큐·일본 관계

『조칙목록』에 기재된 명대의 조칙은 '제1호·경태(景泰) 6(1455)년'·
'제2호·홍치(弘治) 7(1494)년'뿐으로 류큐왕국이 멸망했을 때에 이미
그 태반이 실전되었던 것으로 보인다.

1650년에 섭정(재상)인 상상현(尙象賢, 하네지 쵸슈(羽地朝秀))이 저
술한 류큐 최초의 정사(正史) 『중산세감(中山世鑑)』에는 "삼가 생각건
대 초대 삿토(察度) 왕이 대명에 조공한 이래 [명과] 왕래하는 조칙이
나 표문(表文)이 있었으나 쇼네이(尙寧)의 난(시마즈 씨의 류큐 침공)으
로 실전되어 버렸다. 현존하는 것을 기록한다. 후일 다시 발견되기를
기다리는 바이다'[51]라 기록하면서, 명대의 칙유 3점(1449·1450·1532)
및 조서 1점(1532)의 원문을 게재하고 있다.

한편, 명대에 류큐를 방문한 책봉사의 기록에 따르면, 적어도 1534
년 진간(陳侃), 1579년 소숭업(蕭崇業), 1606년의 하자양(夏子陽)은 류큐
에서 역대 국왕에게 하사된 책봉조칙을 실제로 보았다고 하므로, 적어
도 시마즈의 침공 직전까지 이것들은 비교적 양호한 상태로 슈리 성
내에 보관되어 있었으리라 여겨진다. 다만 진간에 의하면 조칙은 금궤
(金匱, 금칠한 상자)에 보관되어 있었다고 한다(『사유구록(使琉球錄)』).

명대의 조칙은 대부분이 상상현이 기록한 바와 같이 1609년 시마

---

51 "窃二念二、当初察度王、大明へ朝貢シ給テヨリ以来、往来ノ詔勅·表文、雖有之、章寧ノ
乱二失却スベシ。今存スルモノヲバ記之。以後日、復出来ンヲ待者也"(「中山世鑑」、横
山重編、『琉球史料叢書』5、東京美術、1972年、47쪽)。

즈의 류큐 침공에 의해 일실되었을 -아마도 일본 본토로 유출되었을-
가능성이 높은 것으로 생각된다. 그렇기 때문에 상상현은 후일 다시
발견되기를 기대했던 것은 아니었을까. 실제로 이를 뒷받침하는 듯이
과거에 일본 본토로 유출되었다고 여겨지는, 류큐 국왕 앞으로 내려진
명대 조칙의 '흔적'을 확인할 수 있다.

먼저 현존하는 조칙으로 1454년(경태 5)의 칙유(개인 소장)[52]와 1487
년(성화 23)의 칙유(오키나와 현립박물관·미술관 소장)를 들 수 있다.
모두 상세한 경위는 알 수 없으나, 20세기의 어느 시점에서 일본 본토
로 유출되었으리라 생각된다.

나아가 진강원(陳康元, 아라자키 치쿠둔 페친新崎筑登之親雲上)이라
는 류큐인 남성의 가보(家譜)에 따르면 사츠마번 가고시마에서 의술을
배우고 있을 때(1741~1745)에 류큐 국왕 앞으로 보내진 1455년(경태
6)의 조서를 발견하고 "조서는 류큐의 만세지보(萬世至寶)다"라며 바로
구입하여 류큐 국왕에게 헌상했다는 기록이 있다.[53] 류큐왕국 시대에
슈리성의 화재에 의한 마지막 소실은 1709년으로 연대가 일치한다는
점에서 이 조칙은 『조칙목록』에 "제1호·1455년(경태 6)"에 해당할 가
능성이 높다.

또한 에도시대 중기 교토의 저명한 유학자였던 이토 토가이(伊藤東
涯, 1670~1736)의 장서에는 류큐 국왕 앞으로 보내진 1455년(경태 6)
칙유의 사본이 포함되어 있다[外間1994].[54] 토가이가 쓴 표제에는 "명
경태연중/류큐국왕상태구봉국칙사(明景泰年中/琉球国王尚泰久封国勅写)"
라 쓰여 있고, 주기에 의하면 1719년에 다나카 쇼샤(田中勝舎)[55]라는 인

---

52 沖縄県立博物館·美術館編, 『海の沖縄 -開かれた海への挑戦-』(特別展図録), 同館、2017
年、p.33。

53 『新参陳姓家譜』、一世康元、那覇市歴史博物館蔵影印本.

54 古義堂文庫207-10-15号(天理大學附属天理図書館蔵).

물에게서 빌려 옮겨 적은 것이라 한다.

이처럼 늦어도 18세기 전반 이후 일본 본토에는 류큐 국왕 앞으로 보내진 복수의 명대 조칙이 존재하였고 이것이 매매되거나 베껴지거나 했던 것이 확인된다. 이것들은 명청 조칙을 진귀하여 여겼던 일본 사회의 분위기를 배경으로 (분명 폭력을 동반하여) 일본으로 유출되어 그곳에서 오랫동안 보관되었던 것으로 보인다.

다른 한편으로 류큐 국왕 앞으로 보내진 명대 조칙은 중국에 2점 남아 있다. 명청 교체 후인 1647년 청조는 류큐에 대하여 명조가 책봉 시에 내린 인(印)·칙(勅)을 반환하고 청에 귀순하도록 요구하였다. 이에 1653년 류큐 국왕 쇼시쓰(尙質)는 "1603년(만력 31) 쇼네이에게 내려진 책봉조서 1점"과 "1629년(숭정 2) 쇼호에게 내려진 책봉조서·칙유 각 1점"을 비롯한 총 3점의 칙유를 인장과 함께 청에 제출하였다 [高瀬1979 ; 朱1995 ; 吳1998]. 이 중에서 쇼네이 앞으로 내려진 조서(단편)와 쇼호 앞으로 내려진 칙유가 현존하는데(각각 중국제일역사당안 관·여순박물관 소장), 전자는 류큐 관계에서는 현존하는 유일한 조서 이다[朱1995 ; 胡1998].[56]

3. 청대의 조칙과 류큐·일본 관계

『조칙목록』에 수록된 청대의 조칙은 167점인데, 실제로 발급된 총 수보다 다소 적기는 하지만, 청대 조칙의 대부분이 류큐왕국의 종언

---

55 토가이가 소장한 『화한천보(和漢泉譜)』에 "比本田中生勝舍所蔵, 嘗眹予不還, 生云不 須還也, 爲続書 一二條, 以蔵之云, 享保十年乙巳十月初五長胤書"라 쓰여 있으므로 동일인물인 것으로 보인다(天理圖書館編, 『古義堂文庫目録』, 天理大學出版部、1956 年、112쪽).

56 필자는 2018년 10월 30일 중국제일역사당안관에서 쇼네이의 조서를 열람하는 기회를 얻었다. 보존 상태가 매우 좋았으므로 향후 연구에서의 활용이 기대된다.

전까지 보존되어 있었던 것을 알 수 있다. 그러나 바로 그 점 때문에 메이지 정부에 일괄적으로 접수되어 소실되어 버림에 따라 현재 청대의 조칙은 한 점도 남아 있지 않는 상태이다.

그런데 현재 궁내청 서릉부에는 류큐의 쇼테이왕에게 하사된 1689년(강희 28) 10월 10일부 강희제의 칙유를 정교하게 베낀 사본〈도 15〉이 존재하고 있다[臼井2018].[57] 원래 모미지야마 문고(紅葉山文庫, 도쿠가와 바쿠후의 문고)에 소장되어 있던 자료로 류큐 혹은 사츠마 측에서 바쿠후나 바쿠후 관계자에게 헌상한 것이라 생각된다.[58] 류큐에 발급된 청대 조칙의 잔본이 확인되지 않는 현재로서는, 그 '실물'의 모습을 확인할 수 있는 귀중한 사본이라 할 수 있다.

이 사본은 1688년의 조공(이듬해 9월에 북경에서 표문(表文)을 올리고 납공(納貢))을 통하여 쇼테이왕에게 발급된 '입공을 가상(嘉尙)하여 반사품을 내린 칙유와 목록'이다. 한문과 만주문이 병기된 이른바 만한합벽(滿漢合璧) 문서로 모서리에 용운문((龍雲紋), 용과 서운(瑞雲))이 그려져 있는 세로 62.2cm×가로199.7cm의 황지가 사용되었다. 대만 중앙연구원 역사어언연구소(내각대고당안(內閣大庫檔案))과 한국 국립중앙도서관에 소장되어 있는, 청대의 조선 국왕에게 내려진 칙유 원본과 비교해 보면[59], 청대의 칙유에 쓰이던 용지 중 하나인 '인변용전(印邊龍箋)·표리이층황지(表裏二層黃紙)'를 충실하게 본뜬 것으로 추측된다. 만주문은 다소 틀린 글자가 있기는 하지만 대체로 정확하게 베껴 적고

---

57 圖書陵文庫·函架番號 E1-19,「康熙帝賜琉球國王尙貞勅諭寫」. 書陵部所蔵資料目録·畵像公開 시스템(https://shoryobu.kunaicho.go.jp/)에 화상 자료가 공개되어 있다.

58 『元治增補 御書籍目録 御家部·圖書部』(宮内廳書陵部蔵)에는 '康熙帝封冊寫 琉球國差出 一通'이라 기록되어 있다.

59 대만 소장본은 현지에서 열람하였다. 한국 소장본에 관해서는 [洪2016 ; 同2019]을 참조하며 국립중앙도서관에서 제공받은 사진 데이터를 확인하였다.

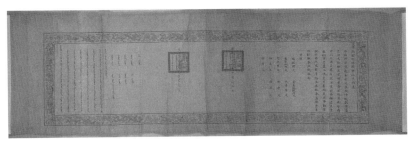

〈도 15〉 강희제사류구국왕상정칙유사
출처: 宮内庁書陵部図書陵文庫蔵、函架番号 E 1-19.

있어 "만주문을 숙지하고 있지는 않으나, 어느 정도는 알고 있는 사람"이 관여하고 있었음을 알 수 있다.

특필할 것은 사본만이 아니라 그것을 보관하는 통도 현존한다는 점이다. 통은 나무를 재료로 직경 7.5cm, 전체 길이 80.7cm로 만들어져 있으며, 다섯 개로 나눌 수 있는 구조로 금칠로 추정되는 바탕 위에 오조룡이 검은 선으로 그려져 있다. 또한 바쿠후의 출납 기록에 따르면, 사본은 '황복사(黄服紗)'로 싸서 통에 넣은 뒤 이를 다시 '목선복사(木綿服紗)'로 싸고 마지막으로 '천황우이중복사(淺黄羽二重服紗)'로 포장하였다고 한다(「막부서물방일기幕府書物方日記」 교호(享保)4{1719} 년 5월 23일조). 청측의 기록에 의하면, 칙유에는 길이 3척3촌(105.6cm) 의 금칠화룡칙통(金漆畵龍勅筒)이라는 전통 통이 있고, 황유돈포복(黃油墩包袱)으로 싸서 황포대(黃布帶)로 묶어 통에 넣은 뒤 바깥을 '황삼선포목욕(黃三線布棉褥)'‧'황포유단(黃布油單)'으로 둘러 감았다고 한다.[60] 다만 필자는 칙유를 담는 통[勅筒]이 현존하는지를 확인하지 못한 상태이다. 이처럼 궁내청 칙유사본은 칙유뿐만 아니라 칙유를 담는 통이나 칙유를 싸는 직물의 색깔에 이르기까지 '실물'을 최대한 충실하게

60 中央研究院歷史語言研究所藏內閣大庫档案197506號‧124551號‧20381號。

<도 16> 강희제사류구국왕상정칙유사를 담는 통
출처: 宮内庁書陵部図書陵文庫蔵、函架番号 E-19.

재현하려 한 것이었다고 할 수 있겠다.

칙유의 원본은 『조칙목록』에 따르면, 1716년 6월 10일에 쇼군이 된 도쿠가와 요시무네가 모미지야마 문고에서 이것을 출납하여 6월 13일에 반환했다고 기록하고 있다(「막부서물방일기(幕府書物方日記)」[大庭 1999 ; 臼井2018]. 따라서 칙유가 바쿠후의 문고로 들어간 시기는 이보다 이전이라 할 수 있다. 또한 앞서 언급한 유학자 이토 토가이가 1715년 9월에 교토에서 류큐 관계의 외교문서 4건을 필사하였는데, 그중 한 건이 이 칙유 사본과 거의 합치하고 있다고 한다[外間1994].[61] 이토 토가이는 칙유를 담은 통이나 칙유의 포장에 관해서도 상세한 묘사를 남기고 있는데[天理圖書館1956], 칙유를 담은 통의 정교한 복제품과 그 안에 사본을 넣어 비단으로 포장한 것을 실제로 보았다고 추정된다. 이것이 궁내청에 소장된 사본과 통이라고 한다면, 1716년 6월 시점에 쇼군이 칙유를 열람하고 있으므로 이것이 류큐에서 사츠마를 경유하여 바쿠후로 이송되는 도중에, 이를테면 교토의 사츠마 번저(藩邸)에서 이토 토가이가 베껴 적은 것일지도 모른다.

또한 이토 토가이가 4건의 문서를 동시에 베껴 적었다고 하는 기술이 있으므로 이것들이 모두 바쿠후로 제출되었을 가능성도 상정할 수 있다. 그렇다면 그 이유는 무엇인가. 관견이지만, 그 이유를 명시하는

---

61 古義堂文庫74-11、「康熙封琉球國王勅・琉球表文・福建布政司咨・琉球國王咨 写各一通」 (天理大學附属天理圖書館)。

사료는 찾을 수 없다. 다만 하나의 가능성으로서 지적할 수 있는 실마리는, 1712년에 바쿠후가 사츠마번에 대하여 명청 중국과 류큐의 관계에 관하여 다섯 개의 질문을 한 사건을 들 수 있다.[62] 이듬해 사츠마는 두 가지 질문에 회답하며 그 참고자료로서 류큐·명조 관계의 외교문서를 베껴 적은 사본 4통을 바쿠후에 제출하였다. 나아가 1714년 10월에 사츠마는 나머지 3건의 질문에 대답하였는데, 이는 청조·류큐 관계에 관하여 상세하게 해설하는 내용이었다. 이때에 참고자료가 제출되었다는 기록은 없으나, 류큐·명조 관계를 설명할 때와 마찬가지로 참고자료로서 류큐·청조 관계의 외교문서가 사후에 제출되었던 것은 아닐까. 그렇다고 한다면 이토 토가이가 베껴 적은 칙유를 비롯한 4건의 문서가 여기에 해당될 가능성이 높다고 생각된다.

다만 한 가지 커다란 수수께끼가 남아 있다. 바로 이토 토가이의 칙유 사본에 만주문으로 쓰여진 날짜가 궁내청 사본의 날짜와 상이하다는 점이다. 구체적으로는 궁내청 사본의 날짜는 만주문과 한문 모두 1689년(강희 28) 10월 10일로 되어 있으나, 이토 토가이의 사본은 만문 날짜만 1697년(강희 36) 9월 21일로 되어 있다. 청조의 만한합벽문서에서 날짜가 불일치하는 것은 있을 수 없는 일이며, 양측의 날짜가 완전히 일치하는 칙유가 발급되었다는 기록이 확인되므로 이토 토가이가 베껴 적은 것은 '1689년(강희 28) 칙유의 한문부분'과 '1697년(강희 36) 칙유의 만문 부분'이었다고 생각할 수밖에 없다. 이렇게 보면 이토 토가이가 베껴 적은 원래 문서가 어떠한 이유에서 이미 만주문과 한문의 날짜가 일치하지 않았거나, 혹은 강희 28년과 강희 36년의 칙유 사본이 있었는데 이를 잘못하여 베껴 적었을 상황이 상정된다. 이토 토가이가 칙유를 담는 통도 보았다는 점을 감안하면 전자보다

---

62 이에 관해서는 졸고[渡辺2020]에서 상세하게 서술하고 있다.

후자의 가능성이 높으리라 생각되지만, -이렇게 정교하게 복제된 통 속에 '불완전한' 칙유 사본을 넣었다고는 생각하기 어려우므로- 어디까지나 추측의 영역을 벗어나지 못한다.

이처럼 가장 중요한 부분이 명확하지는 못한 상태이기는 하나 류큐·바쿠후 관계는 사츠마번이 개입하는 형태로 전개되었다는 점에서 칙유 사본을 바쿠후로 제출하는 과정에 사츠마번의 관여(아마도 지시)가 있었으리라 생각된다. 사츠마번은 류큐라는 외국을 지배하는 번이라는 점을 강조함으로써 바쿠후와의 교섭을 유리하게 진행하거나 막번제 하에서 자신의 번의 지위 상승을 꾀하는 데에 힘을 쏟고 있었으므로, 칙유 사본의 제출에는 이러한 사츠마번의 의향이 적지 않게 반영되어 있었으리라 생각된다.

그리고 칙유의 만주문 부분과 칙유를 담는 통, 그리고 포장 방식에 이르기까지 굉장히 정확하게 칙유를 재현하려고 한 자세로부터, 류큐·청조의 조공·책봉 관계 속에서 류큐의 위상을 강조하려는 수리 왕부의 정치적 의도도 엿볼 수 있다. 여기에 더하여 중국 문물에 대한 일본 사회의 수요를 배경으로, 칙유의 사본이라면 바쿠후 측에 귀중하게 받아들여지리라는 계산도 있었을 것이다. 이러한 왕부의 의도나 자세는 개별 관원에게도 어느 정도 공유되어 있었던 것으로 보인다. 1801년에 사츠마번을 방문한 구마모토(熊本) 번사(藩士)의 기록에 따르면, 체류 중에 알게 된 류큐인 관원이 '가경황제칙서사(嘉慶皇帝勅書寫)'를 보여주었다고 한다(「살류일기(薩琉日記)」 5월 19일조).[63] 류큐인의 이러한 태도로부터 중국 문물에 대한 당시 일본인의 높은 관심을 이미 알고 있으면서 그 관심을 적극적으로 채워주는 동시에 류큐·청

---

63 小野まさ子·漢那敬子·田口恵·冨田千夏, 「史料紹介: 岸秋正文庫『薩遊紀行』」, 『史料編 集室紀要』 31、2006年。

조 관계에서 류큐의 지위를 보여줌으로써 왕국의 존재감을 높이려고 하던 의도를 엿볼 수 있다. 이는 칙유 사본을 바쿠후에 헌상할 때 류큐 왕부가 가지고 있던 의도와도 공통된 점이지 않은가.

VI. 맺음말

이제까지 명청 황제가 류큐에 내린 반사품 중에서 관복과 조칙을 중심으로 거론하면서, 이것들이 류큐·일본 관계에서 어떻게 수용·이용·소비되었는가를 검토해보았다. 이러한 반사품에 관해서는 종래 중국과 조공국과의 관계 속에서, 혹은 중국(반사의 주체)과 조공국(수용의 주체) 중 어느 한쪽의 입장이나 사정에 입각하여 검토되곤 하였다. 그러나 적어도 류큐에 관해서는 중국과의 관계뿐만 아니라, 일본과의 관계도 시야에 넣고 고찰할 필요가 있으리라 생각된다.

본고에서 제시한 것처럼, 류큐는 관복(이나 그 단편)·조칙 모두 중국과의 관계, 나아가서는 그러한 관계 속에서 자신의 지위를 일본에게 강조하고, 일본에서 자국의 평가나 존재감을 상승시키는 도구로서 정치적으로 활용하고 있었다. 이것들은 중국과 류큐의 책봉·조공 관계를 떠받치는 요소였을 뿐만 아니라, 일본에 대한 류큐의 자의식·자존감을 떠받치는 물품이었던 것이다.

이러한 류큐의 태도·행동의 배후에는 가라모노(唐物)나 한적(漢籍), 나아가 중국과 류큐를 비롯한 '외국'에 높은 관심을 가지고 있던 일본 사회의 문화적 토양이 자리하고 있었다. 류큐는 이러한 상황을 충분히 의식한 위에서 전략적으로 행동하고 있었다고 생각된다. 또한 관복과 조칙을 비교하면 후자 쪽이 류큐·일본 양측에 '중국·류큐가 맺은 군신관계의 증거'로서 의미가 강하였던 탓에 이로부터 조칙을 둘러싼 일본과 류큐의 여러 행위가 정치적으로 기능하게 되었다.

류큐에는 관복·조칙 외에도 다양한 '황제의 반사품'이 공급되고 있었는데, 일본 본토를 시야에 넣고 생각한다면 이러한 물품들의 수용·이용·소비를 어떻게 파악할 수 있을 것인가. 또한 류큐 이외의 조공국에서는 황제의 반사품이 가까운 지역·세력과의 관계에서 어떠한 수용·소비 활동이 존재하고 있었던 것인가. 예컨대 조선과 일본의 관계에서는 어떠하였는가. 본고를 하나의 시안으로 향후 이러한 시각에서 보다 다각적이면서도 광역적인 연구와 논의가 심도 있게 전개되는 것을 기대한다.

참고문헌

1. 사료

『球陽』

『明實錄』

『新參陳姓家譜』 一世康元(那覇市歷史博物館藏影印本)

『元治增補 御書籍目錄 御家部・圖書部』(宮內廳書陵部藏)

『日本外史』

『朝鮮王朝実録』

『和漢泉譜』

『向姓家譜(具志川家)』

『得姓家譜(稲嶺家)』

『毛姓家譜(美里家)』

『歷代寶案』

鹿兒島縣維新史料編纂所編,『鹿兒島縣史料』, 舊記雜錄追錄1, 鹿兒島縣, 1971.

鹿兒島縣維新史料編纂所編,『鹿兒島縣史料』, 舊記雜錄追錄5, 鹿兒島縣, 1975.

中央研究院歷史語言研究所,『藏內閣大庫檔案』 197506號・124551號・20381號.

天理圖書館編,『古義堂文庫目錄』, 天理大學出版部, 1956.

九州國立博物館編,『琉球と袋中上人展－エイサーの起源をたどる─』, 同館, 2011.

首里城公園管理センター編,『首里城のデザイン』, 財団法人海洋博覽會記念公園
　　　管理財團, 2011.

外務省調査部編,『獻上品目錄』,『日本外交文書』5, 日本國際協會, 1938-40.

東京帝國大學文學部史料編纂所編,『大日本古文書 家わけ九ノ二』,『吉川廣家寄
　　　進狀案』909號, 東京帝國大學, 1926.

小野まさ子・漢那敬子・田口恵・冨田千夏,『史料紹介: 岸秋正文庫 『薩遊紀行』』,
　　　『史料編集室紀要』31, 2006.

横山重編,「中山世鑑」,『琉球史料叢書』 5, 東京美術, 1972.

那覇市企劃部市史編集室編,「向姓家譜(具志川家)」,『那覇市史』 資料篇第1-7家
　　　譜資料3, 同室.

「康熙封琉球國王勅·琉球表文·福建布政司咨·琉球國王咨　写各一通」(天理大學附
　　　属天理圖書館),『古義堂文庫』 74-11.

몽골제국 시대의
물품 교류와 지역

01

"인간은 친절의 노예다"

–사우가(*Sauɤa*) 문화와 몽골제국 사회·경제·정치 네트워크–

설배환(薛培煥, 전남대학교 사학과 교수)

I. 머리말

한 공동체의 물질문화는 사회·경제·정치의 근원을 반영할 뿐만 아니라, 주변 지역과 교류, 융합하며 새로운 변화를 추동한다. 인류의 물질문화 가운데 선물 교환은 사회의 총체다. 선물에는 이기심의 측면, 사회 통합의 요소, 도덕 질서를 확립하거나 재확인하는 가능성이 모두 담겨 있다. 경제 인류학은 선물의 호혜성과 교환 가치를 발견하고 선물이 (1) 일반적 호혜성(가정에서의 선물 등), (2) 균형적 호혜성(직접적 교환, 혼인, 공물 등), (3) 부정적 호혜성(공짜, 절도, 강탈, 기업의 흡수 합병 등), (4) 가치와 상품 교환, (5) 생산에서 분배, 교환, 소비, 폐기에 이르는 물건의 일대기를 창출하고 누적한다고 해석한다.[1]

---

[1] 마르셀 모스 지음, 류정아 옮김, 『증여론』, 서울: 지식을만드는지식 : 커뮤니케이션북스 2011 ; 류정아, 『마르셀 모스, 증여론』, 커뮤니케이션북스, 2016, xi~xii, 2~8쪽; 리처드 R. 윌크·리사 C. 클리젯 지음, 홍성흡·정문영 옮김, 『경제 인류학을 생각한다』, 일조각, 2010, 272~278, 292쪽 ; 마셜 살린스 지음, 박충환 옮김, 『석기시대 경제학: 인간의 경제를 향한 인류학적 상상력』, 한울아카데미,

13~14세기 몽골제국에서의 선물 교환 또한 초원 유목문화의 한 원천이자 제국 물질문화의 중심축이었으며 사회관계의 총체였다. 몽골제국사 연구에서 이동 유목과 가축, 사냥, 상품 교역은 초원의 물질문화와 경제 활동을 설명하는 핵심이었다. 반면 선물 문화는 오랫동안 학술연구의 바깥 혹은 주변에 머물렀다. 그 소수의 연구도 선물의 총체적 형상보다는 어느 한 단면을 밝히는 데 집중했다. 그것은 어의(語義)·어원(語源) 혹은 법률 행정, 정치외교의 시각으로 구성한 선물이었다.

몽골제국사에서 '선물'을 지칭하는 어휘는 크게 몽골어, 페르시아어, 한어(漢語)가 있다. 다수의 역자는 『몽골비사』의 몽골어 사우가(sauɤa)[2]와 『집사(集史)』의 페르시아어 사우카트(sauqāt)[3]를 '선물'이라고 해석한다.

중국학계는 '소화(掃花)' 또는 '살화(撒花)'의 뜻과 기원 연구를 주도한다. 왕국유(王國維, 1877~1927)는 『몽골비사』의 문역(文譯) '소화(掃花)'와, 『산거신어(山居新語)』, 『원전장(元典章)』, 『흑달사략(黑韃事略)』 등에 나타난 '살화(撒花)'를 '인사(人事), 인정(人情)'이라 단언한다.[4] 한루린(韓儒林)에 따르면 그것은 "제왕(諸王)·장령·관리가 백성을 핍박해

2014, 245쪽.

2 유원수 역주, 『몽골비사』, 사계절, 2004, 114절·135절, 79, 100쪽 ; 小澤重男 譯, 『元朝秘史』(上), 東京, 岩波書店, 1997, 제114절, 107쪽 ; Ш. Бира, Т. Дашцэд эн, Б. Сумьяабаатар, Д. Төртогоо, Д. Цэрэнсодном, Д. Цэдэв, Ш. Чой маа, *Монголын Нууц Товчоо*, Болор Судар, 2005, 189쪽 ; Igor de Rachewiltz, *The Secret History of the Mongols: A Mongolian Epic Chronicle of the Thirteenth Century*, Leiden·Boston: Brill, 2004, p.43.

3 라시드 앗 딘, 김호동 역주, 『칭기스칸기』, 사계절, 2003, 117쪽 ; Wheeler M. Thackston, English translation & annotation, *Jami'u't-Tawarikh (Compendium of Chronicles): A History of the Mongols Period Part 1*, Massachusetts: Harvard University Press, 1998, p.149 (이하 Rashid/Thackston).

4 王國維, 『觀堂集林』 16, 北京, 朝華出版社, 2018[1927], 「史林」 8 掃花, 671~672쪽.

서 징수한 예물"을 뜻했다. 그것은 페르시아어 사우가트(*saughat*)에서 유래한 것으로, 아마 몽골인이 서역을 통해 배운 재물 착취법이었다고 그는 주장한다.[5] 지아커지아(賈可佳)와 이취안(逸泉)은 이 학설을 따르며 '살화은(撒花銀)'이 '몽골군이 피정복자에게 빼앗은 은(銀)'이라고 해설한다.[6] 최근 왕민(王敏)과 장리바오(張利寶)는 '살화(撒花)'가 '요구하다, 빼앗은 돈과 재물, 예물, 인사'를 뜻하며 고대 튀르크어 혹은 몽골어에서 유래했다고 석명(釋明)한다. 이는 '돈을 보내다, 뇌물을 주다, 술과 음식으로 손님을 환대하다, 나귀나 말을 먹이다, 조정하다, 놀다'라는 뜻으로 확장했다.[7]

한편 선물 교환은 뇌물과 제국 행정의 부패·반부패의 문제였다.[8] 중국의 몽골학자 테무르(特木勒, Temur Temule)는 '두피(肚皮)'의 어원과 뜻을 석명한다.[9] 일부 논평을 빌리면, '원조(元朝)' 관리의 탐장(貪贓)은 가장 심각했다.[10] 관리의 '탐장', 곧 뇌물수수와 횡령 등 부정부

---

5 韓儒林 主編, 『元朝史』, 北京, 人民出版社, 1986, 214~215쪽.

6 賈可佳·逸泉, 「揚州元寶"和"撒花銀」, 『內蒙古金融研究』, 2003, 29쪽.

7 王敏·張利寶, 「《黑韃事略》"撒花"考」, 『廣播電視大學學報(哲學社會科學版)』, 2011-03. 좌기 王敏·張利寶의 '撒花' 연구는 余大鈞의 '掃花'(*sauqa*) 주해와 유사하다(余大鈞 譯注, 『蒙古秘史』, 石家莊, 河北人民出版社, 2001, 65쪽).

8 郭立傑, 「歷史上第一部反腐敗法典 - 元代的「贓罪法」」, 『文史知識』, 1998-9 ; 沈仁國, 「元世祖時期官吏貪贓受賄的形式及特點」, 『江蘇教育學院學報(社會科學版)』, 1998-4 ; 沈仁國, 「元代反贓賄法述論」, 『江蘇教育學院學報(社會科學版)』 18-1, 2002 ; 沈仁國, 「元代反贓賄法述論(續)」, 『江蘇教育學院學報(社會科學版)』 19-1, 2003 ; 薛思孝, 「元代的反腐敗法典 - 贓罪法」, 『史海鈎沉』, 2003 ; 吳曉紅, 「試析元代官吏贓罪立法及懲治官吏贓罪的實踐」, 內蒙古大學 碩士學位論文, 2013 ; 呂麗·王志民, 「《元史》中官吏貪腐案考察」, 『社會科學戰線』, 2017-3 ; 李治安, 「論元代的官吏貪贓」, 『南開學報(哲學社會科學版)』, 2004-5.

9 Temur Temule, "Marginalia to the Zhi-zheng Tiao-ge," *The Tradition of Genghis's Mongols Law and Mongolian Law in 1345(Zhì-zhèng-tiáo-gé)*, International Conference for 850th Anniversary of Genghis Khaan, under the auspices of Mongolian Prime Minister Batbold Sukhbaatar, Ulaanbaatar University, 2012.5.24.~26 ; 特木勒, 「釋"肚皮"」, 『中國史研究』 2021-1.

패는 근세 동부 유라시아에서 척결의 대상이었다. 뇌물과 탐관오리를 근절하기 위해 강력한 반부패 정책이 원조에서 갈구, 시행되었다. 부패는 왕왕 전근대 비서구의 상징물,[11] 특히 역대 중화왕조의 큰 병폐로 간주되었다.[12] 이른바 원조 관원의 부패는 역사상 전무후무한 것이었다.[13]

외교적 선물 교환이 또 다른 연구 흐름을 형성한다. 리틀(Donald P. Little)은 맘룩 왕조와 일칸국의 사절 왕래와 선물 교환 관행을 분석한다. 그는 두 왕조의 선물 교환이 외교와 문화의 교환이었다고 밝힌다.[14] 중국학자 츄이하오(邱軼皓)의 연구에 따르면, 선물 교환은 내륙아시아의 오랜 외교 전통이었다. 1219년 칭기스칸(재위 1206~1227)의 호레즘 정벌 이후 천명(天命, 텡그리의 명령)의 몽골 외교 전략이 '고전'(classic) 유라시아의 선물 전통에 종말을 고했다. 그는 외교 선물과 공물, 상품 사이의 연관성을 주목한다.[15]

선행 연구는 선물을 둘러싼 진일보한 견해와 정보를 제공한다. 하지만 그것은 몽골의 선물 문화의 본질과 총체를 그려내는 데 약점을 보인다.

몽골제국 물질문화의 핵심을 밝히기 위해 중세 몽골어 사우가

---

10 沈仁國(1998-4), 앞의 논문, 105쪽 ; 呂麗·王志民, 앞의 논문, 213쪽.

11 Ronald Kroeze, Andre Vitoria, Guy Geltner, eds., *Anticorruption in History: From Antiquity to the Modern Era*, Oxford: Oxford University Press, 2018, p.2.

12 12세기 이래 북송에서 뇌물수수가 꾸준히 성행했다(조복현, 「宋代 官吏들의 賂物 授受에 대한 정책 연구」, 『중앙사론』 21, 2005, 764~770쪽).

13 葉筱, 「元朝亡於腐敗」, 『文史博覽』, 2015-6, 47쪽.

14 Donald P. Little, "Diplomatic Missions and Gifts Exchanged by Mamluks and Ilkhans," Linda Komaroff, ed., *Beyond the Legacy of Genghis Khan*, Leiden·Boston: Brill, 2006.

15 Qiu Yihao, "Gift-Exchange in Diplomatic Practices during the Early Mongol Period," *Eurasian Studies*, vol. 17, 2019.

(saura)를 새롭게 분석할 필요가 있다. '사우가'는 통상 '선물'로 풀이된다. 그러나 그것은 이보다 훨씬 복합적 성격을 지녔다. '사우가'의 본질은 무엇이었고 어떠한 문화적 배경을 지녔으며 제국 사회·경제·문화를 어떻게 변모시켰는가?

본고는 이 질문을 토대로 중세 몽골어 사우가와 그 제국적 확장을 탐구한다. 본 연구는 13~14세기 몽골의 선물 문화를 인간의 호혜적 친절 행동과 정치·사회·경제 네트워크와 연계해 고찰한다. 이를 위해 본고는 II장에서 몽골 사우가의 본질을 선물·뇌물·교역품의 세 층위로 제시한다. III장은 대칸이 사우가를 이용해 제국 정치·경제에 참가하는 방식을 고찰한다. IV장은 뇌물로서의 사우가가 법률과 행정에 미치는 영향과 그 상호작용을 탐색한다. V장은 사우가의 교환이 빚는 인사(人事) 네트워크 경쟁을 분석한다. 이로써 본 연구가 몽골 물질문화의 총체이자 사회·경제 네트워크의 중추로서 사우가의 '인사' 문화를 조명하기를 기대한다.

II. 몽골 사우가(Saura)의 '인사(人事)' 문화: 선물·뇌물·교역품의 3중주

선물은 정치적 지위와 경제적 이익을 확보하기 위해 자주 교환되며 환영받았다.[16] 선물을 주고받는 것은 인류에게 유서 깊은 보편 문화였고 현재도 유효하다. 선물의 증여는 호혜성과 평화적 기능을 지녔

---

16 Jeongwon Hyun, "Gift Exchange among States in East Asia during the Eleventh Century," Doctoral Dissertation of University of Washington, 2013, pp.1~6. 동아시아 '외교적 선물'은 '공(貢)', '방물(方物)', '세폐(歲幣)', '은사(恩賜)' 등의 용어로 명명되었다. 그것은 조공체제 안에서 교환되었다.

다. 선물은 동맹이자 결속이며 연대다.[17] 선물의 호혜성은 몽골초원의 전통에서도 관찰된다. 『몽골비사』에 흥미로운 고사가 전해 온다.

칭기스칸으로부터 11대 선조이자 알란 고아(Alan-ɣo'a)의 남편 도본 명궁(Dobun-mergen)이 헨티산맥 보르칸 성산(Burqan-qaldun)의 토고착 고지(Toqočaq Ündür)에서 사냥할 때의 일화다. 그는 숲속에서 한 우량카인(Uriangqadai)이 세 살 난 사슴의 갈비와 창자를 굽는 것을 목격했다. 도본 명궁이 그것을 요구하자, 그 사람은 허파가 붙은 질두와 가죽을 자신이 갖고 나머지 사슴 고기를 모두 도본 명궁에게 주었다. 그는 귀갓길에 가난한 마알릭 바야오드인(Ma'aliɣ Baya'udai)과 그의 아들과 마주쳤다. 이 남성은 아들을 대가로 도본 명궁에게 고기를 요구했다. 도본 명궁은 그에게 사슴 뒷다리 한쪽을 꺾어주고 그 아이를 데려다 집안에서 부렸다.[18]

도본 명궁의 이 일화는 몽골에서 개인 사이의 호혜적·평화적 부조(扶助)[19] 혹은 선물 교환의 보편 문화를 증명한다. 그를 향한 사냥꾼의 사슴 고기 증여는 세 종류의 선물 호혜성(일반적·균형적·부정적 호혜성) 가운데 당장에 무언가를 바라지 않는 일반적 호혜성 혹은 공짜의 부정적 호혜성 범주에 있다. 그것은 도덕적 규범 혹은 어떤 것을 후하게 나누어 주는 복지 관념과 연결돼 있다.[20] 반면 도본 명궁과 가난한 남성 사이에 이루어진 사슴 고기 - 아들의 교환은 직접적 교환의 균형

---

17 마셜 살린스, 앞의 책, 244~257쪽.

18 유원수 역주, 앞의 책, 제12~16절, 25~26쪽.

19 몽골초원에서 개인·공동체 사이의 호혜적 부조에 대해서는 다음을 참조한다. 김호동, 「古代遊牧國家의 構造」, 서울大學校 東洋史學研究室 編, 『講座中國史』Ⅱ, 지식산업사, 1989, 261~262쪽 ; 杉山正明, 『大モンゴルの世界 - 陸と海の巨大帝國』, 東京, 角川選書, 1992, 31쪽 ; 설배환, 「13~14세기 몽골초원의 물적 기반과 유목경제의 지속성 고찰」, 『중앙아시아연구』 20-1, 2015, 22~23쪽.

20 류정아, 앞의 책, 44~45쪽 ; 리처드 R. 윌크·리사 C. 클리젯, 앞의 책, 292쪽.

적 호혜성으로 분류될 수 있다.

전자의 선물 교환에서 눈여겨볼 점이 있다. 사냥꾼이 자신을 위해 남겨둔 질두(jildü)는 죽은 짐승의 머리·기도·허파·심장을 몸통에서 한꺼번에 떼어낸 것이었다. 그것은 죽은 동물이나 사물의 주요 부분이나 중심부를 상징했고 사냥꾼은 그 부위를 당연히 자신이 차지했다.[21]

후자의 사례에서 선물 혹은 고기 - 아이의 교환은 그 등가성과 호혜성이 당시에는 성립했으나 장기(長期) 관점에서 증여자 - 수령자 사이에 그 가치의 경중을 쉽게 재단하기 어렵다. 초원 문화에서 선물 교환은 호혜적이었지만 반드시 등가적이지 않았다. 증여자 - 수령자의 권익에 미묘한 균열이 내재해 있었고 물품을 선택하고 그 교환을 결정하는 우월적 위치의 증여자가 있었음을 알 수 있다.

13~14세기에 선물을 향한 몽골의 관념과 문화는 외부인의 관찰에서 뚜렷하다. 선물을 갈망하는 몽골 관습은 프란체스코회 수도사 카르피니의 일화에서 확인된다. 몽골 제왕(諸王)이나 지위가 높고 낮은 이들은 외국 사절에게 많은 선물을 요구했다. 만일 그러한 것을 주지 않으면 그 사절을 멸시했다. 하물며 그들은 조그만 선물은 받으려고도 하지 않았다. 그는 몽골의 땅으로 들어가기 전 러시아 왕공으로부터 몽골인에게 가려면 "그들에게 줄 값진 선물을 반드시 가지고 가야 한다. 선물이 없을 경우, 사신은 임무를 제대로 수행할 수 없고 심지어 아무것도 아닌 사람처럼 취급받는다"라는 조언을 들었다.[22]

루브룩 또한 빈손으로 오는 사람들에게 일절 호의를 베풀지 않는 몽골 관행을 전한다.[23] 그는 특히 선물을 바라는 지위가 낮은 몽골 관

---

21 Igor de Rachewiltz, *op. cit.,* p.258 ; 유원수 역주, 앞의 책, 25쪽의 각주 12.

22 Christopher Dawson, *Mission to Asia*, Toronto·Buffalo: University of Toronto Press, 1980, pp.27~28, 54 ; 플라노 드 카르피니·윌리엄 루브룩, 김호동 역주, 『몽골제국 기행: 마르코 폴로의 선구자들』, 까치, 2015, 92, 132쪽.

료의 줄기찬 요구에 압도되었다. 교황의 사절 루브룩 등은 여행 중에 대칸과 그의 친위들로부터 온갖 종류의 선물을 얼마만큼 요청받을지 불신했다.[24]

　『맨드빌의 여행기(*The Book of John Mandeville*)』에 따르면, 대칸 (emperor)이 도시와 소읍을 지날 때, 사람들은 군주에게 좋은 냄새가 닿도록 집 앞에 불을 피우고 그 안에 기분 좋은 향이 나는 것을 집어 넣었다. 모든 사람이 그에게 무릎을 꿇고 경의를 표했다. 기독교 수도 승들은 십자가와 성수를 들고 열을 지어 그에게 다가가면서 찬송가 "오라, 창조주 정령이시여"(*Veni Creator Spiritus*)를 큰 소리로 불렀다. 수도승들의 사제장은 대칸 앞에서 십자가를 들고 기도를 올리고 가장 경건한 자세로 은총의 인사를 올렸다. 그는 은쟁반 위에 배든 사과든 다른 과일이든 아홉 개의 과일을 주군에게 바쳤다. 대칸은 그 가운데 한 개를 취하고 나머지를 자기 주변의 제왕(諸王, lords)에게 주었다. 이는 "내 앞에 올 때는 누구나 빈손으로 나타나서는 안 된다"(*Non accedat in conspectus meo vacuum*)라는 [몽골] 옛 율법(law)에 따라 어떠한 이방인도 대칸에게 어떠한 것을 바치지 않고서는 그의 면전으로 다가가지 못하는 몽골 관습 때문이었다.[25] 이것은 공납의 정치경제와 거리가 먼, 아시아적 선물 경제였고 서양 출신 사절에게는 분명 낯선

23　Willem van Ruysbroeck, Peter A. Jackson, tr., *The Mission of Friar William of Rubruck : his Journey to the Court of the Great Khan Möngke, 1253~1255*, London: Hakluyt Society, 1990, p.68 ; 플라노 드 카르피니·윌리엄 루브룩, 앞의 책, 172쪽.

24　Geraldine Heng, *The Invention of Race in the European Middle Ages*, Cambridge: Cambridge University Press, 2018, p.300.

25　Iain Macleod Higgins, ed. and tr., *The Book of John Mandeville with Related Texts*, Indianapolis/Cambridge: Hackett Publishing Company, 2011, pp.145~146 (Chapter 25).

개념이었다.[26]

이 같은 선물 문화를 드러내는 중세 몽골어가 있다. 초원에서 '선물'은 『몽골비사』에서 중세 몽골어 사우가(sauɤa, 복수형 사우가드(sauɤad)) − '선물'의 현대 몽골어는 벨렉(beleg) − 의 어휘로 나타난다. 그것은 이 문헌에 한어 '소화(掃花)'로 음역(音譯)돼 있다.[27] 여타 한자 문헌에서 그것은 살화(撒花)나 살화(撒和) 등으로도 한역(漢譯)된다.[28]

사우가가 '선물'을 가리키는 데 이견이 없다. 그것은 페르시아어로 sauqāt (سوقات)라고 표기하며 '선물'(gift)을 뜻한다.[29] 사실 사우가는 복합적 의미를 지닌다. 되르퍼(Gerhard Doerfer)와 오자와 시게오(小澤重男)는 사우가 [원문대로] sauɤāt ; sauqua)가 "[사냥꾼을 만난 사람이] 사냥물로부터 얻은 선물"을 의미하며, 고대 튀르크어에서 유래했을 것으로 추론한다.[30] 사우가는 또한 "누군가가 받은 호의를 갚기 위해 여행 중에 받은 선물"을 가리켰다. 그 수령자는 관습적으로 그것을 마땅히 받아야 할 것으로 기대했다. 이 때문에 그것은 외부인에게 종종 '뇌물'로 오해받았다.[31]

---

26 Geraldine Heng, *op. cit.*, p.300.

27 栗林均·确精扎布 編, 『《元朝秘史》モンゴル語全單語·語尾索引』, 仙台, 東北大學東北アジアセンター, 2001, 128~129, 172~173쪽.

28 『至正條格』7(韓國學中央研究院 編, 휴머니스트, 2007)(校註本) 「斷例」 戶婚·非法虐驅, 234쪽의 각주3 ; 『山居新語』4([元]楊瑀 撰, 余大鈞 點校, 北京, 中華書局, 2006), 234쪽.

29 F. Steingass, *A Comprehensive Persian-English Dictionary including the Arabic Words and Phrases to be met within Persian Literature*, New Delhi: Asian Educational Services, 2003, p.709 ; Rashid/Thackston, p.149 ; 라시드 앗 딘, 앞의 책, 2003, 117쪽의 각주 16.

30 Gerhard Doerfer, *Türkische und Mongolische Elemente im Neupersischen: Unter besonderer Berücksichtigung älterer neupersischer Geschichtsquellen vor allem des Mongolen-und Timuridenzeit*, vol. 1, Wiesbaden: Franz Steiner, 1963, pp.345~347 ; 小澤重男 譯, 앞의 책, 128쪽의 주석 2.

사우가는 물품이나 가축은 물론, 사람을 포함했다. 예컨대, 『몽골비사』에서 테무진은 메르키드와 타타르를 궤멸시킨 후 쿠추와 시기 쿠투쿠라는 두 아이를 어머니 후엘룬에게 '선물'(saura)로 드렸다.[32] 『집사』에 따르면 칭기스칸은 탕구트 군주의 딸을 부인으로 삼았다. 그녀는 칸이 그녀를 원해서 그 군주가 그에게 준 '선물'(sauqāt)이었다.[33] 즉, 사우가는 '선물, 보시, 전리품의 몫'이라는 뜻을 지녔다.[34]

사우가의 정의들은 사전적 개념이며 호혜성과 다중 문화성을 일부 부각한다. 다만 그것은 사우가의 역사성·문화성·사회성·다층성을 충분히 드러내지 못한다.

사우가 관행은 1230년대에 '중국'으로도 알려졌다. 그곳에서 사우가는 일반적·균형적 호혜보다 부정적 호혜였다. 남송 사절 팽대아(彭大雅, ?~1245)의 보고에 따르면, 사우가(撒花, saura)는 '견물(見物)', 즉 몽골인이 물건을 보[고 요구하]는 행위였다. 몽골인은 원하는 물품을 얻었을 때 비로소 만족했다. 팽대아는 saura를 '멱(覓)', 곧 "(물건을) 조르다"라는 뜻으로 풀이한다. 그가 이해한 사우가는 선물이면서 강탈에 가까운 것이었다.

> 그들이 물건을 보[고 요구하]면 그것을 사우가(saura, 撒花)라고 부른다. 그것을 주면 [그들은] 나 사인(na sayin, 捺殺因)이라고 말하는데, 몽골

---

31 Gerhard Doerfer, *op. cit.*, pp.345~346 ; Igor de Rachewiltz, *op. cit.*, p.433.

32 『元朝秘史』3(四部叢刊三編史部), 24a쪽 ; 『元朝秘史』4, 17a쪽 ; 유원수 역주, 앞의 책, 114절·135절, 79, 100쪽.

33 라시드 앗 딘, 앞의 책, 2003, 117쪽.

34 Gerhard Doerfer, *op. cit.*, pp.345~346 ; Peter Olbricht und Elisabeth Pinks, *Meng-Ta Pei-Lu und Hei-Ta Shih-Lüeh: Chinesische Gesandtenberichte über die Frühen Mongolen 1221 und 1237*, Wiesbaden: Otto Harrassowitz, 1980, p.136.

어로 "좋다"(好)라는 뜻이다. [그것을] 주지 않으면 모(mao'u, 冒)라고
말하는데, 몽골어로 "나쁘다"(不好)라는 뜻이다. 사우가(sauɣa)는 한어로
"조르다"(覓)라는 뜻이다.[35]

팽대아와 동행한 서정(徐霆)의 견문도 그와 다르지 않았다. 몽골인
은 연경시학(燕京市學)을 통해 위구르 문자와 몽골어를 구사하는 거란
인·여진인 통사(通事)를 길러냈다. 이들 통사는 몽골인을 수행하며 사
람들에게 구타를 가하고 상벌을 좌지우지하면서 "사우가(撒花, 선물·
뇌물)를 구하고 물건과 일과 양식[物·事·喫]을 얻었다."[36]

나아가 서정은 몽골의 상관행에 대한 팽대아의 설명을 주석하며
그들의 상행위를 사우가와 연결시킨다. 몽골인에게 관심 있는 것은 사
우가(撒花, 선물·뇌물)뿐이고 단 한 명도 상거래를 이해하지 못한다고
그는 비판한다.

> [팽대아:] 그들(몽골)의 상행위[賈販]는 몽골 군주로부터 거짓 태자(太子)
> 와 거짓 공주(公主) 등에 이르기까지 모두 위구르[回回]에게 은을 보내
> 거나 혹은 그것을 백성에게 빌려주며 그 이자를 불린다. 1정(鋌)의 자본
> 이 10년을 전전한 후에 그 이자가 1,024정에 달한다. 혹자는 온갖 물화
> [百貨]를 팔아 교역하고 혹자는 밤에 도둑맞았다고 핑계를 대서 백성에
> 게 배상시킨다.
> 내(서정(徐霆))가 보건대, 몽골인[韃人]에게 [관심 있는 것은] 다만 사우
> 가[撒花]뿐이고 단 한 명도 상행위를 이해할 수 있는 사람이 없다. 몽골
> 군주로부터 이하는 다만 은을 위구르에게 주고 그들에게 상거래를 하

---

35 『黑韃事略』([宋]彭大雅 撰, 徐霆 疏證, 『續修四庫全書』 423 史部·雜史類), 537上쪽,
   "其見物則謂之撒花, 予之, 則曰捺殺因, 韃語好也. 不予, 則曰冒, 韃語不好也. 撒花者,
   漢語覓也." ; Peter Olbricht und Elisabeth Pinks, *op. cit.*, p.164.
36 『黑韃事略』(續修四庫全書), 535上쪽 ; 『黑韃事略箋證』(王國維, 『蒙古史料四種校注』,
   清華學校研究院, 1926), 10a쪽 ; Peter Olbricht und Elisabeth Pinks, *op. cit.*, p.134.

게 해 이자를 납부케 한다. 위구르는 스스로 다른 사람에게 [그 은을] 전대(轉貸)하거나 혹은 다방면으로 상거래하거나 혹은 겁략당했다고 사칭해서 주(州)·현(縣)의 민호(民戶)에게 책임을 묻고 배상시킨다. 대체로 몽골인은 다만 저사(紵絲)와 철정(鐵鼎)과 갖은 목재[色木]만을 바라고 일상 쓰는 것은 의식(衣食)의 수요를 넘지 않는다. 한인[漢兒]과 위구르인 등이 장사하러 초원으로 들어가면 몽골인은 양과 말로 그들과 교역한다.[37]

선물이나 공물 혹은 뇌물 또는 교역품의 모호한 경계 위에 선 사우가(撒花)는 대칸 쿠빌라이(재위 1260~1294)의 1260년 조서(詔書)에서 엿볼 수 있다.

경신년 사월 초엿새(1260.5.17.) 조서 안의 한 조항 요약:
[칭기스칸의] 개국(開國) 이래로 온갖 사무가 시작됐으나 [관리가] 이미 봉록 없이 [청렴하게] 근무했기 때문에, 회뢰(賄賂)를 방치하고 이것이 [나라의] 좀이 되었도다. 무릇 모든 일에서 사우가 등의 물품[撒花等物]은 모두 백성에게서 얻고 공급받지 않은 것이 없노라. [그들이] 그것을 자기 재물[己財]이라고 형용하지만 실은 모두 관물(官物)이니라. 100을 얻어 1을 [관부에] 내놓으니[取百散一] 절도가 왕성하고 간사함이 넘쳐난다. 만일 모두 고치지 않으면 그 해악이 작지 않다. 나 자신부터 시작해 이 폐단을 끊겠노라. 전장에 바쳐 적을 무찌르는 물자와 오르탁 등이 [대칸·제왕(諸王)·후비(后妃) 등을] 알현하면서 바치는 사우가 등 물품을 제외하고 모두 금지하라. 중앙과 지방의 관리(官吏)는 이를 보고 예(例)로 삼으라.[38]

---

37 『黑韃事略』, 536上쪽 ; 『黑韃事略』(中華書局), 8쪽 ; 『黑韃事略箋證』, 13b쪽 ; Peter Olbricht und Elisabeth Pinks, *op. cit.*, p.152 ; Qiu Yihao, *op. cit.*, p.218.

38 『元典章』2「聖政」1 止貢獻(臺北, 國立故宮博物院, 1975)("元刻本"), 59쪽. 본고는 원각본(元刻本) 『원전장(元典章)』을 토대로 『원전장(元典章)』(陳高華·張帆·劉曉· 黨寶海 點校, 天津, 中華書局·天津古籍出版社, 2011)과 『원전장(元典章)』(洪金富校定本, 臺北: 中央研究院歷史語言研究所, 2016)의 표점과 교정을 활용한다.

이 「지공헌(止貢獻)」(공물과 헌물을 중지하라)의 조서에서 제국 초기에 중앙 조정과 지방에서 뇌물이 만연했음을 알 수 있다. 쿠빌라이는 관리 사이에 뇌물이 성행한 원인을 봉록이 없는 제도에서 찾았다. 다른 한편 그것은 사우가 전통의 영향이었다. 상인 등 백성의 공물과 헌물은 대칸에게 관물(官物)이었지만, 관리들은 그것을 사우가이자 사유물로 여겼다. 쿠빌라이는 관리가 받은 사우가를 뇌물로 규정한다. 카안은 사우가를 헌물 혹은 뇌물로 간주하고 금지한 반면, 전투용 물자와 함께 자신 등에게 헌상되는 오르탁의 사우가(선물·상품)를 허용했다. 사우가는 그에게 좁은 의미로 오르탁 등이 자신이나 제왕, 후비 등을 알현하면서 바치는 물품[斡脫等拜見撒花等物]이었다.

이 조서는 사우가를 둘러싸고 대칸 등 황실 성원과 오르탁 상인의 경제적 연결을 보여 준다. 곧 사우가는 공물·헌물[貢獻], 뇌물·사유물[賄賂·己財], 나아가 상품이었다. 사우가 수령자의 관점에서 관(官)의 몫[39]은 그 1%에 불과했다. 이는 사우가의 경제적 위상을 증명한다. 이 조령(詔令)은 쿠빌라이가 여름 상도(上都)에서 대칸으로 즉위한, 바로 그날의 것이다.[40] 이는 사우가를 중시하는 카안의 인식과 시대상을 증명한다. 이론상 황실 성원을 대상으로 한 사우가는 틀림없이 1260년 봉록 제도의 도입을 촉발시켰다.[41]

---

39 몽골제국의 표준세율은 쿱추르(qubchur 차발差發·과차科差)가 1%, 칼란(qalan 세량稅糧)이 10%, 탐가(tamgha 과정課程·상세商稅)가 3.3%였다(설배환, 「몽골제국에서 賦稅의 시행과 그 帝國的 체계 이해를 위한 試論」, 『東洋史學硏究』 139, 2017, 178~179, 188, 195~196, 203쪽).

40 『元典章』 1 「詔令」 1 世祖聖德神功文武皇帝/皇帝登寶位詔, 1쪽.

41 카안울루스(원조(元朝))에서 봉록 제도는 1260년 도입되었다. 그것은 도입 초기에 불안정한 상태에 있었다. 아마 1265년경부터 봉초(俸鈔), 그리고 1266년부터 직전(職田)이 지급되었다(『元史』 96 「食貨志」 4 俸秩, 2449~2450, 2465쪽 ; 『國朝文類』 40 「雜著」 經世大典序錄·俸秩, 23b~24a쪽 ; 『元典章』 15 「戶部」 1 俸錢條·俸錢按月支付, 550쪽).

요컨대 몽골제국에서 사우가(sauʀa 掃花)는 '선물' 혹은 '뇌물'의 단일한 뜻으로 본 통상적 이해와 달리, '선물(노획물 포함), 뇌물, 교역물'의 3종으로 구성된 초원·제국의 경제 영역이자 물질문화였다. 의미 심장하게도 명대(明代) 『원조비사(元朝秘史)』의 편찬자는 사우가(sauʀa 掃花)를 '인사(人事)'로 의역(意譯)했다.[42] '인사'에는 다층적 뜻이 있다. 이는 문자 그대로 '사람의 일, 세간의 일'을 일컫는다. 동시에 그것은 '선사하는 예물'을 의미한다. 특히 한국어에서 '인사'는 '사례, 회례(回禮), 감사, 치사, 예의, 문안'을 뜻한다.[43] 이는 중세 몽골어 사우가(sauʀa)와 중국어 '인사(人事)', 한국어 '인사'의 파생 관계를 추측케 한다. 한자 '살화(撒花)'와 '살화(撒和)'는 사우가의 음역이면서도 각기 "꽃 또는 화의를 뿌리다"라는 의미가 사우가의 본질과 소통한다.

사우가와 고려(高麗)의 관계에서 최근 주목할 제안이 있었다. 2021년 한 신문 칼럼은 조선 『악장가사(樂章歌詞)』의 「쌍화점(雙花店)」이란 노래 一雙花店(솽화뎜)에 雙花(솽화) 사라 가고신딘 回回(휘휘) 아비 내 손모글 주여이다— 에서 '쌍화(雙花)'를 사우가(sauqa)의 한자 표기로 추정한다. 이는 '선물, 뇌물, 약탈물이자, 몽골 귀족이 그런 방식으로 획득한 재산을 무슬림 상인에게 맡긴 투자금'이었다. 쌍화는 만두나 떡이 아니다.[44] 김호동의 발견은 쌍화 연구의 한 획기다. 다만 쌍화뎜을 '몽골·고려 귀족의 자본금으로 운영하는 고리대금 점포'로만 보는 것은 협소할 수 있다. 사우가의 본질과 가사의 맥락으로 볼 때, 그것은

---

42 『元朝秘史』 3, 24a쪽 ; 『元朝秘史』 4, 17a쪽 ; 栗林均·确精扎布 編, 앞의 책, 제114절·135절, 128~129, 172~173쪽 ; 王國維, 앞의 책, 671~672쪽.

43 『낱말사전』 '인사'(https://natmal.com/views/dictionary/syn)

44 김호동, 「김호동의 실크로드에 길을 묻다: 고려가요에 나온 무슬림, 조선시대에 사라진 까닭은…」, 『중앙일보 오피니언』, 2021.08.06. (https://www.joongang.co.kr/article/24122352#home 검색일자 2022년 1월 16일).

각종 선물과 고리대금을 취급하는 복합점포였을 것이다. 조선 시대 문헌에 나오는 상화병(霜花餅)과 상화병(床花餅), 제주의 발효 찐빵 상애떡[霜花餅]은 고려의 쌍화와 연결돼 있는 한편, 그것은 만두나 떡, 빵[45] 그 자체가 아니라 본래 사우가, 곧 선물용의 그것에서 유래했음에 틀림없다.

  이른바 사우가는 '선물, 뇌물, 교역물'과 그 경제·사회·문화 현상을 포괄하는 '인사(人事)'였다. '사우가 은'(撒花銀)을 요구하는 관행이 몽골군에게 있었고[46] 이는 '인사은(人事銀)'이었다.[47] 『초목자(草木子)』는 "아무 일 없이 공짜로 요구하는 것"을 '사우가 전'(撒花錢)이라고 명명한다.[48] 그것은 제국 초기에 대칸이 운용한 중앙의 실물재정에서 다소 상징적인 99%의 영역이었다. '사우가'(sauɣa, 撒花·雙花·人事)는 고대 튀르크어에서 기원한 후 중세 몽골어와 튀르크어, 중국어, 페르시아어는 물론 각종 유럽어에까지 폭넓게 음차된 것으로 추정된다.[49] 그것은 한국 문헌에서 '쌍화(雙花)'로 표기되었다. 사우가의 의역은 중국과 한국에서 '인사'의 어휘와 문화로 정착했다. 곧 사우가의 어휘와 문화와 경험이 고려로부터 유럽에까지 폭넓게 확산했다고 평가할 수 있다.

---

45 『東槎上日錄』(한국고전종합 DB https://db.itkc.or.kr/dir/item?itemId=BT#dir/node?dataId=ITKC_BT_1382A_0010_020_0060&viewSync=OT 검색일자 2022년 2월 18일); 『奉使日, 191-本時聞見錄』(한국고전종합 DB https://db.itkc.or.kr/dir/item?itemId=BT#dir/node?dataId=ITKC_BT_1403A_0010_010_0140 검색일자 2022년 2월 18일) 등; 오영주, 「동아시아 속의 제주 발효음식문화」, 『제주도연구』 32, 2009, 191~194쪽.

46 『汪元量集校注』 1([宋]汪元量, 杭州, 浙江古籍出版社, 1999) 「古今體詩」醉歌十首·其七, 22쪽, "北師要討撒花銀, 官府行移逼市民. 丞相伯顔猶有語, 學中要揀秀才人."

47 王國維, 앞의 책, 671~672쪽 ; 『蒙古秘史』(余大鈞 譯注), 제114절, 65쪽.

48 『草木子』 4下([明]葉子奇 撰, 元明史料筆記叢刊, 北京, 中華書局, 1997) 「雜組篇」, 82쪽, "無事白要曰撒花錢."

49 Gerhard Doerfer, op. cit., pp.346~347.

III. 사우가와 대칸

사우가는 몽골 대칸에게 보다 특별하고 광범위한 정치·경제·문화적 의미를 지녔다. 몽골인이 역사의 전면에 등장하기 이전에 유라시아에서 수행된 국가·군주 간 선물 교환의 보편 문화와 호혜성은 최신 연구로 잘 밝혀졌다. 칭기스칸은 사절의 정치적 목적을 은폐하면서 유라시아 세계의 외교 관행을 좇아 1219년 전쟁 전에 호레즘 샤 무함마드 2세(재위 1200~1220)에게 금·은·담비·비단 등을 선물로 보냈다.[50]

사실 칭기스칸은 호레즘에 앞서 12세기 말부터 13세기 초까지 금나라에 매년 외교 선물을 보냈었다. 그것은 '예폐(禮幣)', 곧 호혜적·의례적·평화적 선물 문화이자 연례 공물이었다. 금 황제는 테무진에게 답례품을 하사하며 자국의 경계를 넘지 않도록 했다. 다만 그는 선물 교환에서 우월적 권위를 향유했고 선물 교환 장소 또한 금나라에서 장성 밖으로 결정했다. 칭기스칸이 직접 공물을 헌상할 때 만난 "용렬하고 나약한 자", 곧 완안윤제(完顏允濟)가 중원 황제가 되자, 1208년 이후 몽골-금 사이에 선물 교환과 그 우열 관계가 파탄 났다.

> 지금까지 중원인(中原人)이 모두 그것을 기억해 말할 수 있다. "20년 전에 산동(山東)·하북(河北)에서 어떠한 집도 몽골인[韃人]을 사서 소노비(小奴婢)로 삼지 않았고 [그들 노비는] 모두 제군(諸軍)에서 노략해 온 자였습니다." 지금 몽골의 대신(大臣)은 당시 대부분 노략된 후 금나라에 살던 이들이다. 더욱이 그 나라(곧 몽골)에서 매년 조공(朝貢)하면 [금나라는] 장성 밖[塞外]에서 그 예폐(禮幣)를 받고 그들(몽골 사신)을 돌려보내고 결코 [금나라] 경내로 들어오지 못하게 했다. 몽골인은 사막으로 달아났고 원망이 골수에 사무쳐 있다. 거짓 [황제] 장종(章宗, 재

---

50 Qiu Yihao, *op. cit.*, pp.204~208.

위 1190~1208)이 즉위했을 때 명창(明昌) 연간(1190~1195)에 [몽골인을]
살육하지 않도록 했다. 이 때문에 몽골인이 점차 본국으로 돌아가 장정
을 더하고 성장했다. 장종은 또한 [그들을] 우환으로 여겨서 새로운 장
성(長城)을 정주(靜州) 북쪽에 구축했다.[51]

금(金)에서 [몽골로] 투항해 온 이들은 모두 자신의 주군 완안경(完顏璟
곧 장종)이 종친을 살육하고 그의 황음(荒淫)이 날로 방자해지고 있다
고 말했다. 칭기스칸은 "짐이 출사(出師)할 명분이 있도다"라고 말했다.
그는 1211년에 이윽고 금나라를 정벌하고 선덕(宣德)을 압박해 마침내
덕흥(德興)을 차지했다.[52]

처음에 칭기스칸이 금나라에 세폐(歲幣)를 바쳤을 때, 금나라 군주(곧
장종章宗)가 위왕(衛王) 완안윤제(完顏允濟, 1153~1213)를 보내 정주(淨
州: 현 내몽골 스즈왕치(四子王旗) 서북 지성타이(吉生泰)의 성복자(城卜
子))에서 그 공물(貢物)을 받도록 했다. 칭기스칸은 완안윤제를 [직접]
보고 무례하다고 여겼다. 윤제가 [금나라로] 돌아간 후 그는 군사를 요
청해 그곳을 공략하고자 했다. 때마침(1208.11) 금의 주군 완안경이 죽
고 윤제가 제위를 계승했다. 그(곧 위소왕(衛紹王), 재위 1208~1213)는
사자(使者)에게 조서를 들려 보내 칭기스칸에게 배수(拜受)하라는 말을
전했다. 칸은 금의 사신에게 "새로운 군주가 누구냐?"라고 물었다. 금
나라 사신이 "위[소]왕(衛[紹]王)입니다"라고 답했다. 칸은 돌연 남쪽을
향해 침을 뱉으면서 "우리는 중원 황제가 천상(天上)의 사람이 하는 것
이라고 말하는데, 이렇게 용렬하고 나약한 자가 그것을 하니, 어찌 그
에게 절을 하겠는가!"라고 말한 후 곧장 말을 타고 북쪽으로 가버렸다.
금나라 사신이 돌아와 보고하자, 윤제는 더욱 격노하며 칸이 재차 입공

---

51 『蒙韃備錄校注』(續修四庫全書本) 「征伐」 525下쪽 ; 『蒙韃備錄箋證』(王國維, 『蒙古史
料四種校注』, 淸華學校硏究院, 1926), 9b쪽 ; Peter Olbricht und Elisabeth Pinks,
op. cit., p.60.
52 『元史』 119 「列傳」 6 木華黎, 2930쪽. 이하 중국 정사(正史)는 중화서국(中華書局)
표점교감본을 활용한다.

(入貢)하는 것을 기다렸다 그를 해하고자 했다. 칸이 그것을 알아차리고 마침내 금과 단절한 후 강병(强兵)을 더욱 늘려 전쟁에 대비했다.[53]

위 일화로 볼 때, 몽골의 선물 외교의 이데올로기 변화는 선행 연구의 발견과 달리, 칭기스칸의 호레즘 정벌보다 10여 년 이른 1208년에 칸에게 어리숙하게 보인 황제의 즉위로 인해 촉발된 것이었다. 이후 몽골인은 하늘(tengri)의 명령으로 상대방에 복종을 요구하는 "협상불가"(non- negotiation)의 외교 방침을 채택했다.[54] 발흐 공격에 앞서 보인 칭기스칸의 행동[55]처럼 대칸은 상대국으로부터 귀순과 복속의 표시로 양식과 선물 등을 수령했다. 선물 제시는 몽골과 평화를 협상하는 데 필수적 절차가 되었다. 칭기스칸의 후계자들도 복종의 상징으로서 선물을 강하게 요구했다.[56]

평화를 위한 몽골의 외교적 사우가 교환은 몽골군의 이동에 따라 중원과 중앙아시아를 넘어 제국 전역으로 확산되었다. 일칸국 군주 가잔(Ghazan, 재위 1295~1304)이 맘룩 술탄 알 말릭 알 나시르(al-Malik al-Nāṣir, 재위 1293~1341)에게 1301년에 보낸 서신에서 이를 엿볼 수 있다. 가잔은 술탄이 이집트에서 관원 편에 적당한 선물을 보내면 "우리가 평화에 관해 당신의 진정한 의도를 알 것이다. 우리는 우리 땅(곧 일칸국)에서 난 선물로 적절히 화답하겠다"라며 서신을 끝맺는다. 사절 세 명을 일칸에게 파견할 때, 술탄은 그들에게 여행용 전례복(khila' al-safar), 1인당 1만 디나르, 직물 등을 주었다. 양국의 선물 교환은 군주보다 낮은, 비공식 수준에서도 작동되었다.[57]

---

53 『元史』 1 「太祖本紀」 太祖五年條, 15쪽.
54 Qiu Yihao, *op. cit.*, pp.213~217.
55 라시드 앗 딘, 앞의 책, 2003, 361쪽.
56 Qiu Yihao, *op. cit.*, p.220.

몽골과 적대국 사이의 선물 교환은 아나톨리아에서도 이루어졌다. 룸 셀죽 술탄 기야쓰 앗 딘(Q'iasdin, 곧 Ghiyath al-Din Kaykhusrev II, 재위 1237~1246)을 침공할 때, 몽골인과 조지아인이 동시에 작전에 나섰다. 전투 초기부터 조지아인은 용맹하게 싸웠고 몽골 사령관들을 놀랬다. 그들은 조지아인에게 애정과 존경을 표하며 선물로 보상하고 찬사했다.[58] 그런데 전투에 지쳐 술탄이 화평을 요청했다. 술탄은 몽골인에게 풍부하고 막대한 하라지(kharaj: 이슬람 율법에서 갓 정복된 지역에서 이슬람으로 전향한 비무슬림에게 부과하는 토지세)를 약속하며 많은 선물과 값비싼 귀금속으로 그들을 달래고 보호를 청원했고 그들이 더 나은 어떤 것을 결정할 때까지 당분간 그를 만나지 말아 달라고 요구했다.[59] 기야쓰 앗 딘이 몽골군에 보낸 선물과 약속한 토지세는 강화(講和)와 보호의 대가였다.

하지만 사우가는 몽골의 상대국에 온전한 평화와 호혜를 보장하지 못했다.[60] 유극장(劉克莊, 1187~1269)은 시 「단가잡시(端嘉雜詩)」에서 몽골과 남송의 대치 국면에서 몽골 제왕(諸王)이 사우가를 받아 회군하는 장면을 묘사한다. 그가 볼 때 양국의 화약은 기대하기 어려웠다.

邊將不消橫草戰,　변경의 장수가 야전을 수행하려고 하지 않으니,
國王祇要撒花回.　[몽골] 국왕(곧 제왕(諸王))이 [그에게] 다만 사우가(撒花)를 요구하고 돌아가네.
不妨割肉餧豺狼,　고기를 잘라 승냥이와 이리를 먹이는 것은 상관없지만,

57 Donald P. Little, *op. cit.*, pp.33~34, 38.
58 D. Muskhelishvili, tr., "The Hundred Years' Chronicle," *The Georgian Chronicles of Kartlis Tskhovreba (A History of Georgia)*, Roin Met'reveli and Stephen Jones, eds., Tbilisi: Artanuji Publishing, 2014, p.332.
59 *Ibid.*, p.334.
60 Qiu Yihao, *op. cit.*, pp.220~221.

和約依然墮渺茫.　화약(和約)은 전과 다름 없이 아득할세.

未必與吾盟夾谷,　반드시 우리와 협곡(夾谷)에서 맹약할 필요가 없고

且宜防彼劫平涼.[61] 더욱이 마땅히 그들이 평량(平涼)을 겁박하는 것을 방

　　　　　어해야 하리.

사우가(선물)의 헌상이 파괴로부터 도시를 반드시 구원하지는 못했다. 전장의 몽골 장수는 평화 협약을 깨곤 했다. 일례로 탕구트 출신의 장수 차간(Chaɣan)이 사신을 보내 송나라의 상서(尙書) 두고(杜杲)에게 말했다. "사우가(撒花, 선물)는 사우가이고 서로 죽이는 것은 서로 죽이는 것이오."[62] 차간에게 사우가는 화평과 무관한 것이었다.

대칸은 선물 외교와 사우가 수수의 한가운데에 있었다. 카르피니는 구육의 쿠릴타이에서 조공국과 왕국에서 대칸에게 바친 막대한 선물을 묘사한다. 그것들은 비단, 새마이트(금실을 넣어 짠 실크 옷감), 벨벳, 브로케이드(양단 혹은 무늬를 넣어 짠 비단), 금실을 섞어 짠 여성용 비단 속옷, 고급 모피 등이었다. 수레 500여 대에는 금·은과 비단옷이 가득했다.[63] 대칸은 쿠릴타이에서 이국 사절이 헌상하는 외교적 선물의 정치·경제·의례적 최대 수혜자였다.

츄이하오가 밝힌 것처럼 외교적 선물 교환과 지역 공물(local tribute) 사이의 구별은 중세에 대부분 애매했다. 두 행위의 상징적 의미는 매우 유사했고 최고 군주에게 충성과 복종을 확인시켜 주는 것이었다. 몽골 군주에게 외국 군주로부터 오는 어떠한 선물도 공물을 의미했고 선물 교환과 같은 호혜의 본보기로 간주될 수 있었다.[64]

61　『劉克莊集箋校』11([宋]劉克莊 著, 辛更儒 校注, 北京, 中華書局, 2011)「詩」端嘉雜
　　詩二十首, 681쪽.

62　『劉克莊集箋校』141卷「杜尙書」, 5624~5665쪽 ; Qiu Yihao, op. cit., p.221.

63　Christopher Dawson, op. cit., p.64.

64　Thomas T. Allsen, Culture and Conquest in Mongol Eurasia, Cambridge:

대칸의 선물 애호는 고가의 물품에서 더욱 도드라졌다. 이는 오르
탁 상인이 관리를 끼고 사치품을 거래하는 중매보화(中賣寶貨)를 낳았
다.[65] 예컨대 대덕(大德) 연간(1297~1307)에 이슬람 거상(巨商)이 붉은
루비(紅剌, 홍보석 lāl ﻻ 또는 la'l) 한 덩이를 관부에 '중매(中賣)'했다.
그것은 무게 1량 3전에 가격이 중통초(中統鈔) 14만 정(錠)(=700만 량)
이었다. 관부에서 그것을 모자 꼭대기에 끼워 넣었다. 테무르 카안 이
래 후대 대칸들이 그 보석을 서로 계승하며 중시했다. 대칸이 설날과
천수절(天壽節, 황제 생일)에 대쿠릴타이(大朝賀)를 열 때 그것을 썼다.[66]
14만 정은 카안울루스(곧 원조(元朝)) 세량(稅糧)의 3분의 1 가격이었
고[67] 1307년 상부세초(常賦歲鈔) 400만 정[68]의 3.5%였다.

중매보화는 대칸의 사우가가 통상의 그것에 비해 상품 교환의 성
질을 강하게 지녔음을 증명한다. 사우가와 대칸·상거래의 긴밀한 연
결은 "제인중보(諸人中寶)가 국가 재물을 좀먹는다"라고 비판하며 "과
거와 같은 중헌(中獻)"을 금지한 아유르바르와다 카안(재위 1311~1320)
의 1311년 조서[69]에서도 확인된다.

사우가 문화에서 대칸은 일방적 수령자에 머물지 않았다. 그는 선
물의 최고 수혜자이자, 최대 행위자였다. 군주의 선물 행위는 '은사(恩

Cambridge University Press, 2001, p.43 ; Qiu Yihao, *op. cit.*, p.208.
65 '중매보화(中賣寶貨)'는 대칸과 [오르탁] 상인 사이에 이루어진 사치품 교역을
   지칭하는 한자 번역어였다. 그것은 1303년 이후에 대칸이 오르탁에게 발급한
   중보성지(中寶聖旨)를 필요로 했다. 이것은 성지 없이 자의적으로 대칸에게 물
   품을 진상하는 '사헌(私獻)'과 구별되었다(김찬영, 「元代 中賣寶貨의 意味와 그
   特性」, 『중앙아시아연구』 12, 2007, 25~41쪽).
66 『南村輟耕錄』 7([元]陶宗儀 撰, 北京, 中華書局, 2004) 「回回石頭」, 84쪽 ; 김찬영,
   위의 논문, 25~26쪽.
67 설배환, 앞의 논문, 2017, 190쪽.
68 『元史』 22 「武宗本紀」 1 大德十一年九月己丑條, 488쪽.
69 『元典章』 2 「聖政」 1 止貢獻·至大四年三月十八日, 59쪽.

賜)' 혹은 '회사(回賜)'로 표현되었다. 외국이 몽골제국에 항복했을 때 대칸은 선물을 건넸다. 일례로 1282년에 참파(占城, Champa: 중남부 베트남)가 몽골에 귀부했을 때, 쿠빌라이 카안은 귀국하는 사신에게 의복을 사여했다.[70] 티베트 사원과 승려를 향한 대칸의 방대한 보시(dbang yon)[71] 또한 사우가 문화의 연장이라 할 수 있다.

실제 사우가는 쿠릴타이에서 조회사여(朝會賜與)와 세례사여(歲例賜與)로 실현되었다.[72] 예컨대 아유르바르와다가 1311년 삼월에 대도 대명전(大明殿)에서 대칸에 즉위했을 때, 그는 그해 여름 사월에 그것을 기념해 태사(太師)·태부(太傅)·태보(太保)에게 1인당 금 50량, 은 350량, 의복 네 벌을 하사했다. 그는 쿠릴타이(朝會)에 참여한 행성(行省) 신(臣)에게 상으로 은을 차등 지급했다.[73] 이는 '쿠릴타이 은·초·금단(忽里台 銀·鈔·金段)'으로 불렸다.[74]

『철경록(輟耕錄)』은 쿠릴타이 은의 한 출처가 사우가였음을 명시한다. 몽골제국의 은정(銀錠)인 '원보(元寶)'는 사우가 은의 산물, 직접적으로는 그것으로 주조된 양주원보(揚州元寶)의 산물이었다.[75]

은정(銀錠) 위의 자호(字號) '양주원보(揚州元寶)'는 곧 지원(至元) 13년(1276)에 [몽골] 대병(大兵)이 송나라를 평정하고 돌아가며 양주(揚州)에 이르렀을 때, 승상(丞相) 바얀(伯顔: 1236~1295)이 호령해서 장사(將士)

---

70 『元史』 12 「世祖本紀」 9 至元十九年冬十月甲辰, 247쪽.
71 티베트 승려를 향한 몽골 대칸의 보시 문화에 대해서는 최소영, 「몽골제국 시기 티베트 승려에 대한 보시와 그 운송 문제 고찰」, 『중앙아시아연구』 26-2, 2021 을 참조한다.
72 설배환, 「蒙·元제국 쿠릴타이(Quriltai) 연구」, 서울대학교 박사학위논문, 2016, 163~173쪽.
73 『元史』 24 「仁宗本紀」 1 至大四年夏四月癸卯, 540쪽.
74 설배환, 앞의 논문, 2016, 171, 297쪽.
75 賈可佳·逸泉, 앞의 논문, 31쪽.

의 행장을 검사해 얻은 사우가 은(撒花銀子: 전리품 은)이다. [바얀이 그것을] 녹여 정(錠)으로 주조하니, 매(每) 중량이 50냥(兩)이었고 조정으로 돌아가 [쿠빌라이 카안에게] 헌납했다. 쿠빌라이 카안이 황자(皇子)·왕손(王孫)·부마(駙馬)·국척(國戚)과 대회(大會)를 열고 [사우가 은을 쿠릴타이 은으로] 반사(頒賜)했고 혹은 그것을 이용해 화매(貨賣)했으므로, 민간에 이 정이 있게 되었다. 나중에 조정(朝廷)에서 역시 직접 [원보(元寶)를] 주조했다.[76]

은사로 유명한 대칸은 우구데이(재위 1229~1241)였다. 『집사』「우구데이 카안기」후반부는 카안의 은사 일화 40여 건을 싣고 있다. 예컨대 살아갈 방도도 없고 아무런 기능도 모르는 가난뱅이가 쇳조각 몇 개를 송곳 모양으로 갈아서 나무에 끼워놓고 카안의 행로에 앉아서 기다렸다. 카안은 그의 비참한 처지를 들은 후 보리 한 톨의 가치도 없는 송곳 하나마다 은 1발리시의 값을 치러줬다.[77] 어떤 사람이 뼈 화살촉을 200개를 가지고 왔을 때, 카안은 그에게 은 200발리시를 주었다.[78] 한 궁장(弓匠)은 형편없는 활을 만들었다. 그것이 카라코룸에서 널리 알려져 아무도 그의 활을 사지 않았다. 어느 날 그는 20개의 활을 막대기에 묶고 대칸의 오르두 문 앞에 서 있었다. 카안이 밖으로 나오다 그의 곤궁을 확인한 후 그 활을 취하고 금 20발리시를 주었다.[79] 우구데이의 은사는 빈민에 한정되지 않았다. 카안은 카라코룸을 건설한 후 그 재고에 쌓인 약 2만 개의 발리시를 원하는 사람은 누구든 가져가게 했다. 당시 카안은 발리시를 재고에 쌓아두고 지키는 것은 소용이 없다고 언명했다. 귀족과 평민이든, 부자와 빈자든 도시 주민

---

76 『南村輟耕錄』 30 「銀錠字號」, 377쪽.
77 라시드 앗 딘, 김호동 역주, 『칸의 후예들』, 사계절, 2005, 120~121쪽.
78 위의 책, 130쪽.
79 위의 책, 133쪽.

은 대칸의 재고에서 자기 몫을 넘치도록 받았다.[80]

우구데이 카안의 관용과 은혜는 각지의 상인을 그의 궁전으로 유인했다. 그는 그들의 물품을 좋든 나쁘든 사서 그 값을 모두 치러주라고 지시했다. 관리들이 물건을 보지도 않고 [값을] 주는 경우가 더 많았기 때문에, 상인들은 한 개에 열 개의 값을 청구했다. 카안은 구매 물품에 대해 열에 하나(곧 10%)를 쳐주라고 지시했다. 이에 어느 날 어전의 관리들이 그들의 물품 가격이 적정값보다 높으므로 그렇게 할 필요가 없다고 건의했다. 하지만 대칸은 다음과 같이 반대했다.

> 상인들이 국고[를 상대로] 거래하는 것은 이익을 늘리기 위해서다. 또한 그들은 반드시 너희 비틱치들[에게 돈을 주기] 위해 지출해야 한다. 내가 주는 것은 [그들이] 너희에게 진 빚이니, 나의 어전에서 손해를 보고 돌아가지 않도록 하기 위함이다.[81]

위 발언에서 우구데이는 이익을 추구하는 상인의 속성을 잘 이해했을 뿐만 아니라, 황실과 상거래 혹은 중매보화에 '필연적으로' 상인과 관리 사이에 뇌물수수 혹은 중개 수수료가 개입한 사실을 드러냈다. 대칸의 사우가는 외교 선물, 공물(전리품 포함), 은총, 뇌물, 국가재정, 상거래와 연결되며 황실 문화와 경제를 작동시켰다.[82]

물품은 본질적으로 비정치적이다. 그러나 몽골 대칸에게 사우가는 외교적 의례를 넘어 정치·경제 활동이자, 통치 행위였다. 통치 행위로서 우구데이의 은총과 선물, 그리고 문서 행정의 통합적 힘은 『세계정

---

80 위의 책, 125쪽.

81 위의 책, 126쪽.

82 『흑달사략』의 독일어 역주자는 사우가(saura)에 ①선물 ②교역물 ③멱(覓: 조르다, 요구하다)의 세 가지 뜻이 있다고 밝힌다(Peter Olbricht und Elisabeth Pinks, op. cit., p.136).

복자사』에서 엿볼 수 있다.

그[곧 (우구데이) 카안]의 정의에 관한 명망은 일탈자들을 제약했고 그의 선물[사여]에 대한 명성은 [마치] 길들이지 않은 동물의 사냥을 유발했다. 그를 향한 두려움으로 완고한 자들이 복종하고 그의 통치의 엄격함으로 오만한 자들이 부끄러워했다. 그의 야를릭(yarlīgh)이 검(劍)의 사무를 수행했고 그의 문서들의 지면들이 군대의 검들의 빛을 빼앗았다.

우구데이 카안의 은총 덕분에 어느 누구도 그의 자리에서 실망하거나 불만스럽게 떠나지 않았다. 때때로 제국과 황실의 기둥들(곧 재상들)은 그의 낭비를 반대하곤 했다. 그들은 선물과 호의를 제공하는 것으로부터 벗어나지 않을 경우, 그의 신민에게 그것들을 주는 일이 그에게 의무가 될 것이라고 말했다. 카안은 다음과 같이 대답했다. "그 비판은 재치와 이해라는 보석이 결여돼 있고 그들의 말은 두 가지 면에서 쓸모가 없도다. 첫째 우리의 예법과 관습의 명성이 반역자들에게 도달했을 때 그들의 마음이 반드시 우리 쪽으로 기울어질 것이다. 왜냐하면 '인간은 친절의 노예'이기 때문이다(al-insān 'abīd ul-iḥsān). 그 선행 때문에 [우리] 군대와 사람들이 그들과 맞닥뜨려 싸우는 문제로부터 벗어날 것이고 많은 노역과 곤란에서 덜어질 것이다. 둘째 이 세상은 악명 높게도 아무에게도 신의가 있지 않았지만 결국 잔인성에 등을 돌렸기 때문에 ─ 좋은 평판을 영속시킴으로써 그 자신을 살아가도록 하는 것은 이해의 빛으로 장식된, 온전히 제정신인 사람에 어울리는 것이라는 점은 훨씬 더 명백하다."[83]

주베이니(1226~1283)의 위 기록을 믿는다면, 우구데이 카안의 사우가(sauɤa) 교환은 "인간은 친절의 노예"라는 인간 본성에 대한 보편 철

---

83 'Alā' al-Dīn 'Atā-Malek Jūweynī, *Tārīkh-i Jahān-Gushā*, Mohammad Qazwini, ed., Tehran: Institute of Enteshārāt Negāh, 2009, pp.245~246 ; 'Ala-ad-Din 'Ata-Malik Juvaini, *Genghis Khan: The History of the World Conqueror*, Mirza Muhammad Qazvini, ed., J. A. Boyle, tr., Seattle: University of Washington Press, 1997, pp.201~202.

학에 기반한 통치 행위였다. 그것은 사우가로 실현되었고 대칸은 사우
가 경제(인사 경제 또는 선물 경제)의 정점에 있었다. 사우가의 교환에
는 물질적 이익뿐만 아니라, 애정과 존경의 심리, 혹은 경제적 요구와
강탈의 언행이 관여했다. 선행 연구에서 주목한 것처럼 카안울루스에
서 선물·뇌물의 '만연'은 몽골초원에서 '인사'(sauɤa) 풍속의 연장선
위에서 형성된 것이었다.[84] 사우가는 대칸의 정당화된 통치 도구였고
유라시아 문화에 새로운 현상이었다.

IV. 부정적 사우가와 그 제재

협의의 선물은 대가(return)를 바라지 않고 주어지는 가치의 어떤
것이다. 뇌물은 영향이나 이득(benefit)을 기대하고 주어지는 가치의
어떤 것이다. 선물의 허용 범위는 지역에 따라 매우 다양하며, 언제 선
물이 뇌물로 되는지는 각 입법기관의 이해에 따라 차이가 있다.[85] 사

---

84 李治安, 앞의 논문, 39쪽.

85 Judy Nadler and Miriam Schulman, "Gifts and Bribes," *Markkula Center for
Applied Ethics*, Jul 1, 2006 (https://www.scu.edu/government-ethics/resources/what-is-
government-ethics/gifts-and-bribes/ 검색일자 2021년 1월 6일). 뇌물과 선물은
뚜렷한 경계가 있는 듯 보일 수 있다. 그러나 그것이 꼭 그렇지 않다. 예컨대
예언자 무함마드는 인간관계에서 선물(hadiyya)의 혜택 때문에, 선물 교환을 개
인적으로 시행했고 또 장려했다. 선물을 교환할 때 사람들은 사랑을 교환했다.
선물은 닫힌 문을 열고 마음으로부터 원한을 부드럽게 제거한다고 무함마드는
말했다. 선물이 아무리 작더라고 그 자신은 선물을 받았고 더 좋은 선물을 증여
자에게 돌려줬다. 무함마드는 뇌물로 제공되는 선물에 대해 눈살을 찌푸렸지만,
뇌물과 법적으로 허용된 선물 사이에 경계선은 긋기 어려웠다.
이슬람 법률에서 *hiba*는 개인적 자산이 어떠한 대가 없이 자발적으로 한 사람
에서 다른 사람에게 이동하는 약정(contract)을 일컫는 반면, *hadiyya*는 그와 반
대로 수령자에게 교환의 어떤 대가를 주도록 의무를 지운다. 선물(*hadāyā*)이 많

우가의 호혜성과 평화적 기능은 국가(정부)나 단체 혹은 공적·사적 개인 등 선물 교환의 주체, 권력 관계, 품목, 수량, 타이밍 등에 따라 달라지고 다르게 규정, 제약되었다.

사우가가 카안울루스에 광범위하게 실현되는 가운데, 몽골 조정은 뇌물을 국가의 해독[蠹]으로 비판하며 반부패 정책을 적극적으로 시행했다. "목민관(牧民官)이 먼저 자기를 깨끗이 하지 않고 다른 사람을 다스릴 수 있겠는가?"[86]라는 테무르 카안(재위 1295~1307)의 조서에서 부패를 경계하는 관념을 엿볼 수 있다.

복합적 성격의 사우가가 제국 정계·사회에 존속하는 가운데 부당한 선물로서 뇌물을 지칭하는 용어가 등장했다. 『통제조격(通制條格)』, 『원전장』, 『지정조격(至正條格)』 등 원대 법률 문서에는 '두피(肚皮, 뱃가죽)'라는 어휘가 출현한다. 최신 연구에 따르면 그것은 몽골어 케겔리(kegeli)의 직역이었다. 케겔리는 "(가축의) 태(胎), 배[肚子], 어미 말이나 어미 가축의 배 안에 있는 태아" 또는 "말의 배"를 뜻하는 케겔(kegel)에서 유래했다. 곧 케겔리는 "배(服), 임신, 회뢰(賄賂), 뇌물(賄), 장물(臟)"을 뜻했다. 이것이 사람의 배를 지칭하는 케벨리(kebeli)와 구어에서 발음이 닮았기 때문에 원대 공문서에 '두피'로 직역(直譯)되었다.[87]

다른 한편 고려·조선의 외국어 학습서 『박통사(朴通事)』에서 한 촌부는 명리(名利)를 다투는 관인을 "매일 말 뱃가죽에 티끌을 석 자나

은 경우에 제공되거나 교환되었다. 그것은 다양한 형태를 띠었고 특히 정치·외교 관계에서 중요한 역할을 수행했다. 그것은 군주의 후함과 힘을 보이는 데 이용되었다. Ghada Hijjawi Qaddumi, *Book of Gifts and Rarities* (*Kitāb al-Hadāyā wa al-Tuḥaf*), Massachusetts: Harvard University Center for Middle Eastern Studies, 1996, pp.4, 64.

86 『元典章』 46 「刑部」 8 諸臟1·取受·牧民官受財斷罪, 1571쪽.

87 特木勒, 앞의 논문, 170~171쪽.

문헌" 존재라고 풍자한다. 그의 조롱에서 말의 배는 선행 연구의 분석처럼 뇌물과 관련 있다. 다만 뇌물은 '말의 배' 그 자체가 아니라, '말의 배에 잔뜩 묻은 티끌'이었다.

[네] 말이 옳다. 너희같이 명리(名利)를 다투는 관인은 매일 말 뱃가죽(馬肚皮)에 티끌을 석 자나 묻혔고 나귀가 눈을 부릅뜨듯 하며 가사장(假使長 거짓 상사)을 따라와 비비는 데(속이는 데) 앞서기를 다투며 저 [가사장의] 밑구멍(똥구멍)에 끼어 동(東)으로 갔다 서(西)로 갔다 손톱을 다듬을 틈도 얻지 못하고 하나같이 이름나기를 바라니, 어디 기꺼이 나 같은 촌장인(村莊人)의 집에 오리오.[88]

'원조'에서 최초 장죄조례(贓罪條例)는 쿠빌라이 카안 시대에 상가(桑哥, ?~1291)와 나스르 앗 딘 멜릭, 신두(忻都) 등의 무리가 횡령죄로 처형된 후 출현했다고 알려져 있다.[89] 1292년에 중서성(中書省)과 어사대(御史臺)에서 「장죄십삼등(贓罪十三等)」을 확정한 후 카안의 재가를 얻었다. 그것은 왕법자(枉法者, 법을 어긴 자) 5등, 불왕법자(不枉法者, 법을 어기지 않은 자) 8등으로 이루어졌고 사형죄는 대칸에게 보고되었다.[90] 「장죄십삼등」이 확립된 시점은 공교롭게도 카안울루스에서 어사대(御史臺)와 숙정염방사(肅政廉訪司)의 권한을 강화한 시점[91]과 중첩된다.

그런데 몽골 대칸은 1292년에 이전에도 뇌물을 인지하고 제재했다. 1215년 몽골군이 금나라 중도(中都)를 함락한 후, 칭기스칸은 시기 쿠

---

88 『朴通事諺解』(서울대 규장각한국학연구원, 규장각자료총서 어학편(3), 2004), 227~229쪽.

89 李治安, 앞의 논문, 34쪽.

90 『元史』 17 「世祖本紀」 14 至元二十九年三月, p.361.

91 Huang Chengyang(黃成陽), 「元代 한 평범한 가족의 出仕·宦路·네트워크: 陳留仇氏 가문 연구」, 전남대학교 사학과 석사학위논문, 2022.02, 30~31쪽.

투쿠 등 3인을 그곳으로 보내 탕장(帑藏)을 적몰했다.[92] 당시 시기 쿠투쿠를 제외하고 웅구르 바우르치(Ōnggūr Bāūrchī)와 아르카이 카사르(Harqay Qasār)가 중도(中都, 현 베이징) 유수(留守) 카다(哈荅)의 뇌물을 받았다. 칸은 카다가 준 금실을 섞어 짠, 무늬를 넣은 피륙을 받지 않은 시기 쿠투쿠를 칭찬하고 그에게 그 배(倍)로 은사를 내린 반면, 두 사람을 크게 꾸짖었다.[93]

13세기 중엽에 관부 안에서 뇌물을 경계하는 인식이 강화되었다. 뭉케 카안은 1252년 말에 국정을 정비하고 포은(包銀) 제도를 확정하면서 세리(稅吏)와 서기(書記) 들이 편파적이거나 기만적인 행동을 해서는 안 되며 특혜를 주고 뇌물을 받아서도 안 된다고 칙령을 내렸다.[94]

1262년 진정(真定, 현 하북 정정(正定))의 백성 학흥(郝興)이 원수 마충(馬忠)을 살해했을 때 마충의 아들 마영(馬榮)이 학흥의 은을 받고 학흥에게 자신의 군역을 대신케 했다. 중서성(中書省)에서 마영이 뇌물을 받고 [부친을 죽인] 원수를 잊었으며 자식의 도리가 없다며, 그에게 장을 치고 그 은을 몰수했다. 쿠빌라이 카안도 법(금의 태화법(泰和法))에 따라 그를 논죄하라고 승인했다.[95]

쿠빌라이 시대의 장죄(贓罪) 13등(等)은 뇌물 수량(소위 계장(計贓))과 법률 위반 여부(곧 왕법(枉法)·불왕법(不枉法))에 따라 형벌을 체계화한 과정의 산물이었다. 그것은 1303년 「장죄조례(贓罪條例)」〈표 1〉로 확정됐다. 「장죄조례」 12개 조는 뇌물 액수와 왕법·불왕법에 따라 장형(杖刑)과 관직의 승강(오지 파견·강등·해임·파면·불서(不敍))의 방식

---

92 『元史』 1 「太祖本紀」 太祖十年五月·是月, 18쪽.

93 유원수 역주, 앞의 책, 제252절, 256~258쪽 ; 라시드 앗 딘, 앞의 책, 2003, 288~289쪽.

94 라시드 앗 딘, 앞의 책, 2005, 335~336쪽.

95 『元史』 5 「世祖本紀」 2 中統三年十一月辛丑, 88쪽.

〈표 1〉「장죄조례(贓罪條例)」 12개 조

단례 (斷例)	왕법(枉法, 불법): [얼마의] 관(貫)을 채우지 못한 자는 사정을 헤아려 단죄하고 예(例)에 의거해 제명한다.	불왕법(不枉法, 탈법): [얼마의] 관을 채우지 못한 자는 사정을 헤아려 단죄하고, 현임(見任)을 해임하고 별도로 관직을 구하게 한다.	
47	1관에서 10관 미만	1관에서 20관은 현 등급에서 서임한다.	
57	10관 이상 20관 미만	20관 이상 50관은 [장죄 사실을] 기록하고 변원(邊遠)에 한 차례 임명한다.	
67		50관 이상 100관은 1등을 떨어뜨린다.	
77	20관 이상 50관 미만	100관 이상 150관은 2등을 떨어뜨린다.	
87	50관 이상 100관 미만	150관 이상 200관은 3등을 떨어뜨린다.	
97		200관 이상 300관은 4등을 떨어뜨린다.	
107	100관 이상. 수령한 모든 선칙(宣敕)을 추탈(追奪)한다.	300관 이상은 제명하고 [다시] 서임하지 않는다.	
[至元鈔 기준]	금후 사무 때문에 재물을 받으면, 조(條)에 의거해 처결, 파면한다. 왕법자(枉法者)는 제명하고 [다시] 서임하지 않는다.	불왕법자(不枉法者)는 모름지기 3년간 [서임을] 중지한다. 재범(再犯)은 [다시] 서임하지 말라. 무록인(無祿人)은 1등을 경감한다.	이인(吏人)이 장죄를 어기면, 종신토록 서임하지 않는다.

※『大元聖政國朝典章』 46(臺北: 國立故宮博物院, 1975)「刑部」 8 諸贓1, p.1570.

으로 징계했다. 품관(品官)과 달리 이인(吏人)의 장죄는 종신토록 (재)임용하지 않는 형벌만 존재했다. 뇌물은 지원초(至元鈔)를 기준으로 했다.

1303년 당시 테무르 카안은 평장(平章) 바얀(伯顏, ?~1340)과 압둘라(暗都剌), 우승(右丞) 바트마신(八都馬辛) 등이 사익에 영합해 뇌물을 받고 위아랫사람을 기만해 정무에 균형을 잃고 백성에게 폐단을 안겼다며 이들의 가산을 적몰하고 변경을 수비케 했다. 중서성은 카안의 특명에 따라 집의(集議)를 거쳐 12개 조의 본 조례를 제정했다. 동시에 카안은 관리의 봉록이 적어 청렴을 기를 수 없다고 진단하고 경조(京朝) 백사(百司)의 월봉 외에 녹미(祿米)를 늘려 지급하고 공전(公田)이 없는 외임관(外任官)에게 공전을 배정하고 그렇게 할 토지가 없으면 녹미를 지급하기로 결정했다.[96]

『원전장』과 달리, 『원사(元史)』는 이 사건에서 뇌물의 출처를 밝힌다. 중서평장(中書平章) 바얀(伯顔)·압둘라(梁德珪, 1259~1304)·단정(段貞)·아르군 사리(阿里渾撒里, 1244~1307), 우승(右丞) 바트마신(八都馬辛), 좌승(左丞) 오코르 보카(月古不花 Oqor Buqa), 참정(參政) 미르호자(迷而火者)·장사립(張斯立) 등이 수령한 뇌물은 해적 출신 관원 주청(朱清)과 장선(張瑄)으로부터 제공받은 것이었다. 이들 수뢰자는 차등 있게 죄를 받았고 대간이 그들을 모두 파면했다.[97]

이 사건에 연루되었으며 이름이 명시된 재상을 『원전장』과 『원사』의 「성종본기(成宗本紀)」 및 「재상연표(宰相年表)」를 비교하면(〈표 2〉), 평장정사(平章政事) 6명 중 4명, 우승 2명 중 1명, 좌승 2명 중 1명, 참지정사(參知政事) 5명 중 2명 ─15명 가운데 8명(53%)─ 이 뇌물 수령에 가담했음을 알 수 있다.[98] 최고 재상인 우승상(右丞相)과 좌승상(左丞相)은 이 사건에 아마도 가세하지 않았다.

그런데 『원사』는 한 중요한 기록을 남기고 있다. 1303년 감찰어사(監察御史) 두긍구(杜肯構) 등은 태부 겸 우승상 올제이(完澤, 1246~1303)가 주청·장선의 뇌물을 받은 일을 테무르 카안에게 보고했다. 그러나 카안은 회답하지 않았다.[99]

올제이는 케레이트 부(部)의 한 지파인 투베겐(土別燕) 출신으로

---

96 『元典章』 46 「刑部」 8 諸贓一·取受·贓罪條例, 1571~1573쪽.

97 『元史』 21 「成宗本紀」 4 大德七年三月壬辰, 449~450쪽.

98 『元史』 112 「宰相年表」 1 成宗皇帝, 2808쪽. 아르군 사리는 1303년 「재상연표(宰相年表)」에 '아로혼살혼(阿魯渾薩渾)'으로 적혀 있다. 그러나 이는 1300~1302년 사이의 '아로혼살리(阿魯渾薩理)'의 오기로 보이며 「성종본기(成宗本紀)」의 '아리혼살리(阿里渾撒里)'와 동일 인물로 판단된다. 『집사』에 따르면, 바얀은 몽골인 사이에 존귀하게 여겨져 대재상을 뜻하는 '사이드 아잘'로 불렸다(라시드 앗 딘, 앞의 책, 2005, 471쪽).

99 『元史』 21 「成宗本紀」 4 大德七年二月庚辰, 448쪽.

구분	관품	『원전장』 46 「형부(刑部)」 8 (뇌물수령자)	『원사』 21 「성종본기」 4 (뇌물수령자)	사면·복직(복직명)	『원사』 112 「재상연표」 1 (재직자)
우승상	정1품		完澤(울제이 타르칸)	면책	完澤(울제이 타르칸)
					哈剌哈孫 (하르카순/아르카순)
좌승상	정1품				阿忽台(아쿠타이)
평장정사	종1품	伯顏(바얀)	伯顏(바얀)	복직(평장정사)	賽典赤(사이드 아잘)
					阿老瓦丁(알라 앗 딘)
			段貞(단정)	복직(평장정사)	段那海(단 나카이)
			阿里渾撒里 (아르군 사리)		阿魯渾薩〈渾〉[理] (아르군 사리)
		暗都剌(암둘라)	梁德珪(암둘라)	복직(평장정사)	梁暗都剌(양 암둘라)
					木八剌沙(무바락샤)
우승	정2품	八都馬辛(바트마신)	八都馬辛(바트마신)	복직(우승)	八都馬辛(바트마신)
					洪雙叔(홍쌍숙)
좌승	정2품		月古不花(오코르보카)	복직(좌승)	月古不花(오코르보카)
					尚文(상문)
참지정사	종2품				哈剌蠻子(카라 만지)
					朵虧(두다이)
			迷而火者(미르호자)	복직(참지정사)	迷兒火者(미르호자)
			張斯立(장사립)		張[斯立](장[사립])
					董[士珍](동[사진])

1291년에 상가가 처형된 후 우승상에 올라 그의 폐정을 혁파하고 중
통(中統, 1260~1264) 초 이래 약 30년간 체납된 전(錢)·속(粟)을 면제한
인물이다. 그는 테무르 카안 시대에도 우승상으로 봉직하면서 조정에
서 성헌(成憲)을 지키고 백성에게 재물과 곡물을 여러 차례 배포하도
록 한 까닭에, 그들에게 '현상(賢相)'으로 칭송받았다. 그는 1303년 사
망한 후에 흥원왕(興元王)으로 추서되었다.[100] 일칸국의 정치가이자 역

---

100 『元史』130 「列傳」17 完澤, 3173~3174쪽 ; 『元史』112 「宰相年表」1 世祖皇帝,
2803쪽.

사가 라시드 앗 딘은 그를 '울제이 타르칸(Ōljāi Tarkhān)'으로 명명하며 쿠빌라이 카안 시대의 한 승상으로 거론한다.[101] 그의 '타르칸' 칭호는 아홉 번까지 죄를 용서받는 면책특권을 지닌 사람에게 주어진 것이었다. 그의 뇌물 수령에 대한 대칸의 침묵은 몽골제국 관행에서 당연한 일이었다. 즉, 1303년 18명의 고위 재상 가운데 9명(50%)이 주청과 장선의 뇌물을 받았다.

울제이 타르칸의 면책과 별개로, 1년 6개월 뒤인 1304년 구월에 바얀과 압둘라(梁德珪)는 모두 중서평장정사(中書平章政事)로, 바트마신은 중서우승(中書右丞)으로, 미르호자는 중서참지정사(中書參知政事)로 본래의 직책에 복귀했다.[102] 단 나카이(段那海)도 1305년 말에 평장정사로 복직했고[103] 오코르 보카는 약 3년 뒤 1306년 봄에 중서우승(中書左丞)으로 복귀했다.[104] 위구르인 아르군 사리가 1307년 사망한 점으로 볼 때,[105] 유일하게 가장 낮은 직위의 한인 재상 장사립만이 아마도 영구히 관계(官階)에서 추방되었다. 이로부터 몽골인·색목인·한인 재상이 폭넓게 뇌물수수에 관계했고 대칸은 유죄에 대해 면책(타르칸)과 처벌, 사면을 번갈아 '유연하게' 적용했음을 알 수 있다.

관리의 뇌물수수는 왕법(즉 위법)과 불왕법(즉 탈법)으로 구분되었다. 〈표 3〉에 정리한 바와 같이 왕법은 무리(無理)·유죄·무고의 소송 문제와 매관(賣官), 민호에 대한 자의적 차출[横差民戶]의 사안이었다. 불왕법은 궤헌(饋獻)이나 구호품 착취, 인정(人情), 토지·주택 행정 등 각종 사무 비용의 수수, 왕법 미수 행위가 해당됐다. 뇌물은 반환 및

---

101 라시드 앗 딘, 앞의 책, 2005, 415~416쪽, 416쪽의 각주 176.
102 『元史』 21 「成宗本紀」 4 大德八年九月庚申, 460쪽.
103 『元史』 112 「宰相年表」 1 成宗皇帝, 2810쪽.
104 『元史』 21 「成宗本紀」 4 大德十年二月丁卯, 468쪽.
105 『元史』 130 「列傳」 17 阿魯渾薩理, 3177쪽.

몰수 규정이 있었다. 몽골법은 왕법의 범위를 보다 명료하게 규정한다. 『사림광기(事林廣記)』에서 「장죄조례」와 동일한 조목의 「취수장회(取受贓賄)」를 편성한 것[106]은 카안울루스의 사우가 문화에서 뇌물수수의 성행과 그 법적 제약을 인지하도록 한 사회상을 반영한 것일 수 있다.

〈표 3〉 관리의 뇌물수수 왕법·불왕법 개략

왕법 (불법)	일 때문에 이치에 맞지 않게 다른 사람의 전(錢)·물(物)을 받고 이치에 맞다고 처결하고 지시하는 행위 죄인의 전·물을 받고 방면하는 행위 돈을 받고 사람을 사거나 청탁해서 [누군가를] 처벌하거나 무고하는 행위 죄인을 교사해 터무니없이 평민을 지목하고 전·물을 받는 행위 예(例)를 위반해 관리를 사거나 멋대로 민호(民戶)를 차출해 창고관(倉庫官)·지대두목(祗待頭目)·향리정(鄕里正) 등으로 충당하고 전·물을 속여 취하는 행위
불왕법	향응·예물을 제공하거나 구호품을 착취하거나 인정을 따르는 행위, 전택(田宅)을 매매·전당·증여하면서 관부에 신고하고 명의·소유권을 넘길 때[推收過割], 사무 때문에 구사전(勾事錢 사무처리비)·지필전(紙筆錢) 등을 요구하거나 창고(倉庫)·원(院)·무(務)가 결탁해서 분례전(分例錢)·관진전(關津錢)·비험전(批驗錢 조사비) 등을 취하는 행위. 그 사안이 많아 모두 열거할 수 없다. 돈을 준 사람의 핵심 사무가 이치에 맞지 않거나 죄가 있어 관리를 사거나 청탁해 [소송의] 승리를 도모하고 탈면(脫免)하려고 했는데, 비록 이미 장물(贓)을 받았더라도 그 사무가 법을 어기지 않고 종결되지 않았으면, 마땅히 불왕법에 따라 [경중을 헤아려] 처결한다. 장물(贓物)의 반환과 몰수: - 관부로의 몰수: 돈을 준 사람의 핵심 사무가 이치에 맞지 않거나 죄가 있으면서 관리를 사거나 청탁해 [소송의] 승리를 도모하고 탈면시키는 행위는 그 사안이 이미 종결됐는지를 따지지 말고 모두 각기 관부로 몰수한다. 비록 돈을 준 사람이 스스로 자수하더라도 역시 마땅히 관부로 몰수한다. 돈을 준 사람의 핵심 사무가 비록 옳고 이치에 닿더라도 돈을 써서 관리를 사고 청탁하며 피고인[對訟人: 소송을 마주한 사람]을 능욕하고 학대하며 무거운 처결을 요구할 경우, 그 뜻을 달성하지 못하더라도 관부로 고발되면 곧 뇌물수수와 관련되니 마땅히 관부로 몰수한다. 돈을 준 사람의 명백한 자백을 받아낸다.

---

106 『新編纂圖類羣書類要事林廣記』 3([宋]陳元靚 等編, 續修四庫全書 1218·子部·類書類, 上海, 上海古籍出版社, 1995~1999) 「刑法類」 取受贓賄, 458上쪽.

일을 구하는 장물(贓)과 돈을 운용하면서 벼슬을 구하는 사람이 비록 이치에 의거해 쓰고 당해 관리가 일찍이 고의로 속여 [뇌물을] 애걸해 취하지 않았더라도, 뇌물을 수수한 후 빠르게 결정했거나 혹은 빈 자리를 요구하다 희망을 달성하지 못했기 때문에 관에 고발하는 것은 곧 뇌물수수와 관계된다.

편협전(騙脅錢, 사기와 협박으로 얻은 돈)과 과렴전(科斂錢 [부세로] 할당된 돈) 등이 우수리라서 돌려줄 수 없거나 혹은 돈을 낸 사람의 명단을 아무리 찾아도 나오지 않을 경우 사안에 따라 논의해 몰수한다.

- 주인에게로의 반환:

돈을 준 사람의 핵심 사무가 이치에 맞고 관리가 고의로 속여 뇌물을 받았는데, 관에 고발되면 마땅히 주인에게 [뇌물을] 돌려준다.

사기, 협박, 과렴(科斂, 돈과 재물을 긁어모으거나 착취하는 것) 등으로 얻은 장물 관리와 돈을 전달하는 사람이 자수하며 전·물(錢物)을 내놓으면, 현행 체례(体例)에 따라 다만 소속 기관에서 조사한다. 이와 같이 일찍이 일이 일어나지 않았더라도 의논해서 관부로 몰수한다. 지금 돈을 준 사람의 핵심 사무에 이치가 있는지, 없는지를 논하면서 [뇌물을] 주인에게 반환할지, 관으로 몰수할지를 논하므로, 반드시 돈을 준 사람 등을 체포해서 대면해 명백히 심문한 후 비로소 논의하니, 종결하기 어렵다. 마땅히 다만 현행 체례에 의거해 조사하고 몰수를 논해야 하지 않겠는가?

관군관(管軍官)이 받은 군인의 전물에 대해 장물과 돈을 추적해 행성(行省)에 보고, 발송한 후 내원(內院, 추밀원)으로 보낸다.

※『大元聖政國朝典章』46(臺北: 國立故宮博物院, 1975)「刑部」8 諸贓1·取受·定擬給沒贓例, pp.1573~1575.

몽골법은 당·송·명 중화왕조의 법률에 비해 상대적으로 처벌이 가벼웠다.[107] 최신 연구에 따르면 『원사』에서 사건 연루자 2만 738명 가운데 사형으로 명기된 이는 단 두 명이었다.[108] 관대한 형정(刑政)은 장죄의 처벌에도 적용되었다. 이 경향은 앞서 언급한 1303년 바얀 등의 뇌물수수 사건에서도 엿볼 수 있다.

한편 장죄의 처벌은 확정된 범죄의 경우, 범죄자가 죽은 후에도 이루어졌다. 1286년 요주로(饒州路) 낙평현(樂平縣, 현 산시 러핑(樂平)) 다루가치 우마르(烏馬兒)가 백성의 재산을 받았다. 그것을 추징하는 사이

---

107 『滋溪文稿』26([元]蘇天爵, 陳高華·孟繁清 點校, 北京, 中華書局, 1997)「章疏」乞續編通制, 434~435쪽.

108 呂麗·王志民, 앞의 논문, 218~219쪽.

에 그가 병환으로 사망했다. 형부(刑部)는 우마르가 [뇌물로] 전초(錢鈔)를 받았고 생전에 죄를 자백했기 때문에, 장물을 추징하기 전에 그가 사망했더라도 가속(家屬)에게 그것을 추징하기로 결정했다. 이는 중서성에 의해 승인되었다.[109]

몽골 관부는 장물을 여러 차례 나눠서까지 몰수하려고 했다. 다만 [죽음과] 가난은 장물 몰수를 면제할 근거였다. 일례로 1332년에 형부는 "관리인(官吏人) 등이 일 때문에 [뇌물을] 받고 자수해 장물을 납입하지 않았으나, 집안과 자신이 가난해 여러 차례 [뇌물을] 징수해도 절납(折納, 다른 물품으로의 환산 납부)할 수 없습니다. 그리고 범인이 죽거나 가속이 병에 들고 곤궁합니다. 혁파해서 사실 여부를 조사한 후 징수를 면제하십시오"라고 의견을 내서 중서성의 재가를 받았다.[110]

「장죄십삼등」(1292)과 「장죄조례」(1303)가 정립, 시행된 것과 별개로, 카안울루스에서 부패가 매우 왕성했고 많은 이들이 관여했다. 예컨대 1282년 쿠빌라이 카안의 재상 아흐마드(?~1282)가 황태자 진김(眞金, 1243~1286)과 갈등 속에 고화상(高和尙) 등에게 살해되었을 때였다. 아흐마드는 왕관에 끼워 넣을, 카안의 커다란 보석을 사장(私藏)하고 백성의 가산과 토지를 사유하는 등 막대한 탐장(貪臟)의 죄로 부관참시되었다. 그는 무덤에서 꺼내져 밧줄로 발을 묶이고 시장 네거리로 끌려와 그의 머리 위로 수레가 달리는 형벌을 받았다.[111] 당시 아흐마드의 당인(黨人)은 714명이었다. 이미 제거된 이가 133명이었고 나머지 581명도 모두 파면되었다. 아흐마드의 말, 낙타, 소, 양, 나귀 등 3,758마리도 적몰되었다.[112]

---

109 『至正條格』 6 「斷例」 職制·取受雖死徵臟, 219쪽.
110 『至正條格』 6 「斷例」 職制·取受身死貧乏遇革, 219쪽.
111 라시드 앗 딘, 앞의 책, 2005, 430~436쪽 ; 『元史』 205 「列傳」 92 姦臣·阿合馬, 4562~4564쪽.

1299년에 장홍범(張弘範, 1238~1280)의 아들 장규(張珪, 1263~1327)가 절서숙정염방사(浙西肅政廉訪使)로 근무할 때, 그가 군(郡) 장리(長吏) 이하 30여 명과 부(府)의 사서(史胥) 무리 수백을 탄핵, 파면했고 징수한 장물이 거만에 달했다.[113] 1303년 보고에 따르면, 칠도봉사선무(七道奉使宣撫)가 장오관리(贓污官吏) 1만 8,473명을 파면했다. 그 장물은 4만 5,865정이었다.[114]

사우가 문화의 보편화와 함께 특히 소송은 관리가 백성으로부터 뇌물을 얻을 수 있는 호재를 제공했다. 소송이 발생할 때, 관리는 소송인을 전전시키며 뇌물을 탐했다. 그것은 소송 당사자에게 경제적 부담을 안겼다. 예컨대 구악(仇鍔)이 위주(威州)에서 재직할 때, 백성 장(張)씨 형제가 가산을 두고 송사를 벌였다. 아전(吏)이 그들을 전전시키며 뇌물을 받으면서 몇 년이 지나도 판결하지 않았다. 이 때문에 형제가 빈곤해졌다.[115]

이상의 논의로부터 자기 뜻대로 광범하게 사우가를 수수한 대칸과 달리, 관리의 사우가는 종종 뇌물수수로 비난과 제재의 대상이었다. 그것은 대칸과 백성의 재산을 침해하는 것으로 인식되었다. '뇌물'을 뜻하는 몽골어 케겔리(kegeli)는 '두피(肚皮, 뱃가죽)'로 한역되었다. 그것은 "말의 배에 잔뜩 묻은 티끌"을 지칭한다. 이는 아마 관리에게 소량의 뇌물조차 경계한 것이다. 관리의 뇌물수수는 왕법(즉 위법)과 불왕법(즉 탈법)에 따라 처결되었고 반환 및 몰수 규정이 있었다. 이는

---

112 『元史』 12 「世祖本紀」 9 至元十九年五月己未朔, 242쪽.
113 『元史』 175 「列傳」 62 張珪, 4072쪽.
114 『元史』 21 「成宗本紀」 4 大德七年十二月丁未, 456쪽 ; 呂麗·王志民, 앞의 논문, 215쪽.
115 『柳貫詩文集』 10([元]柳貫, 柳遵傑 點校, 杭州, 浙江古籍出版社, 2004) 「有元故奉議大夫福建閩海道肅政廉訪副使仇君墓碑銘 【(并序)代趙承旨作】」, 203~204쪽. 구악(仇鍔)과 그의 가문의 행적과 네트워크 만들기에 대해서는 Huang Chengyang(黄成陽), 앞의 논문을 참조.

어사대와 숙정염방사(肅政廉訪司)의 감찰권 강화와 맞물려 출현한 것이다.

따라서 케겔리(뇌물) 수령자를 처벌하는 규정에도 불구하고 왕성한 뇌물수수는 정계(政界)·관계(官界)에서 선물을 주고받는 새로운 형태의 인사(사우가) 문화가 확산한 데서 비롯된 것이었다. 동시에 이는 특히 뇌물로서 사우가 문화를 견제하는 한인(漢人) 중심의 대신(臺臣)의 성장과 활약[116]으로 역사 문헌에 도드라지게 새겨진 결과였다.

V. 선물 경쟁과 인사(人事) 네트워크 만들기

몽골인과 색목인이 요구하는 사우가는 그 확산과 함께 각기 명목이 있다고 여겨졌다. 예컨대 그것은 소속 기관에 처음 참여할 경우 배견전(拜見錢), 아무 일 없이 공짜로 요구할 경우 사우가전(撒花錢), 절일이 찾아올 경우 추절전(追節錢), 생신에 생일전(生日錢), 일을 맡아 하면서 요구할 경우 상례전(常例錢), 관리를 송영(送迎)할 경우 인정전(人情錢), 체포·추궁할 경우 재발전(賫發錢), 소송할 경우 공사전(公事錢)이라 불렸다. 졸라서 돈을 많이 얻으면 "목적을 달성했다"(得手)라고 일컬었고 좋은 주(州)에 임명되면 '좋은 땅'(好地分)이라 칭했으며 [집에서] 가까운 직(職)에 보임되면 '좋은 보금자리'(好窠窟)라고 했다.[117]

'인사(人事)'로서 사우가 문화와 뇌물수수는 제국 중앙과 지방의 정계·관계의 인물뿐만 아니라, 제국 사회 전반에 폭넓게 영향을 미쳤다.

---

116 대신(臺臣)과 이재파(理財派)의 정쟁에 대해서는 Huang Chengyang(黃成陽), 앞의 논문, 30~35쪽.

117 『草木子』 4下 「雜俎篇」, 81~82쪽.

인사 네트워크(혹은 선물 네트워크)는 몽골 권력 안팎에서 작동하며 민인(民人)과 지식인, 관료, 황실 성원에게 강력한 힘과 권익을 제공했다.

사우가는 사건의 실상을 뒤집는 힘을 왕왕 발휘했다. 탕구트인 관음노(觀音奴)에 얽힌 일화가 한 사례다. 창덕(彰德, 현 허난 안양(安陽))의 부상(富商) 임갑(任甲)이 귀덕부(歸德府, 현 허난 상츄(商丘)) 산하의 휴양(睢陽, 현 허난 상츄 남쪽 왕분(王墳))에 다다랐을 때, 나귀가 폐사했다. 그는 극을(郄乙)에게 그것을 해체시켰는데, 임(任)이 화가 나서 극을을 구타했고 극(郄)이 자다가 사망했다. 극에게는 처 왕씨(王氏)와 첩 손씨(孫氏)가 있었고 손씨가 관에 고소했다. 관리가 임의 뇌물을 받고 극이 상해로 죽은 것이 아니라며 도리어 손씨에게 죄가 다다랐고, 그녀를 감옥에 가두었다. 아내 왕씨가 와서 원통함을 호소하자, 지귀덕부(知歸德府) 관음노가 차꼬[械]를 부수고 손씨를 감옥에서 꺼냈다. 그가 부(府)의 서리를 불러 "내가 글을 쓰고 향과 폐백을 갖출 터이니, 네가 나를 위해 극의 일에 대해 제성황신(諸城隍神)께 기도를 올려 내 앞에 신이 나타나게 하거라"라고 말했다. 휴양(睢陽)의 한 소리(小吏) 역시 극의 사건에 가담했었다. 그는 관음노가 엄격하고 명철한 것을 겁냈을 뿐만 아니라, 신이 그 일을 드러낼 것을 두려워했다. 그래서 그는 임이 뇌물로 준 초(鈔)를 펼쳐 보이며 "극이 사실 상해로 죽었고 임이 상·하 관리에게 뇌물을 줘 그 사실을 감췄으며 저 또한 뇌물을 받았으니 감히 자수합니다"라고 진술했다. 이에 관음노가 상인 임갑을 죄주고 극을의 첩 손씨를 풀어줬다.[118]

뇌물은 허위로 타인에게 누명을 씌우거나 누명을 쓴 이가 자신을 방어하며 감형을 얻어내는 데 모두 쓰였다. 사실관계가 밝혀졌을 때 뇌물은 수뢰자에게 독으로 돌아왔다. 『철경록』에 따르면, 유신보(劉信

---

118 『元史』 192 「列傳」 79 良吏2·觀音奴, 4368쪽.

甫)는 양주(揚州, 현 강소 양주(揚州))의 부상 조(曹)씨의 노예[奴]였다. 조씨가 임종하면서 고아를 그에게 맡겼다. 고아가 장성하자 그의 숙부가 고아의 재산을 탐내 "아무개 집의 자산은 일찍이 나뉘지 않았고, 지금 모두 조카에게 점거되었습니다"라고 관부에 소송을 제기했다. 군수(郡守) 유(劉)가 그 거짓을 간파하고 그것을 바로잡았다. 숙부의 아들이 부친이 소송에서 지자, 한편 부끄럽고 다른 한편 분개해서 부친을 독살한 후 다시 관부에 소송을 제기하며 "[사촌] 동생이 원한을 품고 제 아버지를 죽였습니다"라고 말했다. 때마침 다루가치 마마화(馬馬火)는 부임 초기라 군수와 불화했고 고아에게 법을 집행하는 동시에 군수를 목표하고자 100여 인을 끌어들였고 그들을 억압해 무고로 죄를 승복하게 했다. 그들은 "고아가 아무개 등에게 숙부를 살해하게 했고 군수가 고아의 뇌물을 약간 받았습니다"라고 말했다. 마지막으로 유신보를 국문했다. 신보는 "살인자는 아무개이며 고아는 알지 못하고 군수 또한 뇌물을 받지 않았습니다"라고 답했다. 그는 담금질을 당하고 온전한 피부가 없었으나 끝끝내 서로 다른 말이 없었다. 처음에 유신보는 먼저 인편에 몰래 고아를 경사(京師)로 보내 한 고관[達宦]의 집에 피신시키면서 그에게 "[그 집을] 절대 나오지 말라"라고 당부했다. 이때 비로소 그는 두둑하게 금백(金帛)을 다루가치에게 뇌물로 바쳤으나 고아는 관여할 수 없었고 신보는 사형을 감형받았다. 이윽고 출소한 뒤 그가 출행하는 대칸에게 그것을 호소하자, 다루가치는 죄 때문에 파면되었고 군수는 복직했다. 옥송과 이동 비용에 모두 거만을 헤아렸다. 고아가 돌아와 모두 계산해 보상하고자 했다. 유신보는 "노예의 부(富)는 모두 주인어른의 음덕(蔭德)입니다. 지금 주인께서 어려움이 있어 노(奴)가 그것을 돕는 것은 직분 안에서의 일일 뿐입니다. 어찌 보답을 바라겠습니까?"라고 말하며 강력히 사양하고 받지 않았다.[119] 다만 옥송과 이동 비용, 노력이 막대하게 소모된 사실을 고려하면, '의노(義奴)' 유신보의 일화는 매우 드문 미담이었을 것이다.

카안울루스에서 다양한 층위의 신민이 선물과 뇌물을 이용해 자신의 권익을 확대했다. 1290년 강회등처행상서성(江淮等處行尚書省)의 보고에 따르면, 관할 지역의 부자·세력가·겸병지가(兼倂之家)에서 왕왕 유호(儒戶)를 가탁했고 풍족하게 뇌물을 주고 관부의 관리와 짜고 결탁해서 차요(差徭)를 회피하고 호역(戶役)을 감당하지 않았다.[120]

1306년 항주로(杭州路) 다루가치 자쿠르다이가 보고한 바, 호패(豪霸)와 몰락 가문의 유랑민이 뇌물을 이용해 관부를 쥐락펴락했다. 그들은 크고 작은 공무를 처리할 때 자신과 연결된 관리, 속칭 '고양이머리'[貓兒頭]를 활용했다. 그들은 관인의 기호에 맞는 선물과 놀이를 제공하는 등 지방 관부 및 지역 유력가와 강한 '카르텔'을 형성했다. 법정(곧 자르구)에서 품관(品官)과 노복이 결탁해서 선량한 이가 오히려 치욕을 입었다. 곧 사우가는 행정·권력의 바깥과 경계에 있는 이들에게 관부(官府)를 좌지우지할 힘을 주었다.

> 대덕(大德) 10년(1306) 시월 모월 모일, 강절행성(江浙行省)에서 받은 중서성(中書省)의 자문(咨文): 항주로(杭州路) 다루가치 자쿠르다이(扎忽兒歹)의 보고: 「본로(本路, 항주로) 사무는 번잡하기가 실로 기타 노(路)와 같지 않습니다. 호패(豪霸)가 관부를 쥐락펴락하고 몰락한 집안 사람[破落]과 유랑민[瀨皮]이 백성에게 소동을 일으키는 등의 사안에 대해 열거해 보고드리니 자세히 살펴보십시오.」 형부(刑部)로 보내 그곳에서 의논해 본관(本官)들이 논의한 사항을 도성(都省)에서 다음과 같이 하나하나 의논했으니, 청컨대 위에 의거해 시행하십시오.

---

119 『輟耕錄』 7 「義奴」, 91쪽.
120 『廟學典禮』 3(王頲 點校, 江蘇, 浙江古籍出版社, 1992) 「隨路府州縣尹提調儒人功業」, 51쪽.

[1]건: 관부를 쥐락펴락하는 사람이 곳곳에 있으며 그렇게 쥔 자는 항주가 최고입니다. 매번 관원이 임지(항주)에 도착할 때마다 [그에게] 갖가지 계략으로 뚫고 찌르며 어떤 이는 자신이 직접 아는 사람이나 추천인을 구하고 어떤 이는 그 좌우에 뇌물을 줘 [누군가의 장점에 대해] 허풍을 불어 넣습니다. [관원이] 이미 물건이나 음식 등 바친 것[進具]을 받으면, 즉시 그 간사함에 딱 맞아떨어집니다. [그러면] 비로소 입맛을 서로 주고받고, 이어서 축하의 일을 찾아 선물을 보내고 그가 좋아하는 바를 엿보아 점차 뇌물[苞苴: 부들 잎으로 엮어 만든 그릇, 예물, 뇌물]을 먹입니다. 성색(聲色)을 좋아하는 자에게 아름다운 부인을 바치고 재물을 탐하는 자에게 옥과 비단을 그에게 뇌물로 주었으며 기이한 것을 좋아하는 자에게는 노리개를 주었습니다. 나날이 교류와 결탁이 이미 깊어지니, 그의 현명과 무능[不肖]을 따지지 않고 이의 서열[序齒: 즉 나이]을 형제로 삼아 음연(飲宴)에 동석하는 자도 있었고 바둑을 두거나 쌍륙을 두는 자도 있었으며 전혀 거리끼는 바가 없습니다. 피차의 집안사람과 처첩이 그 의심을 피하지 않고 또한 자매 관계를 맺고 온 집안이 오가며 그 긴밀함이 대단히 심합니다.

가방(街坊)의 인민이 그들을 이같이 보니, 만일 공사(公事)가 있으면 크고 작은 일을 가리지 않고 모두 달려가 자기와 연결된 사람에게 청탁하는데, 속칭 '고양이 머리'[貓兒頭], 또는 "문을 정한다"[定門]라고 일컫습니다. 탐관오리는 그 낚시바늘의 먹이를 머금고 오로지 [그들이] 명하는 대로 따르며 그들이 실행하려고 하면 바로 실행하고 그들이 멈추려고 하면 바로 멈춥니다. 조금이라도 서로 어긋나는 점이 있으면 고소(告訴)의 말을 꺼내 그에게 협박당하니, 공손히 손을 모으고 엎드려 듣습니다. 옳고 그름이 뒤집히고 선악[曲直]이 나뉘지 않으니, 백성이 원통과 억울함을 풀고 호소할 곳이 없습니다. 또는 청렴하고 신중한 관리가 기강을 세우려고 하면서 이 무리를 거절하면, 부패한 권문(權門)이 무리를 지어 모여 모략을 꾀하고 토호와 악패[豪霸]를 가담시켜 일의 정황을 날조하고 사송(詞訟)을 치장하여 증거를 짜맞추어 관부에 고발하겠다고 맹세합니다. [그로써 그들은] 품관(品官)과 노복[皂]이 결탁해서 법정(곧 자르구)에서 말을 맞추도록 하고 [이들이] 명백히 증거를 댈 경우 치욕을 입는 것이 너무 많아 선량한 이가 그 때문에 의지를 잃게

합니다.

근래 듣자 하니 본로(本路) 잠현(潛縣)의 상현윤(常縣尹)과 임안현(臨安縣)의 곽현윤(郭縣尹)이 관부를 쥐락펴락하는 사람[把持人]인 하복수(何福秀)와 나문엽(羅文曄) 등이 모인 파당에게 여러 차례 처결됐습니다. [그들은] 향을 피우고 맹세하며 허위로 뇌물[贓錢]을 모아 망령되게 염방사(廉訪司)를 경유해 그를 고발하니, 첩문(牒文)이 본로(本路)로 내려와 심문합니다. 이와 같은 일을 셀 수 없습니다. 만일 엄격한 법으로 금치(禁治)하지 않으면, 경계(警戒)할 수 없습니다. (후략)[121]

사우가의 뇌물수수에는 사대부 지식인도 동참했다. 그들의 도구는 지식이었다. 경서 지식은 때로 소송을 교사하고 재물과 뇌물을 소통시키는 데 유효한 자원이었다. 예컨대 1286년에 중서성 보고에 따르면, 그 이전에 각지에 일등의 호화지도(豪華之徒)가 많았다. 그들은 입으로는 성인(聖人)의 책을 암송하면서 몸은 시정(市井)의 사무를 하면서 사송(詞訟)을 교사하고 재화와 뇌물을 교통시켰다. 그들은 풍문을 멋대로 칭하면서 관원을 논박하고 아전을 힐난했으며 사적(士籍)을 허다하게 점유하면서 유풍(儒風)을 무너뜨렸다.[122]

몽골제국에서 사인(士人)의 사우가 교환을 활성화하는 한 기폭제는 관리 선발 방식의 변화였다. 강남의 일부 남인(南人)은 수도에서의 관직을 얻기 위해 몽골인에게 "섣달의 닭"이라는 조롱을 감수했다. 섣달의 닭은 남방에서 북인(北人) ─『초목자』에서 북인은 몽골인[·색목인]을, 남인은 한인(漢人)과 구별된 강남인을 가리킨다[123] ─ 을 대접하기

121 『元典章』57「刑部」19 諸禁·禁豪霸·札忽兒歹陳言 〈三〉[二]件·大德十年月日, 1934~1935쪽.
122 『廟學典禮』5「行臺坐下憲司講究學校便宜」, 105쪽.
123 『초목자(草木子)』의 저자 섭자기(葉子奇)는 "원조가 혼일(混一)한 이래로 [몽골인은] 무릇 북국(北國, 몽골)을 안으로 삼고 중국을 바깥으로 삼았으며 북인(北人: 몽골인[·색목인])을 안에 두고 남인(南人)을 바깥에 두었다"라고 평가한다. 이는 "두터운 봉쇄와 견고한 거부[深閉固拒]"를 초래하고 왜곡된 방호를 낳았다(『草木

위한 물품이었다. 유가(儒家) 지식인은 과거가 폐지된 후 관리를 선발하는 몽골의 두 방식인 '납속(納粟)'과 '획공(獲功)' 가운데 전자의 선물을 선택했다.[124] 이러한 선물·뇌물의 흐름에 더해 "대칸의 시혜는 남쪽에는 조금 미치고 모두 북쪽으로 들어갔으므로 강남은 지극히 가난하고 몽골[塞北]은 부를 구가한다"라고 섭자기(葉子奇)는 진단한다.[125]

몽골의 제한적 혹은 배타적 방식의 권력과 행정이 유자(儒者)를 뇌물수수로 인도한 사회의 지속과 변화는 1335년 바얀과 허유임(許有壬, 1286~1364)의 논쟁에서 잘 엿볼 수 있다. 태사(太師) 바얀은 유자 뇌물 때문에 실패했고 그들이 왕왕 몽골인과 색목인의 이름으로 횡령한다고 진단했다. 참정(參政) 허유임은 독서인에게 허물이 있다는 점을 인정하면서 그 횡령자는 몽골인과 색목인보다 적다고 반박한다. 양자의 논쟁에 따르면 제국 지식인과 정치인 사이에 뇌물 문화가 유행한 한편, 몽골인과 색목인의 횡령은 부분적으로 과장된 것이었다. 일부 한인 지식인은 자신들의 부정을 그들에게 가탁했다.

지원(至元) 원년(1335) 체릭 테무르(徹里帖木兒, 서역 출신 대족)가 중서

子』3上「克謹篇」, 55쪽).

124 "천하가 안정됐을 때 어사대·중서성의 요관(要官)은 모두 북인(곧 몽골인)이 차지했고 한인(漢人)과 남인은 1만 명 가운데 한두 명도 없었다. 그들이 할 수 있는 것도 주(州)·현(縣)의 낮은 품급에 지나지 않았고 그마저도 대체로 또한 조금 있거나 아예 없는 곳도 있다. 나중에 곡식을 바치거나[納粟] 공을 세우는[獲功] 두 가지 길이 있었으니, 부자(富者)가 왕왕 이로써 관계(官階)에 진출했다. 그것을 처음 시행할 때는 오히려 그들(부자)에게 주는 것과 같았고 나중에 그것을 구하는 이가 많았으나 역시 남인에게는 절대 주지 않았다. 수도에서 출사하려는 이는 북인의 눈에 섣달의 닭[臘雞]이었고 서로 헐뜯고 비방하기까지 했다. 무릇 섣달의 닭은 남방에서 북인을 대접하기 위한 물품이었다는 옛말이 있다"(『草木子』3上「克謹篇」, 49쪽).

125 『草木子』3上「克謹篇」, 55쪽.

평장정사(中書平章政事)가 되었다. 그는 가장 먼저 과거(科擧) 폐지를 논의하고 또 태묘(太廟) 4제(祭)를 1제로 줄이고자 했다. (중략) 당시 과거를 폐지하는 [토곤 테무르 카안의] 조서가 이미 쓰였으나 아직 옥새를 찍지 않았다. 참정 허유임이 궁중으로 들어와 그것에 대해 논변했다. (중략)

허유임이 이에 말했다. "과거가 만일 폐지되면, 천하 인재가 원망할 것입니다."

[태사] 바얀(伯顏)이 그래서 말했다: "독서인[擧子]이 대부분 뇌물 때문에 패망했고 또한 몽골과 색목의 이름을 빌린(빌려 횡령하는) 자들이 있소이다."

허유임이 말했다. "과거를 시행하기 전에 어사대 안에 뇌물로 벌을 받은 일[贓罰]이 셀 수 없었는데, 어찌 모두 [그것이] 독서인에게서 나오겠습니까? 독서인에게 허물이 없다고 말할 수 없지만, 그들을 저들(몽골·색목인)과 비교하면 적습니다."

바얀이 이 때문에 말했다. "독서인 가운데 임용할 만한 사람은 오직 참정뿐이오."

유임이 말했다. "예컨대 장몽신(張夢臣, 곧 장기암(張起巖), 1285~1354)과 마백용(馬伯庸, 곧 마조상(馬祖常), 1279~1338. 웅구트 부 네스토리우스교도), 정문원(丁文苑, 곧 하바시(哈八石). 호탄 출신의 무슬림) 들은 모두 큰일을 맡길 만합니다. 또 예컨대 구양원공(歐陽元功, 곧 구양현(歐陽玄, 1283~1358)의 문장(文章)이 어찌 쉽게 미치겠습니까?"

바얀이 말했다. "과거가 비록 폐지되었더라도 사인 가운데 아름다운 옷과 아름다운 식품[美衣美食]을 구하는 이는 모두 스스로 학문으로 향할 수 있으니, 어찌 대관(大官)에 다다르지 못하는 자가 있겠소?"

유임이 말했다. "이른바 사인[士]이란 처음에 옷과 음식[衣食]을 사무로 여기지 않았으며 그들의 일은 치국평천하(治國平天下)에 있었을 뿐입니다."

바얀이 또 말했다. "지금 과거로 인재를 얻는 것은 실로 선법(選法, 관리 선발)을 방해하오."

유임이 말했다. "옛사람이 말씀하기를 현인을 얻는 데 [고정된] 방도가 없다고 했습니다. 과거로 선비를 얻는 것이 어찌 통사(通事, 켈레메치)나 지인(知印) 등 출신자보다 어찌 낫지 않겠습니까? 지금 통사 등이 전국[天下]에 모두 3,325명이고 매년 456명이 남습니다. 에우덴치(玉典赤, 호랑(戶郎), 곧 문지기)·태의(太醫)·공학(控鶴)은 모두 관품[流品]에 들어 있습니다. 또 [각] 노(路)의 이원(吏員)과 자제 임용[任子, 부형(父兄)의 공적에 따라 관직을 수여하는 것]의 길이 하나가 아닙니다. 올해 사월부터 구월까지 평민[白身]으로서 관직에 보임되고 [대칸의] 선명(宣命)을 받은 이가 72명이고 과거는 1년에 겨우 30여 명입니다. 태사께서는 그것을 생각해 보시고 과거가 관리 선발[選法]에 과연 방해됩니까?"[126]

1271년에 안찰사(按察使) 담가(覃嘉)는 뇌물수수 관행의 원인을 이른 나이에 출직하는 새로운 현상에서 찾았다. 그가 이해한 바, 부(府)·현(縣)의 인리(人吏)가 어린 나이에 학교에 들어가나 겨우 10세 이상에서 학업을 중단한 후 곧바로 이문(吏門)·중서(中書)로 가서 문서를 작성했다. 그들은 예의(禮義)의 가르침과 무지[教懵]를 아직 알지 못한 채 회뢰(賄賂)를 향한 감정과 관습의 고수[循習]가 이미 현저해졌고 나날이 그것에 물들어 그것이 그들의 성정(性情)이 되었다. 그들이 연령이 차고 성인이 된 후 관부 일을 수행하면서 왕왕 장물(贓)을 받고 법을 왜곡한 결과, 법에 저촉되는 일이 셀 수 없이 많았다.[127]

몽골제국의 정치 문화와 인사 구조에서 요행과 관직을 경쟁하는 다양한 군상(群像)과 사회 변화를 주덕윤(朱德潤, 1294~1365)의 「송강중현지경사서(送強仲賢之京師序, 강중현을 수도로 전송하는 글의 서문)」에서 발견할 수 있다. 제국에서 인재 선발의 주요 경로는 근시(近侍, 케식)와 이업(吏業)의 두 가지였다. 이것들은 오히려 과거 또는 보천(保

126 『元史』 142 「列傳」 29 徹里帖木兒, 3404~3405쪽.
127 『元典章』 12 「吏部」 吏制·司吏·人吏優〈假〉[暇]讀書, 492쪽. 한편 비교적 어린 나이에도 역할을 잘 수행한 케식으로 악주(岳柱)를 들 수 있다. 그는 위구르인 아르군 사리(阿魯渾薩理)의 큰아들이었다. 그는 승상 다니시만드(答失蠻)를 따라 숙위(宿衛)로 충임되었고 궁정을 출입하는 것이 노숙한 성인과 같았다(『元史』 130 「列傳」 17 阿魯渾薩理·岳柱, 3178쪽).

薦)으로 일컬어졌고 수많은 요행과 경쟁의 풍속을 빚었다. 주덕윤은 14세기 중엽에 사회 풍속을 풍자하면서도 자신의 벗 강중현(强仲賢)에게 그 경쟁에 뛰어들 것을 제안하고 지지했다. 그 요행과 경쟁은 몽골인·색목인과 인적·정치적 네크워크를 만들기 위한 것이었고 사우가의 인사 경제·문화였다.

국가에 평화가 드리운 지 70년(곧 1346)이 지나자, 통치와 교화가 훌륭하고 깨끗해졌다. 백 가지 방도[百度]가 활짝 열렸고 사인을 선발하는 유형[科]도 더욱 넓어졌다. 무릇 관부에 들어오는 자는 첫째가 숙위(宿衛, kebte'ül: 켑테울)로서 근시(近侍, kešik: 케식)를 수행하고 그다음으로 이업(吏業)으로서 그 자질을 따른다. 무릇 근시는 대부분 세훈자손(世勳子孫)이고 이업은 대부분 성(省)·대(臺)의 옛 전리(典吏, 비칙치)이다. 이로부터 혹자는 과거라고 하고 혹자는 보천(保薦)이라고 하며, 중앙에 성·대·원(院)·부(部), 지방에 노(路)·부(府)·주(州)·현(縣)이 있으며 모두 근무 월수를 계산해 관직을 옮기고, 구품분반(九品分班)이 천하에 빽빽이 펼쳐져 있으니, 가히 성대하다고 일컬을 만하다. 그리고 백가구류(百家九流)의 사람이 또한 잡다하게 그 사이에서 나오니, 얼마나 많은 [사람의] 도전[遴選]이 있겠으며 사인 가운데 [관계(官階)로의] 진출을 도모하는 자 역시 오로지 유술(儒術)에만 의존하는 것이 아니도다! 옛날에는 관직을 위해 사람을 선발한 반면, 지금은 사람에 맞춰 관직을 수여한다. 옛날에는 관원에서 시종(侍從)을 선발했으나, 지금은 시종이 관원으로 진출한다. 옛날에는 향공리선(鄕貢里選, 곧 향거리선제. 향리에서 효렴(孝廉)에 기초한 현명하고 능력 있는 인재를 추천해 중앙 관료로 선발하는 제도)이었으나, 지금은 귀관향리(歸官鄕里, 관원을 향리로 돌려보내는 제도)다. 이는 한대(漢代) 사인을 선발하는 잡다한 방식으로 오랜 폐단이 지금에 이르렀으나, 사람들이 그것을 살피지 않으므로 매번 요행을 바라는 마음[僥倖之心]이 있고 분주히 경쟁하는 습속[奔競之習]이 잇따랐다. 내 친구 강중현(强仲賢)은 성인이 되었고 재주가 많으며 학문에 뛰어나고 사무에도 능하다. 그는 마땅히 진신사자(搢紳士子) 가운데 목을 길게 늘이고 날아오르는 원앙들 가운데 맨 앞에 있어야 한다. 그러나 유독 애석하게도 그가 [중앙으로부터] 멀리 떨어진 강호(江湖)에 거처하고 있으니, 그를 도와 천거하는 이가 없었다. 지금 강군(強君)이 자신이 가진 것을 옆에 끼고 장차 경사(京師)로 나아가서 묘당(廟堂)·왕공(王公)의 훌륭한 인물을 만나보고 한원명사(翰苑名師)·숙유(宿儒)의 논의를 듣고자 하니 특별한 감정이 생긴다. 그러한즉 중현의 학문은 더욱 향상될 것이니, 이른바 벼슬살이가 뛰어나면 배우기 마련이고 배움이 뛰어나면 벼슬살이는 하는 법이니, 내가 보건대 그가 벼슬길에 들어간 방법이 이로부터 시작됐으며 이로부터 달성했도다. 바라건대 그 뜻을 바꾸지 마시라.[128]

사우가 문화의 보편화는 카안울루스의 일상에 새로운 패턴의 몸짓을 만들었다. 예컨대 도성(都城)의 호민(豪民)은 매번 휴가일마다 사우가(撒和)의 이름으로 술과 음식을 준비해 중서성과 어사대의 걸출한 속관[僚吏]를 초빙해 환대했다. 원행(遠行)을 떠나는 이가 있으면 역시 같은 이름으로 사오시(巳午時, 오전 9시~오후 1시)에 초료(草料)로 나귀와 말을 먹였다. 강남(江南)에 새로운 관원이 임관하면 명문가[巨室]에서 반드시 멀리까지 나가 그를 영접하고 배견전(拜見錢)을 주었다. 강서(江西)와 절서(浙西)의 몇몇 대군(大郡)의 장관은 1,000정이 아니면 안되었다. 간혹 능숙하게 사기로 3,000정을 취하는 한두 명도 있었고 좌이(佐貳)도 각기 등급과 정해진 사우가 금액이 있었다. 또는 도(都) 이하로 여비를 보낼 때, 똑같이 추렴해 그에게 주고 일을 맡기는 것을 '싹머리[苗兒頭]'라고 불렀다.[129]

나아가 사우가의 인사는 정치 문화와 사회·경제뿐만 아니라, 대칸도 움직일 수 있었다. 『흑달사략』은 소송에서 대칸을 작동시키는 사우

---

128 『全元文』1273(李修生 主編, 南京, 鳳凰出版社, 2004) 「朱德潤」3 送強仲賢之京師序, 490쪽 ; 『存復齋文集』4 「送強仲賢之京師序」, 16b-17b(124~126쪽).
129 『山居新語』4, 234쪽.

가의 힘을 주목한다.

> 비록 지극히 사소한 것이 송사(訟事)에 이르더라도 역시 선물(撒花, saura)
> 을 쓰고 직접 몽골 군주[韃主] 앞에서 꾸미기도 한다. 그러면 마침내 처
> 결되지 않은 것 없이 떠난다.[130]

물론 사우가는 모든 것을 달성하는 만능의 도구가 아니었다. 양환
(楊奐, 1186~1255)은 시 「녹변량궁인어(錄汴梁宮人語, 변량 궁인의 말을
적다)」 19수 가운데 한 수에서 어쩌면 제국 정치에서 선물의 한계를
비유했다. 시어 '조(棗)·율(栗)'(대추와 밤)은 다양하게 해석될 수 있다.
대추와 밤은 아무리 많아도 물리적으로 최고 높이의 하늘까지 다 채
울 수 없는 작은 과일이었다. 이 두 종의 과일이 신부가 연장자에게
헌상하는 예물이었던 점을 상기할 때, 인용된 시구(詩句)는 증여자·헌
상자(한인·서민)와 수령자(몽골인·황실) 사이에 신분적·계급적 차이
를 극복하게 하는 데 선물에 한계가 있었음을 함축한다.

> 人間多棗栗,   인간에게 대추와 밤이 많다 한들,
> 不到九重天.   구중천(가장 높은 하늘)에는 다다르지 못하네.
> 長被黃衫吏,   길게 드리운 누런 적삼을 입은 관리,
> 花攤月賜錢.[131] 꽃이 펼쳐지고 달이 돈을 뿌리듯 하네.

한 연구에서 평가한 바, 유목민의 관점에서 유목민들은 정치적으로
분열되고 군사적으로 나약한 정주 세계의 상품을 얻을 수 있으면서
[자신들의 권익을] 최소한으로 침범하는 초부족적 통치 구조에 의해

---

130 『黑韃事略』, 7쪽.
131 『元詩選』(二集上) ([淸]顧嗣立 編, 北京, 中華書局, 1987)「楊廉訪奐」還山遺稿·錄汴
梁宮人語十九首, 162쪽.

통치되었을 때 가장 성공적이었다.[132] 이와 마찬가지로 몽골 중심의 권익·통치 구조와 문화를 한인들, 특히 하층 지식인·농민·상인은 충분히 인지하고 사우가 문화를 활용해 권력에 가까이 다가갔다.

교환에 근거한 경제는 선물 증여(gift giving)와 경쟁하고 공존하는 한편, 그것은 선물 증여를 남용하고 불신하며 종종 그 존재 자체도 거부한다.[133] 이는 몽골인·색목인·한인 등, 혹은 대칸·관료·민인 등 사이에 사우가 문화를 선물 혹은 뇌물, 교역물로 달리 이해하고 실천한 언행에서도 엿볼 수 있다. 동시에 대칸이 친절과 은총과 선물로써 백성의 마음을 샀던 것처럼, 세력가나 백성 또한 친절[의 언행]과 선물과 뇌물로써 관부의 권력을 구매했다. '인사'로서 사우가(선물·뇌물·교역물)는 어느 누군가, 특히 약자가 권력자를 조정하는 [소소한] 한 방식이자 힘이었다. 사우가는 다만 이를 헌상하는 사람의 욕망을 늘 성공적으로 달성시켜 주지는 못했다.

요컨대 몽골 사우가 교환은 제국의 신민(臣民)과 대칸이 구성한 인사 네트워크였으며 그 물질문화를 공유 또는 강제하는 제국 정치·경제·사회의 총체였다. 대칸은 사우가 교환의 정점에 자리하며 그것을 작동시켰다. 관료와 지식인, 유력자, 상인, 민인 등은 사우가 물질문화의 보편화와 함께 사우가 교환망에 귀속되었다.

---

132 Peter B. Golden, "Nomads and Sedentary Societies in Eurasia," Michael Adas for the American Historical Association, ed., *Agricultural and Pastoral Societies in Ancient and Classical History*, Philadelphia: Temple University Press, 2001, p.107.

133 Genevieve Vaughan, *Women and the Gift Economy: A Radically Different Worldview Is Possible*, Toronto: Inanna Publications, 2007, p.5. 선물은 공유(sharing)와 증여(giving)를 기반으로 성립한다.

VI. 맺음말

본고는 몽골제국 카안울루스에서 사우가(sauɣa)의 본질과 그 제국적 확장을 탐구한 후 제국의 인사(sauɣa) 문화와 그것이 만들어내는 새로운 인간상과 사회상을 검토했다. 사우가는 몽골문화의 교환이자, 사람·정치·경제·문화의 네트워크였다. 곧 몽골제국 '인사 네트워크'이자 제국 물질문화의 총체였다.

몽골인은 선물을 좋아하고 이방인에게 그것을 적극적으로 요구했다. 중세 몽골어 사우가는 지금까지 '선물' 혹은 '뇌물'의 단일한 뜻으로 해석돼온 것과 달리, '선물, 뇌물, 교역물'이라는 3종의 초원·제국 경제의 영역이자 물질문화였다. 그것은 그야말로 '인사(人事)'로서 인사·선물 네트워크였다. 특히 대칸의 선물은 은총과 뇌물, 상거래와 중첩, 연결해 있었다. 사우가가 종종 관리에게 제약된 것과 달리, 그것은 대칸에게 정당화된 통치 도구였다. 이는 유목군주의 경제적 기반이 약탈·공납·교역이었던 사실[134]에 의해서도 방증된다.

카안울루스에서 뇌물의 '만연'은 몽골초원에서의 사우가 풍속의 연장선 위에 있었다. 사우가는 어휘와 문화 형태로 유라시아 전역으로 확산했다. '사우가'(sauɣa, 撒花·雙花·人事)는 고대 튀르크어에서 기원한 후 중세 몽골어와 튀르크어, 중국어, 페르시아어는 물론, 추정컨대 여러 유럽어에까지 음차되었다. 그것은 티베트에서 사원과 승려를 향한 대칸의 보시(dbang yon)로 나타났고, 무슬림 상인과 함께 고려에 '쑹화(雙花)'의 어휘로 들어왔다. 사우가의 의역(意譯)은 중국과 한국에서 '인사'의 어휘와 문화로 정착했다. 곧 몽골의 사우가는 현대 중국의

---

134 김호동, 「北아시아 遊牧國家의 君主權」, 동양사학회 編 『東亞史上의 王權』, 서울: 한울, 1993, 137~152쪽.

'꽌시'(關係)와 한국의 '인사' 문화의 장기(長期) 근원이었다.

　몽골 조정은 부정적 사우가·호혜인 뇌물을 반대하며 「장죄십삼등」과 「장죄조례」의 반부패 정책을 시행했다. 이는 어사대·숙정염방사의 성장과 연결된 것이었고 뇌물수수는 대신(臺臣)이 존립할 근거였다. 그러나 카안울루스에서 많은 이들이 사우가를 통해 연결돼 있었다. 그것은 몽골과 인사 네트워크를 구축하며 관직을 얻고 소송에서 승리하고 관리와 관부를 좌지우지하는 힘과 기제를 제공했다. 그것이 만능의 도구는 아니었지만, 사우가는 대칸도 움직일 수 있었다.

　다수의 사서에서 백성은 권력과 행정에 복무하는 도구화된 존재로 기록되고 그러한 기능을 부여받는다. 그러나 그들은 인사 네트워크 안에서 권력자와 관인의 왜곡된 일상을 정확히 포착해 폭로했다. 『박통사』에 실린 한 촌부와 그 친구 관인의 전체 대화를 음미한다. 권위와 권력은 '뇌물'과 '비비는 것', 곧 물질과 언행으로 확인되고 구현되었다.

　　내가 네 농장으로 가고자 하나 시간[工夫]을 얻지 못해 갈 수 없었다. 너는 매일 뭘 하는가?
　　나는 날마다 깨어 명종(明鍾)의 한 소리를 듣고 곧장 말을 타고 관인을 따라나서 점등할 때에 딱 맞춰 말을 내리니, 언제 적에 한가함을 얻으리오?
　　[네] 말이 옳다. 너희같이 명리(名利)를 다투는 관인은 매일 말 뱃가죽(馬肚皮)에 티끌을 석 자나 묻혔고 나귀가 눈을 부릅뜨듯 하며 가사장(假使長 거짓 사신이나 수장)을 따라와 비비는 데(속이는 데) 앞서기를 다투며 저 [가사장의] 밑구멍(똥구멍)에 끼어 동으로 갔다 서로 갔다 손톱을 다듬을 틈도 얻지 못하고 하나같이 이름나기를 바라니, 어디 기꺼이 나 같은 촌장인(村莊人)의 집에 오리오. 내가 촌에 있어 벼가 익고 게가 살지고 고기가 정히 아름다우며 산에 가득한 과실로써 음식을 삼고 당상(堂上)에 불상을 걸고 단정히 앉아 또 누(樓) 바깥의 못에 가득한 연꽃을 본다. 네 스스로 말하되, 촌장에 찾아올 사람이 없다 하니라.

내 매일 지루(池樓) 위에 올라와 촌 맛[村味]을 열어 보이고 손님을 대하여 술을 마시고 시구를 읊으며 바둑을 두며 담론(論談)하며 능히 소일하고 가을 한밤중에 달이 사창(紗窓)에 밝고 거문고 한 곡조를 어루만져 천수(千愁)를 푸나니, 만일 너도 내 누상(樓上)에 오면 함께 명리를 잊어버리리다.[135]

뇌물수수는 관에 관계된 전량(錢糧)과 제작 물료(物料) 가운데 착복되고 절도되고 [다른 곳으로] 옮겨지고 대출되며 사정을 봐주는 것과 함께 백성에게 고통을 안겼다.[136] 그러나 일상에서 사인(士人)도 관계 진출을 위해 몽골인·색목인 관료와 권력자에게 사우가를 공여하며 호혜와 권익을 갈구했다.

부패는 특히 한인 유자가 몽골 정권을 향해 비난할 이유였고 사인의 관계 진출이 제약된 상황을 타개하기 위한 방책이었다. 대칸의 반부패 정책은 국가 재고의 방어이자 관리 보호, 방어 기제였다. 대칸에게 사우가(sauɣa, 撒花)와 반부패는 모두 포기할 수 없는 것이었다.

요컨대 사우가는 제국의 '인사(人事)'로서 선물·뇌물·교역물의 복합물이었다. 사우가 네트워크는 몽골제국에서 새로 출현한 물질문화와 정치·사회·경제·의례의 총체였다.[137] 대칸부터 관료, 지식인, 유력자, 상인 등에 이르기까지 사우가 교환망에 깊이 각인되었다. 사우가는 동시대 유라시아의 사회·문화에서 폭넓게 경험되고 후대로 계승되었다. 다른 각도에서 사우가(人事)는 명백히 몽골의 실력정치(meritocracy)였다.

---

135 『朴通事諺解』, 227~229쪽.
136 『元典章』 5 「臺綱」 1 內臺·整治臺綱, 126쪽.
137 몽골제국에서 '사우가(sauɣa) 네트워크 체제'는 돌궐제국에서 '권위주의적 상인 관료 체제'와 '중상주의적 교역 국가'(정재훈,『돌궐 유목제국사 552~745: 아사나 권력의 형성과 발전, 그리고 소멸』, 사계절, 2016, 33쪽)의 역사상과 연결, 비교될 수 있다.

참고문헌

1. 사료

라시드 앗 딘, 김호동 역주, 『칭기스칸기』, 사계절, 2003.

라시드 앗 딘, 김호동 역주, 『칸의 후예들』, 사계절, 2005.

유원수 역주, 『몽골비사』, 사계절, 2004.

플라노 드 카르피니·윌리엄 루브룩, 김호동 역주, 『몽골제국 기행: 마르코 폴로의 선구자들』, 까치, 2015.

『觀堂集林』下冊(王國維, 北京, 朝華出版社, 2018[1927]).

『國朝文類』([元]蘇天爵 編, 四部叢刊初編集部, 上海商務印書館縮印元刊本).

『南村輟耕錄』([元]陶宗儀 撰. 北京, 中華書局, 2004).

『大元聖政國朝典章』(臺北, 國立故宮博物院, 1975)(元刻本).

『柳貫詩文集』([元]柳貫. 柳遵傑 點校, 杭州, 浙江古籍出版社, 2004).

『劉克莊集箋校』([宋]劉克莊 著, 辛更儒 校注, 北京, 中華書局, 2011).

栗林均·确精扎布 編. 『《元朝秘史》モンゴル語全單語·語尾索引』. 仙台, 東北大學東北アジアセンター, 2001.

『蒙韃備錄校注』(續修四庫全書本).

『蒙韃備錄箋證』(王國維, 『蒙古史料四種校注』, 清華學校研究院, 1926).

『廟學典禮』(王頲 點校, 杭州, 浙江古籍出版社, 1992).

『朴通事諺解』(서울대 규장각한국학연구원, 규장각자료총서 어학편(3), 2004).

『山居新語』([元]楊瑀 撰, 余大鈞 點校, 北京, 中華書局, 2006).

小澤重男 譯. 『元朝秘史』(上). 東京: 岩波書店, 1997.

『宋史』(中華書局 標點校勘本).

『新編纂圖增類羣書類要事林廣記』([宋]陳元靚 等編, 續修四庫全書 1218·子部·類書類, 上海, 上海古籍出版社, 1995~1999).

余大鈞 譯注. 『蒙古秘史』. 石家莊, 河北人民出版社, 2001.

『汪元量集校注([宋]汪元量, 杭州, 浙江古籍出版社, 1999).

『元史』(中華書局 標點校勘本).

『元詩選』([淸]顧嗣立 編, 北京, 中華書局, 1987).

『元典章』(臺北, 國立故宮博物院, 1975).

『元典章』(一・二・三・四)(陳高華・張帆・劉曉・黨寶海 點校, 天津, 中華書局・天津
　　　古籍出版社, 2011).

『元典章』(一・二・三・四)(洪金富校定本, 臺北, 中央研究院歷史語言研究所, 2016).

『元朝秘史』(四部叢刊三編史部).

『滋溪文稿』([元]蘇天爵, 陳高華・孟繁淸 點校, 北京, 中華書局, 1997).

『全元文』(李修生 主編, 南京, 鳳凰出版社, 2004).

『至正條格』(韓國學中央研究院 編, 휴머니스트, 2007)(校註本).

『草木子』([明]葉子奇 撰, 元明史料筆記叢刊, 北京, 中華書局, 1997).

『黑韃事略』([宋]彭大雅 撰, 徐霆 疏證, 『續修四庫全書』423 史部・雜史類).

『黑韃事略』([宋]彭大雅 撰, 徐霆 疏證, 北京, 中華書局, 1985).

『黑韃事略箋證』(王國維, 『蒙古史料四種校注』, 淸華學校研究院, 1926).

Dawson, Christopher. *Mission to Asia*. Toronto·Buffalo: University of
　　　Toronto Press, 1980.

Higgins, Iain Macleod, ed. and tr. *The Book of John Mandeville with Related
　　　Texts*. Indianapolis/Cambridge: Hackett Publishing Company, 2011.

Juvaini, 'Ala-ad-Din 'Ata-Malik. Genghis Khan: *The History of the World
　　　Conqueror*. Mirza Muhammad Qazvini, ed. J. A. Boyle, tr. Seattle:
　　　University of Washington Press, 1997.

Jūweynī, 'Alā' al-Dīn 'Atā-Malek. *Tārīkh-i Jahān-Gushā*. Mohammad
　　　Qazwini ed. Tehran: Institute of Enteshārāt Negāh, 2009.

Muskhelishvili, D., tr. "The Hundred Years' Chronicle." *The Georgian
　　　Chronicles of Kartlis Tskhovreba (A History of Georgia)*. Roin
　　　Met'reveli and Stephen Jones, eds. Tbilisi: Artanuji Publishing, 2014.

Olbricht, Peter, und Elisabeth Pinks. *Meng-Ta Pei-Lu und Hei-Ta Shih-Lüeh:
　　　Chinesische Gesandtenberichte über die Früchen Mongolen 1221 und
　　　1237*. Wiesbaden: Otto Harrassowitz, 1980.

Rachewiltz, Igor de. *The Secret History of the Mongols: A Mongolian Epic Chronicle of the Thirteenth Century.* Leiden·Boston: Brill, 2004.

Ruysbroeck, Willem van. *The Mission of Friar William of Rubruck : his Journey to the Court of the Great Khan Möngke,* 1253~1255. Peter A. Jackson, tr. London: Hakluyt Society, 1990.

Thackston, Wheeler M. English translation & annotation. *Jami'u't-Tawarikh (Compendium of Chronicles): A History of the Mongols Period Part 1.* Massachusetts: Harvard University Press, 1998.

Бира, Ш., Т. Дашцэдэн, Б. Сумьяабаатар, Д. Төтөртогоо, Д. Цэрэн содном, Д. Цэдэв, Ш. Чой маа. Монголын Нууц Товчоо, Болор Судар, 2005.

2. 단행본

『낱말사전』(https://natmal.com/views/dictionary/syn).

류정아, 『마르셀 모스, 증여론』, 커뮤니케이션북스, 2016.

리처드 R. 윌크·리사 C. 클리젯, 홍성흡·정문영 옮김, 『경제 인류학을 생각한다』. 일조각, 2010.

마르셀 모스 지음, 류정아 옮김, 『증여론』, 서울: 지식을 만드는 지식 : 커뮤니케이션북스, 2011.

마셜 살린스, 박충환 옮김, 『석기시대 경제학: 인간의 경제를 향한 인류학적 상상력』, 한울아카데미, 2014.

오영주, 「동아시아 속의 제주 발효음식문화」, 『제주도연구』 32, 2009.

정재훈, 『돌궐 유목제국사 552~745: 아사나 권력의 형성과 발전, 그리고 소멸』, 사계절, 2016.

杉山正明, 『大モンゴルの世界 - 陸と海の巨大帝國』, 東京, 角川選書, 1992.

韓儒林 主編, 『元朝史』, 北京, 人民出版社, 1986.

Allsen, Thomas T. *Culture and Conquest in Mongol Eurasia.* Cambridge: Cambridge University Press, 2001.

Doerfer, Gerhard. *Türkische und Mongolische Elemente im Neupersischen:*

Unter besonderer Berücksichtigung älterer neupersischer Geschichts-quellen vor allem des Mongolen-und Timuridenzeit. Vol. 1. Wiesbaden: Franz Steiner, 1963.

Heng, Geraldine. *The Invention of Race in the European Middle Ages*. Cambridge: Cambridge University Press, 2018.

Kroeze, Ronald. Andre Vitoria, Guy Geltner, eds. *Anticorruption in History: From Antiquity to the Modern Era*. Oxford: Oxford University Press, 2018.

Qaddumi, Ghada Hijjawi. *Book of Gifts and Rarities (Kitāb al-Hadāyā wa al-Tuḥaf)*. Cambridge: Harvard University Center for Middle Eastern Studies, 1996.

Steingass, F. A *Comprehensive Persian-English Dictionary including the Arabic Words and Phrases to be met within Persian Literature*, New Delhi: Asian Educational Services, 2003.

Vaughan, Genevieve. *Women and the Gift Economy: A Radically Different Worldview Is Possible*. Toronto: Inanna Publications, 2007.

3. 논문

김찬영, 「元代 中賣寶貨의 意味와 그 特性」, 『중앙아시아연구』 12, 2007.

김호동, 「古代遊牧國家의 構造」, 서울大學校 東洋史學研究室 編, 『講座中國史』 II, 지식산업사, 1989.

김호동, 「北아시아 遊牧國家의 君主權」, 동양사학회 編 『東亞史上의 王權』, 서울: 한울, 1993.

김호동, 「김호동의 실크로드에 길을 묻다: 고려가요에 나온 무슬림, 조선시대에 사라진 까닭은…」, 『중앙일보 오피니언』, 2021.08.06. (https://www.joongang.co.kr/article/24122352#home 검색일자 2022년 1월 16일)

설배환, 「13~14세기 몽골초원의 물적 기반과 유목경제의 지속성 고찰」, 『중앙아시아연구』 20-1, 2015.

설배환, 「蒙·元제국 쿠릴타이(Quriltai) 연구」, 서울대학교 박사학위논문, 2016.

설배환, 「몽골제국에서 賦稅의 시행과 그 帝國的 체계 이해를 위한 試論」, 『東洋史學研究』 139, 2017.

조복현, 「宋代 官吏들의 賂物授受에 대한 정책 연구」, 『중앙사론』 21, 2005.

조복현, 「宋代 官僚社會에서 賂物授受가 盛行한 背景과 士風」, 『동양사학연구』 95, 2006.

최소영, 「몽골제국 시기 티베트 승려에 대한 보시와 그 운송 문제 고찰」, 『중앙아시아연구』 26-2, 2021.

Huang Chengyang(黃成陽), 「元代 한 평범한 가족의 出仕·宦路·네트워크: 陳留仇氏 가문 연구」, 전남대학교 사학과 석사학위논문, 2022.

賈可佳·逸泉, 「揚州元寶"和"撒花銀"」, 『內蒙古金融研究』, 2003.

郭立傑, 「歷史上第一部反腐敗法典 - 元代的「贓罪法」」, 『文史知識』, 1998-9.

呂麗·王志民, 「《元史》中官吏貪腐案考察」, 『社會科學戰線』, 2017-3.

薛思孝, 「元代的反腐敗法典 - 贓罪法」, 『史海鉤沉』, 2003.

沈仁國, 「元世祖時期官吏貪贓受賄的形式及特點」, 『江蘇教育學院學報(社會科學版)』, 1998-4.

沈仁國, 「元代反贓賄法述論」, 『江蘇教育學院學報(社會科學版)』 18-1, 2002.

沈仁國, 「元代反贓賄法述論(續)」, 『江蘇教育學院學報(社會科學版)』 19-1, 2003.

葉筱, 「元朝亡於腐敗」, 『文史博覽』, 2015-6.

吳曉紅, 「試析元代官吏贓罪立法及懲治官吏贓罪的實踐」, 內蒙古大學 碩士學位論文, 2013.

王敏·張利寶, 「《黑韃事略》"撒花"考」, 『廣播電視大學學報(哲學社會科學版)』, 2011-03.

李治安, 「論元代的官吏貪贓」, 『南開學報(哲學社會科學版)』, 2004-5.

特木勒, 「釋"肚皮"」, 『中國史研究』, 2021-1.

Golden, Peter B. "Nomads and Sedentary Societies in Eurasia." Michael Adas for the American Historical Association, ed. *Agricultural and Pastoral Societies in Ancient and Classical* History. Philadelphia: Temple University Press, 2001.

Hyun, Jeongwon. "Gift Exchange among States in East Asia during the Eleventh Century." Doctoral Dissertation of University of Washington, 2013.

Little, Donald P. "Diplomatic Missions and Gifts Exchanged by Mamluks and Ilkhans," Linda Komaroff, ed., *Beyond the Legacy of Genghis Khan*, Leiden·Boston: Brill, 2006.

Nadler, Judy, and Schulman, Miriam. "Gifts and Bribes." *Markkula Center for Applied Ethics*. Jul 1, 2006 (https://www.scu.edu/government-ethics/resources/what-is-government-ethics/gifts-and-bribes/ 검색일자 2021년 1월 6일).

Qiu, Yihao. "Gift-Exchange in Diplomatic Practices during the Early Mongol Period." *Eurasian Studies*, vol. 17, 2019.

Temur Temule. "Marginalia to the Zhi-zheng Tiao-ge." *The Tradition of Genghis's Mongols Law and Mongolian Law in 1345(Zhì-zhèng-tiáo-gé)*. International Conference for 850th Anniversary of Genghis Khaan, under the auspices of Mongolian Prime Minister Batbold Sukhbaatar, Ulaanbaatar University 2012.

02

몽골제국 시기 티베트 승려에 대한 보시와 운송 문제 고찰

최소영(崔素暎, 동국대학교 문화학술원 HK연구교수)

Ⅰ. 서론

13세기 초 흥기하여 유라시아를 장악해 가던 몽골제국은 중앙티베트[1]에도 눈을 돌렸다. 2대 대칸 우구데이(Ögödei, 窩闊台, 1186~1241)의 아들 쿠텐(Köten, 闊端, 1206~1251)이 옛 서하 땅과 그 남쪽을 관할하면서 1240년 군대를 남쪽으로 보내 중앙티베트를 침략한 것이다. 몽골군은 사원을 불태우고 약 500명의 승려를 살해하였고[2] 뭉케(Möngke,

---

1 라싸(Lha sa)를 중심으로 하며 몽골제국 시기 한문 사료에 '烏思'로 음사된 위(Dbus, 烏思) 지역과, 현재 티베트 제2의 도시인 시까쩨(Gzhis ka rtse)를 중심으로 한 짱(Gtsang, 藏) 지역을 묶어서 위짱이라고 하며 몽골 제국 시기에 '烏思藏', 명 중반 이후 '衛藏'으로 표기되었다. 거기에 서부의 아리(Mnga' ris)와 위짱 북부의 장탕(Byang thang)까지 합친 것이 바로 중앙티베트이고, 현대의 시짱 자치구(西藏自治區)와 대략 일치하는 강역이다. 중앙티베트 외의 티베트 강역은 사천과 운남 일부를 포함하는 캄(Khams) 혹은 도캄(Mdo khams)과 도매(Mdo smad) 혹은 암도(A mdo)라고 불리는, 청해성과 감숙 일부를 포함하는 지역이 있다. 이 글의 '티베트'는 별다른 언급이 없는 한 '중앙티베트'를 가리킨다.

2 몽골의 초기 침략에 대한 내용은 최소영, 「13~14세기 몽골의 침입과 지배에 대한 티베트인들의 인식」, 『중앙아시아연구』 23-1, 중앙아시아학회, 2018, 69~74

蒙哥, 1209~1259)는 즉위 후 확실한 장악을 위해 또 한 번 군대를 보냈다. 몽골이 장악한 여타 지역에서와 마찬가지로 티베트인들 역시 몽골을 두려워했고, 한 승려의 전기는 티베트인들이 몽골(hor) 혹은 몽골인(sog po)이라는 말만 들어도 땅을 딛고 제대로 서 있지도 못 했다고 그 공포를 표현했다.[3]

티베트는 토번제국 멸망 이후 중앙집권 세력이 없었고 11세기 이후 불교가 기층 민중에게까지 전파되면서 티베트 고유의 교파들이 각자의 지역을 근거지로 삼아 발전하고 있었다. 쿠텐은 사꺄파(Sa skya pa)[4]의 좌주였던 사꺄 빤디따 뀐가 걜챈(Sa skya paNdita Kun dga' rgyal mtshan, 1182~1251, 이하 사꺄 빤디따)을 티베트 대표로 소환했다. 완전한 복속을 강요하며 대표자를 소환하는 것은 몽골이 피정복지에 대하여 행하는 일반적인 관행이었다.[5] 사꺄 빤디따는 조카 둘을 데리고

쪽 참고.

3 Spyan snga ba Rin chen ldan, *The Collected Works (Gsung 'bum) of Yang dgon pa Rgyal mtshan dpal, Reproduction of three volumes of the writings of the Stod 'Brug-pa Dkar-brgyud-pa master from Rta-mgo Monastery in Bhutan*, vol 1, 1982, p.64.

4 몽골제국 시기 몽골을 대리하여 중앙티베트를 지배한 교파. 11세기 뀐씨 가문이 세운 교파이며 가문의 후손들이 대대로 좌주(座主)를 담당했다. 도과법(道果法, lam 'bras)을 주요 교리로 하였다. 1350년대에 팍모두파(Phag mo gru pa)에게 권력을 빼앗긴다. 'Sa skya pa'의 'pa'는 복수의 사람으로 구성된 한 집단을 가리키기도 하고 일 개인을 가리키기도 하는데, 본 논문에서는 혼돈을 피하기 위해 전자의 경우 한자어 파(派)로 적고 후자는 티베트어 발음 그대로 "빠"로 적는다.

5 사꺄 빤디따가 대표로 간 경위는 확실하지 않다. 티베트 내의 주요 인물, 특히 각 불교 교파의 특징을 보고 받은 쿠텐이 사꺄파를 선택했다고도 하고, 당시 중앙티베트에서 권력과 명성이 가장 높았던 디궁파('Bri gung pa)의 좌주(座主) 쩬아 닥빠 중내가 회의를 거쳐 사꺄 빤디따를 가게 했다고도 한다. 관련 내용은 최소영 2018, 75~76쪽 참고. 몽골은 티베트에서 인구조사를 실시하였고 티베트를 13개 만호로 나누어 각각 만호장을 두었으며 사꺄파(Sa skya pa)로 하여금

쿠텐이 있는 양주(涼州, 현 무위(武威))로 갔다. 주변에서는 어린 조카까지 데리고 가는 것을 만류하였으나 아마도 그 동행은 사꺄 빤디따의 자발적인 뜻은 아니었을 것이다. 사꺄 빤디따는 새 대칸을 선출하는 쿠릴타이 참석을 위해 카라코룸에 간 쿠텐을 기다렸다가 만났다. 만남 이후 당시 국제 정세를 파악한 그는 곧 중앙티베트의 승속(僧俗) 수령들에게 서신을 보내 몽골이 얼마나 강한 집단인지 역설하고, 완전한 복속을 표할 것과 그것을 증명하기 위해 공물을 보내야 함을 강조했다.

　그런데 당시 유라시아 최강의 군사 집단이었던 몽골과 중앙집권 세력이 없어 제대로 방어할 군대조차 없었던 티베트의 관계는 곧 다른 국면으로 접어들었다. 사꺄 빤디따는 쿠텐의 곁에 있으면서 당시 쿠텐 곁에 있던 몽골 샤먼, 기독교 사제 등 여타 종교 집단보다 위에 서게 되고 쿠텐의 종교적 스승의 지위를 겸하게 되었다.[6] 4대 대칸 뭉케 즉위 후 그의 명령으로 열린 이른바 불도(佛道) 논쟁에서는 까르마파(Karma pa)의 까르마 박시(Karma Pakshi, 1204~1283)와 사꺄 빤디따와

이들을 통할하게 하였다. 또한 선위사를 설치하는 한편 중앙의 총제원(總制院, 후의 宣政院)에도 티베트를 관할할 권한을 주었다. 뭉케 카안은 즉위 후 중앙티베트를 자신의 동생들에게 분봉하여 티베트는 더욱 다층적인 지배체제가 형성되었다. 그 뒤를 이은 쿠빌라이는 홀레구의 분봉지인 팍모두 만호를 제외하고 모든 분봉을 폐지하고 일종의 출진종왕(出鎭宗王)인 서평왕(西平王), 후에 진서무정왕(鎭西武靖王)이 암도 지역에 주둔하면서 티베트의 군사, 행정적인 문제를 관할하게 했다. 즉, 중앙티베트에서 기층을 관할한 것은 각 만호장이었고 그들을 사꺄파의 뾘첸이 관할하였는데 그 위에 중앙의 총제원(후에 선정원), 몽골이 임명한 선위사 외에도 몽골 제왕(諸王)이 군사·정치적인 문제를 관할하고 있었고 여기에 사꺄파 쾬씨의 후손이며 몽골 황실의 부마였던 사꺄파 쾬씨 출신 백란왕(白蘭王)까지 존재하는 다층적인 구조였다. 이들은 업무의 중복이 많았으며 백란왕의 경우는 그 권한이 무엇이었는지 분명하지 않다.

6 관련 내용은 최소영 「대칸의 스승: 팍빠('Phags pa, 八思巴, 1235~1280)와 그의 시대」, 『동양사학연구』 155, 동양사학회, 2021, 127~200쪽 참조.

함께 쿠텐에게 갔던 그의 조카 팍빠('Phags pa, 八思巴, 1235~1280) 등 티베트 불교 승려들이 두각을 나타냈다. 황실 구성원들은 그들을 스승으로 받들기 시작하였고 마침내 5대 대칸 쿠빌라이는 즉위 직후 팍빠를 처음에 국사(國師), 그 이후 제사(帝師) 칭호를 주어 대칸 휘하의 누구보다 높은 지위를 부여했다. 팍빠 사후에도 제사 지위는 사꺄파 승려들이 대대로 차지했다. 한문 사료들은 몽골 조정에서 제사의 권세가 얼마나 대단했는지를 반복해서 서술하고 있다. 몽골 지배층은 이들 제사 외에도 티베트 여러 교파의 승려들을 다수 수도로 초청하여 관정(灌頂)[7]을 받고 설법을 청하며 황실과 국가를 위해 기도회를 주재하게 하였다. 『원사(元史)』 석로전(釋老傳)은 조정에서 빈번하게 치러진 불사의 이름을 구체적으로 나열하고 있는데, 한자로 표기된 이 이름들은 실제로는 모두가 티베트어여서 티베트 승려들이 주관한 것임을 알 수 있다. 불사에는 많은 물자가 소모되었고 특히 그것을 주재하는 저명한 승려들은 몽골 조정에서 존경과 명예뿐 아니라 보시의 이름으로 대단한 양의 재화를 받게 되었다. 쿠빌라이가 까르마 까귀파의 한 승려에게 대량의 보시 물품을 주자 주변의 신료들이 그 양을 보고서 "저것은 역참으로 옮기는 것도 불가능하다"라고 탄식했다는 기록은[8] 그들이 몽골 지배층으로부터 받은 보시의 규모를 잘 보여주고 있다. 당시 몽골 조정에서는 이에 대한 비판이 계속되었고 당시 한 학자는 "천하의 경비를 셋으로 나누면 승려가 그중 둘을 차지한다"[9]라고 했다.

7 수계(受戒)하여 불문(佛門)에 들어갈 때 머리에 물을 뿌리는 의식.

8 쿠빌라이의 초청을 받아갔던 까귀파 승려 둡톱 우갠빠(U rgyan pa)에 대한 기록이다, 우갠빠에 대하여는 Brenda W. L. Li, "Critical Study of the Life of the 13th-Century Tibetan Monk U rgyan pa Rin chen dpal Based on his Biographies", *Doctoral Dissertation, Wolfson College, University of Oxford*, 2011 참고.

9 (元) 張養浩 『上時政書』. 관련 내용은 康繼輝, 「蒙元王朝的物質賞賜研究」, 蘭州大學

이렇듯 여러 기록은 몽골 지배층이 불사(佛事)에 소비한 재화의 양이 대단히 컸음과 또한 그중 많은 부분이 티베트 승려들을 통해 티베트로 흘러 들어갔음을 보여주고 있다. 그럼에도 불구하고 이때 승려들에게 바친 보시 물품의 양이 어느 정도였고 품목은 무엇이었는지에 대하여는 알려진 것이 거의 없다. 위에서 본대로 몽골인들은 저명한 승려를 수도로 초청하여 대단한 양의 물품을 승려 개인에게 바치고 있고 그 비용이 국가 재정에서 차지하는 비중이 지나치게 크다고 비난받을 정도였는데도 관련 연구가 전무한 것은 당시 티베트 불교와 몽골 지배층의 관계를 분명히 밝히는 데에 장애가 되어 왔다. 이러한 문제는 먼저 『원사』를 비롯한 한문 사료들이 티베트나 티베트인에 대한 상세한 기록을 거의 남기지 않은 것에 기인하며, 다음으로는 잘 알려진 대로 티베트어 저작의 대부분의 저자가 승려이고 따라서 세속사를 기록하지 않는 경향이 큰 것도 그 이유이다. 따라서 그간 몽골 조정의 일반적인 물품 사여에 대한 연구나[10] 원대 경제에 티베트 불교가 미친 영향을 대략적으로 다룬 연구[11] 등은 있었지만 몽골 지배층이 티베트 승려에 대해 행한 보시 물품에 대한 구체적인 연구는 나오지 않았다.[12]

碩士學位論文, 2012, 24쪽 ; 王淼, 「蒙元王朝賜賚制度探析」 西北師範大學 碩士學位論文, 2014, 50쪽 참고.

10 대표적인 예로 康繼輝, 위의 논문과 王淼, 위의 논문이 있다.

11 王启龍, 「藏傳佛敎對元代經濟的影响」, 『中國藏學』 2002-01, 2002, 63~85쪽.

12 또한 주로 몽골 등에서 반입되었을 티베트의 비단 관련 용어를 분석해 보고자 하였으나 미완성인 채 남아 있는 연구도 있어서 티베트 물품사 연구의 어려움을 보여준다.(Joachim Karsten, "'When silk was gold' in the Land of Snows: a preliminary Tibetan-English "pictorial" glossary of textile terms related to silken fabrics from Tibet (13th to 20th centuries) ; with Chinese, Manchu, Mongol and Uigur equivalents from the 1770s" 미완성 원고, 2008, academia. edu.

이 글은 몽골제국 시기 한문 저작에 남아 있는 티베트 승려 개인들에 대한 일부 보시 기록과 티베트 사료에 남아 있는 소수의 기록들을 최대한 찾아내어 소개하고 분석해 보려 한다. 한정된 수의 사료 기록과 그 의미가 정확히 밝혀지지 않은 물품 명칭 등의 문제가 여전히 있으나, 이 고찰이 몽골제국 시기 몽골과 티베트 양측의 관계를 구체적으로 파악하기 위한 작은 디딤돌이 되기를 바란다. 생생한 내용 전달을 위해 관련 사료는 임의로 요약하지 않고 최대한 원문을 그대로 소개할 것이다.

II. 몽골-티베트 관계 초기의 보시

1. 몽골과 중앙티베트의 만남: 쿠텐의 서신

1240년, 우구데이의 아들 쿠텐은 티베트 사료에 도르따(Dor ta)라고 적힌 이름의 장수에게 군대를 주어 중앙티베트에 파견했다. 도르따의 몽골군은 라싸 북부의 라뎅(Rwa sgreng) 사원에서 다수의 승려를 살해하고, 군주가 없는 티베트에 대해 몽골 군사 정복의 관행대로 대표 한 명이 복속을 위해 오도록 했다. 사꺄 측의 저작은 쿠텐이 사꺄 빤디따를 초청하고자 보낸 문서를 싣고 있다. 이 문서는 고압적인 말투지만, 소환의 목적에 대해 쿠텐이 부모와 천지의 은혜를 갚기 위해 오류가 없는 취함과 버림(取捨)의 길을 자신에게 가르쳐 줄 라마가 필요하니 석가모니를 본받아 거절하지 말고 올 것을 명하고 있다. 그리고 나서 쿠텐은 다음과 같이 덧붙였다.

사여품으로 은 5정(bre chen, 錠), 진주 6,200알이 달린 비단 법의(chos gos, 法衣), 유황 쇼울(gos lu hang gi ring 'gag), 장화, 버선과 함께 카띠 (kha ti) 비단 정폭 두필, 퇸띠(thon ti) 비단 정폭 두 필, 양단(gos chen, 洋緞) 20필 등이 있다. 이 통지를 단사관(rdor sri mgon, 斷事官)과 왼조 다르마(Dbon jo dar ma) 두 사람에게 보낸다. 용해 여덟 번째 달 그믐 에 썼다.[13]

문서의 내용은 몽골이 일반적으로 복속을 요구하며 대표를 소환할 때와 달리 사꺄 빤디따를 피정복지의 수장으로서 뿐만 아니라 고명한 라마로서 소환하는 것을 보여주고, 이러한 성격을 확실히 보여주는 것 이 바로 쿠텐이 문서와 더불어 보낸 보시 물품들이다. 이를 보시라고 볼 수 있는 이유는 단순히 사꺄 빤디따가 승려여서가 아니라 쿠텐이 그에게 자신에게 스승으로서 길을 가르쳐달라고 요청하며 보낸 것이 기 때문이다.

이 기록에서 '은 5정(dngul bre chen lnga)'의 '정'으로 번역된 티베 트어 '데첸(bre chen)'은 몽골제국 시기에 처음 등장한 단위이다. 원래 '데(bre)'는 작은 알갱이 곡물의 부피를 잴 때 쓰던 단위인데 티베트인 들은 거기에 '큰(chen)'을 붙여서 몽골제국 전역에서 몽골어로 수케 (süke, 도끼), 페르시아 지역에서 발리시(bālish), 한지(漢地)에서 정(錠)

---

13 "gnang sbyin la dngul bre chen lnga/ gos chen gyi chos gos mu tig gi tshom bu can la mu tig stong phrag drug dang nyis brgya/ gos lu hang gi ring 'gag/ lhwam 'bob dang bcas pa/ kha ti kha tshang ma yug gnyis/ thon ti kha tshang ma yug gnyis/ gos chen sna lnga yug nyi shu rnams yod/ 'di'i lon la rdor sri mgon dang/ dbon jo dar ma gnyis btang ba yin/ 'brug lo zla ba brgyad pa'i gnam gang la bris/(A myes zhabs Ngag dbang kun dga' bsod nams, *Dzam gling byang phyogs kyi thub pa i rgyal tshab chen po Dpal ldan Sa skya pa i gdung rabs rin po che ji ltar byon pa i tshul gyi rnam par thar pa ngo tshar rin po che i bang mdzod dgos dod kun byung*. 1629, Delhi: Tashi Dorji ; Dolanji, H.P. : distributor, Tibetan Bonpo Monastic Centre, 1975, p.118.)"

으로 적었던, 말굽 모양의 은 덩어리를 가리키는 단어로 사용했다.

또한 진주 6,200알이 달린 비단 법의(法衣)는 대단히 호화로운 의복이다. 이는『원사』등 한문 사료에 하사품으로 종종 등장하는 '주의(珠衣)'의 일종이라고 생각된다. 몽골인들은 진주를 애호하여 의복의 장식에 사용하는 경우가 많았으며 지순(jisun) 연(宴), 즉 쿠릴타이에 병행하여 연 잔치에서 참가자들이 입었던 연복(宴服)에도 진주 장식이 많아 그 옷을 '주의' 혹은 '진주의'라고 부르기도 했다.[14] 한편 카띠(kha ti)와 퇸띠(thon ti)라는 비단 명칭은 티베트어가 아니며, 모두 티베트어로 풀어쓰지 않고 한자어를 그대로 음사한 것이나 그 어원은 분명하지 않다. 그간의 연구는 카띠를 동전 문양의 패턴이 그려진 비단이라고 보고[15] 퇸띠(thon ti)는 '단제(緞綈)'에서 온 것으로 보고 있다.[16] 이 기사는 몽골 지배층이 티베트 승려에게 준 보시에 대해 남아 있는 기록으로는 가장 이른 시기의 것이라고 할 수 있다.

사꺄 빤디따는 조카인 팍빠 로되 걜챈('Phags pa Blo gros rgyal mtshan, 八思巴, 1235~1280)과 착나 도르제(Phyag na rdo rje, 1239~1267)

---

14 설배환, 서울대학교 박사학위논문,「蒙·元제국 쿠릴타이(Quriltai) 연구」, 2016, 147쪽.

15 관련 내용은 Joachim Karsten, 앞의 논문, 6~7쪽.

16 Dieter Schuh는 이것이 원래의 온전한 소환장이 아니라고 보고, 이 서신이 전해오는 네 가지 판본에 대한 대조를 통해, 소환장의 원본이 아니라 발췌본이 전해졌을 가능성, 몽골어 서신 원본에 대해 두 가지 다른 티베트어 번역본이 전해졌을 가능성 등의 가설을 제시했다 관련 내용은 Dieter Schuh, *Erlasse und Sendschreiben mongolischer Herrscher für tibetische Geistliche vol. 1*, VGH Wissenschaftsverlag, 1977, pp.29~41 참고. 그는 이 소환장에서 쿠텐이 불교에 관한 지식을 보이는 것에 대하여도 의문을 제기했다. 그가 불교를 잘 알고 있었을 리가 없다는 것이다. 그러나 사꺄 빤디따가 도착하기 전에 쿠텐의 주위에는 이미 불교 승려들이 있었고 그중에는 티베트 승려들도 있었으므로(최소영, 2021, 138쪽) 쿠텐에게 불교 지식이 전혀 없었을 것이라고 보기는 어렵다.

를 이끌고 천천히 이동하여 양주로 갔다.[17] 쿠텐을 만난 이후 사꺄 빤디따는 쿠텐 곁의 다른 종교인들보다 자신이 더 신임을 얻어, 기도회 때 티베트 불교 승려들이 제일 앞자리에 앉게 되었음과 중앙티베트가 몽골에 복속 의사를 확실히 표할 것을 전하는 서신을 티베트에 보냈다. 그는 이를 위해 호구조사 결과를 보낼 것을 청하고 확실한 복속의 표시로 금, 은, 상아 등을 바칠 것을 요구했다.[18]

2. 뭉케, 쿠빌라이 그리고 훌레구

1) 대칸 뭉케

몽골은 1234년 여진(金)을 정복하였고 그에 따라 북중국이 몽골의 세력 하에 들어오게 되었다. 우구데이의 뒤를 이은 구육(Güyük, 貴由, r.1246~1248)은 즉위 후 중국 불교 임제종(臨濟宗)의 선승(禪僧) 해운(海雲, 1202~1257)으로 하여금 이 지역 전체 종교를 관할하게 하였다. 해운은 몽골인들 사이에서 이름이 높았고 구육 이후 대칸 위(位)가 우구

---

17 쿠텐이 보낸 장수 '도르따' 군대의 활동에 대하여는 최소영, 위의 논문, 132~133쪽 참고.

18 "바치는 공물로 여기서는 금, 은, 상아(glang po che'i mche ba, 象牙), 큰 진주 알(mu tig rdog po che ba), 주홍 염료(mtshal), 꼭두서니 염료(btsod), 코끼리 담즙(gi wang), 호랑이(stag), 표범(gzig), 초표(gung, 草豹) 세 종류, 수달(sram), 두꺼운 티베트 모직 천(bod snam), 위(dbus) 지역의 모직천(phrug) 등을 좋아합니다. [그러나] 일반적으로 여기에서 중요하지 않아도 재화 중에서 우리 지역에서 아무 것이나 좋은 재화가 오는 것으로써 족합니다('dab nor la gser/ dngul/ glang po che'i mche ba/ mu tig rdog po che ba/ mtshal/ btsod/ ru rta/ gi wang/ stag gzig gung gsum/ sram/ bod snam/ dbus phrug bzang po/ 'di na de tsho dga' bar 'dug/ spyir -162- nor la 'dir gtsigs chung yang rang rang gi yul na gang bzang gi nor rdzas 'ong bas chog pa yin/ Ngag dbang Kun dga' bsod nams, 앞의 책, pp.161~162)."

데이 계에서 톨루이 계로 넘어온 뒤, 즉 뭉케(Möngke, 蒙哥, 1209~
1259) 즉위 후까지도 북중국의 불교를 총괄하는 자리에 있었다.[19] 당
시 몽골 지배층은 자신의 곁에 다양한 민족, 인종, 종교 출신의 막료들
을 곁에 두고 있었고 여러 종교를 존중하였으나 특히 해운은 그들 사
이에서 영향력이 컸던 것으로 보이며, 쿠빌라이(Khubilai, 忽必烈, 1215~
1294)와 훌레구(Hülegü, 旭烈兀, ca.1218~1265) 등 몽골 제왕들이 그를
방문하여 설법을 청하였다.

그런데 1257년 해운 사망 후 대칸 뭉케가 그의 자리에 임명한 것은
한인(漢人)이 아니라 카쉬미르 출신 승려인 나모(Namo, 那摩, 南無, 연
대 불명)였다. 다수의 한인이 거주하는 지역인 북중국의 종교 관리를
카쉬미르 승려에게 맡긴 것이다. 나모는 형제인 오토치(斡脫赤)와 함께
"동북쪽에 천자의 기가 있다"라며 우구데이 시기에 몽골에 투항해 왔
고 오토치는 카쉬미르 만호를 관장하게 되었다. 뭉케는 즉위 후 그 형
제 나모를 국사(國師) 자리에 임명하고 불교를 총괄하게 했다.[20] 그런
데 뭉케는 한편으로 당시 쿠빌라이의 곁에서 놀라운 환술과 뛰어난
설법으로 몽골인들의 마음을 사로잡아 명성이 높던 티베트 까르마 까
귀파(Karma Bka' rgyud pa)의 승려 까르마 박시(Karma Pakshi, 1204~
1283)를 수도 카라코룸으로 초청했다. 이에 까르마 박시는 쿠빌라이의
만류를 뿌리치고 뭉케와 아릭 부케가 있던 카라코룸으로 떠났다. 그를

---

19 "以僧海雲掌釋教事, 以道士李眞常掌道教事(『元史』 卷3, 本紀3, 「憲宗」)"

20 "斡脫赤兄弟相謂曰 : 「世道擾攘, 吾國將亡, 東北有天子氣, 盍往歸之.」 乃偕入見, 太宗
禮遇之. 定宗師事那摩, 以斡脫赤佩金符, 奉使省民瘼. 憲宗尊那摩爲國師, 授玉印, 總天
下釋教(『元史』 125 列傳12 鐵哥傳)." 나모의 조카이고 斡脫赤의 아들인 테게
(Tege. 鐵哥, 1248~1313)는 어린 나이에 나모를 따라 뭉케를 알현하였었고 쿠빌
라이의 케식을 거쳐 이후 同知 宣徽院事, 大司農 등을 거쳐 무종 카이샨 재위기
에는 中書右丞相까지 오르게 된다. 나모 국사에 대하여는 『大朝國師南無大士重修
眞定府大龍興寺功德記』 참고.

맞이한 대칸 뭉케에 대해 까르마 박시가 속해 있던 까귀파의 사료『홍사(紅史)』는 다음과 같이 적었다.

[뭉케 카안은] 생명을 해치지 않는 것과 육식을 금하는 명령[을 내리고], 하늘에 기도하는 모든 자들(gnam mchod pa)에게 해를 입히지 않게 하였으며 각자 자신의 종교를 지키게 했다. 그리고 [까르마 박시에게] 금인(gser gyi dam kha, 金印)과 은(銀) 1,000정을 비롯하여 보시품을 헤아릴 수 없이 많이 바쳤고, 모든 죄수를 3차례 사면하여 풀어주었으며, 온 세상('dzam bu gling)에서 비할 데가 없는 대 사원을 카라코룸(ga ra gu rum)에 지었다.[21]

은 외에 다른 것은 품목과 양을 적지 않아 알 수 없으나 은 1,000정은 큰 양이다. 뭉케의 조정에는 이제 카쉬미르 승려와 티베트 승려가 함께 있게 되었다. 카쉬미르와 티베트의 불교는 티베트 불교 교파마다 차이는 있겠으나, 상당한 공통점이 있었다. 티베트는 카쉬미르로부터 저명한 승려들을 계속해서 초청하여 불교를 배웠고 사꺄 빤디따의 가장 중요한 스승 역시 카쉬미르 출신인 샤꺄쉬리바드라(Śākyaśrībhadra, 1127~1225)였다. 사꺄 빤디따는 1208년 그에게서 계를 받았다. 그는 자신이 쿠텐의 소환에 응한 것은 스승 샤꺄쉬리바드라가 생전에 남긴 예언에 따른 일이라고 말하기도 했다.[22] 팍빠는 숙부인 사꺄 빤디따를

21 "srog mi gcod sha za ba'i khrims bcas/ gnam mchod pa kun la gnod 'tshe cing rang rang gi chos lugs skyong du bcug/ gser gyi dam kha dang/ dngul bre stong gis mgo byas nor rdzas dpag tu med pa phul zhing/ bla mchod kun la bkye/ btson thams cad dong sprug pa lan gsum byas/ ga ra gu rum du gtsug lag khang chen po 'dzam bu gling na 'gran zla med pa bzhengs/ (Tshal pa Kun dga' rdo rje, *Deb ther dmar po (Hu lan deb ther)*, Mi rigs dpe skrun khang, Beijing, 1364/1981, pp.91~92.)"

22 "몽골 땅에 오라는 요청에 대해 스승인 빤첸 샤꺄시리가 타라에게 기도를 하였더니 타라께서 '그대가 가도 아무 이익이 없다. 그대의 제자 중 하나가 티베트

사사하였으니 그 역시 카쉬미르의 불교와 관련이 있는 셈이다. 마르코 폴로도 카쉬미르와 티베트 승려들을 함께 언급하고 있는데, 즉 "날씨를 조정하는 일을 하는 현자들은 티베트(Tebet)와 케시미르라는 이름으로 부르며 이들이 우상을 숭배하는 두 민족이다"라고 했다.[23] 당시 몽골은 여러 종교의 주요 인사들을 우대하였다. 까르마 박시는 처음 뭉케에게 갔을 때의 그의 종교적 정황에 대해 기독교도(er ka 'un) 세력이 컸던 것을 적었다.[24] 그러나 위의 기록들은 몽골 지배층의 종교 성향에 변화가 일어나고 있었음을 보여주고 있다.

한편 뭉케는 즉위 직후 제국 전역에서 인구 조사를 실시하고 체제를 정비하였으며 그 일환으로 중앙티베트에도 다시 군사를 보내고 인구조사를 행했다. 그는 이전에 쿠텐의 전권(專權) 아래 있던 티베트를 사꺄파만 쿠텐에게 남기고 나머지는 불교 교파 단위로 자신의 형제들에게 분봉했다. 이 일은 여러 티베트 사료들이 일제히 다루고 있으며

에 나면 그를 보내라. 그러면 이익이 생길 것이다'라고 예언하셨다(A myes zhabs Ngag dbang kun dga' bsod nams, 위의 책, p.117 ; 阿旺貢噶索南, 『薩迦世系史』 (陳慶英, 高禾福, 周潤年 譯注, 拉薩: 西藏人民出版社, 2002), p.77)."

23 마르코 폴로, 김호동 역주, 『동방견문록』, 사계절, 2000, 214~215쪽.

24 "외도(外道, mu stegs pa)의 대왕이 권속들과 함께 뭉케 칸 대왕으로 환생하였다. 그의 왕비와 아들들과 대신들도 카툰 에직마(E jig ma)와 왕자 아릭 부케(A ri Bo ga) 등과 재상들로 태어났으니 당시 [까르마 박시가] 돌보지 않으면 이전의 외도의 훈습(bag chags)에 의해 그들은 기독교(er-ka-'un)의 법도에 들어가게 될 것이고 제국 전체가 外道로 될 우려가 있었으므로 그들을 교화할 때였던 것이다("mu stegs kyi rgyal po chen po zhig 'khor dang bcas pa de btul ba de da ltar rgyal po chen po mong kha gan du 'dug/ de'i btsun mo sras 'khor g.yog rnams kyang/ dpon mo e jig ma dang/ rgyal bu a ri bo ga sogs dang/ blon po rnams su skyes 'dug cing/ da lta rjes su ma bzung na sngon mu stegs can gyi bag chags kyis/ er ka 'un gyi chos lugs la zhugs nas/ rgyal khams thams cad mu stegs can tu 'gro dogs 'dug pas 'dul ba'i dus la babs," Tshal pa Kun dga' rdo rje, 앞의 책, p.91)." 관련 내용은 최소영 2018, pp.78~ 79 참고.

그중 하나를 소개하면 다음과 같다. "디궁파는 뭉케 황제에게 속하고, 사꺄파는 쿠텐 자신에게 속하며, 챌파는 세첸 쿠빌라이(se chen go pe la)에게 속했다. 팍모두파, 야상, 탕뽀체는 서부 몽골(stod hor)의 왕 훌레구(hu la hu)에게 속했다."[25] 몽골 제왕들은 이 분봉지에 대해 단순히 경제적인 관계뿐 아니라 종교적인 시주 - 법주 관계를 가졌다.

2) 쿠빌라이

뭉케의 동생 쿠빌라이 역시 일찍이 우구데이 시기부터 해운과 관계가 깊었으며 조맹부(趙孟頫)의 『송설재집(松雪齋集)』 중 「임제정종지비(臨濟正宗之碑)」에 의하면 해운을 몇 번이나 찾아가 공손히 도(道)의 요체를 물었다고 한다.[26] 그는 둘째 아들이 태어나자 해운에게 이름을 지어줄 것을 청했고 해운은 그에게 세상에서 가장 존귀하라는 뜻으로 '진김(眞金)'이라는 이름을 주었다.[27] 그가 바로 후에 쿠빌라이의 황태자가 되는 진김(1243~1286)이다.

그런데 뭉케 즉위 후 쿠빌라이는 북중국을 관할하게 되었고 경조(京兆)를 분봉지로 받았다. 당시 몽골제국의 숙원이던 남송 공략을 위해 뭉케는 그 서쪽인 대리(大理)를 치고자 했고 쿠빌라이를 파견했다. 쿠빌라이는 이를 위해 1253년, 양주에서 가까운 섬서 서북쪽 임조(臨洮)에 군대를 집결시켰는데 이때 사꺄 빤디따의 명성을 듣고 그를 초

---

25 Byang chub rgyal mtshan, *Rlangs kyi po ti se ru rgyas pa*, Lhasa: Bod ljongs mi dmangs dpe skrun khang, 1364/1986, p.449.

26 "數屈至尊, 請問道要(趙孟頫, 『松雪齋集』, 「臨濟正宗之碑」)"

27 "帝誕生太子, 詔海雲國師 摩頂立名. 奏云, 世間最尊貴, 無越於真金(釋念常, 『佛祖歷代通載』, 北京圖書館古籍珍本叢刊, 北京: 書目文獻出版社, 364쪽)." 그의 첫째 아들의 이름은 티베트 불교에서 자주 쓰는 인명인 '도르제(rdo rje, 金剛)'이다. 이는 챌派의 승려로부터 얻은 이름인 것으로 보인다.

빙하였다. 그런데 아마도 그때는 그가 이미 사망한 후인 것으로 보이며 사꺄파 좌주(座主)의 지위는 팍빠가 이어받았고, 따라서 숙부 대신 당시 17세이던 팍빠가 쿠빌라이에게 왔다. 이 시기는 까르마 박시도 아직 쿠빌라이 막영에 있었던 것으로 보인다. 사꺄파의 기록을 보면 쿠빌라이의 질문에 대해 당시 쿠빌라이의 막영에 있던 다른 이들은 대답을 잘 못했는데 팍빠가 대답을 잘했고 이에 쿠빌라이가 매우 기뻐했다고 적고 있다.[28] 쿠빌라이는 처음에는 어린 승려 팍빠보다 까르마 박시에게 더 관심이 컸던 것으로 보이나 까르마 박시가 뭉케와 아릭 부케가 있는 카라코룸으로 떠나 버리자 쿠빌라이는 팍빠와 중요한 관계를 맺게 되었고 이는 당시 몽골제국과 티베트는 물론, 훗날 중앙유라시아의 역사에도 큰 영향을 미치게 된다.

티베트 불교에 먼저 관심을 가진 것은 쿠빌라이보다 그의 비 차부이(Chabui 혹은 차비Chabi, Ch. 察必, 1225~1281)였다. 그녀는 일찍이 티베트 불교에 귀의하였으며 특히 사꺄파에 우호적이었다. 사꺄 측의 기록은 차부이가 먼저 팍빠로부터 관정(灌頂)을 받았다고 적고 그때의 상황을 다음과 같이 기록하고 있다.

> [왕비가] "사꺄파에는 다른 데에는 없는 특별한 법의 심오한 비밀주(秘密呪, gsang sngags) 관정이 있습니다. [팍빠에게] 그것을 청하는 것이 좋겠습니다"라고 청했다. 왕이 말하기를 "먼저 그대가 청하시오. 비심(〈rtse ba〉 [brtse ba, 悲心])이 생긴다면 나 또한 청하겠소"라고 말씀하셨는데 비(妃)가 희금강(kye rdo rje, 喜金剛) 관정을 받고 신심이 크게 생겼다. 그때 왕비가 "관정에 대한 보시(dbang yon)로 무엇을 바쳐야 합

---

28 쿠텐과 마찬가지로 쿠빌라이 곁에도 다양한 종교와 민족 출신의 막료들이 있었음은 물론이다. 이때 팍빠는 쿠빌라이 곁에 머물렀다가 티베트로 가서 戒를 받아야 한다는 이유로 떠났다가 곧 돌아왔다. 관련 내용은 최소영, 앞의 논문, 2021, 142~143쪽 참고.

니까?"라고 물으니 팍빠가 말씀하기를 "자신이 향유하는 개인 재물은 모두 바칠 수 있습니다. 특히 무엇이든 자신이 소중히 여기며 가치가 있는 물품을 바칩니다" 하셨다. 왕비가 "내가 혼인할 때 부모가 준 이 것이 가장 가치가 큰 것입니다"라고 말하고서, 위에 진주알(mu tig) 하나가 있는 귀걸이(rna rgyan)를 팍빠에게 바쳤다. 이것을 한 몽골인(sog po)에게 팔아서 금 1정(gser bre chen), 은 1,000정(dngul bre chen stong)을 받았다.[29]

차부이는 칭기스칸의 비(妃) 부르테의 형제인 알치 노얀[30]의 딸이었다. 알치 노얀은 칭기스칸 시기 4,000호를 분사(分賜)받았던 인물이며[31] 그 부부가 딸 차부이를 쿠빌라이와 혼인시키면서 이 귀걸이를 주었고 진주알이 하나씩 달린 이 귀걸이는 금 1정 은 1,000정의 가치가 있는 대단히 값비싼 예물이었던 것이다. 이것을 팍빠에게 보시한 것은 차부이의 재력과 불심(佛心)을 동시에 보여주는 것이라고 할 수 있다. 한편 라시드 앗 딘의 『집사』는 칭기스칸이 사망 직전 육반산에 있을 때 금의 황제가 좋은 진주를 많이 보내자 칭기스칸이 "귀에 구멍을 뚫은 사람에게는 모두 진주를 주라!"라고 명령했다고 적고 있다.[32] 진주가 필

---

29 "sa skya pa la gsang sngags zab mo'i dbang bskur gzhan la med pa'i khyad chos cig yod par 'dug/ de zhus pa 'thad zhus pas/ rgyal po na re sngon la khyod kyi zhus/ a'u rtse ba 'dug na nga yang zhus gsungs pas/ dpon mos kye rdo rje'i dbang zhus shin tu mos par gyur/ de'i dus su dpon mos dbang yon ci 'tshal zhus pas/ 'phags pa'i -178- zhal nas/ rang gi lus longs spyod kha rje dbang thang thams cad 'bul ba yin/ khyad par rang gang la chags shing gtsigs che ba de 'bul ba yin gsungs pas/ btsun mos nga khyo sa la yong dus pha mas byin pa'i gtsigs che shos yin zer nas rna rgyan gyi steng na mu tig rdog po cig 'dug pa de phul bas(Ngag dbang Kun dga' bsod nams, 앞의 책, pp.177~178)"

30 『비사』의 Alchi Küregen, 『元史』의 按陳(Alchin). 『집사』의 Âlchî Nôyân 혹은 Alchû.

31 라시드 앗 딘, 김호동 역주, 『부족지』, 사계절, 2002, 269~270쪽.

요한 사람이란, 즉 귀걸이를 하는 사람이라는 이 내용은 당시 진주가
귀걸이 장식으로 많이 쓰인 것을 보여주고 있다. 또 다른 기사는 우구
데이 카안이 한 백성이 바친 과일의 대가로, 진주가 한 알씩 달린 카
툰의 귀걸이를 주었고 우연히 이것을 구매한 자가 그것이 군주에게나
적합한 것임을 알고 우구데이에게 이것을 도로 바쳤다고 적고 있다.[33]

---

32 그러자 그곳에 있던 사람들 가운데 귀에 구멍이 없던 사람들도 귀에 구멍을 뚫
   었다고 한다. 본문은 다음과 같다. "주르체와 낭기야스와 탕쿠트 지방들의 경계
   중간에 위치한 류판산(Liûpanshân, 즉 육반산)에 도착했을 때, 주르체의 군주가
   "칭기스칸이 왔다"는 소식을 듣고 사신들에게 선물을 들려 파견해서 -그 가운데
   에는 호화스런 큰 진주들이 담긴 접시 하나도 포함되어 있었다- "우리는 복속하
   겠습니다"라고 말했다. 칭기스칸은 "귀에 구멍을 뚫은 사람에게는 모두 진주를
   주라!"라고 명령했다. 그곳에 있던 사람들 가운데 [귀에 구멍이] 없던 사람들은
   귀에 구멍을 뚫었고, 그는 그 모두에게 [진주를] 주었다. 그렇게 하고도 여전히
   [진주가] 남자 그는 "분배하는 날이다. 사람들이 주을 수 있도록 전부 뿌리라!"
   라고 했다. 그는 자신의 죽음이 가까워 왔음을 알았기 때문에 그런 것에 관심을
   보이지 않은 것이다. 그 진주 가운데 상당수는 흙 속에 사라져 버렸기 때문에,
   상당 기간 사람들은 그곳을 뒤져 흙 속에서 [진주를] 찾아내곤 했다(라시드 앗
   딘, 김호동 역주, 『칭기스칸기』, 사계절, 2003, 385쪽)."
33 Rashīd al-Dīn Fazl Allah Hamadānī. [1300~1310]: Jāmi' al-Tawārīkh, Edited
   by Muhammad Rūshan and Muṣṭafī Mūsavī. Teherān: Katībe, 1994, vol. 2,
   p.690. "누군가가 사냥터에서 그에게 멜론 하나를 가져왔다. 거기에는 금도 옷
   도 아무것도 없었기 때문에 [카안은] 무게 카툰에게 귀에 달고 있는 두 알의 고
   귀한 진주를 그 사람에게 주라고 말했다. [그러자 사람들이] 말하기를 "이 가난
   뱅이는 진주들의 값어치를 알지 못하니 내일 오라고 해서, 칙명대로 재고에서
   금과 옷을 가져가도록 하십시오!"라고 하였다. 그는 "[이] 가난뱅이는 기다릴
   수 없을 것이다. 그리고 이 진주들은 다시 내게 돌아올 것이다"라고 하며 즉시
   그 진주들을 그에게 주라고 지시했다. 가난뱅이는 기뻐하며 돌아갔는데, 그것을
   적은 돈에 팔아버렸다. 구매자는 스스로에게 "이같이 훌륭한 보석은 군주들에
   게나 적합한 것이다"라고 말하며, 다음 날 카안의 어전에 헌물로 가져왔다. [그
   러자 카안은] "즉시 내게로 올 것이라고 말하지 않았더냐? 가난뱅이도 실망하
   지 않은 셈이다"라고 말했다. 그러고는 그 [진주들]을 무게 카툰에게 주고, [헌
   물로] 갖고 온 사람에게 은사를 베풀었다(라시드 앗 딘, 김호동 역주, 『칸의 후
   예들』, 2005, 사계절)."

차부이는 라시드 앗 딘이 기록한 카툰의 귀걸이와 같이 "군주들(pādshāhān)에게 적합한" 높은 가치가 있는 것을 팍빠에게 보시한 것이었다.

차부이는 관정을 받고 나서 "신심이 크게 생겼고" 이에 쿠빌라이에게도 관정을 권했다. 그러나 팍빠는 쿠빌라이의 요청을 거절하였는데 그 이유는 관정 후 청법(請法)의 맹세(chos zhu ba'i dam tshig), 즉 관정 후에는 사제 관계가 되므로 팍빠가 쿠빌라이보다 높은 자리에 앉아야 하는 것 등의 규율을 지킬 수 없을 것이라고 생각했기 때문이었다. 이에 대해 차부이가 신료들이 다수 함께 있을 때는 쿠빌라이가 상석에 앉고 개인적으로 설법을 들을 때는 팍빠가 상석에 앉는 것으로 조정하여 문제를 해결하였다. 이렇게 하여 관정을 받고 나서 쿠빌라이는 팍빠에게 다음과 같은 것을 보시했다.

> 그와 같이 법왕 팍빠가 19세가 되던 음 - 물 - 소해(1253)의 신년에 세첸칸(se chen gan, 즉 쿠빌라이)이 관정받기를 청하고, 그에게 제사(ti shrI, 帝師) 칭호를 주었으며[34] 또한 양띠우(g.yang kri'u)로 만든 그림에 글자 '사(sa)'자와 보석이 있는 인(dam kha)을 바쳤다. 그 외에 금과 진주(mu tig)로 된 가사(snam sbyar, 袈裟), 법의(sku chos, 法衣), 망토(phyam tshe), 모자(dbu zhwa), 신발(chag lhwam), 방석(bzhugs gdan), 금좌(gser gyi khri), 산개(gdugs, 傘蓋), 잔(gsol zhal), 접시(gsol sder) 등 모두와 낙타(rnga mo)와 말, 나귀, 금으로 된 안장 등 모두, 특히 상술(上述)한 각 만호 및 법라(chos dung, 法螺) 등을 관정의 공양으로 바쳤다.[35]

---

34 이때 쿠빌라이는 아직 제왕의 신분이었고 팍빠가 제사에 임명된 것은 쿠빌라이가 대칸에 즉위하고 팍빠 문자를 바친 이후의 일이다.

35 "gzhan yang gser dang mu tig gi snam sbyar/ sku chos/ phyam tshe/ dbu zhwa/ chag lhwam/ bzhugs gdan/ gser gyi khri/ gdugs/ gsol zhal/ gsol sder la sogs pa tshang ma rnga mo dam chibs dre'u/ gser gyi sga 'khor tshang ma/ khyad par gong du bshad pa'i khri skor dang/ chos dung sogs dbang yon gyi gtso bo rnams phul ba yin no//(Ngag dbang Kun dga' bsod nams, 앞의 책, p.186)" 상술한 萬戶란 쿠빌라이가 '티베트 13만호'를 관정에 대한 보시로 바쳤

"금과 진주로 된 가사(gser dang mu tig gi snam sbyar)"는 금실로 짠 비단, 즉 나시즈(nasij)에 진주 장식을 한 의상일 것이며, 쿠텐이 사꺄 빤디따에게 보낸 수많은 진주로 장식한 비단 법의와 같은 종류라고 생각된다. 이들은 한문 사료에 주의(珠衣) 혹은 진주의(眞珠衣)라고 기록된 것과 같은 의상을 승려의 가사 형태로 만든 것으로 보인다. 한편 팍빠가 차부이로부터 보시 받은 귀걸이의 진주는 '타나(tana)' 혹은 '타나스(tanas)'라 불리던 대주(大珠)였을 것이다. 대주는 여진 땅, 곧 요동(遼東)의 해안에서 생산된 것이었으며 북송 사람들은 그것을 북주(北珠)라 불렀다. 북주는 몽골과 '중국', 서역 여러 나라로 수출될 정도로 인기가 높았다.[36] 진주를 단 이 의상은 대단히 가치가 높았을 뿐 아니라 구하기도 어려워서, 고려에서도 충렬왕이 자신의 비이며 쿠빌라이의 딸인 쿠틀룩 켈미시를 위해 특별히 몽골로 가는 사신에게 부탁하여 '진주의'를 구매해 오게 했다는 기록이 남아 있다.[37] 쿠텐이 많은 진주가 달린 가사를 보시한 기사와 마찬가지로 쿠빌라이도 역시 금직

다는 것인데, 당시 아직 쿠빌라이는 대칸이 아니었고 티베트 역시 13만호가 정착되지 않은 때였으므로 이 구절은 신뢰하기 어렵다. 한편 여기서 '상술(上述)한' 만호 및 법라(法螺)라는 것은 쿠빌라이가 이 첫 번째 관정을 받고 나서 그 대가로 티베트 3개 쵤카(chol kha), 즉 위짱(dbus gtsang. 중앙티베트), 도매(mdo smad), 도캄(mdo kham) 세 지역을 모두 팍빠에게 바쳤다는 기록을 말하는데 당시 쿠빌라이는 아직 제왕이었고 특히 중앙티베트는 대칸 뭉케에 의해 형제들에게 나뉘어 분봉되어 있었기 때문에 이것을 쿠빌라이가 마음대로 팍빠에게 줄 수는 없는 일이다. 상징적인 수장으로 임명한 것일 수도 있다.

36 설배환, 위의 논문, 147쪽.
37 甲辰 遣將軍張舜龍等 獻李仁椿女于元. 仍令求買公主眞珠衣. (『高麗史』 三十 「世家」 三十 忠烈王 十三年條) 庚寅 元阿古大以眞珠衣二領來, 獻公主, 張舜龍所買也. 王與公主宴阿古大於壽寧宮. (『高麗史』 三十 「世家」 三十 忠烈王 一年條) 관련 내용은 최정. 「원(元)의 진주(眞珠) 장식방법 및 고려(高麗) 후기 제국대장공주의 진주의(眞珠衣) 형태 고증 연구」, 『복식』 60.6, 2010, 48~61쪽 ; 설배환, 앞의 논문, 152쪽 참고.

(金織)에 진주가 달린 가사를 선물하고 있는 것은 몽골제국 초기 티베트 승려들에게 이른바 나시즈 의상에 진주를 달아 그 가치를 극대화한 의복이 주요 사여품으로 쓰였던 것을 알 수 있다. 나시즈 법의(法衣)를 도교 승려에게 하사했던 기록이 한문 사료에도 남아 있어서[38] 이런 종류의 하사 자체가 드문 일은 아니었으나 거기에는 진주에 대한 언급은 없다.

한편 쿠빌라이의 보시는 승려의 일상생활에 필요한 것들인데 '금과 진주로 된 가사'와 금좌, 금 안장 외에 망토, 모자 등에 대하여는 자세한 묘사가 나와 있지 않은데, 이 일이 있은 지 얼마 후 쿠빌라이가 티베트의 승려들에게 보낸 문서에 이 보시를 직접 언급하고 있어서 좀 더 자세한 내용을 알 수 있다. 즉, 쿠빌라이는 불교에의 귀의를 밝히고 난 후 다음과 같이 적었다.

> 또한 스승(즉 곽빠)에게 의복으로 금과 진주로 장식한 가사(na bza' gser dang mu tig gis spras pa'i snam sbyar), 보석으로 장식한 망토(rin po ches brgyan pa'i phyam tshe), 법의(chos gos, 法衣), 보석[이 달린] 모자 (zhwa), 장화(lhwam), 좌석을 바쳤다. 그리고 물품으로는 황금 산개(gser gyi gdugs), 금으로 된 여러 색깔 방석(gser gyi khre'u), 금잔(gser gyi phor pa), 은과 보석이 있는(dngul gyi ja'o rin po che'i) 자루가 있는 검

---

38 『煙過眼錄』 下 「三十八代天師張廣微與材所藏」, "法衣一領, 納失失者, 皆織渾金雲鳳, 下闌皆升龍" 설배환, 위의 논문, 152쪽에서 재인용. 또한 뭉케 시기 몽골 조정에 왔던 수도사 루브룩은 뭉케의 카툰이었던 쿠툭타이가 네스토리우스 교회의 미사에 참석한 후 사제들에게 은 1정씩을 주고, 루브룩 일행에게 침대 커버만큼이나 넓고 긴 나시즈(nasic)(sic!)와 다른 화려한 직물을 하사한 것을 기록하고 있다. 루브룩이 이것을 받으려 하지 않자 이 물품들은 통역에게 전달되었으며 통역이 나시즈를 키프로스(Cyprus)까지 가지고 갔는데 여정 중에 닳고 찢어졌는데도 매우 고가에 팔렸다(플라노 드 카르피니·윌리엄 루브룩 저, 김호동 역주, 『몽골제국 기행 - 마르코 폴로의 선구자들』, 까치, 2015, 302~303쪽).

(yu ba can gyi gri) 등을 바쳤으며 또한 보석 종류로는 금 1정, 은 4정, 낙타를 탈 때 쓰는 금(rnga mo'i chibs pa gser ma), 나귀(dre'u), 금으로 된 얇은 안장과 쿠션(gser gyi sga stan srab) 세 가지를 바쳤다.[39]

이전 기록에서 금과 진주로 된 가사라고 서술된 보시품이 여기에는 조금 더 상세히 "금과 진주로 장식한 가사(gser dang mu tig gis spras pa'i snam sbyar)"라고 적혀 있다. 또한 사꺄 측이 단순히 망토라고 적은 것이 쿠빌라이에 의하면 사실은 보석으로 장식한 망토였고 모자도 역시 보석이 달린 것이었으며 산개는 황금으로 된 산개(gser gyi gdugs)였던 것도 알 수 있다. 즉, 의복과 일용품을 최상의 것으로 하고 최상의 것으로 하고 거기에 금정과 은정도 바치고 있다.

한편 사꺄파 측의 기록에 의하면 쿠빌라이는 이 조서를 티베트로 보내는 동시에 팍빠에게 또 보시를 했다.

그 다음 해인 호랑이해(1254)에 [쿠빌라이는] 승려에게 힘을 주는 조서를 티베트 문으로 쓴 것과, 은 56정(錠), 덩어리 차(ja ⟨sigs⟩ [sig], 磚茶) 200편, 단자(gos yug, 緞子) 80필, 채단(dar yug) 1,100필을 바쳤다.[40]

---

39 gzhan yang slob dpon la na bza' gser dang mu tig gis spras pa'i snam sbyar/ rin po ches brgyan pa'i phyam tshe/ chos gos/ rin po che'i zhwa/ lhwam/ stan la sogs pa phul/ yang yo byad la gser gyi gdugs/ gser gyi khre'u/ gser gyi phor pa/ dngul gyi ja'o rin po che'i yu ba can gyi gri la sogs pa phul/ yang nor sna la/ gser bre chen gcig/ dngul bre chen bzhi/ rnga mo'i chibs pa gser ma/ dre'u/ gser gyi sga stan srab gsum dang bcas pa phul ba yin/ (Ngag dbang Kun dga' bsod nams, 앞의 책, pp.193~194)

40 "de'i phyi lo stag lo de la bande shed bskyed bod yig tu bris pa dang/ dngul bre chen lnga bcu rtsa drug/ ja sigs nyis brgya/ gos yug brgyad cu dang/ dar yug stong dang brgya phul lo//(Ngag dbang Kun dga' bsod nams, 앞의 책, p.193)"

이 역시 쿠빌라이가 조서에서 언급하고 있는데 거기에는 "이 호랑이해(1254)에 또다시 인연을 위해 은 56정, 5쩨 덩어리 차(gsol ja rtse lnga sigs) 200개, 대 단자(gos chen yug) 110필을 바쳤다"라고 적었다. '5쩨의 차'가 어떤 종류의 차인지 분명하지 않으나[41] 이 역시 단순히 '덩어리 차'라고만 적은 사꺄파 자체의 기록보다 좀 더 상세하다. 중앙 티베트에 차가 처음 도입된 것은 토번제국 시기로 보이나 비교적 안정적으로 찻잎을 들여오기 시작한 것은 중국 송대(宋代)에 들어서였다. 몽골제국 시기 즉 13, 14세기에는 특히 사원을 중심으로 차를 마시는 문화가 널리 발전했다.[42] 세속에서는 귀한 손님이 오면 접대하는 용도로 쓰인 것으로 보인다. 이 기사를 통해 몽골제국 시기 보시의 형태로 티베트에 대량의 차가 반입된 것을 볼 수 있다. 티베트인들이 차에 버터를 넣어 마시기 시작한 것도 몽골제국 시기로 보이며, 몽골 황실의 음식들을 적은 14세기 저작『음선정요(飲膳正要)』는 그 목록에 '서번차(西番茶)' 즉 티베트차를 싣고 있는데[43] 이는 찻물에 버터를 섞어서 열량과 영양을 높여주는 차를 말하는 것으로 보인다. 단자(緞子)와 채단

---

41 "쩨(rtse)"는 티베트어로 "뾰족한 끝", "꼭대기" 등을 가리키며 이렇게 보면 '5쩨차(다섯 끝이 있는 차)'의 분명한 뜻을 알 수 없다. 덩어리 모양을 가리키는 것일 수도 있으나 오각형의 차는 보이지 않는다. 한편 운남에서 보이차 등 덩어리 차를 교역할 때 예를 들어 일곱 덩어리씩을 한 묶음으로 포장하여 이송했는데 이런 경우 "7자차(子茶)"라고 하였고, 이 기사의 '5쩨차'도 티베트인들이 중국어 "子"를 그대로 음사하여 사용한 것이 아닌가 추측되나 분명하지 않다. 만약 그렇다면 다섯 덩어리씩 200묶음을 준 것이 된다.

42 티베트 사료의 기록은 토번제국의 군주 뒤송 망뽀제('dus srong mang po rje, r. 676~704) 시기에 처음으로 차가 중앙티베트에 들어왔다고 전하고 있다. 관련 내용은 최소영, 「15세기 티베트 저작『漢藏史集(Rgya bod yig tshang)』譯註와 연구」, 2019, 서울대학교 박사학위논문 156~159쪽 참고.

43 Paul D. Buell, & Eugene N. Anderson, *A Soup for the Qan: Chinese Dietary Medicine of the Mongol Era As Seen in Hu Sihui's Yinshan Zhengyao*, Leiden·Boston: Brill, 2010.

은 품목과 숫자에 혼동이 있었던 듯하다. 몽골과 티베트의 초기 접촉에서 쿠텐이 티베트에 보낸 문서에 비단의 이름이 불명확한 중국어로 그대로 음사되어 있었던 것에 비하면 이때는 몇 가지 티베트어로 번역되어 쓰이고 있는 것을 볼 수 있다. 다만 그 해석은 아직 분명하지 않다.[44] 여기에 쿠빌라이는 "요약하면 성지('ja' sa)와 물품(longs spyod) 이것들은 모두 보시(chos kyi yon)로 바친 것이다"[45]라고 덧붙였다.

한편 뭉케가 까르마 박시에게 은 1,000정 등 큰 보시를 한 것과 비교하여 쿠빌라이 역시 금 1정과 각종 진귀한 물품 등 그에 못지않은 큰 가치의 보시를 바치고 있었음을 알 수 있다. 이들은 다른 종교의 사제들에게도 역시 여러 선물을 주었으나 이 기록들은 티베트 불교 승려와 기타 집단에 대한 보시 규모 자체가 크게 차이가 나기 시작하는 것을 나타내고 있어서, 몽골 지배층의 관심이 점차 티베트 불교 쪽으로 향하는 것을 분명히 보여준다. 뭉케의 명으로 여러 번 개최된 이른바 '불-도 논쟁', 특히 마지막에 열린 논쟁에서 까르마 박시와 팍빠가 주도하여 불교 측이 승리하여 도교 세력이 크게 약해지면서 이러한 경향은 더욱 분명해졌다.

3) '서부 몽골(stod hor)의 보살 왕자' 훌레구

뭉케와 쿠빌라이의 형제이며 페르시아 원정 후 그곳에 정착하여 자신의 울루스를 세운 훌레구(Hülegü) 역시 서정(西征) 전부터 다른 형제들과 마찬가지로 불교에 관심을 두고 있었고 해운 선사의 설법을 자주 들었다. 1253년 훌레구는 새 대칸이며 자신의 형인 뭉케의 명령

---

44 'gos yug'을 緞子로, 'dar yug'을 綵緞으로 번역하는 것은 陳慶英을 따랐다.

45 "stag gi lo 'di yang rten gyi rgyu dngul bre chen lnga bcu rtsa drug/ gsol ja rtse lnga sigs nyis brgya/ gos chen yug bgya dang bcu tham pa/(Ngag dbang Kun dga' bsod nams, 앞의 책, p.194)"

으로 페르시아 원정을 떠났는데 원대 승려 염상(念常)이 편찬한『불조역대통재(佛祖歷代通載)』는 해운에 대한 기록에서 훌레구 서정 이후 어느 시기의 일을 다음과 같이 적었다.

> 이 달에 훌레구 대왕이 많은 몽골 조정 사신을 파견하여 금 지팡이와 금실로 짠 가사(金縷袈裟), 그리고 영지(令旨)를 보내고 스승(즉 海雲)에게 법어(法語)를 청했다.[46]

즉, 훌레구 역시 해운에게 '금실로 짠 가사(金縷袈裟)'를 보낸 것을 볼 수 있는데, 이로써 몽골제국 초기 쿠텐, 쿠빌라이, 훌레구 등 제국 각처의 몽골 지배층이 나시즈, 즉 금실로 짠 화려한 비단 가사를 빈번히 승려들에게 보시한 것을 알 수 있다. 다만 앞에서 본대로 티베트 승려들에게는 거기에 진주 장식까지 더해진 것을 보냈었는데 도교의 도사에게 보낸 금실 법의나 해운에게 보낸 금실 가사에 진주가 없는 것은 우연인지 기록에서 누락된 것인지 알 수 없다. 한편 금 지팡이는 다른 목록에는 보이지 않으나 역시 가치가 높은 물품이라 하겠다. 서정 출발 이후이므로 이 물품들은 그가 여정 중에 혹은 페르시아로부터 보낸 것일 수도 있으나 그보다는 몽골에 남아 있던 자신의 카툰들과 아들들에게 청하여 보내게 한 것이라고 생각된다.[47] 이것으로 훌레구가 형제들을 떠나 서쪽으로 간 직후에도 여전히 북중국의 해운에게 종교적으로 의지하고 있었던 것을 볼 수 있는데, 주목할 것은 거의 같은 시기에 훌레구가 한 고명한 티베트 승려와도 밀접한 관계를 맺고 있는 점이다. 티베트 불교 팍모두파(Phag mo gru pa)의 고승 걜와 린포

---

46 釋念常,『佛祖歷代通載』, 北京圖書館古籍珍本叢刊, 北京: 書目文獻出版社, 338쪽, "是月旭威烈大王, 差蒙古萬宣差, 以金挂杖金縷袈裟段并令旨, 奉師求法語."

47 이들은 훌레구가 완전히 페르시아에 정착한 뒤 몽골을 떠나 그와 합류한다.

체 톡둑빠(Rgyal ba Rin po che Thog brdugs pa, 1203~1267, 이하 톡둑빠)라는 인물이 훌레구에게 다음과 같은 서신을 보냈다.

뭉케 왕(Mo mgo rgyal po)과 왕자 훌레구(Rgyal bu Hu la hu)에게 드리는 기도. 옴스바스띠!
라마들과 본존(yi dma lha), 삼보의 가피로 상서로움과 원만과 장수[를 누리며] 건강하고 행복하기를! 뭉케 왕과 보살 왕자 훌레구(Rgyal bu byang chub sems dpa' Hu la hu) 부자, 형제, 형과 동생이 자손들과 더불어 장수와 무병하고 행복하기를!
이 방대한 땅의 주인이 된 자, 보살 왕자 훌레구가 계신 곳으로, 린포체 팍모두빠[48]가 청합니다. 보살 왕자가 많은 왕국들을 세력 하에 넣고 복을 쌓는 것을 마치고서, 완벽한 깨달음으로 보리를 얻기 위하여 상서로운 팍모두와 소중한 디궁틸 둘에게 금 2정씩을, 금 발우 큰 것을 두개씩 보냈으며 또한 특히 저 팍모두빠에게 하늘에 제사 지내는 자(告天人, gnam mchod pa)의 [권한을 부여하는] 대 조서('ja' sa chen po)와 금으로 장식하였고 수정 손잡이가 달린 지팡이를 주셨으며, 카일라스 산(gangs ti tse)에 거주하는 승려들이 하늘에 제사 지내기 위한 자원으로 은 4정을, 또한 대 라마들 모두에게 불당을 지어주었고, 승단이 머물 곳을 위해 대량의 금정(金錠)을 보내주셨습니다. [이것을] 마음에 간직하고 있습니다.'[49]

---

48 앞에서 본대로 "phag mo gru pa"의 마지막 'pa' 는 '사람'을 가리키는데 어딘가에 속한 복수의 집단을 가리킬 때도 있고 한 개인을 나타낼 때도 있다. 이 경우는 후자이므로 그대로 '팍모두빠'로 적는다.

49 "mo mgo rgyal po dang rgyal bu hu la hu la smon lam btab/ oM swa sti/ bla ma rnams dang yi dam lha// dkon mchog gsum gyi byin rlabs kyis// bkra shis phun sum chogs pa dang// tshe ring nad med bde legs shog// mo mgo rgyal po dang/ rgyal bu byang chub sems dpa' hu la hu yab sras spun pho bo nu bo rigs rgyud dang bcas pa tshe ring ba dang/ nad med pa dang bde legs su gyur cig// sa chen po 'di'i bdag por gyur pa// rgyal bu byang chub sems dpa' hu la hu'i spyan sngar// rin po che phag mo gru pas zhu ba// rgyal bu byang chub sems dpas rgyal khams mang po mngar 'dus shing// bsod nams kyi tshogs

이 서신을 쓴 날짜는 알 수 없으나 뭉케가 살아 있을 때이므로 1259년 이전일 것이고 훌레구가 '많은 왕국을 세력 하에 넣은' 때이므로 그가 서정(西征)을 떠난 후라고 할 수 있다. 앞에서 본대로 뭉케는 즉위 후 중앙티베트를 주로 교파를 단위로 하여 자신의 동생들에게 분봉했고 훌레구는 팍모두파를 관할하게 되었다. 이 관계는 생각보다 긴밀했던 것으로 보이며,[50] 그 성격은 경제적인 분봉관계이면서 또한 제왕 개인의 특징에 따라 종교적인 측면을 강하는 것으로 보이기도 했다. 서신에 의하면 훌레구는 팍모두파의 여러 승려를 위해 용도를 지정하여 금정, 은정을 보내고 있는데 그 물질적 가치가 대단할 뿐 아니라 내용 면에서도 세심한 보시를 보내고 있다. 또한 톡둑빠 개인에게는 따로 하늘에 기도하는 권한을 부여하는 대 조서와 금 지팡이를 보냈다. 톡둑빠는 그에 감사하며 훌레구에게 깨달음을 얻는 방법을 설

---

rdzogs nas// rdzogs pa'i byang chub tu sangs rgya bar bya ba'i ched du// dpal gyi phag mo gru dang// 'bri khung gi thel rin po che// gnyis su gser bre chen gnyis gnyis// gser phor chen po gnyis gnyis bskur ba dang// yang dgos su phag mo grur nga 'bu la gnam mchod pa'i 'ja' sa chen po dang// phyag mkhar gser gyis spras shing shel gyi mgo bo can dang/ gangs ti tser bzhugs pa'i dge 'dun rnams la gnam mchod pa'i cha rkyen du dngul bre chen bzhi/ bla chen de kun la lha khang bzhengs pa dang/ dge 'dun gyi sde 'dzugs pa la gser bre mang po bskur ba dang bcas pa thugs la btags/ Jampa Samten & Dan Martin, "Letters to the Khans: Six Tibetan Epistles of Togdugpa Addressed to the Mongol Rulers Hulegu and Khubilai, as well as to the Tibetan Lama Pagpa". Roberto Vitali (Ed.), *Trails of The Tibetan Tradition: Papers for Elliot Sperling*, Dharamsala: Amnye Machen Institute. 2015, pp.309~310)"

50 훌레구와 그 후손과 중앙티베트의 팍모두派의 관계는 훌레구 울루스의 가잔 (Ghazan, 1271~1304)이 이슬람으로 개종하면서 완전히 단절된 것으로 보인다. 그러나 14세기 중반에도 팍모두 만호장 장춥 갤챈은 자신들의 영역 범위에 대한 권리를 주장하면서 여전히 훌레구를 언급하고 있다. 또한 뭉케 사후 쿠빌라이와 아릭 부케 사이에 계승 전쟁이 벌어지자 쿠빌라이와 관련 있는 교파인 챌派와 사까派는 아릭 부케를 저주하는 의례를 행하기도 했다(張雲, 「元代西藏"止貢之變"及相關問題考釋」, 『中國藏學』 2000-3, 2000, 40쪽).

해주고 있다. '대 조서'라고 번역한 '자싸 첸뾀('ja' sa chen po)'는 '대 자삭'에 대한 티베트어 의역과 음역이 합쳐진 단어로, 몽골제국 시기 티베트 사료에 자주 등장하는 용어다.[51] 여기서 주목할 것은 훌레구가 중앙티베트의 톡둑빠 개인에게 보낸 티베트 사료의 '대 조서'와, '금으로 장식하였고 수정 손잡이가 달린 지팡이'는 해운이 그로부터 받았다고 하는, 한문 사료의 '영지(令旨)와 금 지팡이'와 구성이 같다는 점이다. 한문 사료는 영지의 내용을 적지 않고 있으나 톡둑빠의 서신에서 "대 조서"의 내용이 "하늘에 제사 지내는 자(告天人, gnam mchod pa)에 대한 서신"이라고 하였으므로 몽골 국가와 황실을 위해 기도할 것을 요구하는 한편 제 세금과 요역 등을 면제해주는 문서였을 것임을 짐작할 수 있다. 즉, 이전에 해운을 방문해 청법(請法)하던 훌레구는 이제 동시에 티베트 승려에게도 청법과 보시를 하며 같은 물품을 보내고 있는 것이다.

그런데 이후 해운에 대하여 더는 기록이 없는 반면, 팍모두파 측 기록에 의하면 훌레구는 걜와 린포체 톡둑빠에게 또다시 큰 보시를 보냈다. 이는 다른 교파에도 널리 알려질 정도로 대단한 규모였다. 사꺄파의 문서지기 뺄조르 상뾀(Dpal 'byor bzang po)가 15세기에 편찬한 『한지와 티베트의 문서들의 모음』은 다음과 같이 적었다.

> [톡둑빠는] 서부 몽골(stod hor)의 왕 훌레구(Hu la hu)와 시주(施主) - 법주(法主) 관계를 맺었고 백만 스물한 개의 보시품 등을 성대하게 받았다. 17일이 지난 뒤 걜와 린포체는 입적(入寂)했다.[52]

---

51 일반적으로 티베트 사료들은 몽골이 티베트에 보낸 문서에 대해 발신자가 대칸일 경우 룽(lung, Mon, jarliɣ), 그 외에 제왕이나 카툰, 帝師의 경우 땀(gtam, Mon. üge)이라고 하는데 일반적으로 총칭할 때는 몽골어 자삭을 음사한 자싸('ja' sa)라고 한다.

이 보시 기록은 챌파 까귀의 만호장이었던 뀐가 도르제(Tshal pa Kun dga' rdo rje)가 쓴 『홍사(Deb ther dmar po)』에도 실려 있다.[53] 구체적인 품목은 나와 있지 않으나 백만 스물하나라는 수는 대단히 큰 수이다. 이 숫자는 훌레구의 불심(佛心)을 상징한다고 할 수 있다.

페르시아로 떠나기 전 형제들과 함께 중국 불교에 관심을 가졌다가 곧 중국 불교와 티베트 불교 승려를 동시에 존숭했던 훌레구는 역시 몽골리아와 북중국에 있는 형제들과 마찬가지로 티베트 불교에 크게 기운 것으로 보인다. 톡둑빠는 다른 서신에서 훌레구에 대해 "보살 왕자께서는 삼보에 모든 죄를 고백하셨다"라고 적고 있으며 또 다른 서신에서는 아마도 훌레구가 그에게 구체적인 수행 방법을 물은 듯, 아침에 일어나서 몸을 정갈히 씻는 것부터, 한 달에 세 번 외설·노래·춤·음악을 금하고 한낮 이후에 음식을 먹는 것을 금하는 등의 계율을 매우 구체적으로 나열하고 있다. 우리는 훌레구가 이 승려가 말한 바를 지켰는지는 알 수 없다. 그런데 아르메니아의 역사가 키라코스는 훌레구에 대해 "그는 승려들의 명에 따라 살았고, 움직였고, 말에 올랐으니 완전히 자신을 그들의 뜻에 맡겼다. 하루에도 몇 번씩 그는 그들의 수장 앞에서 절을 하고 땅에 입을 맞추었으며 그들 이교도의 사원에서 정화한 것만을 먹었다. 훌레구는 다른 누구보다 그를 찬양했다"[54]라고 적고

52 "stod hor rgyal po hu la hu dang yon mchod 'brel nas/ des brgya 'bum nyi shu tsha gcig gis sna grangs pa'i 'bul mo che byung pa slangs/ de nas zhag bcu ba dun song pa dang/ rgyal ba rin po che drongs (Dpal 'byor bzang po, G.yas ru Stag tshang pa *Rgya Bod kyi Yig tshang mkhas pa dga' byed chen mo 'dzam gling gsal ba'i me long*, Kunsang Topgyel and Mani Dorji ed., Thim-phu, Bhutan, (1454/1979) vol.2, p.334.)",

53 Tshal pa Kun dga' rdo rje, 앞의 책, p.122.

54 Kirakos Gandzaketsi는 훌레구와 그 후예들의 불교 신앙에 대해 상세한 기록을 남겼다. 관련 내용은 Soyoung Choi, "Ilkhans and Buddhism" Ankara, WOCMES 2014, 2014 발표문 참고.

있어서, 훌레구는 속인(俗人)으로서 지켜야 할 불교 계율을 일반적으로 알려진 것보다 훨씬 더 성실히 지키며 살았다고 할 수 있다.

훌레구가 티베트에 보낸 보시의 마지막인 '백만 스물한 개의 보시품'이 도착한 시기는 그가 사망하고(1265) 그 아들 아바카(Abaqa, 1234~1282)가 즉위한 때인데, 훌레구가 생전에 보낸 것이 그때 도착한 것일 수도 있고 훌레구가 보시를 계획했다가 실현하지 못하고 사망하자 아바카가 부친의 이름으로 보낸 것일 수도 있다. 아바카의 종교에 관하여는 훌레구보다 더욱 알려진 것이 적으나 그가 자신이 아끼는 손자 가잔(Ghazan, 1271~1304)을 양육하면서 손자의 시종부터 스승까지를 모두 불교도로만 채웠고 이것이 아바카에서 아르군, 가잔으로 이어지는 유산이었다고 기록된 것은 주목할 만하다.[55] 라시드 앗 딘은 '개종' 전 불교에 대한 가잔의 신심은 대단해서 승려들이 놀랄 정도였다고 기록하고 있다. 또한 가잔은 카쉬미르어, 티베트어 등을 할 줄 알았다고 하니 이를 통해 훌레구 울루스에 티베트인 승려가 있었다는 것을 알 수 있으며, '개종' 후 내린 칙령에서 승려들에게 각자의 고국인 인도, 카쉬미르, 티베트로 돌아가라고 한 것에서도 역시 티베트 승려가 일칸의 수도에 머물고 있었음을 알 수 있다.

훌레구는 몽골리아를 떠나 먼 페르시아 땅에서 살다가 그곳에서 생을 마감했으나 그의 정치적 관심은 카안울루스, 즉 원(元)으로 향해 있었고 종교적 경향도 마찬가지였던 것으로 보인다. 그는 형제들과 함께 불교에 관심을 가졌고 페르시아에 정착하고 나서도 대칸 쿠빌라이와 종교적 행보를 같이 하였으며[56] 쿠빌라이가 유지시켜준 티베트

---

55 관련 내용은 Soyoung Choi, 위의 논문 참고.

56 Johan Elverskog, *Buddhism and Islam on the Silk Road*, (Philadelphia: University of. Pennsylvania Press, 2010.

의 분봉지에 관심을 갖고 해당 지역 사원에 자신의 민호를 바치고 또한 승려에게 조서와 금 지팡이를 보냈다. 그의 이러한 종교적 성향은 후손들에게 유산으로 전해졌다.[57]

III. 제사(帝師)의 등장: 쿠빌라이 이후

1. 최고의 라마: 팍빠의 시대

1259년 남송 친정(親征)에 나섰던 뭉케가 사망하자 그때 역시 남송 전선에 있던 쿠빌라이는 북상하여 1260년 개평부(開平府)에서 독자적인 쿠릴타이를 열고 대칸 위(位)에 올랐다. 몽골 지배층 사이에서 더 정통성이 있는 것으로 여겨졌던 그 동생 아릭 부케도 카라코룸에서 쿠릴타이를 열고 즉위했으나 몇 년 뒤인 1264년, 계승 전쟁은 쿠빌라이의 전략의 승리로 끝났다. 쿠빌라이는 동생과 전쟁할 때 팍빠를 국사에 임명했고 팍빠는 신년사에서 쿠빌라이를 "황제", 즉 대칸으로 칭하며 축원을 올렸다. 쿠빌라이 막영의 사람들은 모두 그를 대칸이라 불렀을 것이나 팍빠의 선언은 그들 안에서 더 큰 의미가 있었을 것이다.[58] 이후에도 그는 몽골인들을 위해 문자를 만들어 쿠빌라이에게 바쳤고 국사(國師)를 넘어 황제의 스승, 즉 제사(帝師) 칭호를 받았으니

---

57 티베트에 대한 훌레구 울루스의 영향력은 1290년대까지 이어졌다. 관련 내용은 최소영, 「13세기 후반 티베트와 훌레구 울루스」, 서울대학교 석사학위논문, 2010, 55~59쪽 참고.

58 관련 내용은 최소영, 2021, 147~148쪽 참고. 티베트어 '걜뽀(rgyal po)'는 토번 제국 시기 唐의 황제 등을 지칭하던 단어이고 몽골제국의 대칸에 대하여도 티베트 저작들은 똑같은 단어를 쓰고 있다. 이 글에서는 '카안' 등으로 고치지 않고 그대로 황제로 적는다. 제왕(諸王)은 '걜부(rgyal bu)'라고 한다.

이는 최고의 영예였다. 또한 그는 칭기스칸에서 쿠빌라이, 그리고 그 자손들로 이어지는 왕통에 대해, 오래 전 쌓은 과가 성숙하여 북쪽에서 시작해서 다른 많은 지역을 정복하여 다스린다는 불교적 정통성을 부여해주었다.[59] 대칸 쿠빌라이는 팍빠로부터 또 관정을 받았다. 사꺄 측의 기록은 다음과 같이 적고 있다.

> 그 후 이 대 라마(팍빠)께서 조정에 이르고 나서 36세이던 철 - 양(陽) - 말해(1270)에 황제(쿠빌라이)가 다시 관정을 청할 때, 서하(mi nyag) 갸괴(rgya rgod) 왕의[60] 수정 인(印)을 고친 육룡(gling drug ma, 六陵) 수정 인(shel dam)과 특별 조서('ja' sa)를 [팍빠에게] 바치고, 그에게 '皇天之下 大地之上 西天佛子 化身佛陀 創製文字 補治國政 五明 빤디따 팍빠 帝師(gnam gyi 'og, sa'i steng na rgya gar lha'i sras po, sprul pa'i sangs rgyas, yi ge rtsom mi/ rgyal khams 'jags su 'jug pa bo, gnas lnga rig pa'i paN+Dita 'phags pa ti sI)'라는 칭호를 주었으며 물품 공양 또한 은(dngul) 1,000정, 주단(gos dar) 5만 9,000필 등을 바쳤다.[61]

---

59 『彰所知論』. 티베트명 'Shes bya rab gsal.' 관련 내용은 최소영, 2021, 149~151쪽 참고.

60 갸괴는 보통 걜괴(rgyal rgod)라고 불리는 서하의 왕으로, 일찍이 팍빠의 삼촌인 사꺄 빤디따는 이 왕의 전세(轉世)가 바로 쿠텐 왕자라고 선언한 바 있다. 쿠텐에게 있었을 것으로 보이는 이 인(印)이 쿠빌라이에게 넘어간 것으로 보이는데, 어째서 이 인을 고쳐서 승려인 팍빠에게 주었다는 것인지 알 수 없다. 제사 임명 관련 내용을 다룬 한문 사료에는 이 기록이 없다. '쿠텐의 轉世'에 관하여는 최소영, 위의 논문, 139~140쪽 참고.

61 "zang zing gi 'bul ba yang dngul bre chen stong ra can/ gos dar lnga khri dgu stong la sogs pa dang/ mjal res kyi mthong phyag dang mjal dar dngul bre chag med sogs mdzad pas/ rgyal po'i 'phral gyi 'bul ba kun dril bas gser bre brgya lhag pa dang/ dngul bre stong ra can/ gos dar gzhi khri la soT pa byung bar grags shing/ de ltar hor gyi rgyal khams kyi 'gro ba ma lus pa theg pa chen po la bkod de bde bar gshegs pa'i bstan pa rin po che nyin byed kyi snang ba ltar ches cher gsal bar mdzad/ (Ngag dbang Kun dga' bsod nams, 앞의 책, pp.212~213)"

쿠빌라이가 1260년 팍빠에게 준 국사 칭호는 뭉케 시기 카쉬미르의 승려 나모(Namo, 那摩)에게 주어진 것이었다. 쿠빌라이가 팍빠에게 이 칭호를 줄 때 나모가 사망했는지는 알 수 없다. 살아 있었다면 카라코룸의 아릭 부케 곁에 있었을 것이다. 그런데 아릭 부케에게 승리한 후 쿠빌라이의 대칸 위가 확고해지고 그의 티베트 불교 존숭도 확실해졌으며 거기에 팍빠가 몽골 문자를 창제하면서, 쿠빌라이는 팍빠에게 새로이 제사 칭호를 준 것이다. 위의 기사는 대칸이 된 쿠빌라이가 제사 팍빠에게 준 보시가 규모 면에서 이전과 완전히 달라진 것을 보여준다. 관정을 받고 나서 쿠빌라이는 팍빠에게 은(dngul) 1,000정, 주단(gos dar) 5만 9,000필을 준 것이다. 이전에 토번제국 시기 당이 토번에 보내던 세폐가 한 해 비단 총 5만 필이었던 것을 생각하면,[62] 그 비단의 질은 알 수 없으나, 팍빠 개인에게 관정에 대한 보시로 쿠빌라이가 한번에 5만 9,000필의 비단을 바쳤다는 이 기록은 몽골제국 지배층 사이에서 티베트 불교가 차지하게 된 위상을 선명하게 보여주는 예라고 할 수 있다. 8, 9세기 중앙유라시아에서 군사 대국으로 맹위를 떨치며 중국 지역의 왕조로부터 받던 비단이 '세폐'였다면 이제 티베트는 그 승려들이 인도를 계승한 불교의 스승이 되어 이전보다 더 큰 규모의 비단을 '보시'로 받고 있는 것이다. 또한 계속해서 사꺄파의 기록은 다음과 같이 적고 있다.

> 또한 매차 만날 때마다 예물과 카닥(mjal dar), 은을 끊임없이 바쳤다. 황제가 그때그때 [라마 팍빠에게] 바친 보시품만 모두 금 100정 이상, 은 1,000정, 주단(gos dar) 4만여 필이라고 알려져 있다. 그와 같이 [팍빠는] 몽골 왕국의 모든 중생이 남김없이 대승(大乘)에 있게 하고, 석가모니

---

62 쇨 석비(쇨 石碑, zhol rdo rings, 763년 경). 라싸(lha sa, 拉薩) 포탈라 궁 근처 쇨(zhol) 지역에 현존하는 석비. 높이 약 6m. 전체 비문 중 남쪽 면 41~55행.

의 소중한 가르침이 태양이 빛나는 것처럼 매우 분명해지게 하셨다.

팍빠가 받은 보시의 각 품목을 보면 금, 은, 비단은 대칸이 몽골 황실 성원인 제왕과 공주, 카툰들에게 세사(歲賜)나 쿠릴타이 등에서 하사하던 물품들이다. 또한 보시의 규모를 보면 금 100정, 은 1,000정, 주단(gos dar) 4만여 필 등으로 그 규모가 이전과는 비할 수 없이 커진 것을 볼 수 있다. 금 100정과 은 1,000정을 개인에게 주었다는 것은 상상하기 어려운 일이다. 은 1정은 일반적으로 2kg이었다고 보고 있다.[63] 팍빠는 '몽골 왕국의 모든 중생을 대승에 있게 하고 석가모니의 가르침이 태양빛처럼 빛나게 한' 대가로 이러한 규모의 보시를 받았다. 한인을 비롯한 조정의 일부 관료들이 이를 크게 반대했을 것은 충분히 예측할 수 있다. 이러한 보시 기록은 이 시기 몽골제국 조정에서 티베트 불교의 위치를 선명하게 보여준다.

이후 몽골 조정에는 사꺄파 승려들이 계속해서 제사에 임명되어 왔으나, 팍빠와 같은 대규모 보시를 받은 기록은 보이지 않는다. 이는 몽골인들에게 팍빠는 종교적인 의미뿐 아니라 문자 창제, 남송전에서의 도움 등 정치적인 공도 컸는데 이후에는 그러한 공을 세울 인물도 정치적 상황도 생기지 않았기 때문이기도 하다. 또한 쿠빌라이 이후 대칸들이 개별 승려에 의한 관정이나 설법보다 다수의 승려를 동원한 대규모 불사(佛事)를 더 많이 연 것도 팍빠 이후 승려 개인에 대한 보시량이 줄어든 것으로 보이는 이유 중 하나가 될 수 있을 것이다. 그러나 무엇보다 티베트 저작들이 팍빠에 대하여는 상세한 기록을 남긴 반면, 후대의 제사에 대하여는 간략한 기록만 남기고 있어서 객관적으로 그 추이를 살펴보기는 어려운 것이 중요한 이유가 될 것이다.

---

63 라시드 앗 딘, 김호동 역주, 『칸의 후예들』, 사계절, 2004, 117쪽.

이렇게 제사들에 대하여 티베트 사료가 보시 관련 언급 없이 짧은 기록만 남긴 것이 단순비교를 어렵게 하나 이들에게 물품 보시가 전혀 없었을 리는 없다. 『원사』는 태정제(泰定帝) 시기 제사가 병으로 사꺄로 돌아갈 때 금, 은, 초, 비단을 준 것이 만(萬)을 헤아렸다고 적고 있는데[64] 관련 내용이 티베트 사료에는 남아 있지 않다. 이때의 제사는 뀐가 로되 걜챈뺄상뽀(Kun dga' blo gros rgyal mtshan dpal bzang po, 1299~1327)였고 태정제는 그 전 해 '번승(番僧)'의 불사로 인해 재정 소모가 너무 크니 중단해 달라는 어사대의 상주를 받아들이는 듯하였으나 곧 카툰과 함께 제사 뀐가 로되로부터 계를 받는 큰 행사를 열기도 했다.[65] 이때도 아마 제사에게 대량의 보시를 하였을 것이나 기록은 남아 있지 않다.

2. 제국의 쇠퇴와 까르마파 승려들

앞에서 언급한 까르마 박시는 1256년 쿠빌라이를 떠나 뭉케와 아릭 부케에게로 가서 머물렀고 많은 보시를 받았다. 쿠빌라이는 아릭 부케에게 승리한 후, 자신의 청을 거절하고 떠난 까르마 박시에 대해 적을 도왔다는 혐의를 두어 감금하고 고문했다. 후에 까르마 박시는 풀려났으나 까르마파는 한동안 세력을 크게 펼치지 못했다.[66] 그런데 팍빠 사후 사꺄파의 지배 가문인 쾬('khon)씨는 점점 그 후손이 귀해졌고 그에 따라 10대 초반의 어린 승려가 몽골 조정으로 가서 제사가 되

---

64 『元史』 30, 本紀30, 泰定帝 2, "帝師以疾還撒思加之地, 賜金, 銀, 鈔, 幣萬計, 勅中書省遣官從行, 備供億." 뀐가 로되 걜챈뺄상뽀는 사꺄로 돌아가려 하였으나 모종의 이유로 출발하지 못했고 결국 대도에서 사망했다.
65 관련 내용은 王启龍, 앞의 논문, 2002, 67~70쪽 참고.
66 관련 내용은 최소영, 앞의 논문, 2010 참고.

기도 했으며 이들은 의전(儀典)에서는 그대로 제사 대우를 받았으나 몽골 지배층이 팍빠에게 보낸 것과 같은 존경을 보내는 것은 불가능했다. 이때 까르마파는 티베트에서 최초로 제도적으로 환생 제도를 도입하였고 까르마 박시 사후 랑중 도르제(Rang 'byung rdo rje, 1284~1339)라는 어린아이를 그의 환생자로 선언했다. 랑중 도르제는 까르마 박시에 이은 3대 까르마빠가 되어 집중적인 불교 교육을 받았고 곧 티베트에서 유명해졌다.

그는 처음에 문종(文宗) 툭 테무르(Thug Temür, 1304~1332)의 초청을 받았는데, 기록에 의하면 그는 '번개가 치고 일식이 시작되며 하늘에서 폭설이 내리는 것을 보고' 이 카안이 사망한 것을 티베트에서 이미 알았고, 대도로 이동하다가 경조부(kyin jang hu)에서 결국 카안의 사망 소식을 들었다고 한다. 랑중 도르제가 대도에 도착했을 때의 대칸은 이린지발(Irinjibal, Tib. Rin chen dpal, 懿璘質班, 1326~1332)[67]이었으며 랑중 도르제는 '이 어린 카안의 생명 역시 길지 않은 것을 알았다'라고 한다. 어린 카안도 곧 사망하자 그의 형이며 당시 만쯔(즉 중국 남부)에 있던, 코실라의 장자 토곤 테무르(Toghon Temür, 1320~1370, 재위: 1333~1370)가 대도로 오게 되었다. 『홍사』에 따르면 너무 많은 군중이 몰려 앞으로 나아가지 못하였고 일행이 당황하였는데 랑중 도르제가 머리에 흑모(黑帽)를 쓰고 6자 진언[68]을 외우니 곧 길이 열렸다고 한다. 토곤 테무르는 손에 큰 카닥을 들고 와 랑중 도르제 앞에서 절하고 존경을 표하였으며 무수한 재물을 바쳤다. 『홍사』는 당시 최고의 권신인 킵차크 출신 엘 테무르(El Temür, 1285~1333)와 조

---

67 티베트어 린첸 뺄(rin chen dpal). 몽골어에서 어두에 'r'이 나오는 것을 피하니 그 앞에 모음을 더하여 이린지발이 되었다. 그는 약 50일 재위했다.
68 Om ma ni pad me hum.

정 대신들 간의 갈등을 랑중 도르제가 해결해주기도 했다고 적고 있다. 그런데 원 멸망 후 편찬된 『경신외사(庚申外史)』는 다음과 같이 기록하고 있다.

> 지원(至元) 2년(1336) 서역의 까르마(匡剌麻)에게 조를 내려 수도로 오게 하여 제사로 예우하고 또한 태사 엘 테무르의 옛 저택을 그에게 하사했다.[69]

1336년, 즉 토곤 테무르 시기 대도에 머문 '서역의 까르마'는 바로 3대 까르마빠 랑중 도르제를 말한다.[70] 이때는 권신 엘 테무르가 1333년 사망한 뒤 그 잔당들도 '모반'을 이유로 대규모로 처형되고 핵심 세력이던 그의 아들 텡기스(唐其勢, ?~1335) 역시 처형되었으며 그들 가문의 재산은 몰수된 때였다. 그런데 그의 저택을 랑중 도르제에게 준 것이다. 14세기 초중반 격화된 몽골 조정 내의 정치 투쟁에서, 패배한 측의 재산을 무력한 대칸의 허락 하에 승리한 측이 가지는 일이 빈번히 일어나는데 이는 대부분 엘 테무르가 주도한 것이었다.[71] 그런데 엘 테무르 세력이 무너지자 그 저택이 티베트 승려에게 주어진 것이다. 사꺄파 출신의 제사는 몽골 조정에 체류할 때 보통 티베트어 사료에 '메똑 라와(me tog ra ba, 花園)'라고 적힌 곳에 머물렀고 한 연구는 이것이 대도의 대호국인왕사(大護國仁王寺)라고 비정하였다.[72] 『경신외

---

69 權衡, 『庚申外史』 卷上, 온라인판 至元 2년 조.
   https://zh.wikisource.org/wiki/%E5%BA%9A%E7%94%B3%E5%A4%96%E5%8
   F%B2/%E5%8D%B7%E4%B8%8A, "至元二年. 詔徵西域匡剌麻至京, 禮爲帝師 仍
   以故太師燕帖木兒第賜之."

70 이들의 이름을 부르지 않고 단지 '까르마'라고 칭하는 것은 이들이 전세자(轉世
   者)로 각각 까르마빠 3세, 까르마빠 4세이기 때문이다. 明 永樂帝는 5대 까르마
   빠인 데신 섹빠(De bzhin gshegs pa, 1384~1415)를 초청했는데 그 역시 明代 사
   료에 '哈立麻' 등으로 적혀 있고 이는 '까르마'의 음역이다.

71 관련 내용은 康繼輝, 앞의 논문, 35쪽 참고.

사』의 기록을 신뢰한다면, 신임 대칸 토곤 테무르 혹은 당시 최고의 권신이었던 바얀이 사꺄파가 아닌 승려 랑중 도르제를 극진히 모실 장소로 아마도 당시 대도에서 가장 큰 저택 중 하나였을 엘 테무르의 집을 그에게 주었을 것이다. '주었다(賜)'는 글자로 보아 임시로 살게 한 것은 아닌 듯한데 이후 집의 향방은 알 수 없다. 랑중 도르제의 계 승자인 4대 까르마빠 뢸빼 도르제(Rol pa'i rdo rje, 1340~1383)도 몽골 조정에 초빙되어 오는데 그의 대도 거주지에 대하여 티베트 저작들은 "궁(宮)의 뒤편(pho brang rgyab ma)에 머무셨다"라고만 적고 있다.

랑중 도르제는 다음 해 티베트로 떠났다.『홍사』는 그가 "일체법의 공성을 깨달은 까르마빠(chos thams cad kyi stong pa nyid rtogs pa'i karma pa)"라고 하는 호칭을 주는 조서('ja' sa)와 국사(gu shrI)의 인, 수 정 인(sbel kha), 금자 원패를 받고 금정(金錠)도 보시로 받았다고 적었 다.[73] 그러나 어느 정도의 금을 받았는지는 알 수 없다. 티베트로 돌아 온 랑중 도르제는 출푸(mtshur phu), 즉 까르마파의 주 사원에 '자야투 황제('ja' ya du rgyal po,즉 툭 테무르 카안)'를 위한 제사(祭祀)와 영당 (yin thang, 影堂)을 시설했다. 기록 자체는 많지 않으나 대도나 훌레구 울루스로부터 티베트로 보시가 왔을 때 대부분 승려가 티베트 땅에서 해당 시주(施主)를 위해 기도했을 것으로 보인다. 걜와 린포체 톡둑빠

---

72 中村 淳,「元代チベット命令文の総合的研究にむけて」,『駒澤大学文学部紀要』63, 駒澤大學文學部, 2005, 37쪽.

73 "chos thams cad kyi stong pa nyid rtogs pa'i karma pa zhes pa'i mtshan gyi 'ja' sa gu shrI dam kha shel gyi sbel kha/ gser yig sgor mo phul/ bod rtsa ri gsar rnying du gser bre'i gnang sbyin dang/ nyid kyi zhal slob mdo khams kyi bla ma ting 'dzin bzang po dang/ mtshal dge sbyong chen po la si tu'i tham kha sogs skyes ma'i gnang sbyin phul (Tshal pa Kun dga' rdo rje, 앞의 책, pp.102~103)" 티베트 사료들은 대칸이 승려에게 보시를 "바쳤다(phul)"라고 하 는 반면 대칸 측에 남아 있는 한문 사료들은 대칸이 승려에게 "하사했다(賜)"라 고 적고 있다.

는 훌레구의 보시를 받은 후 "왕자의 건강을 위하여, 억겁의 시간이 지속되는 한 계속될 선업을 위하여" 버터램프를 끊이지 않고 밝히며 기도하고 있다고 적었다.[74]

얼마 지나지 않아 토곤 테무르는 그를 다시 몽골 조정으로 초빙하였고, 1337년 대도로 다시 온 랑중 도르제는 그곳에서 사망했다. 그때 막 엘 테무르를 이어 권력을 잡은 재상 바얀(Bayan, 伯顔, d.1340)이 눈물을 흘리며 슬퍼했다고 한다. 까르마파 교단은 그의 전세(轉世)로 새로운 영동(靈童)을 선발했고 이 어린이는 뢸빼 도르제라는 법명으로 불렸다.[75] 새 까르마빠 역시 어릴 때부터 교단의 집중 교육을 받고 학식을 쌓아 이름을 날리기 시작했으며 대도의 토곤 테무르는 그가 랑중 도르제의 전세자라는 소식을 듣고 놀라워하며 그를 초청했다.

> 황제가 두 손을 모으고 눈물을 흘리고서, 초청하는 조서('ja' sa), 대량의 보시품, 티베트문 성지와 함께 보내는 선물로 금 1정, 은 3정, 각종 주단(gos dar) 3필씩을 주어 [선정]원의 관료인 딩주(Ding ju) 원사(院使)와, 까르 사원의 주지 꾄촉 걜챈(Dkon mchog rgyal mtshan)과 제사'帝師'의 사람인 쇠남 셰랍(Bsod nams shes rab)을 닭해(1357)에 가게 했다.[76]

전세(轉世) 개념이 티베트 현지에서도 아직 정착하기 전이었으므로

---

74 Jampa Samten and Dan Martin, p.310.

75 어린 뢸빼 도르제는 3대 까르마빠 랑중 도르제의 모자 등을 정확히 알아보았다고 한다. 관련 내용은 Tshal pa Kun dga' rdo rje, 앞의 책, p.109 ; 蔡巴 貢噶多吉, 陳慶英·周潤年 譯, 『紅史』, 西藏人民出版社, 2002, 89쪽 참고.

76 "gong ma phyag thal mo sbyar/ spyan chab byon nas/ gdan 'dren gyi 'ja' sa snyan ngag chen mo bod yig ma/ rten gser bre gcig/ dngul bre gsum/ gos dar dgu tshan gsum dang bcas pa bskur nas dbon 〈gyis〉 [gyi] mi dpon ding ju dbon dpon dang/ kar sde'i sde dpon dkon mchog rgyal mtshan dang/ ti shrI'i mi bsod nams shes rab btang byung ba bya lo la phebs (Tshal pa Kun dga' rdo rje, 앞의 책, p.111)"

몽골인인 토곤 테무르로서는 뢸빼 도르제가 랑중 도르제의 환생이라는 것은 믿기 어려운 일이었을 것이다. 그러나 토곤 테무르에게 랑중 도르제는 즉위 이전부터 그의 곁에 있으면서 관정을 주고 설법한, 스승이면서 의지처였고, 주변의 티베트 라마들도 그 전세를 인정한다고 하니 그는 서둘러 뢸빼 도르제를 대도로 초청했다. 그런데 이때는 14세기 중반으로, 티베트 자체도 사꺄파가 세력을 잃고 팍모두 만호의 장춥 갤챈이 사꺄파와 챌파를 비롯한 주요 교파들과 군사적으로 대치하고 있던 때였으며 카안울루스는 자연재해와 무장세력의 반란으로 갈수록 혼란해져가던 때였다. 1340년대에 황하는 대범람을 반복했고 하남, 산동, 회북 지역이 황폐화되었다. 황하의 치수 공사에 백성들을 동원하면서 이들이 봉기하고 하남, 강북 일대는 쟁란에 휩싸였다. 장강 북쪽에서 혼란이 계속되는 동안 강남에서는 장사성(張辭誠), 방국진(方國珍), 진우량(陳友諒), 주원장(朱元璋) 등의 무장세력이 발호하였다. 1354년 재상 톡토(脫脫, Toɣto, 1314~1356)가 대군을 이끌고 장사성의 근거지인 고우(高郵)를 포위했고 전세는 몽골의 승리로 기울고 있었으나 잘 알려진대로 대칸 토곤 테무르는 대군을 이끌고 간 톡토가 황권에 맞설 수 있다는 의심에 그를 실각시켰다.[77]

뢸빼 도르제는 신속하게 이동할 수 없었다. 그는 일단 자신의 사자를 조정으로 보냈고 대칸 토곤 테무르는 다시 자신의 사신에게 금 1정과 은 3정, 주단(gos dar) 아홉 종 등을 주어 뢸빼 도르제에게 보냈다.[78]

---

77 관련 내용은 스기야마 마사아키 저, 임대희·김장구·양영우 옮김, 『몽골세계제국』, 신서원, 2001, 357~360쪽 참고.

78 이때 토곤 테무르의 태자(tha'i tshe)도 은과 주단 등을 보냈다고 한다. 기록은 다음과 같다. "[랑중 도르제는] 갤충 라쮠(rgyal chung lha btsun)에게 대단한 상주문을 주어 3월 22일에 황제 부자(父子)의 어전으로 보냈고 [갤충 라쮠은] 4월 16일에 궁에 도착했으며 18일에 알현했다. 차를 마시며 황제 부자의 금자사신 각각에게 황제가 금1정과 은 3정, 주단(gos dar) 아홉 종, 태자(tha'i tshe)가 은

뢸빼 도르제는 티베트에서 출발하여 도매(Mdo smad, 청해와 감숙 일부)에 도착하였으나 더 이동하지 못하고 다시 티베트로 귀환하려 한 것으로 보인다. 다수의 승려가 몽골 황실의 부름에 응해 대도로 몰려들던 원대 초, 중반과 달리 원 말에는 승려들이 대도행을 기피하는 모습이 보이는데, 사꺄파의 승려 중에는 제사에 임명하는 조서를 받고도 대도행을 미루었다는 기록이 남아 있다.[79] 뢸빼 도르제가 여정을 취소하고 돌아갈 것을 우려한 카안은 조바심을 냈다.

[토곤 테무르 카안이] "법주(뢸빼 도르제)가 나를 생각하여 와서 도매 (Mdo smad)에 이르렀다. 도매에 와 있으나 사신들과 관료들이 일을 능히 못하니 티베트로 돌아가려 하는 듯하다. 보리심으로 이전에 기도를 했던 것처럼 나를 생각하여 속히 오시도록 청하여 세랍(Shes rab)을 보낸다"라고 하며, 대단한 보시품과, 금 1정, 은 3정, 의복 내외 모두를 갖

3정, 주단(gos dar) 일곱 종, 술(chang), 라마 법왕의 鈔(cha'o) 50정 등을 주어 보냈다("rgyal chung lha btsun la/ gong ma yab sras kyi drung du zhu yig khyad 'phags bkur nas zla ba gsum pa'i nyer gnyis la song ba'i zla ba bzhi pa'i tshes bcu drug la pho bra"ng du sleb/ bco brgyad la mjal/ ja 'dren gong ma yab sras kyi gser yig pa re/ gong ma'i gser bre gcig dang/ dngul bre gsum/ gos dar cha dgu/ tha'i tshes dngul bre gsum/ gos dar cha bdun/ gsol chang/ bla ma chos rgyal ba'i cha'o bre lnga bcu dang bcas pa bskur nas/ (Tshal pa Kun dga' rdo rje, 앞의 책, p.115.)")

79 기록상 원의 마지막 제사인 사꺄파 쇠남 로되(Bla chen Bsod nams blo gros, d.1362)에게 1357년 토곤 테무르 카안의 사자가 이르러 쇠남 로되에게 대도로 갈 것을 반복하여 청하였다. 그런데도 그가 망설이자, 14세기 중반 사꺄파를 이기고 중앙티베트를 장악한 팍모두파 만호장 장춥 걜챈은 그에게 "황제의 명령이 분명하게 당신에게 '어서 와서 나의 제사(rti sri)가 되시오(rang re la rti sri'i go sar mgyogs par byon)'라고 하고 있으니 황제의 명대로 가십시오!"라고 채근했다(Byang chub rgyal mtshan, 위의 책, p.236). 쇠남 로되는 결국 다음 해 대도에 도착하였으나 얼마 지나지 않아 사망했다. 한편 사꺄派 출신인 그가 대도행을 망설인 것은 이미 뢸빼 도르제와 같은 까르마派 승려들이 그곳에서 대단한 존숭을 받는 것을 잘 알고 있었기 때문일 수도 있다.

춘 것(gos phyi nang dgu tshan) 2습 등과 함께, 4월 1일에 티베트어 조서에 "삼보의 가피로 도로와 역참이 모두 안정되었으니 속히 오기를 청합니다"라고 쓴 것을 주어 세랍 원사(dbon dpon, 즉 宣政院使)를 파견했다.[80]

룀빼 도르제는 하주(河州)에서 8일간 기다렸는데 역참로가 모두 폐쇄되어 결국 6개월을 체류하게 된다. 도중에 멈추어 여름을 지낼 곳을 정하자 몽골 조정은 그에게 암말 100필과 젖소 50두, 그리고 여름에 필요한 물품을 보내고 또한 시중들 관리 3인을 보내주었다. 룀빼 도르제는 마침내 1360년 12월 대도에 도착하였고 승상(ching sang) 등 관료들이 그를 마중 나왔다. 며칠 뒤 황제 부자를 알현하였고 황태자가 룀빼 도르제를 초청하여 금 1정을 바치고, 시중들던 나이든 게셰(dge bshes)들과 시종들에게도 각각 비단을 주었다. 다시 룀빼 도르제에게 대칸이 금 2정과 은 3정을 주었다. 이때 시종 승려들에게도 여러 종류의 비단을 준 것은 룀빼 도르제를 모시고 대도까지 오는 것이 쉽지 않았을 그들을 위무하려는 것으로 보인다. 그러나 우리는 이때 금·은정과 비단의 양은 대폭 줄어 있는 것을 볼 수 있다. 이는 랑중 도르제나

---

80 "chos rje ba nged la bsam nas byon nas mdo smad la phebs/ mdo smad du phebs 'dug na'ang/ gser yig pa dang mi dpon rnams go ma chod pa'i don gyis bod la byon pa yin las che/ byang chub kyi sems kyis sngar gyi smon lam rdzogs par byas pa dang/ nged la bsam nas mgyogs por byon byas nas/ gdan 'dren la shes rab btang ba yin zhes sogs bsnyen bsngags rgya chen po -118- dang/ gser bre gcig dngul gsum/ gos phyi nang/ dgu tshan gnyis dang bcas pa/ 'ja' sa bod yig ma na/ dkon mchog gi byin brlabs la lam dang/ 'jam thams cad 'jags yod pas myur bar 'byon par zhu zer ba zla ba bzhi pa'i tshes gcig la bris pa bskur nas shes rab dbon dpon mngags/ (Tshal pa Kun dga' rdo rje, 앞의 책, pp.117~118.)" 이전에 팍빠도 대도를 떠나 임조(臨洮)에 오래 머물다가 티베트로 갔다. 다만 팍빠는 그 이유를 밝히지 않고 단지 티베트로 돌아가게 해달라고 청하여 대도를 떠났다. 팍빠의 임조행에 대하여는 최소영, 2021, 166~168쪽 참고.

룀빼 도르제에 대한 토곤 테무르 부자의 개인적인 신앙의 차이라기보다 원 말 몽골 조정의 재정 상황 때문일 것이다. 그 결과 강남에서 해운과 대운하를 통해 수도 대도로 운송되던 식량이나 물자가 도착하지 못하게 되었다. 또한 회동(淮東)과 강남은 소금의 주요 생산지이며 항주, 소주, 양주(揚州), 천주(泉州), 광주(廣州) 등 강남의 여러 도시는 상세 수입의 대부분을 차지하였는데 이 지역들이 모두 혼란해지면서 카안울루스 중앙 재정의 두 기둥인 소금세와 상세 수입이 거의 사라졌다. 어렵게 티베트 승려를 맞이한 토곤 테무르와 황족들의 기쁨은 오래가지 않았고 곧 룀빼 도르제는 돌아갈 것을 청했다.

> 겨울에 대도(Ta'i tu)에 이르러 황제의 궁 뒤편(pho brang rgyab ma)에 머물렀고, 황제 부자 둘이 그를 이끌어 청법(請法)하였다. 그에게 시주로 금가루 2정과 펼쳐진 금 1정을 바쳤다. ... 그때에 물이 다소 맞지 않는다는 것을 이유로 들어 [룀빼 도르제는] 티베트로 돌아갈 것을 청하셨는데 황제 부자가 듣지 않았고, 특히 황태자(hong tha'i tshe)는 눈물을 흘리며 [가지 말 것을] 청하였다. 물에 적응하기 위하여 3년간 양주(Byang ngos), 미냐 가(Mi nyag 'ga'), 임조(Shing kun) 등에 갔다. 그 후 [궁으로] 돌아오자마자 황제 부자가 관정을 청하였고, 그 보시로 금 3정과 각종 비단을 바쳤다.[81]

토곤 테무르는 룀빼 도르제를 초청할 때부터 그가 대도로 오는 길

---

81 "dgun ta'i tur byon gong ma pho brang rgyab mar bzhugs nas yab sras gnyis kas khrid gsan/ yon gser bsil ma bre gnyis/ ling ma bre gcig phul/ ... skabs der chu cung zad ma 'phrod pa la bsnyad nas/ bod du 'byon pa'i zhu ba mdzad pas/ gong ma yab sras ma gsan/ khyad par du hong tha'i tshes spyan chab bton nas zhus pas/ chu snyom pa la lo gsum byang ngos/ mi nyag 'ga'/ shing kun sogs su byon/ de nas phyir 'byon pa'i chad mdzad/ gong ma yab sras kyis dbang zhus/ yon du gser bre gsum/ gos dar dgu tshan phul/ (Tshal pa Kun dga' rdo rje, 앞의 책, pp.119~120.)

중간에 멈출 때마다 금과 은, 비단 등을 보냈고 대도에 이르자 또 금을 바쳤으며 황제 부자가 관정을 받은 후에 또 금 3정과 비단을 바쳤다. 이후 뢸빼 도르제는 강력하게 요청하여 티베트로 돌아왔으며 얼마 뒤 토곤 테무르는 명(明) 군사에 쫓겨 마침내 대도를 떠났다. 토곤 테무르 부자가 4대 까르마빠 뢸빼 도르제에게 바친 보시의 양은 아주 적은 것은 아니다. 그러나 이들이 간절하게 뢸빼 도르제의 방문을 원했고 또한 이에 응하여 온갖 고난을 뚫고 그가 대도에 도착한 것을 고려하면 그 보시는 많다고 하기는 어려운 규모이며 이는 바로 1360년 경 물자 반입이 막히고 염세와 상세를 거두지 못하고 있던 상황의 몽골 황실의 재정을 직접적으로 보여주고 있다고 할 수 있다. 이는 제국이 상승일로에 있던 쿠빌라이 - 팍빠 시기와 대비된다.

3. 보시 물품의 사용처

티베트 승려들이 그 많은 보시 물자들을 어디에 썼는지에 대한 기록은 거의 남아 있지 않다. 그러나 몇 개의 짧은 기사를 통해서라도 그 일면을 살펴보는 것이 당시 몽골과 티베트 사이의 재화의 흐름을 이해하는 데에 조금이라도 도움이 될 것이다. 앞에서 관정을 받은 차부이 카툰이 관정에 대한 보시로 "혼인할 때 부모가 준 진주알 하나가 있는 귀걸이"를 팍빠에게 바친 것을 한 몽골인에게 팔았고 금 1정(gser bre chen)과 은 1,000정을 받은 것을 보았다. 즉, 차부이가 바친 진주 귀걸이는 대단한 가치가 있는 물건이었다. 팍빠는 이 금과 은을, 두 번째로 티베트에 돌아왔을 때 중앙티베트 서부 짱(Gtsang) 지역의 추믹(Chu mig)이라는 곳에서 자신이 개최한 대규모 법회에서 쓰고, 또한 사꺄 사원의 금정(金頂)을 만드는 자금의 일부로 썼다. 또한 경전을 금

즙으로 필사하고, 사꺄 사원에 있는 사꺄 빤디따의 탑을 금으로 장식
하였다.[82] 또 다른 기록들도 역시 팍빠는 몽골 지배층으로부터 받은
금을 경전을 금사(金寫)하는 데에 썼고 사꺄 사원에 이르러서는 가르
침을 지키는 수많은 이들에게 나눠 주었으며, 특히 만 명의 승려에게
모두 금을 나눠주었다고 적고 있다.[83] 몽골제국 역사를 통틀어 가장
대규모의 보시를 받은 것이 팍빠이니만큼, 그가 보시를 어떻게 사용했
는지도 반복되어 언급되고 있다.

요약하면, 매일매일 끊임없이 손에 들어오는 특별한 재물도 자신을 위
해서는 깨알(til 'bru)만큼도 가지지 않고 삼보에 바쳤으며 가난한 자들
을 위해 무엇이나 오로지 보시를 하니 그 때문에 풍족(dpal 'byor)하며
원만한(phun sum tshogs pa) 과(果)를 막힘없이 소유하셨다. 전후(前後)
로 석가모니 말씀을 모은 깐규르(bka' 'gyur) 역시 여섯 차례 선독(先讀)
했는데 그로 인하여 보시로 얻은 금사(金寫) 경전 2,157부를 비롯하여
셀 수 없는 것들이 있고, 보시품도 역시 세첸 황제(즉 쿠빌라이)가 은
(dngul) 1,000정을 두 차례 보시하는 등 요약하면 보시 물품이 말할 수
없을 정도로 그리고 상상할 수 없을 정도로 생겼다고 한다.[84]

82 "sog po gcig la btsongs pas gser bre chen gang dang/ dngul bre chen stong
byung bas yar sleb/ gtsang chu mig gi chos 'khor dang sa skya'i gser thog
chen mo'i gzhi byas zer (Ngag dbang Kun dga' bsod nams, A myes zhab, 앞의
책, p.153)"

83 "de tshe nyid kyi phyag tu longs spyod kyi dngos po bsam gyis mi khyab pa
byung ba thams cad kyang/ bde bar gshegs pa'i bka' 'gyur mtshal gser las
bzhengs pa dang/ ... khyad par gdan sa chen por phebs nas bstan 'dzin gyi
skyes bu du ma la 'bul ba/ dge 'dun khri phrag du ma la gser zho re'i 'bul
'gyed la sogs pa zang zing gi sbyin pa rgya chen po mdzad cing (Ngag dbang
Kun dga' bsod nams, A myes zhab, 위의 책, p.212.)"

84 "mdor na nyin re bzhin yang 'byor pa'i khyad par tshad med pa phyag tu babs
pa rnams kyang rang don du til 'bru tsam yang mi 'dzin par dkon mchog gsum
mchod pa dang/ phongs pa rnams la ci dgar sbyin pa 'ba' zhig mdzad pa yin
la/ de'i dbang gis 'bras bus dpal 'byor phun sum tshogs pa yang tshad med pa

즉, 팍빠는 '매일매일 끊임없이' '말할 수 없을 정도로 그리고 상상할 수 없을 정도로' 손에 들어오는 특별한 재물'들을 사꺄파에 내놓았고 이것은 티베트에서 장대한 사원을 건설하고 승려들이 안정적으로 수행하고 공부하는 것을 뒷받침하는 재원(財源)이 되었다. 또한 사꺄파뿐만 아니라 기타 교파의 승려들에게도 금, 가사(袈裟) 등을 나누어 주었고 중앙티베트의 불교는 이를 바탕으로 크게 발전할 수 있었다.

IV. 보시 물품 이동의 이면

카안울루스, 즉 원의 사료에는 티베트 관련 기록이 매우 적다. 명대에 편찬된『원사』도 마찬가지이다. 이는 한인 지식인들이 티베트와 티베트 불교를 잘 알지 못했고 관심이 크지 않았으며 또한 그나마 있는 지식은 부정적인 것뿐이었기 때문일 것이다. 그런데 특이하게도 티베트인의 이름과 지명이 다수 등장하는 한문 사료가 있으니 그것은 바로 몽골제국 운영의 근간이라고 불리는 역참을 다룬『참적(站赤)』이다. 이 기록들은 전부라고 해도 좋을 만큼 부정적인 내용 일색이며 이는 바로 몽골 지배층이 티베트 승려에게 준 보시와 깊은 관련이 있다. 티베트 승려의 왕래 규모와 횟수 자체가 큰 것은 물론, 그들이 받아서 돌아가는 보시 물품의 양이 워낙 많으니 각 역참에서 그들에게 제공

---

mnga' ste/ snga phyir gsung rab bka' 'gyur yang tshar drug gis sna drangs pa'i mthun du grub par 'bul ba byung ba'i gser chos nyis stong dang brgya nga bdun gyis gtso byas grangs las 'das pa dang/ ang zing yang se chen rgyal pos dngul bre chen stong re can lan gnyis phul bar thog drang/ mdor na 'bul ba'i dngos po brjod par mi nus pa lta bu bsam gyis mi khyab pa byung bar grags so//" (Ngag dbang Kun dga' bsod nams, A myes zhab, 위의 책, p.219.)

해야 하는 포마(鋪馬) 수도 대단히 많았다. 그러나 역참들은 그에 맞는 대규모 포마를 제공하기 어려웠고 티베트 승려들은 자주 불법을 저질렀다. 즉, 보시품의 양에 비해 지급받는 포마 수가 모자라자 승려들은 말 한 필에 대단히 과중한 무게의 짐을 싣고 이동한 것이다. 이는 역참의 말들에 피해를 입혔고 이에 원의 관료들은 각 포마에 실을 수 있는 무게를 100근으로 제한할 것을 제안했다.

그달에 섬서행성(陝西行省)이 말하기를, 관부들과 티베트 승려들의 급역(給驛) 횟수가 많고 싣는 물건의 무게도 매우 무겁습니다. 금후 포마(鋪馬) 지급과 장행마(長行馬)[85]의 사료를 남발하는 것을 금하고, 바치는 물건이 있을 경우에만 출발지에서부터 그 무게를 재어 100근이 넘지 않게 하며 차자(箚刺) 내에 지나는 거처를 명확히 써서 토드카순(脫脫禾孫, todqasun)[86]이 따져 묻고 짐을 덜어낼 수 있게 하기를 청합니다.[87]

"서번승(西蕃僧)과 그 사신이 짐을 싣는 것이, 무거운 때는 200~300근이고 가벼워도 150근 아래로 내려가지 않습니다. 또한 울락치[88] 말의 등에도 물건을 더 실어 계속 달리게 합니다. 금후로는 토드카순과 참관(站官)이 말 한필 당 100근까지만 실을 수 있도록 양을 정하게 하고, 급한 용무가 아니면 역마로 달리지 않게 하기를 청하며 역참이 조금이라도 회복되게 하기를 바랍니다." 중서성이 받아서 의견을 보내 관할 관청에 두루 보내 위 대로 시행하게 했다.[89]

---

85 역참에서 제공한 말은 다른 역참에서 반납하는데 가끔 개인 소유인 말을 끌고 오는 경우가 있었고 이들은 행선지까지 먼 여정을 가므로 장행마(長行馬)라고 불렀다.

86 역참 감찰관.

87 『永樂大典: 站赤』, 永樂大典卷19419, 站赤4, "是月陝西行省言: 諸官府及西僧給驛頻數 駄物太重, 今後請禁止濫給鋪馬及長行馬芻粟, 但有進呈物色, 自起程權其輕重, 不過百斤. 差箚內 明書經過去處. 許脫脫禾孫 盤詰減卸."

88 "역마 관리자."

그러나 이는 지켜지기 어려웠다. 기록에 의하면 지대 원년(1308) 티베트 승려 몇 명이 티베트로 돌아가는 길에 카안으로부터 하사받은 물품이 많아져서 역참 포마를 인원별 정해진 수보다 더 요구했다가 거부당하니 말에 정량의 70%를 더 싣고 갔고, 이것이 밝혀져 중형에 처해지게 된 것이다. 이 일이 일어난 정황과 사후 처리는 다음과 같이 진행되었다.

> 황제가 파견한 서번(西蕃) 승려 사신 닥빠 뺄(乞剌思八班, Tib. Grags pa dpal) 등 6인이 처음에 포마 11필을 타고 대도로 왔다가 지금 돌아가려 하는데 그 수가 3인뿐인데도 원래의 포마 수를 또 요구하였으나 병부(兵部)가 8필만 주었습니다. [그러자] 과중하게 짐을 싣고 갔고 탁주(涿州)에 이르러 감찰에 걸려 조사를 받으니 각 말마다 170근씩을 싣고 있었습니다. 이 일을 형부(刑部)에 보내 보고하여 [승려들이] 67대를 맞게 되었는데 선정원 관리 암보(俺普)가 황제에게 "이 승려들은 멀리서 왔으며 실은 물건들은 바로 폐하가 내리신 물건입니다. 그 때문에 과중한 것이니 청컨대 포마 3필을 늘려주시어 속히 돌아가게 해 주십시오"라고 하였습니다. 이를 허락하는 성지를 받았습니다.[90]

암보는 '암보(暗普)', '안보(安普)' 등으로도 기록된 인물이며 성은 양(楊)씨로, 송(宋) 황실 무덤 도굴로 유명한 양 린첸깝(Yang Rin chen skyabs, 楊璉真珈, fl. 1277~1292)[91]의 아들이다. 1293년 카안울루스의 불

89 『永樂大典:站赤』, 永樂大典卷19424, 站赤9, "至大元年九月内, 御位下西番僧使駝馱, 重者二三百斤, 輕者不下百五十斤. 又兀剌赤馬後附物 常行馳驟. 今後 乞從脫脫禾孫及站官量定每馬許載百斤. 非急務不得馳走. 庶望站赤少甦. 都省準擬, 遍行合屬, 依上施行."

90 앞의 책, 19421, 站赤6, "中書省又奏: 西番僧乞剌思八班等六人, 元起鋪馬十一匹赴都, 今欲回還, 止有三人, 復索元來馬數. 兵部止給八匹, 駝馱過重, 行至涿州 爲監察所劾. 每駄稱斤一百七十, 事下刑部詞伏, 擬杖六十七. 宣政院官俺普言于上曰: 是僧遠來, 所將囊橐, 乃上所賜物也, 以此過重, 請增鋪馬三匹, 速令回去. 奉旨準."

91 '璉真伽', '楊輦真珈', '楊璉真加' 등으로 적힌다. 양 린첸깝은 서하 출신으로 보이

교와 티베트를 관장하는 선정원의 우두머리인 선정원사(宣政院使)에 임명되었고 거의 20년을 몽골 조정의 불사(佛事)를 관장했다. 대칸은 그의 의견을 수용했고 닥빠 뺄을 비롯한 승려들은 자신들의 원래 요구대로 말 11필을 받아 짐을 싣고 티베트로 돌아갔다. 티베트 승려들이 보시품 때문에 말에 싣는 무게 한도를 어겨 매를 맞게 되자 "이 물품은 다 폐하가 주신 것이고 승려들은 그 때문에 과중하게 실을 수밖에 없었던 것"이라고 한 암보의 주장은 사실 타당하다고 할 수 있다. 즉, 티베트 승려들의 대도 방문이 모두 대칸을 비롯한 몽골 지배층과 밀접한 관련이 있었고 그들이 승려들에게 늘 대규모 보시를 했기 때문에 역참 남용과 규칙 위반 문제 개선은 쉽지 않았음을 알 수 있다. 또 다른 기사는 "서승의 사신 레빠 뺄 등이 마필, 수레를 여럿 빌리고 초(鈔) 등을 요구하며 참관(站官)을 때리는 등의 일이 있었는데, 지대 원년(1308) 11월 25일 대칸의 명령으로 조서가 내려 사면되어 풀려났다"라고 적고 있다.[92]

며 티베트 불교의 승려이고 쿠빌라이의 財務 관료였던 桑哥는 물론 팍빠와도 매우 가까웠다. 린첸깝은 총제원 산하 강남총섭장석교(江南總攝掌釋敎)였고 그가 처형된 후에도 아들 암보는 권력을 유지했다. 서하 지역의 승려들은 혼인하여 자식이 있는 경우가 많아서, 『元典章』 등에는 하서승(河西僧)의 대처(帶妻) 관련 기사가 여럿 등장한다.

92 이러한 판결 기록이 지대 연간, 즉 무종 카이샨 시기에 일어난 것은 주목할 만하다. 카이샨은 즉위 후 티베트 승려를 때리는 자는 손을 자르고, 욕하는 자는 혀를 자른다는 명령을 내린 바 있다. 그는 이것을 한지(漢地)에만 포고하는 것이 아니라 중앙티베트에도 보냈다. 이 명령은 당시 황태자였던 동생 아유르바르와다의 제지로 시행이 되지는 않았으나 카이샨의 성향을 생생하게 보여준다. 그러나 한인 유학자들로부터 한화(漢化)된 군주로 칭송받는 아유르바르와다 역시 형의 뒤를 이어 즉위하고 나서 팍빠의 공을 기리기 위해 그 사당을 "공자(孔子) 사당보다 더 크게" 지으라고 명령을 내렸고 이는 쿠빌라이 이후 몽골제국의 대칸들이 한인들의 바람과 상관없이 티베트 불교를 매우 중요하게 생각하고 있었던 것을 보여주고 있다.

즉, 승려들에 대한 보시 물품의 양이나 액수가 몽골의 재정에 문제가 될 만큼 컸던 것은 물론, 이를 티베트까지 운송하는 것도 그에 못지않게 국가의 운영에 피해를 입혔다. 이는 까귀파의 또 다른 종파인 둑빠 까귀 출신의 우갠빠 린첸 뺄(U rgyan pa Rin chen dpal, 1230~1309)에 대한 기록에서도 나타난다. 우갠빠는 통풍을 앓던 쿠빌라이로부터 몇 번이나 초청을 받았으나 번번이 거절하다가 협박에 가까운 초청을 반복적으로 받자 할 수 없이 대도로 가 쿠빌라이를 치료하고 설법을 했다. 기록에 따르면, 이에 대해 쿠빌라이는 정확한 양은 언급이 없으나, 수레에 대량의 금정과 은정 외에 무수한 재물을 실어서 그에게 주려고 했다. 그러자 이를 본 조정의 관리들은 먼저 "저 많은 물품을 역참으로 운반하는 것은 불가능하다"라고 강하게 반대했다고 한다. 이에 우갠빠는 "나는 재물을 탐내서 여기에 온 것이 아니며, 또한 필요하다면 나의 지식으로 금과 은을 만들어 쓰면 된다"라고 말하고 '쇠가 황금으로 바뀌고, 주석(gsha' tshe)이 은으로 변하게' 하는 것을 보여 주었다. 그는 대도에 한 달 반 정도만 머물고 쿠빌라이가 준 모든 보시 물품을 두고 떠나버렸다.[93] 쿠빌라이가 우갠빠에게 준 재물에 대해 관료들이 역참 운송 문제를 먼저 걱정한 것은 그 양이 대단했던 것을 보여줌과 동시에 당시 보시품으로 인해 생긴 역참 문제가 심각했음을 보여준다고 할 수 있다.[94] 티베트 승려들 자신도 이 문제를 잘

---

93 우갠빠는 토번제국 시기 빠드마삼바바가 만든 생명수(tshe chu) 우물이라는 곳을 알고 있다고 여겨졌고 쿠빌라이는 몇 차례에 걸쳐 그에게 상가(桑哥), 진서무정왕 등을 보내 생명수를 가지고 조정으로 올 것을 요구했다. 그는 마침내 몽골인에게 가라는 예언을 듣고 대도로 길을 떠난 것이었다. 우갠빠에 대한 상세한 내용은 Brenda W. L. Li, 2011 ; Roberto Vitali, "Grub chen U rgyan pa and the Mongols of China", edited by Roberto Vitali, *Studies on the History and Literature of Tibet and the Himalayas*, Kathmandu: Vajra. 2012, pp.31~64 참고.

94 한편 우갠빠가 보시 거절의 이유로 첫째, 자신은 재물이 필요하지 않으며 둘째,

인지하고 있었던 것으로 보이는데, 즉 4대 까르마빠 룈빼 도르제에 대하여 다음과 같은 기록이 남아 있다.

> 샤포(Sha pho) 지역부터 금자사신이 역마('u lags)[95]를 타실 것을 청하자 [룈빼 도르제는] "생명에 해를 끼칠 수 없습니다. 당신들도 역마('u lag)를 타지 마십시오"라고 말씀하셨다. 그래서 그들이 사람들로 하여금 짐실을 짐승과 탈 짐승을 끌고 돌아가게 하니 참호('ja' mo ba)들은 매우 기뻐하였다.[96]

이것은 룈빼 도르제가 토곤 테무르의 초청에 응해 대도로 가는 여정에 대한 기록으로, 룈빼 도르제는 초반에 역참 이용을 거부하고 있다. 당연히 역참 복무 인원들은 이를 기뻐했다. 티베트 현지의 역참들이

금, 은이 필요하면 직접 만들어 쓰면 된다고 한 것은 흥미롭다. 물론 이 기사가 우갠빠의 전기에 실린 것이고 내용을 믿기는 어려우나 쿠빌라이가 우갠빠를 불러오려 적극적으로 노력한 것은, 현대의 과학적인 의심과는 별개로, 당시 그에게 이런 종류의 능력이 있다고 여겨졌기 때문일 것이다. 한편 훌레구 울루스에서도 아르군이 연금술사들을 불러들여 엄청난 재화를 들여 여러 가지 실험을 했으나 실패한 기록이 있다(라시드 앗 딘, 김호동 역주, 『일칸들의 역사』, 사계절, 2018, 316쪽.).

95 투르크어 울라가(ulaɣa)에서 온 말로, '驛馬'를 뜻하나 티베트 사료에서는 역마를 포함하여 역참 관련 업무를 의미하기도 한다.

96 "gser yig pas 'u lags chibs pa zhus pas/ sems can la gnod 'tshe mi byed/ khyod rang tsho'ang 'u lag ma zhon gsung nas/ khal bzhon rnams nang ans btang nas khrid/ 'ja' mo ba rnams shin tu dga' (Tshal pa Kun dga' rdo rje, 앞의 책, p.112 ; 蔡巴 貢噶多吉, 陳慶英, 周潤年 譯, 앞의 책, p.92)" 티베트 역참을 개괄하면 캄, 암도, 중앙티베트에 대참(大站)이 총 27개가 세워졌고 그중 중앙티베트의 역참은 열한 곳이었다. 열한 곳 중 위(Dbus) 지역 민호가 관할해야 하는 역참이 일곱 곳이었는데 샤포 참은 그중 하나였다. 관련 내용은 최소영, 2019, 358쪽 참고. 중앙티베트의 각 만호와 참호 수의 특수성에 대하여는 최소영, 2010, 37쪽 참고. 또한 티베트 역참로에 대하여는 山本明志, 「モンゴル時代におけるチベット·漢地間の交通と站赤」, 『東洋史研究』 67-2, 2008, 96~112쪽 참고.

고통받은 것 역시 티베트 승려들이 몽골 지배층으로부터 받아오는 보시 때문이었다. 1296년『참적』의 한 기사는 다음과 같이 적었다.

> 도감 위짱 등 역참은 … 중서성이 역시 일찍이 말과 소를 살 보초(寶鈔)를 내렸고 관리를 파견하여 구제하였습니다. 지금 위짱 등은 소참(小站) 일곱 곳은 물론 대참(大站) 스물여덟 곳도 서번(西蕃)의 보시를 운송하고 파견되는 사신을 운송하는 것이 실로 잦으며 인호 수는 적고 역 간 거리는 가까워도 300~500리 이상입니다.[97]

수도와 중앙티베트 간의 원활한 왕래를 위해 몽골은 종종 중앙티베트 역참의 참호들을 진제하였다. 티베트와 대도를 연결하는 중간에 있는 중국 지역의 역참 참호들이 고통받은 것과 마찬가지로 티베트 현지의 역참들도 오가는 승려들의 수송과 그들이 받아서 돌아오는 엄청난 규모의 물품 운송으로 고통받았다. 일부 티베트 기록들은,『원사』「간신전(奸臣傳)」에 입전된 상가(桑哥)에 대해 긍정적으로 기술하고 있는데, 그 이유는 바로 그가 티베트에 와서 역참 제도를 일부 개선했기 때문이다.[98] 또한 몽골 조정의 조치를 기다릴 수 없어 중앙티베트 현지에서 티베트인 관료 쇤누 왕축(軟奴汪朮, Gzhon nu dbang phyug)이라는 인물이 자신의 재산으로 티베트 역참의 참호들을 구제하여 역참 운영을 정상화한 일도 있었다. 후에 몽골 조정은 이를 치하하여 큰 상을 주었다.[99] 역참의 정상화는 현지 티베트인 관료들에게 대단히 중요한 직무였다.

---

97 『永樂大典:站赤』, 永樂大典卷19421, 站赤6, "今烏思藏等, 除小站七所勿論 其大站二十八處, 遞送西番布施 來往之使實繁. 人戶數少. 驛程近者不下三五百里."
98 티베트 역참 관련 내용은 최소영, 2019, 345~365쪽 참고
99 이에 대해 몽골 조정은 많은 은을 보내 치하했다(『元史』, 本紀15, 世祖12, 25년, "烏思藏宣慰使軟奴汪朮嘗賑其管內兵站饑戶, 桑哥請賞之, 賜銀二千五百兩.")

한편 뢸빼 도르제는 중앙티베트에서 참호와 가축에게 피해를 주지 않기 위하여 역참을 이용하지 않고 이동하였으나 이후에도 역참 없이 대도까지 이동하는 것은 불가능했다. 또한 한지에 들어서서 전란으로 역로가 막히자 꼼짝없이 한 지역에서 몇 개월을 기다려야 했다. 기사는 "[뢸빼 도르제는] 하주(Ga chu, 河州)에 8일간 머물면서 산 중턱에 세운 사원 부근에 왕자 최뺄(Chos dpal)이 세운 천막에 머물렀다. 이때 반란이 일어나 모든 역참('ja' mo)이 차단되었고 그는 수도로 가는 길에 나서서 간다 해도 장애가 생길 것을 보고, 나서지 않고 그곳에서 6개월을 체류하였다"라고 적고 있다. 더구나 그가 이끌고 가는 권속은 500여 명이나 되었고 그들이 먹는 것은 모두 행원, 즉 행선정원(行宣政院)이 공급하였다.[100]

V. 결론

지금까지 티베트 사료와 한문 사료에 실린, 티베트 승려들에 대한 보시 기록을 살펴보았다. 먼저 이 기록들은, 몽골 초기 군주들이 다양한 종교에 두루 관심을 가졌던 것과 달리, 4, 5대 대칸인 뭉케와 그 형제들이 처음에 한지(漢地) 불교 승려들에게 흥미를 보이다가 곧 티베트 불교로 크게 기울어간 것을 보여주고 있다. 대칸과 그 형제들은 각

---

[100] "ga chur zhag brgyad bzhugs nas la bar gyi lha khang du rgyal bu chos dpal gyis mdzad par nye ba'i sgar la bzhugs gong 'khrug/ 'ja' mo thams cad chad pa'i don gyis gong du lam la thon pa'am byon na bar chad 'byung bar mkhyen nas ma byon par zla drug gi bar du sa cha de rnams su bzhugs/ sku 'khor lnga brgya tsam re bzhugs pa la hing dben pa'i rgyugs sprad" (Tshal pa Kun dga' rdo rje, 앞의 책, p.115)

각 카라코룸, 북중국, 그리고 페르시아에 있었지만 종교를 공유했다. 홀레구는 뭉케의 명령으로 원정을 떠났지만 그 후에도 카안울루스의 자신의 형제들과 종교 면에서 행보를 함께했다. 대칸 뭉케와 제왕(諸王) 쿠빌라이가 해운에서 각각 나모, 까르마 박시와 팍빠로 그 존경의 대상을 바꾸기 시작할 때 홀레구 역시 처음 해운에서 이후 티베트 불교의 톡둑빠와 시주 - 법주 관계를 맺은 후 어느 형제 못지않은 대단한 보시품을 보냈다. 우구데이에서 뭉케 시기 몽골 지배층 사이에서 가장 빈번하게 보시품으로 사용된 것은 진주나 금으로 수놓은 화려한 비단, 즉 나시즈에 진주 장식을 한, 한지에서 주의라고 불리던 최고급 의복이었다. 우구데이의 아들 쿠텐은 사꺄 빤디따에게 보냈고 제왕 시절 쿠빌라이는 팍빠에게 바쳤다. 홀레구는 중앙티베트의 톡둑빠에게 보냈다. 쿠텐이 보낸 의복은 무려 진주 6,200알로 장식된 것이었으며 차부이가 팍빠에게 바친 진주 귀걸이는 대단한 가치가 있는 것으로 판명되었다. 이러한 보시품들은 몽골인들의 진주 선호를 생생하게 보여준다. 한편 승려의 일상용품이면서 금과 보석으로 장식한 신발, 망토 등도 보시로 보내졌고 거기에 금정과 은정, 비단이 더해지기도 했다. 그런데 쿠빌라이가 즉위하고 티베트 불교를 다른 종교보다 위에 놓고 팍빠를 스승으로 삼으며 티베트 승려들을 줄지어 조정으로 초청해 가면서 보시 상황은 크게 바뀌었다. 즉, 처음에 화려한 가사나 지팡이 신발 등이었던 몽골인들의 보시는 몽골 지배층이 전적으로 티베트 불교를 숭상하게 되면서 금정, 은정, 비단이 주가 되었고 그 규모는 이전과 비교할 수 없이 커졌다. 특히 쿠빌라이의 제사 팍빠 로되 갤챈은 몽골 제국 시기 전체를 통틀어 가장 존경받은 승려였으며 한 번에 수만 필에 이르는 비단을 받기도 했다.

한편 홀레구가 한동안 북중국의 선불교와 티베트 불교 팍모두파를 나란히 신봉했던 것은 양쪽에 각각 보낸 영지(令旨)와 금 지팡이 기록으로 알 수 있었다. 한문 사료와 티베트 사료는 그 보시품에 대한 묘사를 달리했지만 사실상 같은 물건임을 알 수 있었다. 뭉케와 쿠빌라이 이후 카안울루스의 대칸들이 그러했던 것처럼 불교에 대한 그의 신심은 이후 그의 계승자들에게 유산으로 남겨져 전해졌다. 가잔이 이슬람으로 '개종'을 하기 전까지, 혹은 개종한 후에도, 훌레구 울루스에는 티베트 승려들이 남아 있었다. 티베트의 기록은 아바카 즉위 초 훌레구의 이름으로 팍모두파에게 백만 스물한 가지의 보시 물품이 왔다고 적고 있다. 훌레구가 보낸 이러한 보시를 바탕으로 팍모두파는 세속 권력을 키울 수 있었고 후에 사꺄파로부터 강제로 빼앗기기 전까지는 중앙티베트 내에서 가장 많은 민호를 보유한 교파로 군림했다.[101]

티베트는 7세기에서 9세기까지 이어진 토번제국 시기는 물론, 그 이후 수백 년간 이어진 이른바 '분열기'에 불교를 배우기 위해 인도, 카쉬미르, 중국 등지에서 저명한 스승들을 초청했고 이를 위해 막대한 금을 바쳤다. 티베트 사서의 기록에 의하면, 서부 티베트 구게(Gu ge) 왕국의 왕 라라마 예셰 외(Lha bla ma ye shes 'od, c. 959~1040)가 왕위를 양위하고 출가하였는데, 당시 티베트에 불교를 올바로 가르쳐줄 스승이 없는 것을 안타깝게 여겨 인도의 대학자 조오제 아띠샤(Jo bo rje Atiśa, 982~1054)를 초빙하고자 했다. 그러나 그를 모셔올 재화가 부족하자 라라마는 금을 모으러 다녔고 그러다가 그만 적에게 붙잡혀 포로가 되었다. 몸무게만큼의 금을 내놓아야 풀어주겠다는 말을 들은 라라마 예셰 외는 나라 사람들에게 자신을 위해 금을 써봐야 유정(有情)들에게 아무 이익이 되지 않으니 그 금을 아띠샤 스승을 초대하는 데에 쓰라고 했다. 왕국의 사람들은 슬퍼하며 금을 더 모아 마침내 아띠

---

101 최소영, 2010, 24~26쪽.

샤를 모셔 왔고 그로부터 많은 티베트인 제자들이 생겼다.[102] 이 이야기는 역사적 사실이라기보다 설화에 가까울 것이나 티베트인들이 멀리서 티베트 고원까지 불교의 스승을 모시려고 들여야 했던 막대한 재화를 상징적으로 보여주고 있다. 그런데 인도 불교가 쇠퇴하고 티베트에 그 전통이 남아 승려들에 의해 전수되면서, 12세기가 되면 티베트가 동부 유라시아에서 불교의 중심지가 된다.[103] 하서(河西) 지역을 중심으로 대하(大夏, 즉 서하(西夏))라는 나라를 세운 탕구트인들은 티베트 승려들을 조정에 모셔다 제사 칭호를 주고 받들었다. 13세기 초·중반 서하와 티베트를 모두 장악한 몽골은 서하와 마찬가지로 티베트 승려들을 제사 자리에 앉게 하였고, 그때까지 중국을 차지한 어떤 왕조보다 불교를 깊이 신봉했다. 이전에 불교 스승을 모시려고 막대한 금을 써야 했던 티베트인들은 서하에 이어 몽골인들로부터 스승으로 받들어지며 '헤아릴 수 없이 많은' 금과 은, 비단 보시를 받아 티베트로 가지고 왔다.

한편 '보시'에 포함되지 않으므로 이 글에 언급되지 않았지만 티베

---

102 관련 내용은 최소영, 2019, 211~213쪽 참고. 아띠샤의 제자들은 한 교파를 이루었고 까담파(Bka' gdams pa)라고 불린다. 겔룩파는 까담파와 관계가 깊어 성립 초반 신(新) 까담파로 불렸다.

103 13세기 한 티베트 지도는 이전에 인도를 중앙에 두고 자신들을 변방에 놓던 방식에서 벗어나, 티베트를 지도의 한가운데 놓고 있다. 이러한 모습은 서하 - 몽골로 이어지는 티베트 불교 시주 집단의 등장으로 인한 자신감이라고 할 수 있다. 관련 내용은 Dan Martin, 'Tibet at the Center: A Historical Study of Some Tibetan Geographical Conceptions Based on Two Types of Country-Lists Found in Bon Histories.' Per Kvaerne (ed) *Tibetan Studies. Proceedings of the 6th Seminar of the International Association for Tibetan Studies*, FAGERNES, Vol. 1. Oslo, Norway: The Institute for Comparative Research in Human Culture. 1992, p.532 ; Leonard Van der Kuijp, *The Kālacakra and the Patronage of Tibetan Buddhism by the Mongol Imperial Family* Bloomington: Department of Central Eurasian Studies, Indiana University. 2004, p.54 참고.

트 세속 관료인 만호장 중 일부는 몽골 황실과 깊은 관계가 있었고 이들이 받은 금, 은, 비단 등 재화의 양도 상당했다. 쿠빌라이에게 분봉되어 그와 개인적으로 밀접한 관계가 있던 챌파는 만호장이 새로 취임할 때마다 쿠빌라이로부터 은정과 비단 등을 '헤아릴 수 없이' 많이 받았다. 예를 들어 챌파의 한 기록은 만호장 가데 뺄(Dga' bde dpal)의 대도행에 대해 기록하면서 "욕망하는 모든 물질적인 향유물들이 비처럼 내렸다"라고 적었다[104] 챌파는 이를 받아 자신들의 사원 안에 몽골 대칸들의 명복을 비는 영당(影堂)을 세우고 그들을 위해 기도했기 때문에 그들이 몽골로부터 받은 것도 넓은 의미의 보시라고 할 수 있을 것이다.

몽골 조정에서 다수의 티베트 승려를 동원하여 빈번하게 시행한 대규모 불사 후에도 승려들에게 보시가 있었을 것이나 대부분 상세한 품목과 양이 기록되어 있지 않은 것을 고려하면, 티베트로 들어간 물자의 양은 지금까지 살펴본 것보다 대단히 많은 양이었을 것이다. 이 보시 물자들은 티베트 불교 번영의 밑바탕이 되었다. 이전에 자신들을 불교를 모르는 변방의 야만인으로 그리던 티베트인들이 자신들을 중심에 둔 지도를 그리기 시작한 것은 근거가 있는 것이었다.[105]

한편 대규모 물품을 몽골의 수도 대도에서 티베트까지 운송하는 것은 몽골제국 운영의 근간인 제도 중 하나인 역참에 큰 부담을 주었다. 역참 관련 사료들은 권력자들의 역참 남용에 대한 기록을 다수 남겼는데 제왕, 부마 등보다 티베트 승려들이 더 자주 언급되는 결과를

104 "'dod rgu'i longs spyod char bzhin du babs ('Jog ri ba Ngag dbang bstan 'dzin 'phrin las rnam rgyal, *Gung thang dpal gyi gtsug lag khang byung rabs dang bcas pa'i dkar chag 'gro mgon zhal lung bdud rtsi'i chu rgyun*, Tshal gung thang dgon, 34r)"

105 Dan Martin, 앞의 논문, pp.517~532.

낳았다. 승려들의 대도 방문 횟수와 방문단 규모도 문제였으나 그들이 받아서 티베트로 돌아간 보시 물품의 운송이 더 큰 문제였다. 그러나 티베트 승려들을 관할하는 기관인 선정원은 티베트 승려들의 위법에 대해 관용을 베풀고자 했고 이들의 방문 자체가 대칸을 비롯한 몽골 황실과 관련이 있는 것이었으므로 그들에 대한 처벌은 제대로 이루어 지기 어려웠다. 한 연구는 몽골제국을 떠받친 제도 중 가장 칭송을 받는 역참 제도의 해체와 쇠락에 대해 서번 사신과 승려의 역참 남용이 가장 문제였다고 지적하면서 그 원인이 대칸의 총애와 신임에 있었다고 주장했고 이는 지나친 말이 아닐 것이다.[106]

결론적으로, 몽골제국 시기 티베트는 동부 유라시아 세계의 불교 스승이 되었고 몽골 지배층으로부터 막대한 보시 물품을 받아 사원을 새로 짓고 불탑을 세우고 지붕을 장식하였으며 대량의 경전을 금사(金寫)하고 승려들을 후원하였다. 많은 기록이 보시를 받은 사실을 언급 하지 않거나, 기록한다고 해도 보시 품목과 양을 명기하지 않고 "매일 매일 특별한 재물이 끊임없이 손에 들어왔다"거나 "백만 스물한 가지의 보시품" 혹은 "상상할 수 없을 정도로 많은 보시를 받았다"고만 적고 있는 것은 보시의 면면을 상세히 이해하고 그것이 몽골 재정에서 차지하는 비중을 구체적으로 파악하는 것을 어렵게 한다. 그러나 예를 들어 지원 연간 어느 해 쿠빌라이가 제왕, 공주, 부마에게 한 해 동안 사여한 총량이 금 2,000량, 은 25만 2,630량, 초(鈔) 11만 290정, 폐(幣) 12만 2,800필이었던 것을 고려하면,[107] 앞에서 본바와 같이 쿠빌라이가 한 번 관정(灌頂)을 받고 팍빠에게 "은(dngul) 1,000정, 비단 5만 9,000

---

106 党寶海, 『蒙元驛站交通硏究』, 崑崙出版社, 2006, 242~243쪽 ; 설배환, 앞의 논문, 288쪽.

107 『元史』 至元 26年 "是歲, ... 賜諸王、公主、駙馬如歲例, 爲金二千兩、銀二十五萬二千六百三十兩、鈔一十一萬二百九十錠、幣十二萬二千八百匹."

필을 준" 기록이나 또한 "쿠빌라이가 팍빠에게 그때그때 바친 것이 모두 금 100정 이상, 은 1,000정, 비단 4만여 필이었다"라는 기록은 승려들을 통해 티베트로 간 재화의 규모를 파악할 수 있게 한다. 이러한 면이 바로 후대의 학자들까지 "원지천하 반망어승(元之天下 半亡於僧)"[108]이라고 비판한 근거인 것이다.

어쨌든 티베트 불교는 이러한 물질적 기반 위에 비약적으로 발전했다. 그리고 이때 맺어진 외부 세력이 티베트 불교 교파에 경제적, 군사적 지원을 하고 티베트 불교는 그들에게 종교적 이념을 제공하는 이른바 시주(施主) - 법주(法主) 관계는 티베트 정치 체제의 기본 틀이 되었다. 몽골 지배층이 티베트 승려들에게 바친 보시 물품의 면면과 그 운송 문제에 대한 이 고찰이 13, 14세기 몽골과 티베트 관계의 일면을 생생하게 살펴보는 한 계기가 되기를 바란다.

---

108 (淸) 趙翼, 『陔餘叢考』, 淸乾隆五十五年湛貽堂刻本 卷18.

참고문헌

1. 사료

Byang chub rgyal mtshan, Lha rigs rlangs kyi rnam thar, A detailed account of the "Rlangs po ti bse ru" and the "Si tu'i bka' chems" of Si-tu Byang-chub-rgyal-tshan, T. Tsepal Taikhang, New Delhi, 1364/1974.

Byang chub rgyal mtshan, Rlangs kyi po ti se ru rgyas pa, Lhasa: Bod ljongs mi dmangs dpe skrun khang, 1364/1986.

Byang chub rgyal mtshan, Ta si byang chub rgyal mtshan gyi bka' chems mthong ba don ldan. Lhasa: Bod-ljongs mi dmangs dpe skrun khan, 1364/1989.

Dpa' bo gtsug lag phreng ba, Dam pa'i chos kyi 'khor lo bsgyur ba rnams kyi byung ba gsal bar byed pa mkhas pa'i dga' ston, vol. 1, 2, Mi rig dpe skrun khang, 1566/1986.

巴卧·祖拉陳瓦 著 黃顥 黃颢, 周潤年 譯註 (2017)『賢者喜宴』西寧: 青海人民出版社.

Dpal 'byor bzang po, G.yas ru Stag tshang pa, Rgya Bod kyi Yig tshang mkhas pa dga' byed chen mo 'dzam gling gsal ba'i me long (Kunsang Topgyel and Mani Dorji ed.) Thim-phu, Bhutan. Two volumes, 1454/1979.

達倉宗巴·班覺桑布, 陳慶英 譯.『漢藏史集』, 西藏人民出版社, 1999.

'Jog ri ba Ngag dbang bstan 'dzin 'phrin las rnam rgyal, Gung thang dpal gyi gtsug lag khang byung rabs dang bcas pa'i dkar chag 'gro mgon zhal lung bdud rtsi'i chu rgyun, Tshal gung thang dgon.

A myes zhabs Ngag dbang kun dga' bsod nams, Dzam gling byang phyogs kyi thub pa'i rgyal tshab chen po Dpal ldan Sa skya pa'i gdung rabs rin po che ji ltar byon pa'i tshul gyi rnam par thar pa ngo tshar rin po che'i bang mdzod dgos 'dod kun 'byung. 1629, Delhi: Tashi Dorji; Dolanji, H.P. : distributor, Tibetan Bonpo Monastic Centre, 1975.

Ngag dbang Kun dga' bsod nams, A myes zhab, Dpal Rdo rje Nag po chen po'i zab mo'i chos skor rnams byung ba'i-tshul-legs-par bshad pa bstan srung chos kun gsal ba'i nyin byed [1641]: A detailed historical account of the Mahākāla traditions in India and Tibet, T. G. Dhongthog ed., 2 vols, New Delhi, 1979.

Spyan snga ba Rin chen ldan, The Collected Works (Gsung-'bum) of Yang-dgon-pa Rgyal-mtshan-dpal, Reproduction of three volumes of the writings of the Stod 'Brug-pa Dkar-brgyud-pa master from Rta-mgo Monastery in Bhutan, vol 1. 1982.

Spyan snga rgyal ba thog brdugs pa, Spyan snga rgyal ba thog brdugs pa'i bka' 'bum las springs yig dang zhal gdams. In 'Bri gung bka' brgyud chos mdzod chen mo, vol. 43.

Tshal pa Kun dga' rdo rje, Deb ther dmar po, Beijing: Mi rigs dpe skrun khang, 1346/1981.

Tshal pa Kun dga' rdo rje, Deb ther dmar po, Gangtok: Namgyal Institute of Tibetology, 1363/1961.

蔡巴 貢噶多吉, 陳慶英·周潤年 譯, 『紅史』, 西藏人民出版社, 2002.

Rashīd al-Dīn Fazl Allah Hamadānī, Translated by Wheeler M. Thackston, Jami' u't-tawarikh [sic]. Compendium of Chronicles. Cambridge, MA: Department of Near Eastern Languages and Civilizations, Harvard University, 1998.

Rashīd al-Dīn Fazl Allah Hamadānī. [1300-1310]: Jāmi'' al-Tawārīkh. Edited by Muhammad Rūshan and Muṣṭafī Mūsavī. Teherān: Katībe, 1994.

라시드 앗 딘, 김호동 역주, 『부족지』, 사계절, 2002.

라시드 앗 딘, 김호동 역주, 『칭기스칸기』, 사계절, 2003.

라시드 앗 딘, 김호동 역주, 『칸의 후예들』, 사계절, 2005.

라시드 앗 딘, 김호동 역주, 『일칸들의 역사』, 사계절, 2018.

마르코 폴로, 김호동 역주, 『마르코 폴로의 동방견문록』, 사계절, 2002.

플라노 드 카르피니·윌리엄 루브룩, 김호동 역주, 『몽골제국 기행 - 마르코 폴로의 선구자들』, 까치, 2015.

(明) 權衡, 『庚申外史』, 온라인판 https://zh.wikisource.org/wiki/%E5%BA%9A%E7%94%B3%E5%A4%96%E5%8F%B2/%E5%8D%B7%E4%B8%8A

釋念常, 『佛祖歷代通載』, 北京圖書館古籍珍本叢刊, 北京: 書目文獻出版社, 1341/1988.

宋濂 外, 『元史』, 北京: 中華書局, 1370/1976.

(淸) 趙翼, 『陔餘叢考』 淸乾隆五十五年湛貽堂刻本.

『站赤』 (『永樂大典』 所收) 上下.

2. 단행본

스기야마 마사아키 저, 임대희·김장구·양영우 옮김, 『몽골 세계 제국』, 신서원, 2001.

党寶海, 『蒙元驛站交通研究』, 崑崙出版社, 2006.

Elverskog, Johan, Buddhism and Islam on the Silk Road, Philadelphia: University of Pennsylvania Press, 2010.

Schuh, Dieter, Erlasse und Sendschreiben mongolischer Herrscher für tibetische Geistliche: E. Beitrag zur Kenntnis der urkunden des tibetischen Mittelalters u. ihrer Diplomatik. Monumenta Tibetica historica 3, 1977.

3. 논문

설배환, 「蒙·元제국 쿠릴타이(Quriltai) 연구」, 서울대학교 박사학위 논문. 2016.

최소영, 「13세기 후반 티베트와 훌레구 울루스」, 서울대학교 석사학위 논문, 2010.

최소영, 「13세기 후반 티베트와 훌레구 울루스」, 『중앙아시아연구』 17-1, 중앙아시아학회, 2012.

최소영, 「13~14세기 몽골의 침입과 지배에 대한 티베트인들의 인식」, 『중앙아시아연구』 23-1, 중앙아시아학회, 2018.

최소영, 「15세기 티베트 저작 漢藏史集(Rgya bod yig tshang) 譯註와 연구」, 서울대학교 동양사학과 박사학위 논문, 2019.

최소영, 「대칸의 스승: 팍빠("Phags Pa, 八思巴, 1235-1280)와 그의 시대」, 『동양사학연구』 155, 동양사학회, 2021.

최정, 「원(元)의 진주(眞珠) 장식방법 및 고려(高麗) 후기 제국대장공주의 진주의(眞珠衣) 형태 고증 연구」, 『복식』 60-6, 2010.

康繼輝, 「蒙元王朝的物質賞賜研究」, 蘭州大學 碩士學位論文, 2012.

山本明志, 「モンゴル時代におけるチベット·漢地間の交通と站赤」, 『東洋史研究』 67-2, 2008.

王启龍, 「藏傳佛教對元代經濟的影响」, 『中國藏學』, 2002-01, 2002.

王淼, 「蒙元王朝賜賚制度探析」, 西北師範大學 碩士學位論文, 2014.

張雲, 「元代西藏"止貢之變"及相關問題考釋」, 『中國藏學』 2000-3, 2000.

前田直典, 「元代の貨幣單位」, 『元朝史の研究』, 東京: 東京大學出版會, 1973쪽.

Kalsang Norbu Gurung, "The Value of Tibetan Money: A Study of the Use of Srang in Late 19th Century Tibet" Alice Travers and Jeannine Bischoff (eds). Commerce and Communities: Social Status and the Exchange of Goods in Tibetan Societies (the mid-17th – the mid-20th Centuries). Berlin: Bonner Asienstudien, EB-Verlag, 2018.

Karsten, Joachim, "'When silk was gold' in the Land of Snows: a preliminary Tibetan-English "pictorial" glossary of textile terms related to silken fabrics from Tibet (13th to 20th centuries); with Chinese, Manchu, Mongol and Uigur equivalents from the 1770s" 미완성 원고. 2008, academia. edu.

Li,, Brenda W. L., "Critical Study of the Life of the 13th-Century Tibetan Monk U rgyan pa Rin chen dpal Based on his Biographies," Doctoral Dissertation, Wolfson College, University of Oxford, 2011.

Martin, Dan, "Tibet at the Center: A Historical Study of Some Tibetan Geographical Conceptions Based on Two Types of Country-Lists

Found in Bon Histories", Per Kvaerne (ed) Tibetan Studies. Proceedings of the 6th Seminar of the International Association for Tibetan Studies, FAGERNES, Vol. 1. Oslo, Norway: The Institute for Comparative Research in Human Culture, 1992.

Jampa Samten and Martin, Dan, "Letters to the Khans, Six Tibetan Epistles of Togdugpa Addressed to the Mongol Rulers Hulegu and Khubilai, as well as to the Tibetan Lama Pagpa" Roberto Vitali ed., Trails of the Tibetan Tradition- Papers for Elliot Sperling, Dharamsāla, India: Amnye Machen Institute, 2014.

Vitali, Roberto, "Grub chen U rgyan pa and the Mongols of China", edited by Roberto Vitali, Studies on the History and Literature of Tibet and the Himalayas, Kathmandu: Vajra, 2012.

03

아이누의 북방 교역과
중국제 견직물 '에조 비단(蝦夷錦)'

나카무라 카즈유키(中村和之, 하코다테 공업고등전문학교 교수)
번역: 조수일(동국대학교 일본학연구소), 임경준(동국대학교 문화학술원 HK교수)

Ⅰ. 머리말

지리 유키에(知里幸惠, 1903~1922)는 아이누의 옛 모습에 대해 1923년에 출판된 『아이누 신요집(アイヌ神謡集)』 서문에 아래와 같이 쓴 바 있다.

그 옛날, 이 넓은 홋카이도(北海道)는 우리 선조들의 자유로운 천지였다. 천진난만한 아이들처럼 아름다운 대자연에 안겨 여유롭고 즐겁게 생활하던 그들은 진정한 자연의 총아였으니 실로 행복한 사람들이었던 것이다. 겨울 대지에는 숲과 들을 뒤덮은 깊이 쌓인 눈을 박차고 천지를 얼려버린 한기 따위 아랑곳하지 않고 산을 넘고 넘어 곰을 잡고, 여름 바다에서는 선들바람에 넘실대는 녹색 파도와 흰갈매기의 노래를 벗삼아 나뭇잎 같은 조각배를 띄워 온종일 고기를 잡고, 꽃 피는 봄이면 부드러운 햇살을 맞으며 쉴새 없이 지저귀는 작은 새들과 함께 노래하며 머위도 따고 쑥도 딴다. 단풍으로 물드는 가을에는 거센 바람에 춤추는 이삭 여문 억새를 가르다가, 연어 잡던 화톳불이 꺼지고 골짜기에서 벗을 부르는 사슴의 울음소리를 들으며 잠들면 둥근 달에 꿈을 엮는다. 오호라, 이 얼마나 즐거운 생활인가.[1]

위의 인용문은 일본에서 아이누의 역사·문화에 관심을 가진 이들이라면 누구나 읽었다고 해도 과언이 아닐 정도로 유명한 문장이다. 요절한 아이누 민족 출신 여성이 자기 민족의 과거와 미래에 관해 이야기한 문장으로 널리 알려져 있다.

지리 유키에는 1903년에 현재의 홋카이도 노보리베쓰시(北海道 登別市)에서 태어났고, 큰어머니이자 양어머니였던 간나리 마쓰(金成マツ, 1875~1961)의 보살핌 속에서 유소년기를 현재의 아사히카와시(旭川市)의 교외인 지카부미(近文)에서 보냈다. 젊고 혈기왕성했던 아이누 어학자 긴다이치 교스케(金田一京助, 1882~1971)가 조사를 위해 그곳에 방문한 적이 있었다. 그 당시 지리 유키에와 긴다이치 교스케의 만남에 대해서는 후에 긴다이치가 여러 형태로 글을 남겼고, '지카부미의 하룻밤'으로 전설화된 감이 없지 않아 있다. 지리 유키에는 긴다이치의 권유로 도쿄로 거처를 옮겼는데, 『아이누 신요곡』의 교정을 마무리한 1922년 9월 18일에 긴다이치의 도쿄 자택에서 급사하였다.

한편 1897년에 현재의 아사히카와시에서 태어난 스나자와 구라(砂沢クラ, 1897~1990)라는 아이누 여성이 있다. 지리 유키에가 1903년생이므로 스나자와가 6세 연상이다. 그녀가 만년이 되어 자신의 추억을 이야기한 『쿠 스쿱 오루시페 : 나의 일대기(ク スクップ オルシペ－私の一代の話)』에 다음과 같은 구절이 있다.

---

1 知里幸恵, 『アイヌ神謡集』, 岩波書店, 1978年.
   ※ 역자 주) 한국어판 『아이누 신요집』(이용준·홍진희 옮김, 지식을만드는지식, 2020년)은 『アイヌ神謡集』(鄕土研究社, 1923)을 저본으로 삼아 옮겼으나 '서문'은 실려 있지 않다.

조부인 모노쿠테에카시가 늘 말씀하시던 할아버지(증조부) 시대의 이야기입니다. 옛날 옛날 아이누들은 모피를 배에 한가득 싣고 먼바다를 건너, 아투이야코탄(바다 건너 나라 = 대륙)에 가서는 모피를 보물과 옷가지, 먹을거리, 술과 바꿔 돌아왔습니다. ……그 보물 중에는 아주 먼 옛날 아투이야코탄에서 가져왔다는 오래된 직물이 있었습니다. 명주실 부분은 닳아 떨어지고, 금실이 죄다 갈색으로 변색된 채 남아 있었습니다. 유카르(Yukar)라는 서사시에도 나오는 콘카니코손테(금장이 들어간 옷)와 똑같았습니다. 그 직물이 남아 있었더라면, 지금의 학문으로 조사하여 아이누가 아투이야코탄에 건너갔던 것을 증명할 수 있었으리라 생각합니다. 너무나 아쉽습니다.[2]

아이누 민족의 선조가 대륙까지 가서 교역을 했다는 스나자와의 이야기가 생소하게 느껴지는 독자도 많을 것이다. 아이누 민족에 관해 이야기할 때, 지리 유키에의 관점을 잇는 '자연과 상생하는 아이누'라는 이미지가 주를 이뤄왔다. 스나자와의 '교역민으로서의 아이누'라는 이미지와는 상반된다. 그런데 스나자와와 지리 유키에 두 사람은 한 시기에 아사이카와(旭川)의 같은 동네에 살고 있었다. 스나자와의 책에는 어릴 적 지리 유키에와의 추억이 언급되어 있다. 한 시기에, 같은 동네에서 생활하던 두 아이누 여성이 이처럼 대조적인 이야기를 남기고 있다는 것은 매우 흥미로운 사실이다.

본고에서는 스나자와의 이야기를 출발점으로 삼아, 대몽골 시대 및 그 이후 시대의 아이누 북방 교역의 역사에 대해 살펴보고자 한다. 그 과정을 통해 이제까지 알려지지 않았던 아이누의 역동적인 역사를 들여다볼 수 있을 것이다.

---

2 砂沢クラ、『ク スクップ オルシペ－私の一代の話』、北海道新聞社、1983年。

II. 아투이야코탄에서 온 '콘카니코손테'

1. '에조 비단(蝦夷錦)'이란 무엇인가

스나자와가 말한 '콘카니코손테'라는 아이누 의상이란 도대체 무엇을 가리키는 것일까. 아이누어로 '콘카니'는 금(金)을 가리키는 말로, 일본어의 '코가네(黃金)'가 아이누어로 편입된 말이다. 일본 도호쿠(東北) 지방의 방언에서는 금속 일반을 의미하는 '카네(金)'를 '카니'라 발음한다. '콘카니'의 '카니'는 이에 해당한다. 그리고 '코손테'는 소맷부리를 뜻하는 일본어의 '코소데(小袖)'에서 온 말로, 일본제 옷가지 전반을 의미하는 말로 사용되었다.

그렇다면 '콘카니코손테'란 어떤 옷일까. 필자의 견해를 말하자면, '콘카니코손테'는 '에조 비단' 혹은 '산탄 비단(山丹錦)'을 의미한다.

'에조 비단'이란 전근대에 북방 교역을 통하여 아이누인에게 전해진 중국제 견직물의 총칭이다. 그 문양은 용 무늬인데, 모란 무늬 등의 꽃문양이 있다는 것도 알려져 있다. 용 무늬 '에조 비단'은 본래 청조(淸朝) 관리의 제복으로, 망포(蟒袍)라는 호칭이 있었다. '에조 비단'은 중국 강남(江南) 지방에서 만들어진 견직물로, 베이징에서 아무르강(흑룡강)을 따라 내려가 마미야 해협을 건너 사할린섬(가라후토)을 경유하여 홋카이도로 들어가는 길을 통해 일본에 전해진 것이다. 이 견직물이 5,000km에 이르는 긴 노정을 마다치 않고 전해진 배경에는 청조의 변민(邊民) 지배가 자리하고 있었다. 청조는 아무르강 유역에서 사할린섬 일대에 사는 선주민을 '변민'이라는 조직으로 편성하여 모피를 공납하게 하였다. 청조는 선주민에게 '할라 이 다(hala i da, 일족의 장＝족장)'이나 '가샨 이 다(gašan i da, 마을의 장＝촌장)'이라는

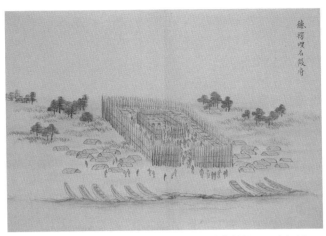

〈도 1〉 마미야 린조, 『동달지방기행』「덕릉리명가부(德楞哩名假府)」
국립공문서관 소장본

지위를 부여하였다. 변민에게는 검은담비의 모피를 공납하는 의무가
부여되는 대신 그 지위에 맞는 관리의 제복 등이 수여되었다. 나아가
그 제복이 교역의 대상이 되어 홋카이도 아이누 민족의 손에 들어갔
고, 일본인은 이를 '에조 비단' 혹은 '산탄 비단'이라 부르게 되었다[3].
대다수의 변민들은 아무르강 하류와 사할린섬에 사는 올차(우리찌)와
니브흐 등의 선주민이었다. 그들은 산탄인이라 불렸는데, 이는 아이누
가 그들을 가리켜 쟌타 혹은 챤타라 부르던 호칭이 변하여 고정된 것
이다. 아이누의 북방 교역을 산탄 교역이라 하고, '에조 비단'을 '산탄
비단'이라 하는 것은 이러한 연유에서이다.

　1809년, 마미야 린조(間宮林蔵, 1775~1844)는 아무르 강 하류의 '데
렌(Deren)'에 있던 만주가부(滿洲假府)를 방문하여, 토징가(Tojingga)·
보르훙가(Bolhūngga)·퍼르헝거(Ferhengge)와 같은 청조의 관리 세 명과

---

3 松浦茂、『清朝のアムール政策と少数民族』、京都大学学術出版会、2006年。

〈도 2〉 마미야 린조, 『동달지방기행』「진공(進貢)」
국립공문서관 소장본

명함을 교환한 후 변민이 된 선주민들이 검은담비 모피를 조공하는
모습을 보았다. 마미야 린조가 귀국 후 무라카미 데이스케(村上貞助)의
도움을 받아 정리한 『동달지방기행(東韃地方紀行)』의 삽화는 데렌에서
조공하는 모습이 생생하게 묘사되어 있는 귀중한 기록이다. 『동달지
방기행』에 따르면, 변민들은 검은담비 모피를 한 장 헌상하는 대신 견
직물 한 묶음을 하사받았다. 이 견직물이 '에조 비단'이다. 원래는 완
성된 옷을 하사하는데, 청조 옹정제(雍正帝)의 명령으로 옷을 짓는 수고
를 덜기 위해 한 벌 분의 옷감을 주기로 한 것이다. 현재 '에조 비단'
라 불리는 자료는 홋카이도에서 약 30점, 아오모리현(青森県)에서 약 40
점을 확인할 수 있다. 그것들은 완성된 옷에서부터 옷감 그 자체, '우
치시키(打敷 = 불단의 깔개)', 보자기(袱紗) 등으로 고쳐 만든 것까지 각
양각색이다. 하지만 그 대부분은 내력이 확실치 않고, 메이지(明治) 시대
이후에 북방 교역 이외의 루트로 들어왔을 가능성이 농후한 것도 있다.
  그렇기에 '에조 비단'을 연구하는 데 있어서 내력 조사가 매우 중

요한 요소이다. 홋카이도와 아오모리현의 자료에는 내력이 불명확한 것이 많고, 확실히 '에조 비단'이라 할 수 있는 자료는 겨우 10점 정도밖에 없다.

2. '에조 비단'의 현존 자료

기존의 '에조 비단' 조사는 주로 홋카이도에서 이뤄져왔다. 홋카이도의 용 무늬 '에조 비단'은 세 종류의 문양으로 분류된다.

A군은 정면을 향하는 용, 이를 좌룡(座龍)이라 하는데, 그 좌룡이 가슴과 등과 양어깨, 총 네 곳에 자리한다. 거기에 서로 마주 보며 승천하는 용, 즉 승룡(昇龍)이 정면에 한 쌍, 등에 한 쌍 자리하므로, 용은 합계 여덟 마리가 된다. 구시로(釧路) 시립박물관이 소장하고 있는 '산탄 비단' 등이 이에 속한다.

〈도 3〉 고다마 컬렉션[児玉コレクション] 소장 산탄후쿠 A군

B군은 목 주위를 감싸듯 용이 자리하고, 허리와 소매 부분에 옆으로 향하는 용, 행룡(行龍)이 있다. 시립 하코다테(函館)박물관이 소장하고 있는 '산탄후쿠(山丹服)'가 이 B군에

〈도 4〉 시립 하코다테박물관 소장 산탄후쿠 B군

〈도 5〉 시립 하코다테박물관 소장
산탄후쿠 C군

속한다.

C군은 A군과 B군의 중간이라 할 수 있는 것으로, 가슴과 등, 양어깨에는 A군과 마찬가지로 좌룡이 네 개 있고, 소매에는 B군과 마찬가지로 행룡이 있다. 이 그룹에 속하는 것은 시립 하코다테박물관이 소장하고 있는 '산탄후쿠'이다.

홋카이도의 자료에서는 A군이 가장 많고, B군과 C군 순으로 적어진다. 그중에서도 B군에는 '우치시키'와 보자기 등으로 다시 제작된 것이 많고, 또 옷감 형태로 들어온 것으로 여겨지는 자료가 많은 것이 특징적이라 할 수 있다. 옷감의 '에조 비단'이 존재하는 것 자체는 특별히 이상할 것이 없다. 하지만 어째서 B군에 집중되는지는 알 수 없다. 뒤에서 다루겠지만, '에조 비단'은 중국에 조공한 대가로 받은 것이기 때문에 어떤 정치적인 사정이 있었을지도 모른다.

지금 현재 신뢰할 수 있는 자료로는 시립 하코다테박물관이 소장하고 있는 '산탄후쿠' 두 점을 들 수 있다. 그것은 하코다테의 호상 스기우라 가시치(杉浦嘉七, 1843~1923)가 1879년에 '개척사 하코다테 지청 가박물장(開拓使函館支廳假博物場, 지금의 시립 하코다테박물관)'의 개관을 축하하고자 기증한 것이다.

III. 몽골제국·원조(元朝)의 사할린섬 진출과 아이누

1. 대몽골 시대란?

'에조 비단'이 아이누 인들의 손에 들어간 배경에는 아이누의 북방 교역이 진전되었기 때문이라 생각되는데, 이 교역은 언제쯤부터 시작되었던 것일까. 아무르강 하류와 사할린섬에 대한 문헌 사료가 남아 있는 것은 몽골제국·원조 시대 이후이다. 『원일통지(元一統志)』에는 늦어도 금대(金代)에 아무르강 하류에 누르겐(奴兒干)성이 만들어졌다고 기록되어 있는데, 그 위치는 누르겐/누르간이라는 지명으로 보았을 때[4], 원대에 동정원수부(東征元帥府)가 설치되고, 명대에는 누르겐도사(奴兒干都司)가 설치된, 현재의 티르촌이라 추정된다. 단, 발굴을 통해 정확한 위치를 알게 된 것은 명초에 여진인 환관 이시하에 의해 누르겐도사에 병설된 누르겐 영녕사(永寧寺) 터뿐이며[5], 동정원수부와 누르겐도사의 실태를 알 수는 없다. 원수부와 도사(정확히는 도지휘사사[都指揮使司])라는 명칭에서 연상될 법한 관아를 갖추고 있었는지는 불분명한 상태이다.

한때 몽골제국은 잔혹한 침략자로서 그려져 왔다. 몽골제국의 침략을 받은 러시아와 동유럽 국가에서 특히 그러하였다. 두 번에 걸친 원

---

4 '奴兒干都司'는 '누르간도사'로 불려왔다(『アジア歴史事典』 第七巻、平凡社、1961 年、271頁). 그런데, 오사다 나쓰키(長田夏樹)가 1413년 「칙수노아간영녕사기(勅 修奴兒干永寧寺記)」의 몽골어와 여진어를 대역한 연구에 따르면(「奴兒干永寧寺碑 蒙古女真文釈二稿」、『長田夏樹論述集』 下、ナカニシヤ出版、2001、pp.188~202), 몽 골어에서는 'nurgäl-ün(奴兒干)'(p.188)으로, 여진어에서는 'nu-ru-gen ni(奴兒 干의)'(p.191)로 전사(轉寫)되어 있어 '누르겐'이 보다 정확할 것으로 판단된다.
5 A.R.アルテーミエフ著(垣内あと訳、菊池俊彦·中村和之監修)『ヌルガン永寧寺遺跡と碑 文—15世紀の北東アジアとアイヌ民族』、北海道大学図書刊行会、2008年。

구(元寇)를 경험한 일본도 마찬가지였다. 그러나 1980년대 이후 스기야마 마사아키(杉山正明) 등 일본의 몽골사 연구자가 밝힌 새로운 몽골제국의 이미지는 이전과는 전혀 다르다고 할 수 있다[6]. 물론 몽골이 살육을 저지른 사실은 의심할 여지가 없지만, 어디까지나 저항한 세력에 한정된 것으로, 처음부터 항복의 의지를 표한 자에게는 세금 납부를 조건으로 하여 기존의 생활을 인정하였다. 또, 단지 몇 차례에 불과했던 살육을 의도적으로 퍼트림으로써, 상대의 공포심을 부추겨 항복을 유도하였다고도 여겨진다. 몽골제국을 따르는 자는 소액의 상세(商稅)만 납부하면 몽골제국의 교역 네트워크를 통해 교역을 할 수 있었다. 그리고 이 교역 네트워크는 유라시아 대륙 전체를 아우르는 것이었다. 이러한 번영의 시대를 '대몽골 시대'라 부르기도 한다. 유라시아 각지의 주민들과 마찬가지로 아이누인 역시 몽골의 교역 네트워크에 편입되어 이후의 역사를 걷게 된다.

2. 몽골제국·원조(元朝)의 사할린섬 진출과 시라누시(白主) 토성 축조

원조의 정사(正史)인 『원사(元史)』와 원대의 명문을 모은 『국조문류(國朝文類)』 등에서 얼마 안 되지만 '쿠이(骨嵬)'에 관한 기술을 찾아볼 수 있다. '쿠이'란 우리찌(Ulch)어 등의 퉁구스어 계통과 니브흐(옛 명칭은 길랴크)어 등에서 아이누를 의미하는 kuɣi~kuyi~kui의 취음자이다. 원조는 1264년에 처음 '쿠이'를 공격하였고, 그 20년 후인 1284년과 1285년, 1286년에 '쿠이'를 연이어 공격한 바 있다. '길레미(吉里迷)'로부터 원군(元軍)에게 '쿠이'가 자신들을 공격한다는 호소가 있었기

---

6 杉山正明, 『クビライの挑戦――モンゴルによる世界史の大転回』, 講談社, 2010年。

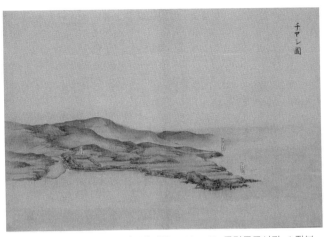

〈도 6〉 마미야 린조, 『북이분계여화』 チャシ圖, 국립공문서관 소장본

때문에, '길레미'의 청으로 '쿠이'를 공격했다고 『원사』에 기록되어 있다. 단, 이는 어디까지나 원조 측의 기술이다. '길레미'란 '吉列迷' 혹은 '吉烈迷'라고 표기하는데, 고아시아어계 수렵·어로민인 니브흐의 선조를 가리키는 호칭인 gillemi의 취음자이다.

원군이 사할린 섬에 진출했을 가능성을 보여주는 증거로 '시라누시(白主) 토성'이라는 유구(遺構)가 있다. 시라누시 토성은 사할린섬 서해안의 최남단에 있는 '쿠리리온 미사키'(니시노토로미사키 = 西能登呂岬)라는 곳에서 2km 정도 북상한 해안단구 위에 있는 성채(城砦) 유적이다. 시라누시 토성은 정방형(115×114m)이라 할 수 있으며, 바깥쪽에 외호(外濠)와 안쪽에 토루(土壘)가 있다. 2002년의 발굴조사를 통해 토루의 구조가 판축(板築)임이 밝혀졌다. 판축은 만리장성에도 사용된 중국의 토목기술이다. 당시 홋카이도에서는 판축 건축물을 찾아볼 수 없기 때문에, 이 토성은 대륙에서 들어온 기술로 축조되었다고 볼 수 있다.

시라누시 토성에 대해서는 에도(江戶) 시대 후기의 일본어 사료에 기술이 남아 있다. 곤도 주조(近藤重蔵, 1771~1829)는 '레푼쿠르'가 축조했다고 기록하였다[7]. '레푼'이란 근해, '쿠르'란 사람을 의미하기 때문에, '레푼쿠르'는 바다 건너편에서 온 사람을 뜻한다. 또, 마쓰다 덴주로(松田伝十郎, 1769~?)는 호인(胡人)이 만들었다고 하는 구전을 기록한 바 있다[8]. 호인이란, 서방과 북방에 사는 이민족을 가리키는 말로, 곤도 주조가 사용한 '레푼쿠르'에 해당하는 말일 것이다. 한편 마미야 린조는, 토성의 위치는 '코고하우'라 하며 누가 만들었는지 알 수 없지만 아이누가 만든 것은 아니라고 적고 있다[9]. 이처럼 시라누시 토성은 대륙 계통의 토성으로, 아이누 이외의 집단이 만든 것으로 여겨지고 있었다는 것을 알 수 있다.

그런데 『국조문류』의 대덕(大德) 원년(1297) 기사에서 원군의 사할린섬 거점으로 과화(果夥, kuo-huo)라는 지명을 발견할 수 있다. 필자

---

7 『近藤正斎全集』第一、国書刊行会、1905年、pp.31~32。シラヌシ〔西部二見ユ〕トアクナイボ沙濱グイ〔カラフト地西南ノ盡頭ナリ。夷住アリ。此處ノ丘上ニ古城跡アリ、土人名テトイチヤシト云、其制方百間四方許アリテ、門ノ跡一ケ所、其外土手アリ。夷人云、古レプングル攻來リシ時築ク所ナリト。夷語ニレプンハ海、グルハ衆ニシテ、惣テ海西ヨリ來ルモノヲ指ス。山丹人モレプングル也。肅愼靺鞨モレフンクルナリ。蝦夷ニレプンクル合戰ノ浄瑠璃アリ。

8 『日本庶民生活史料集成』4巻、三一書房、1969年、p.126。一、シラヌシより去る事凡一里程東海岸に字グイと稱する所あり。其處に砦の舊跡あり。夷言にチヤシと稱す。凡三百間四方にして、三面に堤を築き、前の一方は堤なし。三方とも堤の下ことごとくから堀にて、今に其あと連綿としてあり。所の老夷に尋るに、何のとき又何ものゝ造るにや年月は勿論砦主どもしるものなし。其製嶋夷の作る處にあらざるゆへに圖を顯す。左のごとし。〔又老夷いふ昔、胡人作ると云傳ふ。〕

9 間宮林蔵、『東韃地方紀行他』平凡社、1988年、pp.25~26。シラヌシを去る事凡一里許東海岸にコバハウと稱する処あり。其処に塔の旧趾あり、夷言チヤシと稱す。其状図のごとし。三面に堤を築き、前一方堤を設けず、其中凡二十四、五間あるべし。三方の堤下悉く堭を穿つ。何れの時又何者の造る所にや、年月・塔主共にしるべからず。其製島夷の造る処にあらざるに似たり。

는 지명의 발음이 유사하고『국조문류』의 다른 지명과의 위치 관계로 판단해볼 때 kuo-huo는 마미야 린조가 말하는 '코고하우'가 아닐까 생각한다[10]. 만약 이 생각이 틀림없다면, kuo-huo는 시라누시 토성을 가리키고, 중국의 건축 방법인 판축으로 축조되었다고 하는 것과도 부합한다. 또 원군은 사할린섬 남단까지 군을 보냈고 거기에 성채를 세웠다고 할 수 있게 된다.

3. 원조(元朝)와 '쿠이(骨嵬)'의 관계

『국조문류』를 검토하면 '길레미'에는 원조의 지배하에 백호(百戶)와 천호(千戶) 등의 신분 질서가 형성되어 있었다는 것을 알 수 있다. '쿠이'에게는 그런 신분이 없었으며, 원조의 지배 체제 바깥에 있었다는 것을 알 수 있다. 그렇다면 아이누와 원조 사이에는 아무런 접촉도 없었던 것일까? 결론부터 말하자면, 그렇지 않다. 이를 보여주는 매우 흥미로운 기술을 원대의 대도(大都, 베이징)의 지지(地誌)인 웅몽상(熊夢祥)의『석진지(析津志)』에서 확인할 수 있다. 저자인 웅몽상의 생몰년은 명확하지 않지만, 명대 초기에 아흔이 넘은 나이에 사망한 것으로 알려져 있으므로『석진지』는 14세기 전반에 성립했다고 볼 수 있다. 이 책의 원본은 명대 말기에 일실된 까닭에 다른 서적에 인용된 일문(佚文)을 모으는 작업이 진행 중이다. 이 책의 물산(物産) 서랑지품(鼠狼之品)에 아래와 같은 기술이 있다.

은서(銀鼠)[카라코룸(和林)과 삭북(朔北)에서 나는 것이 고급인데, 산의 돌

---

10 中村和之, 「中世における北方からの人の流れとその変動－白主土城をめぐって－」, 『歷史と地理』 580号、2004年。

틈새에 서식한다. 갓 태어나면 붉은 털에 푸른 빛이 감돌지만, 눈에 닿으면 이내 하얘진다. 해를 거듭할수록 더욱 하얘지는 것이 가장 귀하게 여겨지며, 요동(遼東)의 '쿠이'에 많이 서식한다. 야인(野人)이 해상(海上)의 산과 덤불 속에 판을 깔고 거기서 중국 물건과 교역을 하는데, 서로 만나지 않는 것이 관습[風俗]처럼 여겨진다. 이 족제비의 크기와 길이는 동일하지 않으며, 아랫배는 살짝 노랗다. …… 많은 족제비 중에서 이 은서(銀鼠)를 최고로 치는데, 꼬리의 뾰족한 끝부분이 까맣다.]11

"해상(海上)"은 '해도(海島)'의 오기로 사할린섬을 의미한다. 이처럼 사할린섬에서는 '쿠이'와, 원조를 섬기는 야인이 은서(오코조, 銀鼠)의 침묵 교역을 행하고 있었던 것이다. 야인의 교역품이 중국의 물자라는 사실은 침묵 교역이라는 원시적인 교역의 형태를 취하면서, 원조와 '쿠이' 사이에 교류가 있었던 것을 보여준다. 그 이유는, '쿠이'는 야인처럼 원조와의 조공 교역을 허가받지 못했기 때문이라 생각된다. 원군과 '쿠이' 사이에 분쟁이 이어졌던 점을 아울러 생각해보면, 원군에게 '쿠이'는 토벌의 대상이었을 것이다. 시라누시 토성 축조 역시 그러한 사정에서 이루어졌다고 볼 수 있다.

은서(銀鼠) 모피의 용도에 대해 덧붙이겠다. 몽골제국·원조에서는 1년에 13회, '지순의 연회'라는 행사가 열렸다. jisun이란 몽골어로 색을 뜻하며, 참가자가 같은 색 의상을 입고 모임으로써 일체감을 고양하였다. 몽골 궁정에서 가장 중시되었던 이 연회는 정월의 '하얀 연회'로, 대칸 등의 왕족은 모두 하얀 모피를 입었던 사실이 마르코 폴로의 기록에 있다. 또, 유관도(劉貫道)의 〈원세조출렵도(元世祖出獵圖)〉에서는

11 熊夢祥、『析津志』、鼠狼之品(北京図書館善本組、『析津志輯佚』、北京古籍出版社、1983年、233쪽) : 銀鼠〔和林朔北者爲精、産山石罅中、初生赤毛青、經雪則白。愈經年深而雪者愈奇、遼東骨嵬多之。有野人於海上山藪中鋪設以易中國之物、彼此俱不相見、此風俗也。此鼠大小長短不等、腹下微黄。……諸鼠惟銀鼠爲上、尾後尖上黑。〕

연회 장면은 아니지만, 쿠빌라이 칸이 은서(銀鼠) 모피로 만든 코트를 입고 있다. 원조는 전투를 벌이면서도 아이누로부터 은서 모피를 얻고 있었다. 아이누는 몽골의 모피 교역 네트워크의 북동 변경부(邊境部) 교역 상대였던 것이다.

4. 아이누의 침묵 교역에 관한 사료들

아이누에 관해서는 침묵 교역(silent trade)과 관련된 기록이 얼마 남아 있다. 침묵 교역이란 교역에 참여하는 이들이 직접 접촉을 하지 않고 거래를 하는 것을 가리키는데, 여기에는 몇 가지 방법이 있다.[12] 서로 상대가 보이는 위치에 있으면서도 접촉은 하지 않는 방법이 있는가 하면, 『석진지(析津志)』의 기재 내용처럼 상대를 아예 보지 않는 방법도 있다. 침묵 교역에 관한 가장 오래된 기록은 고대 그리스의 헤로도토스가 저술한 『역사』 권4, 196절에 존재하는데, 이는 북아프리카에서 카르타고인이 리비아인과 벌인 교역 행위이다.

카르케돈(= 카르타고)인들은 다음과 같은 이야기도 전해준다. 헤라클레에스 기둥들 너머의 리비에(= 리비아)에 사람들이 거주하는 지역이 있다고 한다. 카르케돈인들은 그 지역에 가서 배에 실린 화물을 내려 해안에 일렬로 늘어놓은 다음, 다시 배에 올라 연기를 피운다고 한다. 그러면 그곳 원주민들이 연기를 보고 해안으로 와서 화물값으로 황금을 갖다 놓은 후 화물에서 멀찌감치 물러난다고 한다. 이에 카르케돈인들이 받아들일 때까지, 추가로 황금을 더 놓아둔다. 여기서 어느 쪽도 부

---

12 Philip James Hamilton Grierson, *The Silent Trade : A Contribution to the Early History of Human Intercourse*, William Green & Sons, Law Publishers, Edinburgh, 1903. フィリップ・ジェイムズ・ハミルトン・グリアスン(中村勝譯), 『沈黙交易－異文化接觸の原初的メカニズム序說』, ハーベスト社, 1997。

정을 저지르지 않는다고 한다. 카르케돈인들은 그들의 화물과 대등한 값이 되기 전에는 황금에 손대지 않으며 또 원주민들도 카르케돈인들이 황금을 가져가기 이전에는 화물에 손대지 않는다는 것이다.[13]

이는 상대가 보이는 위치에 있는 예이다. 헤로도토스의 『역사』 다음으로 오래된 예로 여겨지는 기록은 『일본서기(日本書紀)』 제명천황(齊明天皇) 6년(660)에 보인다.

3월에 아배신(阿倍臣)을 보내 수군 200척을 이끌고 숙신국(肅愼國)을 치게 하였다. 아배신이 육오의 하이를 자기 배에 태우고 큰 강가에 도착하였다. 그때 도도(渡島)의 하이 1,000여 명이 해안에 모여 강을 향해 진을 치고 있었다. 진영 가운데에서 갑자기 두 명이 나와 "숙신의 수군이 많이 와서 우리들을 죽이려 합니다. 부디 강을 건너가 섬기게 하여 주십시오"라고 소리쳤다. 아배신이 배를 보내 하이 두 명을 불러와 적이 숨은 장소와 배의 숫자를 물었다. 두 명의 하이가 숨어 있는 곳을 가리키면서 "배는 20여 척입니다"라고 말하였다. 그래서 사신을 파견하여 불렀지만 오려고 하지 않았다. 아배신이 비단, 무기, 철 등을 해안에 쌓아 두고 과시하였다. 숙신은 수군을 이끌고 깃털을 나무에 걸어 깃발로 삼고, 일제히 노를 저어 와 해안가 얕은 곳에 배를 정박시켰다. 배한 척에서 두 명의 노인이 내려 주변을 돌며 쌓아놓은 비단 등의 물건을 자세히 살폈다. 그리고 단삼으로 갈아입고 각기 베 한 단씩을 들고 배를 타고 돌아갔다. 잠시 후 노인이 다시 돌아와 갈아입었던 옷을 벗어 놓았다. 아울러 가져간 베도 놓아두고 배를 타고 돌아갔다. 아배신이 여러 척의 배를 보내서 불렀지만, 오지 않고 폐뢰변도(弊賂辨嶋)로 돌아갔다. 자신들의 목책을 거점으로 하여 싸웠다. 그때 능등신마신룡(能登臣馬身龍)이 적에게 살해되었다. 계속 싸웠으나 곧 적이 패하여 자신들의 처자를 죽였다.[14]

---

13 ヘロドトス(松平千秋訳)、『歴史』中、岩波書店、1972、p.110。
　※역자 주) 한국어판 『역사』(김봉철 옮김, 도서출판 길, 2016) 505쪽에 의거하였다.

이 기록도 상대가 보이는 예에 해당한다. 단 이 사료에는 "아배신 (阿倍臣)", 즉 '아베[阿倍]의 신(臣)'으로 밖에 쓰여져 있지 않으나, 이는 아베 히라후[阿倍比羅夫]를 가리키는 것으로 662년 백촌강 전투에서 일본이 당과 신라의 연합군에 패했을 때 일본의 장군이었다. 백촌강 전투 전에 히라후는 북방의 에미시를 복속시키려고 북으로 출정하였다. 그때 '아시와세'라는 집단과 맞부딪혀 침묵 교역에 의한 접촉을 시도하였다. 이때는 교역은 실현되지 못하고 결국 전투로 번지고 말았다. 여기에 등장하는 에미시가 아이누 민족의 조상이라 할 수 있는지에 대해서는 여러 논의가 이루어져 왔는데, 일본 도호쿠 지방에 잔존해 있는 아이누어 지명의 분포를 감안한다면 에미시 속에 아이누어를 구사하는 이가 있었던 것은 의심할 여지가 없다. 한편 '아시와세'에 대하여 필자는 사할린섬에서 홋카이도 오오츠크해 연안에 거주하던 오오츠크 문화인이 남하한 것은 아닌가 하고 추정하고 있다.[15] 이 '아시와세'는 예전에는 '미시와세'로 읽었으나 근래에는 '아시와세'로 읽는 견해가 유력시되고 있다. 다음으로 일본 근세의 학자이자 정치가로서

---

14 坂本太郎ほか校注,『日本書紀』下, 岩波書店, 1965, p.343.

三月, 遣阿倍臣·〈闕名〉. 率船師二百艘, 伐肅愼國. 阿倍臣, 以陸奧蝦夷, 令乘己船, 到大河側. 於是, 渡嶋蝦夷一千餘, 屯聚海畔, 向河而營. 々中二人, 進而急叫曰, 肅愼船師多來, 將殺我等之故, 願欲濟河而仕官矣. 阿倍臣遣船, 喚至兩箇蝦夷, 問賊隱所與其船數. 兩箇蝦夷, 便指隱所曰, 船廿餘艘. 卽遣使喚. 而不肯來. 阿倍臣, 乃積綵帛·兵·鐵等於海畔, 而令貪嗜. 肅愼, 乃陳船師, 繫羽於木, 擧而爲齎. 齊棹近來, 停於淺處. 從一船裏, 出二老翁, 廻行, 熟視所積綵帛等物. 便換着單衫, 各提布一端, 乘船還去. 俄而老翁更來, 脫置換衫, 幷置提布, 乘船而退. 阿倍臣遣數船使喚. 不肯來, 復於弊賂辨嶋. 食頃乞和. 遂不肯聽.〈弊賂辨, 渡嶋之別也〉. 據己栅戰. 于時, 能登臣馬身龍, 爲敵被殺. 猶戰未倦之間, 賊破殺己妻子.

※역자 주) 한국어판『역주 일본서기 3』(연민수 외 옮김, 동북아역사재단, 2013) 302~303쪽에 의거하였다.

15 中村和之·竹内 孝,「奧尻島出土のオホーツク式土器をめぐる試論─土器の胎土中の砂粒の成分分析による」, 小口雅史編,『海峡と古代蝦夷』, 高志書院, 2011.

잘 알려져 있는 아라이 하쿠세키[新井白石]의 『하이지(蝦夷志)』에는

> 동북(東北)의 해중(海中)에 나라를 이루는 것은, 아이누가 전하는 바에
> 따르면 무릇 37개이나, 이중에서 아이누가 통교하는 것은 고작 하나뿐
> 이다. 이밖에는 상세하게 서술할 수 없다고 말한다. "동쪽 바다의 제도
> (諸島)는 …… 아이누는 총칭하여 '쿠루미세(クルミセ)'라고 한다. 아
> 이누가 왕래하는 곳은 곧 키이탓푸이다. 듣는 바에 따르면 그 교역하는
> 방법은 지극히 기묘하다. 매년 아이누가 배에 물품을 싣고 항해하여
> [키이탓푸의] 해안에서 1리 남짓 떨어진 곳에 정박한다. [키이탓푸의]
> 주민이 이를 발견하고 곧바로 집락에서 나와 산 위로 피난한다. 아이누
> 는 저들의 물품을 운반하여 해변에 늘어놓고는 배로 돌아온다. 그리고
> 최초의 위치에 배를 정박한다. 이렇게 하면 [키이탓푸의 주민이] 교역
> 품을 가지고 차례차례 나타나서 각자 자신이 원하는 물품과 교환하고
> 여분이라 생각되는 아이누의 물품과 자신이 가져온 교역품을 두고 가
> 버린다. 아이누가 다시 와서 물품을 회수하여 돌아간다. 혹시 [키시탓
> 푸의] 주민이 두고간 교역품이 지나치게 많다면 아이누는 [키시탓푸의
> 주민이] 여분이라 여긴 [아이누의] 물품을 거기에 두고 가거나, 더러는
> [아이누가] 배에 쌓아 놓은 물품을 거기에 두고 가버린다. [키시탓푸 주
> 민의] 교역품은 모두 짐승의 가죽이다. 아이누가 배로 옮겨온 물품은
> 쌀·소금·술·담배·무명 등이다.[16]

라고 기재되어 있다. 여기에서도 상대가 보이는 방식으로 교역하고 있
다. 『하이지』는 1720년 서문이 있는데, 홋카이도 동부에 위치한 키리

---

16 新井白石(原田信男校注)、『蝦夷志 南島志』、平凡社、2015、p.88。
　　国於東北海中者、夷中所伝、凡三十七。而夷人所通、唯其一、其余則不可得詳云。〈東海
　　諸島、……夷中総称曰クルミセ。夷人所通、即キイタツプ。嘗聞其互市例極奇。毎歳夷人
　　装戴船貨以行、去岸里許而止。島人候望、乃去其聚落、避之山上。夷人運搬其貨、陳列海
　　口去、而止如初。既而島人負担方物、絡繹来会、各自易取其所欲之物、閣置其余及厥産而
　　去。夷人又収載之而還。若其方物過多、則或留其余、或置船貨而去。方物皆獣皮。船貨
　　則米塩酒烟及櫟布之属云。〉

탓푸[霧多布]로 현지 주민과 배를 타고 온 아이누 사이에 침묵 교역이 이루어지고 있었음을 알려준다. 여기에서 아이누가 싣고 온 화물이 모두 일본인과의 교역을 통하여 입수한 것이기 때문에 키리탓푸로 배를 타고 온 아이누는 마츠마에[松前]를 비롯한 홋카이도 남서부 일대에서 거주하던 이들로 추정된다. 그리고 "동북의 해중에 나라를 이루는 것은"이란 구절이 있는데, 이 "나라"란 국가라고 하기보다는 거점이 되는 집락 정도로 이해해야 할 것이다. 마지막으로 쓰무라 소우안[津村淙庵]의 『담해(譚海)』권5 「오슈[奧州] 쓰가루[津輕]에서 마츠마에까지 그리고 하이(蝦夷)의 풍속에 대하여」에는

> …… 아이누는 날붙이를 만드는 법을 알지 못하며 담배도 여기에는 없다. 모두 일본에서 가져가서 교역한다. 일본인은 교역하는 곳 더 안쪽으로는 갈 수 없으므로 교역물을 가지고 와서 근처에 늘어놓으면 아이누가 와서 자신들의 물품과 교환하고 돌아간다. 옛적에는 손도끼·큰 도끼·칼·소도(小刀) 등 몇 가지 조악한 물품을 가지고 가서 교역하였으나, 지금은 아이누가 똑똑해져서 날붙이를 늘어놓은 곳에 돌을 가지고 가서 날붙이를 돌에 부딪치며 시험해본다. 날에 이가 빠졌거나 구부러졌거나 하면 [날붙이를] 버리고 돌아보지도 않는다. 날이 잘 서있는 것을 골라서 교역하게 되었다.[17]

라고 한다. 『담해』에는 1795년의 서문이 첨부되어 있다. 쓰무라 소우

---

17 『日本庶民生活史料集成』8卷、三一書房、1969、p.86。……蝦夷人は刃物を作る事をしらず、又たばこも彼地になし、皆此邦より持渡りて交易する也。交易する所より奧へは此邦の人ゆく事ならぬゆゑ、交易のものを持はこびて、其所にならべ置けば、ゑぞ人來りて彼の方の産物に取かへもてゆく也。昔は斧・まさかり・庖丁・小刀の類、いくらもなまくら物を持行て交易せしが、今はゑぞ人かしこく成て、刃物をならべ置所へ石を抱き來り、刃物を其石にうちあてゝ試る、又こぼれ又はまがりなどすれば、打やりてゝ返りみず、又よきものをゑりてかふる事に成たり。

안이 말하고 있는 침묵 교역이 홋카이도의 어디에서 이루어졌는가는 알려져 있지 않다. 단, 1795년은 18세기 말이다. 1789년에 홋카이도 동부에서 발생한 아이누 봉기인 쿠나시리·메나시 전투의 영향으로 1799년에 에도 막부[江戶幕府]가 동하이지(東蝦夷地)를 직할 지배하기 직전이다. 이러한 일이 18세기 말에 실제로 벌어지고 있었던 것일까. 위에서 서술한 것과 같은 아이누에 관한 기록에는, 7세기·14세기·18세기 말까지 장기간에 걸쳐 침묵 교역에 관한 서술을 볼 수 있다. 아이누와 관련하여 왜 이처럼 오래된 형식의 교역 형태가 보고되고 있는 것일까. 이는 사실이었던 것일까, 아니면 기록한 이가 아이누를 미개하다고 인식한 결과 만들어진 언설인가. 이에 대해서는 알 수 없으나, 차후의 과제로 삼고 싶다.

몽골제국 시대에는 유라시아 대륙 각지에서 족제비의 교역이 이루어졌다. 『이븐 바투타 여행기』에는 볼가강 중류 불가르 북쪽 '암흑의 땅'에서 이루어진 족제비 가죽의 침묵 교역에 대한 기록이 있다. 이 '암흑의 땅'이란 바렌츠해 연안으로 오늘날의 러시아 연방 네네츠 자치구 부근으로 여겨진다.

여행객들은 이 황야를 40일 동안 지나가야 줄마땅에 이른다. 그들은 가지고 온 화물들을 땅바닥에 나누어놓고 상주하는 숙소에 돌아온다. 다음 날 화물을 놔눈 데 가 보면 화물마다 맞은편에 검은 담비(sammūr)나 다람쥐(sinjāb), 흰 족제비(gāgum) 가죽이 놓여 있다. 만일 화주가 자기의 화물 맞은편에 있는 물건이 마음에 들면 가져가고, 마음에 들지 않으면 그대로 놔둔다. 그러면 원주민들은 물건을 더 가져다놓기도 한다. 그러나 때로는 물건을 도로 찾아가고 상인들의 물건은 그대로 방치하는 경우도 있다. 이런 식으로 거래가 진행된다. 그곳에 가는 사람들은 도대체 누구하고 물건을 팔고 사는지, 거래자가 정령(精靈)인지, 아니면 사람인지조차 모른다. 한 사람도 만나본 일이 없으니까.

흰 족제비 가죽은 가장 진귀한 모피로서 인도에서는 그 모피옷 한 벌에 금화 1,000디나르씩이나 한다. 우리의 금화로 환산하면 250디나르다. 한 뼘 길이의 자그마한 짐승 가죽인데, 색깔은 아주 희며 긴 꼬리는 지은 옷에도 그대로 달려 있다. 다람쥐 가죽은 흰 족제비 가죽만은 못하지만, 그 모피옷 한 벌에 400디나르 정도다. 이러한 짐승 가죽의 특성 중 하나가 이가 끼지 않는다는 것이다. 중국의 달관요인(達官要人)들은 이런 짐승의 가죽을 통째로 목도리를 만들어 쓴다. 페르시아나 두 이라크의 상인들도 그렇게 한다.[18]

이 사례는 『석진지』와 같이 상대를 보지 않는 방식의 침묵 교역이다. 이처럼 몽골제국의 북서방 변경에서 북동 변경에 이르는 지역에서는 모피의 교역이 이루어지고 있었다. 몽골의 모피 교역 네트워크는 유라시아 전역에 펼쳐져 있었다고 여겨지며 아이누는 그 북동 변경부의 담당자였다고 할 수 있다.

IV. 명조의 북동아시아 정책과 청조·러시아와의 교섭

1. 명조의 누르겐도사 경영과 청조의 사할린섬 진출

원대에 이어 명대에는 영락제의 명령으로 티르촌에 누르겐도사를 설치한 이시하 등이 누르겐 영녕사(永寧寺)를 병설하였다. 이시하 등이 세운 1413년의 〈칙수누르겐영녕사기(勅修奴児干永寧寺記)〉에는 아래와

---

18 イブン・バットゥータ(矢島彦一訳、『大旅行記』 4、平凡社、1999、pp.47~48。

  ※ 역자 주) 한국어판『이븐 바투타 여행기 1』(정수일 역주, 창비, 2001) 487쪽에 의거하였다.

같은 표현이 있다.

> ……해서(海西)에서 누르겐(奴兒干)을 거쳐 바다 밖 '쿠이'에 이르기까지 남녀에게 의복과 기구, 곡미를 하사하고 술과 안주로 대접했더니 모두 들떠 기뻐하고, 한 사람도 거스르거나 따르지 않는 이가 없었다. ……19

이처럼 누르겐에서 바다 밖에 '쿠이'가 산다는 인식을 갖게 되었다. '쿠이(苦夷)' 내지는 '쿠이(苦兀)'란 아이누를 가리키는 명대의 표기이다. 이처럼 명대에는 아이누가 조공 교역의 상대로 인식되었다는 것을 알 수 있다. 『대명실록(大明實錄)』 등의 예로 보면 〈칙수누르겐영녕사기〉에서 명조가 하사한 "의복"이란 견직물이었을 가능성이 높다. 한문으로 '의복'이라 쓰인 부분은 여진문으로 'etu-ku(의복의 뜻)'인데, 몽골문에서는 'toryan(緞子)'와 'dägäl(衣服)'이라 되어 있어 단자(緞子)로 표현되었기 때문이다.20 이시하의 아무르강 하류 지역으로의 원정은

---

19 (漢文)『勅修奴兒干永寧寺記』: 十(1413)年冬, 天子復命內官亦失哈等載至其國. 自海西抵奴兒干及海外苦夷諸民, 賜男婦以衣服·器用, 給以穀米, 宴以酒饌. 皆踊躍懽忻, 無一人梗化不率者. 참고로 여진문 원문은 다음과 같다.
…i-si-xa adi ba uŋgi-bi xai-si du-xi nu-ru-Gen də isi-ta-la
…이시하 등을 파견하여 바다 서쪽에서 奴兒干에 이르기까지
mede-eri tu-li-xi ku-Gi adi xaxa xexe nyalma də etu-ku
바다 바깥에 있는 苦夷 등의 남자와 여자에게 의복·
bai-ta ga? uli-in be ali-ba saG-dai si-? amba osoho …
일·재화를 주고, 노약자…

20 『勅修奴兒干永寧寺記』のモンゴル文の該当部分は, 長田夏樹, 「奴兒干永寧寺碑蒙古女真文釈二稿」注4, 190쪽, に以下のようにある.
yung-lau arbaduɣar on ubul sar-a-dur basa nuig ön isiq-a〔…〕jaruju qai-si
永楽(の) 十番目の 年 冬(の) 月 に また 内官 イシハ   差遣し 海西
äcä nurgäl kürtälä dalai-yin ɣadarkin küü-gi〔……〕är-ä äm-ä〔……〕da toryan
より奴兒干(に) 至るまで 海 の 外の 苦夷   男 女   緞子

442 동유라시아 물품 교류와 지역

〈도 7〉 마미야 린조, 『동달지방기행』 「산탄고에 지도」
국립공문서관 소장본

영락(永樂) 연간 5회, 선덕(宣德) 연간 2회였지만, 사할린섬까지 군세를
확장시켰는지에 대해서는 증거가 없어 명확하지 않다. 1435년에 선덕
제가 죽은 후에는 명군이 아무르강 하류에 파견되는 일이 없어졌다.
게다가 1449년의 '토목의 변'으로 인하여 명조는 북동아시아에서의
영향력을 상실하였다. 그러나 건주 여직(建州女直)에 의해 교역은 이어
졌고, 비단도 아무르강 하류 지역으로 들어가고 있었던 듯하다. 그것

dägäl ba〔…〕kärägtü äd-i soyurqabasu yäkä üčükän ötägüs jalaɣus kigäd〔……〕
衣服　　　　　　入用な 物品を 賜えば　　　大小老人　　　若者 及び
同じく女真文は、193~194쪽、に以下のようにある。
yi-uŋ-lo juan anya tuve-eri nu-in-guon i-si-xa adi ba uŋgi-bi xai-si du-xi
nu-ru-ɢen
永楽　十　　年　冬(に)　　内官　イシハ 等を 派遣し　海西 より　　奴児干
də isi-ta-la　mede-eri　tu-li-xi ku-ɢi adi xaxa xexe　nyalma də etu-ku bai-ta
ga?
に 至るまで 海(の)　　外にある 苦夷 等 男 女(の) 人　に　衣服 仕事
uli-in be ali-ba saɢ-dai si-? amba osoho gemu　?　ur-ɢun-je-meri da-ha-??
財貨を 授け 老 若?　大　　小 すべて　　喜 び　 随い

과 관련성이 있어 보이는 사료가 마쓰마에번(松前藩)의 『신라지기록(新羅之記録)』에 있다. 1593년, 마쓰마에번의 초대 번주 가키자키(蠣崎, 후에 마쓰마에[松前]) 요시히로(慶広)는 비젠(肥前)의 나고야성(名護屋城)에서 도쿠가와 이에야스(徳川家康)를 면회하였는데, 이에야스가 입고 있던 '당의(唐衣)'를 칭찬하자, 즉시 벗어서 헌상했다고 전해진다. '당의'에는 '산탄치미프'라는 글귀가 붙어 있다. 이는 아이누어로 '산탄의 옷'이라는 뜻이다.

17세기가 되면, 만주족 왕조인 청조가 중국의 지배자가 된다. 청조는 당시 세계의 지리학계에서 논쟁이 되고 있었던 환영의 땅 '에조'에 뜨거운 관심을 갖고 있었다. 청조는 '에조'를 자국 영토의 일부로 생각하고 있었고, 1709년에 예수회 선교사 레지스 등을, 1711년에는 만주인 사르찬 등을 아무르강 하류 지역과 사할린섬에 파견하여 조사하였다. 단, 청조는 원대의 동정원수부, 명대의 누르겐도사와 같은 항구적인 거점 건설은 하지 않았던 듯하다. 청조는 1726년에서 1727년에 걸쳐 러시아와 국경 확정에 관한 교섭을 베이징에서 실시하였고, 그때 러시아로부터 받은 지도를 보고 충격을 받았다. 거기에서는 막 발견된 캄차카가 '에조'라고 되어 있었기 때문이다[21]. 청조는 1690년 이후 사할린 북부로 세력을 확장하였고, 이를 계기로 러시아에 대항하기 위해 사할린 남부로 적극적인 진출을 추진하였다.

앞서 언급한 바와 같이, 청조는 아이누를 변민이라는 조직에 편입시키고, 모피 조공을 의무화함과 동시에 일정한 지위를 주고 그에 수반하는 대우를 하였다. 이때, 조공에 대한 보답으로 받은 것 중에 망포(蟒袍)라 불리는 청조 관리의 옷이 있었다. 이것이 일본에서 '에조 비

21 松浦茂,「1727年の北京会議と清朝のサハリン中・南部進出」, 松浦茂, 『清朝のアムール政策と少数民族』, 京都大学学術出版会, 2006年.

단'이라 불렸던 것이다. 1696
년에 홋카이도 북부의 레분
섬(礼文島)에 표착한 조선왕
조의 하급무관 이지항(李志恒)
일행은 그 후 바다를 건너
홋카이도 소야(宗谷)로 추정
되는 곳에 도착하였다. 이지
항의 『표주록(漂舟錄)』에 의
하면, 소야에 잠시 머물렀고
거기서 가져온 옷을 아이누
의 담비 모피와 교역하였다
고 한다. 그들은 마쓰마에번
의 보호를 받다가 에도와 대
마도를 거쳐 본국으로 송환
되었다. 마쓰마에번이 작성

〈도 8〉 요한 호만, 「캄차카, 즉 에조 지도」

한 사료에는 이선달(李先達, 이지항)의 소지품 중에 "담비 모피 대소
40장(貂皮大小四十枚)"이라 적혀 있고, 그 외에 "지룡문차색(地龍紋茶
色)"이라는 기록도 있다. 소야에서 담비 모피 외에 용 무늬 갈색 피륙
을 입수했다는 사실을 알 수 있다22. 그것은 청조가 선주민에게 하사
한 '에조 비단'일 가능성이 농후하다.

　사할린섬 서해안에 나요로(오늘날에는 펜젠스코에(Penzenskoye))라
는 집락이 있다. 그곳의 수장인 요치테아이노는 어린 시절 청조의 관
리에게 인질로 잡힌 적이 있는 인물인데, 풀려나 고향으로 돌아올 때
청조의 관리에게 양충정(楊忠貞)이라는 이름을 받았다. 그는 1778년에

22 中村和之、「李志恒『漂舟録』にみえる蝦夷錦について」、『北海道の文化』70号、1998年。

소야에서 마쓰마에번사를 만났을 때 '에조 비단'을 입고 있었으며, 양충정이라는 이름을 적은 문서를 가지고 있었다고 한다. 요치테아이노가 살았던 시대는 산탄 교역이 융성한 시대였다. 청조에서는 검은담비의 모피, 일본에서는 '에조 비단'의 수요가 높았기 때문에 실제 가격을 훨씬 상회하는 가격으로 거래되었다. 그리하여 청조와 일본 사이에서 교육에 종사하던 산탄인 등 중에는 큰 부를 축적한 자가 등장하게 되었다[23].

2. 방사선 탄소 연대 측정법에 의한 '에조 비단'의 연대 측정

앞서 다룬 바와 같이, '에조 비단'과 관련하여 신뢰할 수 있는 자료는 시립 하코다테박물관이 소장하고 있는 두 착의 '산탄후쿠'뿐이다. 그 외의 자료는 내력이 불분명하거나, 북방 교역을 통해 일본에 들어왔는지 아닌지가 확실하지 않다. 그렇기에 당연히 자료가 만들어진 연대를 알 수 없다. 그런데, 아오모리현 오마마치(青森県 大間町)의 개인이 소장하고 있는 '용 무늬 깔개(龍文打敷)'의 제작 연대를 알 수 있는 실마리가 생겼다. 그 자료에는 "소주직조신서문(蘇州織造臣舒文)"이라는 글자가 새겨져 있다. 타이완중앙연구원 역사어언연구소에 소장되어 있는 문서를 통해 '서문(舒文)'이 '관리소주직조(管理蘇州織造)'였던 것은 1771년에서 1777년 사이라는 것을 알 수 있었다. 단, 이는 특수한 조건의 자료에만 적용할 수 있는 방법이다.

또 하나의 발견이 있었다. 나고야(名古屋)대학 우주지구환경연구소의 오다 히로타카(小田寛貴)와 공동연구를 진행하는 과정에서 14C 연대 측정을 통하여 '에조 비단'의 연대가 확정된 일이다[24]. 측정 대상이

---

23 佐々木史郎、『北方から来た交易民─絹と毛皮とサンタン人』、日本放送出版協会、1996年。

〈도 9〉 수리 중인 니브흐의 모자(안쪽).
사할린주립향토지박물관 소장.

〈도 10〉 수리 중인 니브흐의 모바(바깥쪽).
사할린주립향토지박물관 소장.

된 것은 니브흐의 모자였다. 이 모자는 모피제로, 푸른 바탕의 '에조 비단'이 꿰매져 있다. 1966년에 사할린섬 북서안의 루포로보(Lupolovo) 에서 채집한 것으로, 현재는 러시아 연방 사할린주 유즈노사할린스크 시에 있는 사할린주립향토지박물관에 소장되어 있다. 필자는 2006년 10월에 사할린주립향토지박물관에 방문하였는데, 마침 그 모자를 한 창 보수 중이었다. 필자는 그 현장에서 '에조 비단'을 떼어낸 후의 상 태를 볼 수 있었다. 푸른 바탕의 '에조 비단' 밑에는 빨간 바탕의 모란 무늬와 용 무늬 '에조 비단'을 잇댄 모자가 나왔다. 빨간 바탕 외에 짙 은 갈색과 옥색 천도 있고, 몇몇 '에조 비단'은 물고기 껍질을 잘게 자 른 것으로 잇대어 기운 것이었다.

필자는 보수 과정에 나온 자투리 7점(푸른 천 1점, 빨간 천 1점, 갈 색 천 2점, 짙은 갈색 천 2점, 옥색 천 1점)을 연대 측정을 위한 분석 자료로 제공받았다. 7점 중 6점까지의 연대는 16세기부터 18세기 사이 를 나타낸다〈표 1〉. 청조가 아무르강 하류 지역에 세력을 넓힌 시기 는 17세기 말부터 19세기 초이기 때문에 약간 오래된 연대도 있지만,

---

24 小田寬貴・中村和之, 「加速器質量分析法による蝦夷錦の放射性炭素年代測定 — 『北東アジ アのシルクロード』の起源を求めて —」, 『考古学と自然科学』 75号、2018年。

〈그림 11〉 비단조각
(왼쪽이 자료6, 오른쪽이 자료7).
사할린주립향토지박물관 소장.

자료가 세상에 전해지는 과정을 감안한다면 반드시 불가능한 값은 아니다.

하지만 필자가 〈표 2〉에서 제시한 자료7의 14C 연대는 다른 자료와는 달랐다. 14C 연대가 두 행으로 기재되어 있는데, 상단은 일표준편차라 하고(1σ), 이 범위에 진짜 값이 들어갈 확률은 약 68%이다. 하단은 이표준편차라 하는데(2σ), 여기에 진짜 값이 들어갈 확률은 약 95%에 이른다. 교정연대란, 자연과학적 연대인 14C 연대를 역연대(曆年代)로 환산(이를 교정이라 한다)한 값이다. 통상적인 역연대와 구별하기 위해 단위에는 교정(Calibration)을 뜻하는 [cal AD]를 사용한다. 괄호 안에 제시된 값은 가장 가능성이 높은 14C 연대치를 교정한 결과이며, 괄호 밖의 수치는 교정연대의 오차범위를 나타낸다. 〈표 2〉에 있는 자료7의 측정 결과를 예로 들면서 부연하겠다. 일표준편차의 오차범위(539 ± 24BP, 즉 515~563BP의 범위)를 역연대로 교정하면, 1403년부터 1420년까지의 범위에 해당한다. 가장 가능성이 높은 14C 연대치인 539BP를 교정한 결과가 1411년이다. 또, 이 표준편차의 오차범위(539 ± 49BP)는 1324년부터 1346년까지의 범위 및 1393년부터 1432년까지의 범위에 해당하고, 1411년일 가능성이 가장 높아진다. 자료7은 우측의 옥색 천이고, 좌측의 갈색 천은 자료6이다. 자료7의 연대는 원대부터 명대 초기에 해당하는 것으로, 필자를 포함한 지금까지의 조사에서 얻은 수치와는 동떨어져 있다. 자료7은 옥색 천에 자색

실이 꿰매져 있지만, 문양은 불분명하다. 14C 연대 측정 결과를 믿을 수 있는 것이라 가정한다면, 이 자료는 명초 이시하의 원정길에서 아무르강 하류 지역과 사할린섬에 전해졌을 가능성이 높다고 할 수 있다. 누르겐도사는 15세기 중반에 기능이 정지되었다고 볼 수 있기 때문에, 자료7의 '비단'이 15세기 후반 이후에 아무르강 하류 지역에 들어갔을 가능성은 낮다. 따라서 이 '비단'은 이시하의 원정길에 티르촌까지 이동하였고, 거기서 조공 교역의 하사품으로 선주민 손에 들어간 것이라 생각해야 한다. 만약 이 가정이 틀림없다고 한다면, 이 '비단'은 사할린섬 북부에서 600년 가깝게 대대로 전해졌던 것이다.

지금까지 살펴본 바와 같이 '에조 비단'이 세상에 전해지는 과정은 중국 제품이 선주민 사회에서 위신재(威信財)로서의 가치를 가지고 있었던 것을 보여준다. 이와 같은 중국 제품에 대한 높은 평가가 후에 청조가 진출하여 산탄 교역이 융성하는 데 하나의 요인으로 작용하였다고 볼 수 있다.

〈표 1〉 사할린주립향토지박물관 소장 니브흐 모자의 '에조 비단' 갈색 (자료6)

	14C연대 [BP]	교정연대 [cal AD]
av.±1σ	266±30	1640(1647)1658
av.±2σ	266±61	1523()1560, 1560()1572, 1630(1647)1667, 1783()1796

〈표 2〉 사할린주립향토지박물관 소장 니브흐 모자의 '에조 비단' 옥색 (자료7)

	14C연대 [BP]	교정연대 [cal AD]
av.±1σ	539±24	1403(1411)1420
av.±2σ	539±49	1324()1346, 1393(1411)1432

V. 맺음말

원조의 사할린섬 진출로 시작되어, 명조의 누르겐도사 경영, 청조의 변민 지배 체제가 가져온 '에조 비단'의 존재는 아이누의 북방 교역과의 깊은 관련을 보여주는 자료라 생각되어왔다.

하지만 잘 생각해보면 루포로보의 '비단'은 아이누가 아니라 니브흐의 자료였다. 필자는 지금까지 조사를 진행하면서, 아이누의 의례에 '에조 비단'이 사용된 예를 찾지 못하였다. 유일하게 이것도 아이누의 예가 아닌 니브흐의 예로, 브로니스와프 피우스트스키의 보고가 있다. 한센병을 치료할 때의 사례로서, "샤먼은 치료 의례를 치를 때 환자의 가족이 보내온 지나(支那) 복(길리야크는 이를 보물로 여긴다)을 입고 치료했다"[25]라고 기록한 바 있다. 아마도 이 '지나복'은 '에조 비단'을 가리키는 것으로 보인다. 그러나 아이누에 관해서는 특정 의례와 '에조 비단'이 결부된 예를 찾아볼 수 없다. 필자의 관견으로는 남성 정장의 관(冠, 사판페(sapa-un-pe)) 옆에 '에조 비단'(산탄 비단)의 자투리를 늘어뜨린 것을 '산타사판페'라 부르는 예가 있을 뿐이다.

이처럼 '에조 비단'이 아이누 문화 속에서 명확한 자리매김을 하고 있다는 점을 확인할 수 없다. 혹은 일본인 사회와의 교역 가치를 가지고 있었기 때문에, 아이누 사회에 남겨지는 일이 없었기 때문일지도 모른다. 일본인이 귀중하게 여긴 것이었다고 치더라도, 아이누 인들에게 있어서 '에조 비단'이 정말 가치를 가지는 것이었는지 아닌지에 관해서는 향후 신중하게 검토해야 할 것이다.

---

25 黒田信一郎、「ギリヤークの世界像とハンセン病－資料の提示」、『国立民族学博物館研究報告別冊』5号、1987年、322頁。

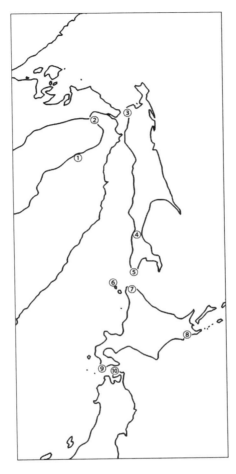

① 데렌(Deren) ② 틸(Tyr) ③ 루폴로보(Lupolovo)
④ 나요로 ⑤ 시라누시(白主) ⑥ 레분도(禮文島)
⑦ 소야(宗谷) ⑧ 키리탓푸(霧多布)
⑨ 마쓰마에(松前) ⑩ 오오마(大間)

참고문헌

1. 단행본

『日本庶民生活史料集成』 8巻, 三一書房, 1969.

『アジア歴史事典』 第七巻, 平凡社, 1961.

『近藤正斎全集』 第一, 国書刊行会, 1905.

『日本庶民生活史料集成』 4巻, 三一書房, 1969.

間宮林蔵, 『東韃地方紀行他,』 平凡社, 1988.

北京図書館善本組, 『析津志輯佚』, 北京: 古籍出版社, 1983.

井白石(原田信男 校注), 『蝦夷志 南島志』, 平凡社, 2015.

知里幸恵, 『アイヌ神謡集』, 岩波書店, 1978.

坂本太郎ほか 校注, 『日本書紀』 下, 岩波書店, 1965.

松浦茂, 『清朝のアムール政策と少数民族』, 京都大学学術出版会, 2006.

佐々木史郎, 『北方から来た交易民―絹と毛皮とサンタン人』, 日本放送出版協会, 1996.

イブン・バットゥータ 著, 矢島彦一 譯, 『大旅行記』 4, 平凡社, 1999.

フィリップ・ジェイムズ・ハミルトン・グリァスン 著, 中村勝 譯, 『沈黙交易－異文化接触の原初的メカニズム序説』, ハーベスト社, 1997.

ヘロドトス 著, 松平千秋 訳, 『歴史』 中, 岩波書店, 1972.

砂沢クラ, 『ク スクップ オルシペ－私の一代の話』, 北海道新聞社, 1983.

杉山正明, 『クビライの挑戦―モンゴルによる世界史の大転回』, 講談社, 2010.

A.R.アルテーミエフ 著, 垣内あと 訳, 菊池俊彦・中村和之 監修, 『ヌルガン永寧寺遺跡と碑文－15世紀の北東アジアとアイヌ民族』, 北海道大学図書刊行会, 2008.

2. 논문

中村和之・竹内孝, 「奥尻島出土のオホーツク式土器をめぐる試論－土器の胎土中の
　　　砂粒の成分分析による」, 『海峡と古代蝦夷』(小口雅史編), 高志書院, 2011.

黒田信一郎, 「ギリヤークの世界像とハンセン病－資料の提示」, 『国立民族学博物
　　　館研究報告別冊』 5號, 1987.

小田寛貴・中村和之, 「加速器質量分析法による蝦夷錦の放射性炭素年代測定－
　　　『北東アジアのシルクロード』の起源を求めて－」, 『考古学と自然科学』 75
　　　號, 2018.

松浦茂, 「1727年の北京会議と清朝のサハリン中・南部進出」, 『清朝のアムール政
　　　策と少数民族』, 京都大学学術出版会, 2006.

中村和之, 「李志恒『漂舟録』にみえる蝦夷錦について」, 『北海道の文化』 70號, 1998.

中村和之, 「中世における北方からの人の流れとその変動－白主土城をめぐって－」,
　　　『歴史と地理』 580號, 2004.

長田夏樹, 「奴児干永寧寺碑蒙古女真文釈二稿」, 『長田夏樹論述集』 下, ナカニシ
　　　ヤ出版, 2001.

Philip James Hamilton Grierson, The Silent Trade : A Contribution to the
　　　Early History of Human Intercourse, William Green & Sons, Law
　　　Publishers, Edinburgh, 1903.

서인범

이 글은 『동국사학』 69, 동국역사문화연구소, 2020에 처음 수록되었다.

구도영

이 글은 『International Journal of Korean History』 26(2), Center for Korean History, Korea University, 2021에 처음 수록되었다.

김병모

이 글은 『동아시아고대학』 64, 동아시아고대학회, 2021에 처음 수록되었다.

이승호

이 글은 2021년 동국대 HK+사업단과 제주대 탐라문화연구원이 공동 주최한 학술발표회 '진상·증여품을 통해서 본 전근대 동유라시아와 제주'에서 발표하였고, 『동국사학』 70, 동국역사문화연구소, 2021에 처음 수록되었다.

고수미

이 글은 2021년 동국대 HK+사업단과 제주대 탐라문화연구원이 공동 주최한 학술발표회 '진상·증여품을 통해서 본 전근대 동유라시아와 제주'에서 발표하였고, 『동국사학』 70, 동국역사문화연구소, 2021에 처음 수록되었다.

임경준

이 글은 2021년 동국대 HK+사업단과 제주대 탐라문화연구원이 공동 주최한 학술발표회 '진상·증여품을 통해서 본 전근대 동유라시아와 제주'에서 발표하였고, 『동국사학』 70, 동국역사문화연구소, 2021에 처음 수록되었다.

와타나베 미키

이 글은 『동국사학』 69, 동국역사문화연구소, 2020에 처음 수록되었다.

설배환

이 글은 2021년 동국대학교 HK+사업단과 중앙아시아학회가 공동 주최한 학술 발표회 '몽골시대 동유라시아 세계의 물품 유통과 지역사회의 변화'에서 발표 하였고, 『중앙아시아연구』 26-2, 중앙아시아학회, 2021에 처음 수록되었다.

최소영

이 글은 2021년 동국대학교 HK+사업단과 중앙아시아학회가 공동 주최한 학술 발표회 '몽골시대 동유라시아 세계의 물품 유통과 지역사회의 변화'에서 발표 하였고, 『중앙아시아연구』 26-2, 중앙아시아학회, 2021에 처음 수록되었다.

나카무라 카즈유키

이 글은 『동국사학』 70, 동국역사문화연구소, 2021에 처음 수록되었다.

동국대학교 문화학술원 연구총서 01

동유라시아 물품 교류와 지역

초판 인쇄 | 2022년 2월 18일
초판 발행 | 2022년 2월 28일

엮 은 이 동국대학교 문화학술원
발 행 인 한정희
발 행 처 경인문화사
감   수 서인범 노대환 임경준 이승호 김병모
편   집 한주연 김지선 유지혜 이다빈 김윤진
마 케 팅 전병관 하재일 유인순
출판번호 406-1973-000003호
주   소 파주시 회동길 445-1 경인빌딩 B동 4층
전   화 031-955-9300 팩 스 031-955-9310
홈페이지 www.kyunginp.co.kr
이 메 일 kyungin@kyunginp.co.kr

ISBN 978-89-499-6618-2 93910
값 30,000원